국제투자법과 환경문제

Saverio Di Benedetto 저

박덕영·윤연종 공역

박영사

이 번역서는 2013년도 정부(교육부)의 재원으로 한국연구재단의 지원을 받아 수행된 기초연구사업입니다. (NRF-2013S1A3A2054969)

목차

역자서문

본 역서의 원전은 외국인투자자 보호에 관한 국제법의 한 영역인 국제투자법상에서 환경이라는 가치를 보호하고 통합시키기 위해 이론적 접근법들을 제시한 이탈리아 살렌토대학교 Saverio Di Benedetto 교수님의 저서 「International Investment Law and the Environment로 2013년 12월에 출간된 바 있다. 이는 한국연구재단의 한국사회기반연구사업(SSK) 연구비 지원을 받아 운영 중인 연세대학교 SSK 기후변화와 국제법센터에서 수집한 원서 중의 하나로, 동 센터에서 수행한 국제환경분쟁해결 전략연구사업의 일환으로 본 역서를 출간하게 되었다.

본 역서는 출간 시점에서 상당히 시의성있는 내용을 담고 있다. 한편으로는 미국계 사모펀드 론스타(Lone Star)와의 투자자-국가간 분쟁(Investor-State Disputes: ISD)으로 인해 우리나라 정부가 수조원대의 국제중재에 회부된 이후 작년 2건의 ISD 제소가 추가적으로 발생하면서 ISD의 법적 근거가 되는 국제투자법에 대한 관심이 증대되고 있고, 다른 한편으로는 작년 제21차 유엔기후변화협약 당사국총회(COP21)에서 모든 당사국들이 자발적으로 온실가스 감축목표를 설정하고 이를 국내법과 정책의 시행을 통해 이행하도록 하는 파리협정(Paris Agreement)이 채택되면서 각국의 환경관련 법과 정책도 주목을 받고 있기 때문이다. 따라서 본 역서에서 문제를 제기하는 바와 같이 각국의 환경관련 법과 정책이 외국인투자자에게 부정적인 영향을 미쳐 ISD 제소로 이어질 경우 중재판정부가 환경보호의 목적과 의도를 함께 고려하기 위해서는 이를 뒷받침하는 국제법상 근거를 모색하는 것이 중요하다고 할 수 있겠다.

본 역서는 국제통상법, 국제투자법, 국제환경법, 국제인권법 등 다양한 세부영역이 일반국제법상에서 파생하는 이른바 파편화(fragmentation) 현상을 전제로 하여 국제투자법에 적용되는 준거법과 해석방법론 등을 통해 일반국제법상 국제투자법의 지위를 확인하고, 이를 설명하는 국제법적 이론들을 통해 국제투자법상 환경문제를 통합시키는데 중점을 두고 있다. 국제투자법을 국제법상 자기완비적(self-contained) 체제로 이해하고 환경을 외부적 가치로 바라보는 내부적 통합론, 국제투자법을 국제법의 일반원칙과 국제환경법 등 타 세부영역의 규칙과 상호작용하는 것으로 이해하는 체계적 통합론, 환경보호를 외국인투자자의 보호에 있어서 예외사유로 이해하는 예외모델론 등을 제시하면서 지금까지 축적되어 온 환경관련 국제투자중재 판정례를 분석한 내용을 담고 있으므로 국제투자법상 환경문제를 국제법의 파편화라는 큰 틀에서 이해하는데 도움이 될 것으로 생각한다.

특히 우리나라의 경우 저탄소 녹색성장 정책기조에 따라 최근 다양한 환경관련 규제를 강화하고 시장기능에 입각한 온실가스 배출권거래제와 같은 신축성 메커니즘을 도입하는 등 다양한 환경조치들을 시행하고 있는 가운데 산업계의 강력한 반발에 부딪히고 있다. 실제로 2015년 1월부로 시행을 추진했던 저탄소차협력금제도의 경우 국내 산업계의 반발로 인해 2020년 말까지 시행을 잠정적으로 연기한 상황이다. 따라서 이와 같은 갈등요소들로 인해 발생할 수 있는 ISD 제소 가능성을 식별하고 북미자유무역협정(North American Free Trade Agreement: NAFTA), 에너지헌장조약(Energy Chrter Treaty: ECT) 등을 기반으로 기존에 외국인투자자가 투자유치국을 상대로 문제를 제기했던 환경관련 조치들을 이론적인 관점에서 분석하면서 이에 대한 대응방안으로 예외모델론의 적극적인 적용을 주장하는 본서의 내용은 환경보호를 위해 국제사회에서 주도적인 역할을 수행하고 있는 우리나라가 국제투자법상 불필요한 분쟁에 휘말리지 않도록 사전에 대비하는데 있어서 참고할만한 가치가 있다.

본 역서의 출간은 연세대학교 SSK 기후변화와 국제법센터 국제환경분쟁해결 전략연구팀 보조연구원 윤연종 군의 초벌번역을 바탕으로 진행하였고, 당연히 윤연종 군을 역자로 함께 등재하였다. 윤연종 군은 곧 출간을 앞두고 있는 편저서에서 탄소배출권이 ISD 제소의 대상인 투자물에 해당하는지 여부를 우리나라 배출권거래제의 관점에서 검토한 역자의 논문 집필에도 참여한 바 있으며, 현재 연세대학교 일반대학원 법학과 석사과정 졸업을 앞두고 유학을 준비 중에 있다. 앞으로의 건승을 기원한다.

본 역서가 나오기까지 많은 분들의 도움을 받았다. 우선 본서의 번역을 도와 준 연세대학교 SSK 기후변화와 국제법센터 식구들 모두에게 감사의 마음을 전한다. 또한 본 역서의 출간과정에서 초고를 꼼꼼하게 읽고 교정작업에 참여해준 연세대학교 법학연구원 박영덕 박사에게 특별히 감사의 마음을 전한다. 또한 법학도서 출판이 어려운 환경 속에서도 번역서 출판을 허락하여 주신 박영사 안종만 회장님과 편집과정에서 많은 도움을 주신 김선민 부장님께도 감사의 말씀을 올린다. 아무쪼록 본서의 출간이 국제투자법과 환경문제에 관심 있는 모든 이들에게 조금이나마 도움이 될 수 있기를 바란다.

2016년 6월

박 덕 영 씀

서문[1]

본서는 국제공법 상에서 그 중요성이 증대되고 있는 국제투자법(IIL)과 환경보호의 상충관계에 대한 문제를 제기한다. 지난 20년간 이루어진 외국인투자의 급성장은 주로 개발도상국 내 환경의 오염과 파괴로 이어졌다. 이는 중대한 사안으로 국제법 차원에서는 외국인 투자 보호규정을 둔 양자협정 및 지역협정의 수가 급증하면서 그 문제가 더욱 심화되고 있는 상황이다. 이러한 소위 국제투자협정(IIA)은 공공목적 내지는 환경보호를 목적으로 법률을 제정하는 투자유치국의 주권을 제한할 수 있는 특정한 권리를 외국인투자자들에게 부여한다. 이와 같이 국제투자와 환경보호라는 두 가지의 이익이 상충관계에 놓여있다는 것은 최근의 투자분쟁 중재사건들이 증명해보이고 있다.

본서에서 제기하는 문제는 다음과 같은 질문으로 요약할 수 있겠다. 외국인투자자의 권리와 환경보호는 서로 조화를 이룰 수 있는가? 더 나아가 환경문제를 고려하는데 있어서 엄격한 국제투자법의 법리에 환경보호가 어떻게, 그리고 어느 수준까지 통합될 수 있을까? 국제적 관행을 보면 더욱 구체적인 의문점들을 제기하게끔 만든다. 국가는 자국의 환경규정으로 인해 간접수용된 외국인투자에 대해 보상해야 할 의무를 가지는가? 국가가 공정형평대우(fair and equitable treatment)의 국제적인 기준에 반하지 않고 외국인투자자가 자국 내에서 자행하는 위험한 경제활동에 대한 허가를 철회할 수 있을까?

그 자체로는 꽤 단순하게 보이는 위 질문들은 복잡하고 다양한 형태를 띠는 답변과 해결책으로 이어진다. 국제투자법상 환경 및 인간건강의 보호의 연관성을 연구하는 학자들의 경우 주로 규제수용(regulatory expropriation), 동결조항(freezing clauses) 등 특정한 사안에 대해 문제를 제기하거나 북미자유협정(NAFTA) 등 특정한 국제투자협정에 대한 비판으로 그 범위를 제한하는 것을 선호한다. 그 중 일부 학자들은 투자법과 환경보호 간 마찰이 발생하는 지점을 식별하고 이에 대한 다양한 해결책을 발견 내지는 제시하면서 해당 문제를 좀 더 포괄적으로 접근하기도 한다. 전체적으로 보았을 때 해당 문제에 대한 이론적 접근은 파편화된 것으로 보이며 본질적으로는 국제투자법의 다형(多形)적인

1) 본서를 위해 논평해주시고 조언해주신 Andrea Kay Bjorklund 교수, Laurence Biosson de Chazournes 교수, Maria Chiara Malaguti 교수, Massimo Monteduro 교수, Roberta Marra 박사님을 비롯하여 꼼꼼하게 감수 작업에 임해준 Chona Mendoza와 Karen Luedtke, 그리고 저술을 지속적으로 지원해준 Lucia에게 감사의 말을 전합니다.

성격을 반영함을 알 수 있는데 (국제투자법싱 나수의 자립적인 법원이 존재하는 조각보 (patchwork)와 같은 형태를 띠며 중재판정부의 판례를 통해 그 일부만이 '통일(unified)'되어 있다) 이에 대한 논의는 국제법의 파편화(fragmentation of international law)라는 더 큰 맥락에서 이해할 수 있는 부분이 되겠다.

　이러한 맥락에서 본서는 외국인투자와 환경 간의 대립관계에 대하여 하니의 법적 공식을 대입하여 이를 회기적으로 해소하는 불가능에 가까운 작업을 하고자 하는 것이 아님을 밝힌다. 대신 관련 중재판정례와 투자협정상 등장하는 법리들과 해결책들을 정리 하고 이에 대해 면밀히 분석할 것이다. 본서는 그 양이 방대하고 내용이 복합적인 기존 판례들로부터 법리를 추론하고 정리하여 투자자의 권리와 환경보호가 조화를 이룰 수 있는 방안을 모색하면서 법적 예외(legal exception) 모델을 그 중심에 두고 이에 대한 법 원칙(legal principles)의 역할에 중점을 둘 것이다. 좀 더 포괄적으로 기존 범리를 분석하 고 정리하여 그 해석방법론을 제시하고자 하는 본서의 시도는 해당 문제를 해결하는데 있어서 단순히 사례별 접근법(case-by-case approach)에 따라 중재자들의 재량적인 판단 에만 맡기지 않으려는데 그 목적이 있다. 따라서 본서는 법의 예측가능성과 투자전략이 라는 측면에서 외국인 투자자가 가지는 이익과 자신들의 주장이 관철되기를 원하는 환 경보호의 이해당사자의 이익 모두를 고려할 것이다.

　이와 같이 본서는 본질적으로 국제투자법을 분석하는, 즉 국제투자법 연구를 최우 선으로 하고 있음을 밝힌다. 물론 국제투자법 외에도 일부 인권조약 등 기타 국제규칙 또한 외국인투자와 환경보호라는 측면과 연관된 부분이 있으나 국가주권에 현저한 영향 을 미치는 국제투자법이라는 그 독자성(sui generis)을 감안하여 본서는 논의의 범위를 국 제투자법으로 제한할 것이다. 동시에 국제법상 기타 국제규범, 특히 WTO법과 같은 국 제규범과의 비교를 통해 해당 문제를 분석하고 얻을 수 있는 교훈을 알아볼 것이다. 더 나아가 국제투자법상 환경문제의 수용이라는 주제를 탐구하는 본서의 내용은 외국인투 자 보호에 관한 규범에서의 비경제적인 사안의 통합이라는 보다 넓은 주제에 있어서도 모범적인 모델이 될 수 있을 것이다.

　이를 바탕으로 본서는 다음과 같이 내용을 구분하여 정리하였다.

　제1장에서는 외국인 투자자의 권리와 환경이익 간의 대립을 야기하는 사회적 근거 와 법적 근거에 대해 알아볼 것이다. 제2장에서는 국제투자법에 관한 기본적인 개념과 환경보호와의 상충관계를 서두로 하여 본서의 문제제기에 대한 배경을 설명할 것이다.

제3장에서는 국제투자법의 이론적인 측면에 중점을 두고 국제투자법에 대한 비판과 접근법에 대해 분석함과 동시에 국제투자법의 공법적인 개념을 포괄적으로 비교법적인 측면에서 알아볼 것이며 이러한 이론적인 접근법이 국제투자협정 적용시 환경문제를 통합하는 문제에 있어서 영향을 미치는지, 영향을 미친다면 그 수준은 어느 정도인지를 확인할 것이다. 이를 통해 제5장에서부터 제7장까지 등장하는 법리들과 해결책들에 대한 비판의 이론적 토대를 기술할 것이다. 제4장에서는 국제투자법상 준거법과 법해석이라는 사안들을 식별하면서 본서가 왜 해석학적 문제를 다루는지에 대해 그 내용을 구체화할 것이다.

제5장부터 제7장은 본서 내용의 핵심으로 국제투자법상 환경보호와 인간건강 보호의 수용에 대한 판례상 법리와 협정상 해결책들에 대해 비판적인 분석이 이루어질 것이다. 이를 3개의 해석방법론으로 정리하여 내부적 통합론, 체계적 통합론 및 예외모델론으로 분석할 것이다. 제5장에서는 '통합문제(integrative issues)'에 대해 '내부적(internal)' 측면에서의 법리를 종합하여 국제투자법에서 투자자 보호에 입각한 해석(문자적 해석, 목적론적 해석 포함)과 맥락을 같이하는 전형적인 개념들의 의미에 대해 분석할 것이다. 여기에서 중요한 것은 대대수의 법리가 환경적 가치를 동일한 해석방법론으로 고려한다는 점이 되겠다. 제6장에서는 조약법에 관한 비엔나협약 제31조 3항 (c)호에 따라 체계적 접근법을 면밀히 분석하면서 소위 '환경사건(environmental cases)'에서 동 접근법이 가지는 중요성에 대해 중점을 둘 것이다. 제7장에서는 법적 예외가 환경보호와 외국인투자자의 권리를 조화시키는데 있어서 수행하는 역할을 강조할 것이다. 본서는 국제투자법상 환경이익의 통합을 촉진시키는 각기 다른 예외규정의 형태를 분석하면서 필요성(necessity)의 항변을 비롯하여 GATT 제XX조를 모델로 하는 투자협정상 예외조항들의 유형과 그 한계에 대해서도 알아볼 것이다. 이와 같이 진보적으로 발전되었다고 볼 수 있는 예외조항들은 법적 예외라는 패러다임을 동일하게 다루고 있는 제5장과 제6장에서 분석한 법리들을 평가하는데 있어서 그 근거로 활용될 것이다. 마지막으로 제8장에서는 예외모델론에 따라 통합이라는 문제에 있어서 향후 발전 가능한 시나리오들을 제시할 것이다. 제8장에서는 국제투자법상 환경적 예외조항을 창설하고 그 지위를 공고히 하는데 기반이 되는 이론적 토대와 국제법의 불확정성을 재확인시켜 주는 규칙과 예외조항의 관계를 설명하는 이론들에 대해 논의할 것이다.

판례목록

투자중재

Amoco International Finance Corp. v. Iran, Iran－US Claim Tribunal, Award of 14 July 1987, 15 Iran－US C.T.R.

Asian Agricultural Products Ltd. (AAPL) v. Republic of Sri Lanka, ICSID Case No. ARB/87/3, Award of 27 June 1990

Azurix Corp. v. Argentina, ICSID Case No. ARB/01/12, Award of 14 June 2006

Chemtura Corporation v. Canada, Ad Hoc NAFTA Arbitration under UNCITRAL Rules, Award of 2 August 2010

Chevron Corporation and Texaco Petroleum Company v. Ecuador, UNCITRAL Arbitration, Partial Award on the Merits of 30 March 2010

CMS Gas Transmission Company v. Argentina, ICSID Case No. ARB/01/8, Decision of the Ad Hoc Committee on the Application for Annulment of 25 September 2007

Commerce Group Corp and San Sebastian Gold Mines, Inc. v. The Republic of El Salvador, ICSID Case No. ARB/09/17, Award of 14 March 2011

Compania del Desarrollo de Santa Elena, S.A. v. Costa Rica, ICSID Case No. ARB/96/1, Award of 17 February 2009, 39 ILM 1317

Continental Casualty Company v. Argentina, ICSID Case No. ARB/03/9, Award of 5 September 2008

EDF International S.A., SAUR International S.A., and León Participaciones Argentinas S.A. v. Argentine Republic, ICSID Case No. ARB/03/23, Award of 11 June 2012

Emilio Agustin Maffezini v. Spain, ICSID Case No. ARB/97/7, Award of 13 November 2000

Emilio Agustin Maffezini v. Spain, ICSID Case No. ARB/97/7, Decision on Objections to Jurisdiction of 25 January 2000

Enron Corporation Ponderosa Assets, L.P. v. Argentina, ICSID Case No. ARB/01/3, Award of 22 May 2007

Frontier Petroleum Services Ltd v. Czechia, UNCITRAL Final Award of 12 November 2010

Glamis Gold, Ltd. v. U.S.A., UNCITRAL Arbitration Rules, Award of 8 June 2009

International Thunderbird Gaming Corporation v. Mexico, UNCITRAL, Award of 26 January 2006

International Thunderbird Gaming v. United Mexican States, UNCITRAL Arbitration, Award of 26 January 2006, *Separate Opinion of Thomas Walde*

LG&E Energy Corp., LG&E Capital Corp., LG&E International Inc. v. Argentina, ICSID Case No. ARB/02/1, Decision on Liability of 3 October 2006

Marion Unglaube and Reinhard Unglaube v. Republic of Costa Rica, ICSID Case No. ARB/08/1 and ARB/09/20, Award of 16 May 2012

Marvin Feldman v. Mexico, ICSID Case No. ARB(AF)/99/1, Award of 16 December 2002

Merrill and Ring Forestry v. Canada, UNCITRAL Arbitration Rules, Award of 31 March 2010

Metalclad Corp. v. United Mexican States, ICSID Case No. ARB(AF)/97/2, Award of 30 August 2000

Methanex Corporation v. U.S.A., UNCITRAL Arbitration Rules, Final Award of 3 August 2005, paras. 16−19

Middle East Cement Shipping and Handling Co SA v. Egypt, ICSID Case No. ARB/99/6, Award of 12 April 2002

MTD Equity Sdn. Bhd. & MTD Chile SA v. Chile, ICSID Case No. ARB/01/7, Decision on Annulment of 21 March 2007

MTD Equity Sdn. Bhd. & MTD Chile SA v. Chile, ICSID Case No. ARB/01/7, Award of 25 May 2004

Occidental Exploration and Production Company v. Ecuador, UNCITRAL arbitration, LCIA Case No. UN 3467, Final Award of 1 July 2004

Parkerings−Compagniet As v. République de Lituanie, ICSID Case No. ARB/05/8, award of 11 September 2007

Phoenix Action LTD v. Czechia, ICSID Case No. ARB/06/5, Award of 19 April 2009

Pope & Talbot Inc. v. Canada, UNCITRAL Arbitration Rules, Interim Award of 26 June 2000

Saluka Investments BV v. Czechia, UNCITRAL, Partial Award of 17 March 2006

S.D. Myers, Inc. v. Canada, UNCITRAL, Partial Award of 11 November 2000

Sempra Energy International v. Argentina, ICSID Case No. ARB/02/16, Award of 28 September 2007

SGS Société Générale de Surveillance v. Philippines, ICSID Case No. ARB/02/6, Decision on Jurisdiction of 29 January 2004

Siemens A.G v. Argentina, ICSID Case No. ARB/02/08, Decision on Jurisdiction of 3 August 2004

Société Ouest Africaine des Bétons Industriels (SOABI) v. Senegal, ICSID Case No. ARB/82/1, Award of 25 February 1988

Southern Pacific Properties (Middle East) Limited v. Egypt, ICSID Case No. ARB/84/3, Award on the Merits of 20 May 1992

Spyridon Roussalis v. Romania, ICSID Case No. ARB/06/1, Award of 7 December 2011

Tecnicas Medioambientales Tecmed S.A. v. The United Mexican States, Case No. ARB(AF)/00/2, Award of 29 May 2003

Tippetts, Abbett, McCarthy, Stratton v. Iran, Award of 22 June 1984, 6 Iran−US Claims Tribunal 1986

The United Mexican States v. Metalclad, Supreme Court of British Columbia, Reasons for

제1부:

외국인투자 대 환경

1. 서론: 사회적·법적 배경

1. 외국인투자와 환경파괴

세계 언론에서는 지역주민들의 건강과 환경을 해치는 것으로 알려진 외국기업의 활동에 대항하여 투쟁하는 지역주민들의 모습을 매주 뉴스로 보도하고 있다.[1] 생태학자들은 물론 정치인들과 경제학자들도 수년간 외국인직접투자(FDI)의 폐해를 주목해왔으며 특히 개발도상국 내에서 발생하는 천연자원의 오염과 과잉개발이라는 부분에 주안점을 두었다. 이러한 폐해가 기후변화, 생태계 파괴, 해양오염 및 대기오염 유발이라는 범세계적인 환경문제에 있어서도 기여하는 바가 있다는 점 또한 강조되었다. 다국적기업의 활동으로 인해 발생하는 위와 같은 폐해는 세계화의 부정적 효과라는 포괄적인 주제의 일부이기도 하다.

세계적으로 또는 특정 지역에서 발생하는 환경문제들은 외국인투자의 결과물일 뿐만 아니라 투자유치국에 귀속되는 국영기업, 공기업을 비롯하여 각 가정, 소비자 모두를 포함한 다양한 주체들이 유발하는 결과물이기도 하다는 점은 자명하다. 그러나 외국인투자가 환경문제를 야기하는데 있어서 차지하는 비중은 세계적으로 증가하고 있는 추세이며,[2] 주요 천연자원이 밀집되어 있는 다수의 개발도상

---

[1] 예를 들어 칠레의 경우 스페인의 전력회사에 대항하는 농부들이 주목을 받았는데 외국인 투자자들이 관개를 목적으로 저수지를 전용하고 수자원을 추출하였기 때문이었다 (2012년 5월 23일 佛 르몽드지 참조). 반면 페루 셀렌딘 지역에서는 광산개발로 인해 기존 상수도를 비롯한 환경에 대한 위협을 가하는 외국기업에 대한 시위가 진행되었다 (2012년 7월 12일 佛 르몽드지 참조). 에콰도르의 아마존 지역 주민들은 자국내 Texaco의 석유사업에 강력히 반발한 바 있다. 석유추출로 인해 다양한 생물들이 서식하는 산림지역의 파괴와 석유유출로 인한 인접지역의 토양 및 강의 심각한 오염으로 이어질 수 있는 상황이었으며 최근 이에 대항하여 석유추출 중단과 배상금을 요구하던 시위자들과 변호사들을 무력으로 진압하는 사태가 발생하여 사회적 혼란이 고조되었다 (제5장 각주(17) 참조). 남아메리카는 이와 같은 사회적 움직임의 중심으로 자리를 잡고 있으며 위와 같은 사례들은 외국인투자규모가 가장 큰 중국을 비롯하여 전 세계적으로 그 수가 증가하고 있는 추세이다. 중국의 경우, 자국의 시장을 개방한 이래로 심각한 환경오염 문제에 직면하고 있으며 동시에 환경오염 유발에 있어서도 주로 오존층 파괴물질 및 온실가스 배출을 통해 상당부분을 기여하고 있다 (Y. Zhao, 'Foreign Direct Investment and Environmental Protection: a Review of the Legal Regime in China', in *Yearbook of International Environ-mental Law* (YbIEL) 2006, pp. 213–236 참조).

국 내에서 이러한 외국인투자는 대규모의 경제활동으로 이어지고 있다.3) 게다가 외국인투자라는 개념도 국가적인 수준과 세계적인 수준에서 주류를 이루는 법리에 따라 그 범위가 방대해졌다.4)

위와 같은 상황을 염두에 두면서 외국인투자가 가지는 사회적인 순기능도 고려할 필요가 있다. 무엇보다도 지난 20년간 제조공장의 해외이동과 이에 따른 국제무역의 증가로 인해 FDI가 대폭 증가하여 여러 국가들이 경제적으로 발전하고 그 국민들의 생활수준이 향상되는 결과로 이어졌다. 이는 세계화와 외국인투자를 지속가능한 발전이라는 측면에서 고려했을 때 반드시 참작해야 할 부분이다.

또한 FDI는 주로 안전기술과 녹색기술의 이전이라는 측면에서 개발도상국내 환경보호에 대한 순기능을 가진다. 개별 국가의 법체계5)와 국제법체계6) 모두 이와 같은 기술이전을 장려 및 촉진하고 있으며 이를 통해 지속가능한 발전이라는 원칙에 따른 외국인투자와 환경 간의 상호보완적 관계를 발전시키고 있다.7)

종합해보면 외국인투자의 환경보호에 대한 양면적 기능은 외국인투자와 환경

---

2) UNCTAD의 2012년 세계투자보고서(World Investment Report) 참조.

3) 해외직접투자(FDI)의 규모는 최근 남반구에 위치한 국가들 간 남남(South – South)투자가 활성화됨에 따라 가파르게 증가하고 있음을 확인할 수 있다. 현재 중국, 브라질 등 신흥국가국들은 투자유치국과 투자국의 역할을 겸임하고 있다.

4) 이하 제3장(3.3) 참조. 자본이전을 촉진하는데 사용되는 단순한 금융상품 등도 같은 이유로 환경보호에 적대적으로 보일 수 있다는 점을 주목할 필요할 필요가 있다. Benjamin J. Richard-son, *Financing Sustainability: The New Transnational Governance of Socially Responsible Investment*, in YbIEL, vol. 17, 2006, pp. 73 – 110 참조 (p. 75: '국회의원들은 보통 환경문제를 천연자원을 직접적으로 추출하고 소비하며 오염시키는 기업들에 대한 문제로만 인식한다. 그러나 이러한 행태를 보이는 기업들에게 자금을 대출해주며 투자하는 자금제공자들이 경제의 "보이지 않는 오염자(unseen polluters)"로 인식되어야 할 것이다').

5) 그 예로 2010년 중국은 여러 분야 중에서 특히 신에너지 개발, 에너지절약 및 환경보호관련 산업을 장려하는 법률을 도입한 바 있다.

6) UN이 발간한 지속가능한 발전 관련 문서들을 보면 개발도상국내 FDI의 중요성을 강조하고 있다: the report *Agenda 21* adopted at the UN Conference on Environment and Development held in Rio de Janeiro in 1992, (1992) 31 ILM, para. 2.23; the Plan of Implementation of the World Summit on Sustainable Development, U.N. Doc. A/Conf.199/20 (2002), para. 84 참조.

7) A. Newcombe, 'Sustainable Development and International Treaty Law', (2007) *Journal of World Investment Trade*, pp. 357 – 407 참조. 상호보완성이 법 원칙으로서 가지는 자체적인 역할에 대해서는 L. Boisson de Chazournes and M. Moise Mbengue, 'A "Footnote as a Principle". Mutual Supportiveness and its Relevance in an Era of Fragmentation', in H. P. Hestermeyer et al. (eds.), *Coexistence, Cooperation and Solidarity. Liber Amicorum Rudiger Wolfrum*, vol. II (Leiden, Boston 2012), pp. 1615 – 1637; R. Pavoni, 'Mutual Supportiveness as a Principle of Interpretation and Law Making: a Watershed for the "WTO – and – Competing – Regimes" Debate?' (2010) *EJIL*, pp. 649 – 679 참조.

보호 간의 균형잡힌 상호보완적 관계의 중요성을 부각시키고 있다. 지속가능한 발
전의 원칙은 이러한 상호보완적 관계와 맥락을 같이한다.[8] 그럼에도 불구하고 현
실에서는 외국인투자와 환경이 동등한 관계를 유지한다고 볼 수 없는데, 이는 환경
보호에 대한 FDI의 실익이 다소 불분명한 반면 인류와 생태계에 대해 FDI가 미치
는 부정적인 영향은 각국에서 그리고 세계적으로 끊임없이 화제가 되고 있다는 점
에서 기인한다.

2. 환경보호와 '바닥으로의 경주': 규제의 다층적인 성격

지난 20년간 세계 각국의 법학 관련 문헌에서는 각국의 환경법이 자국 영토
내 외국인투자를 유치하고 자국의 상품을 해외로 수출하기 위해 경쟁적인 요소로
활용되는 '바닥으로의 경주(race to the bottom)'라는 현상이 자주 언급되었다.[9] 기업
은 특정 국가의 완화된 규제를 활용하여 환경보호에 투입되는 비용 등을 줄이기
위한 장려책으로 생산부문의 해외이전 또는 신설을 고려하게 된다.[10] 경제학자들
은 외국인투자를 유치하는데 있어서 환경규제 완화가 실제로 가지는 영향력에 대
해 의문을 제기하고 있으나,[11] 개발도상국들의 지속적인 환경규제 완화조치로 미
루어보았을 때 이러한 우려가 현실이 되고 있음을 알 수 있다.[12] 이에 반해 국제법
은 문제의 소지가 있는 여러 분야에서 그 영향력이 제한적인데 특히 위험에 처한

---

8) 지속가능한 발전의 법적 성격과 그 범위에 대해서는 여러 논쟁이 있다. 1992년 환경과 개발에
   관한 리우 선언(Rio Declaration on Environment and Development, 이하 리우 선언) 제4원칙에
   서 '지속 가능한 개발을 성취하기 위하여 환경보호는 개발과정의 중요한 일부를 구성하며 개발
   과정과 분리시켜 고려되어서는 아니된다'고 기술하고 있다. 이를 하나의 법 원칙으로 고려하는
   것이 국제법의 각기 다른 여러 영역에서 환경문제가 효과적으로 통합될 수 있도록 하는데 더
   유용할 것이다.

9) 그 예로 D. C. Esty and D. Geradin, 'Environmental Protection and International Compe‑
   titiveness. A Conceptual Framework' (1998) *Journal of World Trade*, pp. 5‑46; B. Chen,
   'Globalization and its Losers' (2000) *Minnesota Journal of Global Trade*, pp. 157‑218 참조.

10) 이 정책은 환경비용을 내부화하는 지속가능한 발전의 핵심이자 오염자부담 원칙에 의해 시행되
    는 경제정책에 반하는 것이다 (리우 선언 제16원칙 참조: '국가 당국은 오염자가 원칙적으로 오
    염의 비용을 부담해야 한다는 원칙을 고려하여 환경 비용의 내부화와 경제적 수단의 이용을 증
    진시키도록 노력해야 한다. 이에 있어서 공공 이익을 적절히 고려해야 하며 국제 무역과 투자를
    왜곡시키지 않아야 한다').

11) P. Birnie and A. Boyle, *International Law and the Environment*, 2nd edition (Oxford 2002),
    p. 725 참조.

12) '오염의 천국(pollution heavens)' 경제학 이론에 대한 전반적인 논의는 M. A. Cole, 'Examining
    the Environmental Case Against Free Trade' (1999) 33 *JWT* 5, pp. 183‑196 참조.

공공자원이 한 국가의 영토 내에만 위치해 있을 경우 국내관할권 존중이라는 전통
적인 국제법 원칙을 준수하기 때문이다. 이와 마찬가지로 다자간 협약의 경우에도
그 내용이 세계적 수준의 환경보호에 대한 것이라 하더라도 규제의 대상인 천연자
원이 한 국가의 배타적 영토 내에만 위치한 경우에는 동 협약이 회원국의 행태에
미치는 영향은 미미하다.13) 그 결과 주로 지역주민의 외국인투자에 대한 부정적인
반응의 불씨가 되는 환경오염과 파괴에 대한 두려움이 국제적인 수준에서 다루어
지는 경우는 실제로 드물며 사실상 이에 대해 취할 수 있는 유일한 법적 조치는
국내 법원을 이용하는 것이며 제한적인 경우에 한하여 국제인권조약의 분쟁해결제
도를 이용할 수도 있다.

   결과적으로 국제환경법은 중대한 사안이기는 하나, 한 국가의 관할권 내에서
이루어지는 기업들의 경제활동으로 인해 발생하는 부정적인 결과에 대해서는 그
적용이 제한적이며, 환경보호 및 보전의 주된 역할은 아직 이러한 기업들의 경제활
동을 유지하는 국가의 입법기관이 수행해야 한다는 점을 알 수 있다. 국가는 규제
완화를 통해 외국인투자를 유치하는지 여부와는 무관하게 국내법을 수단으로 하여
자국 국민들의 생활터전과 생태계의 파괴를 제한할 수 있다는 점에서 주권적인 위
치에 있다. 국가는 국제적인 수준의 사안을 해결하는데 있어서도 상당한 재량권을
가지고 있는데 이는 국제법이 특정 사안에 대해서만 국가에 의무를 부과하고,14)
이를 실제로 이행하는 경우는 제한적이기 때문이다.

   국가가 환경보호에 대해 주권을 가지고 특권을 누리며 규제를 시행할 수 있다
는 내용은 1992년 UN환경개발회의의 결과로 채택된 **리우 선언** 제2원칙에서 찾아
볼 수 있다:15)

---

13) 그 예로 생물다양성 협약(Convention on Biological Diversity)의 경우 생물다양성의 보호가 주
    로 한 국가의 배타적 주권 하에 있는 영토 내에 위치한 동식물 서식지 내지는 생태계 보호에
    대한 방어적인 조치라는 단순한 이유로 그 구속력이 약화된다. 이러한 맥락에서 회원국들은 구
    체적이고 구속력 있는 의무사항을 부담하게 되는 것을 주저하게 되며 궁극적으로는 '협약이 골
    격협약(framework convention)의 성격을 가지게 된다'고 한다 (P. Sands and J. Peel, *Principles
    of International Environmental Law* (Cambridge 2012), p. 461).

14) 그러나 환경보호를 위한 국제적 의무는 매우 중요한 것으로 특히 초국경적 문제나 공유자원(해
    양, 대기, 국제 하천, 남극대륙 등) 문제의 경우에 그러하며 이에 대한 보호조치는 사전적 조치
    를 취할 수 있다는 것이 현재의 정설이다 (각주 16 참조). 또한 국제규칙이 단순히 법적인 측면
    에서 목표를 설정하거나 연성법(soft law)을 구성하는데 그치더라도 국가들의 행태를 교정하거
    나 국가간의 협력을 도모하는데 있어서는 여전히 중요하며 국제투자법 등과 같이 기타 국제법
    규칙과 연계하는데 있어서도 중요한 역할을 할 수 있다. 제2부 7장 참조.

15) 이 원칙은 1972년 스톡홀름 선언의 제21원칙을 재확인하며 거의 문자 그대로 채택한 것이다.

각 국가는 유엔 헌장과 국제법 원칙에 조화를 이루면서 자국의 환경 및 개발 정책에 따라 자국의 자원을 개발할 수 있는 주권적 권리를 갖고 있으며, 자국의 관리구역 또는 통제 범위 내에서의 활동이 다른 국가나 관할 범위 외부 지역의 환경에 피해를 끼치지 않도록 할 책임을 갖고 있다.

이 선언은 첫째로 각국이 자국 천연자원에 대해 가지는 영구적 주권을 재확인한 것으로 이미 1960년 UN총회에서 채택한 내용과 같으며,16) 둘째로는 국제법상 환경보호의 주요 적용범위를 설정한 것이다. 이 두 가지 내용은 국제관습법의 일부로 현재 널리 인정되고 있다.17)

'바닥으로의 경주(race to the bottom)'라는 발상은 국가의 환경규제가 어떻게 경제적 요인에 의해 영향을 받는지 분명히 보여주고 있으며 지속가능한 발전이라는 개념은 그 자체가 환경적 요소와 사회·경제적 요소의 균형임을 암시하고 있다. 이는 환경법이 국가적인 차원과 국제적인 차원에서 천연자원의 오염 및 파괴에 대해 문제를 제기하는 명백한 수단인 반면에 이 과정에서 주된 역할을 하는 것은 교역 관계 및 경제활동의 자유화를 다방면에서 촉진하는 규제들과 법 원칙들이라는 것을 의미한다.

경제자유화라는 목표는 국가로 하여금 환경규제를 발전시키거나 강화하는 작업을 중지하도록 만들 수 있으며 경제·자유화 조치의 근저를 이루는 법률들이 구속력이 있는 경우에는 환경법과 충돌할 수 있다. 한 국가의 법체계 내부에서만 발생하는 법적 갈등의 경우에는 해당 국가의 법률과 헌법 규범들이 해결책을 찾는데 필요한 법적 기술을 제공해줄 것이다. 그러나 이와 같은 사안이 국제법, 특히 국제경제법과 연관된 것이라면 상황은 복잡해진다. 대부분의 경우에는 상업적 이익을

---

16) 그 중 특히 UNGA Res. No. 1803 of 14 December 1962 참조.

17) 전게주 16에서 언급한 UN총회 결의안은 주권국가가 자국 천연자원을 이용·개발할 권리를 가진다는 국제관습법의 성격을 가장 잘 보여주는 예이다. 리우 선언 제2원칙상 국가의 책임에 대한 국제사법재판소(ICJ)의 1996년 핵무기에 대한 권고적 의견은 다음과 같이 권위적인 내용을 담고 있다: '자국의 관리구역 또는 통제 범위 내에서의 활동이 다른 국가나 관할 범위 외부 지역의 환경에 피해를 끼치지 않도록 해야 할 국가의 책임은 이제 환경관련 국제법의 일부를 구성한다' (Legality of the Threat or Use of Nuclear Weapons, Advisory Opinion (1996) *ICJ Reports*, para. 29). 초국경적 국가책임의 국제관습법적 성격을 지지하는 기타 국제관행에 대해서는 P. Sands, *Principles of International Environmental Law* (Cambridge 2013), pp. 241-246 참조. 학계에서는 '피해를 주지 아니할 책임(responsibility to not cause damage)'과 피해에 대한 보상 의무를 환경피해 방지에 대한 의무와 연계하려는 경향이 있다. Sands, *ibid.*, pp. 246-247, Birnie and Boyle, *supra* note 11, pp. 111-114 참조.

보호하는 국제규범과 환경보호조치의 근거가 되는 국내법 간의 충돌이 문제가 된다. 환경보호, 인간건강보호 등의 공공목석을 추구하는데 있어서 국가주권이 제한되는 것에 대한 우려는 주로 국제투자법과 투자중재의 경향으로 인한 것이다.18)

---

18) 수년간 이와 같은 우려는 대부분 WTO법상에서 존재해왔다. 오늘날 이에 대한 우려는 환경보호에 유리한 결론을 내린 주요 판례들로 인해 다소 해소되었고 사전예방원칙(precautionary prin-ciple)의 역할, 특정 상황에서의 과학적 불확실성(scientific uncertainty) 문제 등 특정 부분에 대한 우려인 경우가 많다.

2. 국제투자법과 환경보호

1. 국제투자법: 준일원화된 법체제

국제투자법의 첫인상을 가장 잘 묘사하는 이미지로는 조각보(patchwork)를 떠올릴 수 있다.[1] 단일한 하나의 다자간투자협정은 현재 존재하지 않으며 이를 체결하기 위해 국제적인 수준에서 논의되는 안건도 부재하며,[2] 그나마 현존하는 외국인투자 관련 다자협정들은 절차적이거나[3] 기능적인[4] 부분만을 규정하고 있다. 기존 국내법의 역할은 사실상 축소되고 있는 반면에 외국인투자자의 권리를 보호해야 할 의무를 다양한 형태로 규정하는 양자 및 지역협정의 수는 갈수록 증가하는 추세로써 이는 현재의 국제정세를 잘 나타내는 것이다. 양자간투자협정(BIT)과 자유무역협정(FTA)의 투자챕터는 공식적으로 각각 하나의 자립적인 법체제를 창설하며, 이에 대한 국제분쟁해결절차 또한 파편화되어 하나의 투자자－국가간 분쟁을 해결하기 위해 여러 중재판정부가 개입하는 모양새이다.

이와 같이 파편화된 상황임에도 불구하고 학자들은 '국제투자법(international in

---

1) D. Carreau, 'Investissements', in *Encyclopédie Juridique Dalloz, Répertoire de Droit Interna-tional*, vol. II (Paris 1998). 최근 저서로는 C. McLachlan, L. Shore and M. Weiniger, *International Investment Arbitration, Substantive Principles* (Oxford 2007), p. 5 참조. 여기서 흥미로운 점은 이 용어가 국제환경법 등 국제공법의 다른 영역에서도 사용된다는 점이다 (a 'vast and unwieldy patchwork of international legal commitments', P. Sands, *Principles of International Environmental Law*, 2nd edition (Cambridge 2003), p. 4).

2) 1990년대 서방 국가들은 OECD를 통해 다자간 투자협정을 체결하고자 하였으나 이는 환경 및 인권 관련 비정부기구들(NGOs)의 반대 등 여러 사유로 인해 1998년 결국 무산되고 말았다. (S. Zia-Zarifi, *Environmental Law* 1998, 345-364; P. Sauvé, 'Multilateral Rules on Investment: Is Forward Movement Possible?', (2006) *9 Journal of International Economic Law*, 325-355; M. Sornarajah, *The International Law on Foreign Investment*, 3rd edition (Cambridge 2010), p. 3) 참조.

3) *Convention on the Settlement of Investment Disputes between States and Nationals of Other States*, concluded under the auspices of the World Bank on 18 March 1965 (이하 ICSID Convention 또는 Washington Convention).

4) *Convention Establishing the Multilateral Investment Guarantee Agency* (MIGA) of 11 October 1985.

vestment law)'5)이라는 하나의 통일된 개념으로 해당분야를 칭하는 경우가 잦아지고 있다.6) 국제투자법은 국제공법의 일부 내지는 한 분야로 취급되고 있으며 간혹 '해양법(law of the sea)' 또는 '국제통상법(international trade law)'과 같이 하나의 온전한 법체제로 언급되기도 한다. 이와 같은 입장을 지지하는 학자들은 대부분의 BIT와 지역투자협정이 도입하는 법 유형별 분류방법(예: 수용 또는 공정형평대우)과 규제모델(예: 수용에 대한 배상금 책정 시 시장가격을 기준으로 고려)이 매우 유사한 특징을 보인나는 점을 정확히 지직하고 있다. 이들은 더 나아가 각각의 중재판정부들이 서로 유사한 방법으로 BIT와 지역투자협정을 해석하고 있다는 사실을 주목한다.7) 이와 같이 국제투자법을 일원화된 법체제로 보는 시각은 아예 전제가 되거나 일반적으로 수용되는 경우가 많고 국제법 질서 내에서 내부적으로 일관적인 성격을 가지는 세부영역들을 구분하고 이를 체계화하여 설명하기 위함으로 보인다. 이와 같은 국제법 체계의 통합을 정당화하는 근거에 대해서는 더 깊이 다루고 있지는 않다.8)

국제투자법에 대해 저술하는 다수의 학자들은 단순히 여러 투자협정 및 중재

5) '국제투자법(international investment law)'이라는 용어는 현재 법학분야 문헌에서 널리 사용되고 있다. 일부 학자들은 '투자협정법(investment treaty law)'이라는 용어를 동일한 의미로 사용한다 (따라서 국제법의 투자분야가 특정 협정들로 규정되는 현 실태를 반영함). 그 예로 J. W. Salacuse, *The Law of Investment Treaties* (Oxford 2010) 참조.
6) 예를 들어 S. Montt, *State Liability in Investment Treaty Arbitration* (Oxford 2009), p. 84 참조. 해당 문헌에서 이와 같은 접근법을 취하는 다수의 저자들을 언급하고 있다. 그러나 선례구속의 원칙(*stare decisis*)의 경우 일반 국제법 중재에서나 투자중재에서나 적용되지 않고 있다. (S. W. Schill, *The Multilateralization of International Investment Law* (Cambridge 2009), pp. 288–292).
7) 그 예로 A. K. Bjorklund, 'Investment Treaty Arbitral Decisions as *Jurisprudence Constante*', in C. Picker, I. Bunn and D. Arner (eds.), *International Economic Law: The State and Future of the Discipline* (Oxford 2008), p. 265 참조. 일부 학자들은 매우 구체적인 논증을 포함하는 다수의 중재판정들로 인해 국제투자법이 급속도로 발전하였으며 통용되고 있는 현재의 국제투자법이 형성되었음을 주장한다 (C. Brown and K. Miles, 'Introduction', in *Evolution in Investment Treaty Law and Arbitration* (Cambridge 2011), pp. 3–16).
8) 그 예로 A. Newcombe and L. Paradell, *Law and Practice of Investment Treaties* (Alphen aan den Rijn 2009), pp. 1–2 참조. Dolzer와 Schreuer는 자신들의 저서 첫 문단에서 '국제투자법 원칙들에 대한 별도의 범주'가 존재하는 것은 '의미론적인 문제'라고 주장하면서 학자들과 변호사들도 국제투자법을 '관련규정들의 범위와 수가 충분히 방대하여 별도의 관심과 연구가 필요한 경우' 이를 유사하게 적용한다고 밝히고 있다 (R. Dolzer and C. Schreuer, *Principles of International Investment Law* (Oxford 2008), p. 2). McLachlan, Shore, Weiniger는 (*supra* note 1) 국제투자법 범주의 존재는 투자협정과 중재의 '공통적인 특징'의 결과물로 보며 (pp. 5–6), 이들의 저서에서는 공통적인 특징들을 분석하여 재분류하고 '투자협정은 자기완비적 법체제가 아니라는 명제로부터 시작'하여 투자협정에 대한 해석은 일반 국제법에 의거해야 함을 주장한다 (pp. 15–16). 일반적으로 투자에 대한 법적 분쟁을 다루는 대부분의 글에서는 암묵적으로 일원화된 국제투자법을 근거로 하고 있어 구체적인 개념과 원칙을 설명하는데 있어서는 용이한 반면 일원화된 법체제의 전제를 이루는 사항들은 그 의미가 불분명하다.

판정이 공유하는 공통점만을 확인하고 분석하는데 그치지 않고 이에 대한 이론적
인 접근을 통해 비판과 해석을 제시하면서 국제투자법에 대한 통일된 개념을 구체
화하고자 시도하고 있다.9)

결과적으로 국제투자법을 통일된 개념으로 발전시키는 것은 국가들과 중재판
정부들이 제공하는 정보들을 취합하여 고려하였을 때 아직 시기상조임을 알 수 있
다. 외국인투자에 대한 여러 국제규칙들을 하나의 통일된 방법으로 접근하는 것이
바람직하다는 점에 대해서는 이견이 없으며 특히 중재판정들과 선례를 지속적으로
참조하는 후속 중재판정부들의 관행을 비추어 보았을 때도 '국제투자법'이라고 보는
것이 바람직하다. 이에 따라 본서는 국제투자법과 국제투자중재에 대해 포괄적으로
분석할 것이다. 그러나 국제투자법의 단일화 작업은 항상 서로 다른 준거법의 법원
을 인지하고10) 협정 간에 존재하는 차이점을 고려하면서11) 상이한 중재판정들의
내용을 함께 고려해야만 한다.12) 이러한 차이점들은 특히 회색지대에 속하는 사건

---

9) 국제법협회(ILA) 연구단의 국제투자법상 연성법의 역할 연구는 이 분야에서 큰 기여를 한 바 있
  다. 연구단의 주요 업적으로는 A. K. Bjorklund and A. Reinisch (eds.), *International Invest-
  ment Law and Soft Law* (Cheltenham 2012)이 있다. 연구단의 학자들은 국제투자법 모델들의
  공통점과 이를 통일화하는 중재판정의 역할을 주시하면서 국제투자법 성문화에 대한 가능성을
  연구하였다. 연구결과에 따라 연구단은 ILA에 '국제투자에 대한 국제연성법의 정교화 작업'을 건
  의하였다 (A. K. Bjorklund and A. Reinisch, 'Introduction: the ILA Study Group on the Role
  of Soft Law Instruments in International Investment Law', in Bjorklund and Reinisch, *ibid.*,
  pp. 1-8, at p. 2).
10) 또한 BIT와 FTA 투자챕터는 외국인투자에 대한 국제규칙 전체를 고려하지 않는다. 중재판정부
  에 의한 외국인투자 관련 관습법의 직접적용은 갈수록 줄어들고 있는 추세이기는 하나 이에
  대한 해석과 내부적 일관성을 유지하는 것은 여전히 중요한 부분이다 (반면 국가 간 투자분쟁
  해결 사건의 증가 가능성으로 인해 국제관습법 일부가 다시 적용될 여지가 있다). 다자간투자
  보증기구(MIGA) 협약, 인권협약 등 기타 법제도에서도 이와 유사한 문제가 있다 (R. Ratner,
  'Regulatory Takings in Institutional Context: Beyond the Fear of Fragmented International
  Law' (2008) *American Journal of International Law* pp. 475-528 참조. BIT 및 FTA 투자챕터
  와 기타 법제도의 차이점을 강조하는 내용이다). GATS, TRIMs 등의 국제경제법 협정과 일부 세
  계은행 관련 조문과 겹치는 부분도 있다. 이러한 기타 협정문들은 전형적인 국제투자법의 형태
  와는 구조적으로나 내용적으로나 차이점이 있다 (국제투자협정과 외국인투자 관련 관습법 간의
  관계에 대한 구체적인 내용은 아래 제3장 참조).
11) 예를 들어 일부 투자협정은 '우산조항(umbrella clauses)'을 규정하고 있는데 그 내용은 일관적
  이지 않다 (Dolzer and Schreuer, *supra* note 8, p. 153 참조). 이와 같은 조항은 외국인투자보
  호라는 전반적인 구조상에서 상당히 중요한데 그 이유는 본 조항을 통해 투자유치국이 외국인
  투자자에 대해 가지는 국내법상 의무에 국제적인 의의를 부여하기 때문이다.
12) 저자들은 연성법의 성격을 지니는 국제투자법의 성문화 작업이 국제투자협정들의 공통적인 특
  징과 투자중재 판정들의 경향에 의존하고 있으며 이에 대한 여러 해석들과 불일치한 견해들로
  인해 어려움이 존재함을 인정하고 있다. 결과적으로 국제투자법의 성문화 작업은 현재진행형이
  며 외국인투자에 대해 포괄적인 하나의 법제도가 탄생하기까지는 아직 시간이 필요한 것으로
  보인다(A. Reinisch and A. K. Bjorklund, 'Soft Codification of International Investment Law', in

들, 즉 양측의 입장이 첨예하게 대립하여 결론을 내리기 어려운 사건들에서 더욱 부
각되며 이에 대한 대표적인 사례가 환경문제와 연관된 투자분쟁이라고 할 수 있다.

2. 국제투자법과 환경보호: 상충지점

환경문제는 국제투자법상에서 거의 대부분의 경우 간접적인(예: 부정적인) 측면
에서 고려되는데,[13] 이는 국제투자법 규범이 비경제적 이익을 보호하기 위한 실질
적인 의무를 부과하고 있지 않기 때문이다.[14] 반면에 이러한 국제투자법 규범은
국가기관이 규제조치를 시행하는 것을 차단할 수도 있는데 외국인투자에 악영향을
미치는 것으로 판단되는 환경조치가 그 대상이 될 수 있다.[15] 이와 같은 경우 투자
유치국은 중재판정의 대상이 된 환경조치의 목적을 항변으로 내세울 수 있을 것이

Bjorklund and Reinisch, *supra* note 9, pp. 305-18).

13) WTO법에서도 실질적인 연관성이 있다 (WTO법 내 환경보호와 무역자유화 원칙의 균형에 대해
서는 이하 제6장 3.A 참조). 이에 대한 초기 분석은 T. W. Walde, 'International Disciplines on
National Environmental Regulation: With Particular Focus on Multilateral Investment Treaties',
in The International Bureau of the Permanent Court of Arbitration (ed.), *International Invest-
ments and Protection of the Environment* (The Hague, London, Boston 2001), pp. 29-71 참조.

14) 에너지헌장조약(ECT)에서는 다른 접근법을 취하고 있다. ECT는 FTA와 같이 무역과 투자분야
모두를 포함하는데 다음과 같은 내용을 기술하고 있다. '각 체약국은 자국의 영역(Area) 내·외
에서 발생하는 에너지순환(Energy Cycle) 활동으로 인해 야기되는 환경침해를 경제적으로 효율
적인 방법으로 최소화하도록 노력해야 한다' (ECT 제19조 '환경분야'). 이러한 환경관련 의무는
ECT 제19조 이하에 자세하게 기술되어 있다. 한편 미국의 2012년 모델 양자투자협정(BIT) 제12
조('투자와 환경')에서도 환경보호에 대한 특정한 의무를 부과하고 있다. '양 당사국은 자국의 환
경법에서 부여된 보호를 약화시키거나 감소시킴으로써 투자를 장려하는 것이 부적절함을 인정
한다. 이에 따라 어떠한 당사국도 양 당사국간 투자에 영향을 미치는 방식으로 그러한 법에서
부여된 보호를 약화시키거나 감소시키는 방식으로 그러한 법의 이행을 면제하거나 달리 이탈하
거나, 또는 이행을 면제하겠다거나 달리 이탈하겠다고 제의하지 않도록 보장해야 한다. 만약 일
방 당사국이 상대국에게 그러한 제의를 하였을 경우 해당 당사국은 상대국과의 협의를 요청할
수 있으며 양 당사국은 이러한 제의를 배제하는 방향으로 협의를 진행해야 한다.' 이와 같은 종
류의 적극적인 환경보호 의무는 '연성(soft)'의 성격을 지니는 것으로 보인다. 이는 이와 같은 의
무를 존중할 것을 보장하도록 노력한다는 의미로 당사국 간의 협의를 강제하고 있으므로 그 수
준이 미미하다고 볼 수는 없으며 환경문제를 국가간에 논의하는 것을 지지하는 내용이라고 볼
수 있다.

15) 현재 국제투자법과 중재를 일반적인 관점에서 바라보는 다수의 학자들은 투자자 권리보호와 국
가기관의 사회 민감분야(sensitive sectors) 규제기능 간의 균형유지 문제에 중점을 두고 있다.
그 예로 Montt, *supra* note 6, p. 5 참조. Schill은 Stiglitz의 견해를 부연설명하면서 국제투자법
체제의 정당성과 국가의 정책시행 축소에 문제를 제기하는 국제투자법 비판론자들의 의견을 귀
담아 들을 필요가 있음을 언급하였다 (S. W. Schill, 'International Investment Law and Com-
parative Public Law—An Introduction', in S. W. Schill (ed.), *International Investment Law and
Comparative Public Law* (Oxford 2010), pp. 3-37, p. 4).

다. 국제투자법상 주요원칙들의 대부분이 인간건강의 보호, 자연생태계의 보호 등과 같이 근본적인 이익을 보호하는데 목적을 둔 투자유치국의 행정조치와 상충 내지는 충돌할 수 있다는 잠재성에 대해서는 관련 중재판정례와 그 법리들을 통해 확인할 수 있다.

외국인투자의 수용을 규제하는 국제투자법 규범은 투자유치국으로 하여금 여러 가지 요건을 충족시키도록 요구하면서 수용대상에 대한 배상금 지급의무를 포함시키고 있다. 투자협정이 주로 완전보상(full compensation) 의무를 명시하고 있다는 사실을 고려했을 때 투자유치국은 거액의 배상금을 지불해야 할지도 모른다는 두려움으로 인해 환경이익 보호를 목적으로 수용하는 것을 주저할 수 있으며, 특히 보호하고자 하는 지역이 광범위하고 해당 투자유치국이 개발도상국인 경우에 더욱 그러하다.16) 이와 같은 문제는 외국인투자자가 핵심사업으로 생산하고 있을 수 있는 유해의심물질에 대하여 그 사용 또는 판매를 금지하는 국가의 규제조치로 인해 보호받아야 되는 투자자의 권리가 침해되는 '규제수용(regulatory takings)'의 형태로 간접수용 또는 점진적(creeping) 수용이 이루어지는 상황이 잦아지면서 발생하게 된다.

BIT와 FTA 투자챕터의 가장 전형적인 조항 중에 하나는 외국인투자에 대한 최소대우기준 제공의무에 관한 것인데 이는 특히 공정형평대우 제공을 통해 이루어진다. 이 조문은 주로 국제관습법에 관한 내용을 담고 있으며 특히 국가의 환경조치와 관련된 사건의 국제투자 중재판정부에서 적용하는 빈도수가 증가하고 있는 추세이다.17) 이와 같은 사건은 주로 국가가 환경오염 또는 천연자원에 대한 피해를 방지하기 위해 외국인투자에 대한 허가 내지는 갱신을 거부하는 상황으로 인해 발생하게 되며 중재판정부는 이러한 국가의 조치가 불공정하고 형평성에 어긋나는지 여부를 판단하게 된다. 이는 외국인투자자의 정당한 기대(legitimate expectations)라는 부분과 자주 연관되는 사안이기도 하다.

국제투자법을 비롯하여 국제경제법 전체의 근본적인 원칙으로 비차별(non-discrimination) 원칙이 있는데 이는 전통적으로 내국민대우(national treatment)와 최혜국

---

16) *Compania del Desarrollo de Santa Elena, S.A. v. Costa Rica*, ICSID Case No. ARB/96/1, Award of 17 February 2000, 39 ILM 1317 참조.

17) *Metalclad Corp. v. United Mexican States*, ICSID Case No. ARB(AF)/97/2, Award of 30 August 2000; *Techinicas Medioambientales Tecmed S.A. v. The United Mexican States*, Case No. ARB (AF)/00/2, Award of 29 May 2003 참조. 상기 판정문 및 투자협정 관련 분쟁에 대한 결정사항들은 http://italaw.org에서 찾아볼 수 있다.

대우(MFN treatment)로 구성된다. 이러한 원칙이 있다 하더라도 만약 한 국가가 동종의 2개 외국인투자를 환경보호의 필요성이라는 명목 하에 차별적으로 대우할 경우에는 문제가 발생하게 된다.[18]

다수의 투자협정은 우산조항을 포함하고 있다. 그 의미는 다수설에 따르면 해당 협정을 서명한 국가들은 투자유치국이 외국인투자자에 대해 가지는 계약상 의무를 조약상 의무로도 동일하게 간주하기로 동의하는 것으로 해당 의무의 위반은 조약상 의무의 위반을 수반하게 된다. 중요한 점은 다수의 사건에서 투자자와 국가간 계약이 외국인투자자가 감수해야 하는 정치적 위험부담을 감소 내지는 제거하는 것을 목적으로 투자유치국이 해당 투자에 부정적인 영향을 미칠 수 있는 법률개정을 하지 못하도록 강제하는 조항을 포함하고 있다는 것이다. 학자들은 이와 같은 '동결조항(freezing clauses)'은 환경, 보건 등 주요 공공분야의 규범적 변화를 차단할 위험이 있다고 지적하면서 공공정책의 발전을 필요로 하는 국가들에게 부정적인 영향을 미치고 있다고 강력하게 주장하고 있다.[19]

국제투자법 규범과 투자유치국의 환경정책 사이에 잠재하거나 현존하는 분쟁은 기존 국제공법상 외교보호적 접근을 뒤엎는 국제투자협정상 분쟁해결제도의 특수성으로 인해 더욱 부각된다. 실제로 BIT와 FTA 투자챕터는 주로 중재조항을 삽입하는데 이는 일방 당사국의 투자자가 협정상 의무를 위반하여 피해를 야기한 상대국에게 중재를 요청할 수 있고 이에 따라 투자자–국가간 분쟁해결을 위한 중재판정부를 설치할 수 있도록 규정하고 있다. 여기서 중요한 점은 이와 같이 외국인투자자가 가지는 청구권은 국가가 오롯이 가지는 실질적 의무를 규정하고 있는 국제규칙에 근거한 점이라는 것이다. 또한 투자자에게만 중재 청구권을 허가하는 투자자–국가간 중재제도의 비대칭적 구조는 투자자와 투자유치국 간에 불균형적인 지위를 형성하는 것으로 보이며 특히 국가의 규제권한이 연관된 경우 더욱 까다로운 문제가 된다.[20]

위에서 언급한 사례들이 국제투자법(및 외국인투자자의 중재청구)과 환경보호라는

---

18) *Parkerings–Compagniet As v. République de Lituanie*, ICSID Case No. ARB/05/8, award of 11 September 2007 참조.

19) O. K. Fauchald, 'International Investment Law and Environmental Protection', in YbIEL 2007, 3–47, p. 27 참조.

20) 이러한 중재 형태는 기존 상사중재와 직접적인 연관이 있다. 이에 대해 투자자–국가간 중재제도상 공법의 일반적인 적용으로 인해 상사중재의 형태는 부적절하다는 의견을 피력하는 비판적인 분석으로 G. Van Harten, *Investment Treaty Arbitration and Public Law* (Oxford 2007) 참조.

공적 목표를 여러 방면에서 시행하는 행정조치 간의 잠재적 분쟁 모두를 설명하는 것은 아니다.21) 이에 대해서는 해석방법론들을 검토한 뒤 투자자-국가간 중재판정례를 근거로 제2부 제5장에서 더욱 포괄적으로 논의할 것이다.

3. 국제투자법을 선택한 이유

본서에서 왜 국제인권법과 같이 외국인투자와 환경 모두에 대해 논의가 이루어지는 국제법 분야의 사례는 분석하지 않고 국제투자법의 해석과 적용에 대해서만 본질적인 논의가 이루어지는지에 대해 설명이 필요할 것으로 보인다. 첫 번째 이유는 국제투자법이라는 매우 복잡한 영역에서 발생하는 대부분의 사건과 법적 분쟁들이 투자보호에 대한 규칙의 적용을 동반한다는 점인데.22) 이러한 이유만으로도 본서의 입장을 충분히 정당화한다고 할 수 있을 것이다.

그러나 이러한 접근법의 주된 근거는 법적인 측면에 있다. 국제투자법은 위에서 언급한 바와 같이 재산 및 상업적 이익의 보호에 관한 원칙과 규칙으로 이루어진 어느 정도 단일화가 이루어진 법체계이며 그 밖의 가치체계가 개입할 수 있는 여지가 없거나 있더라도 미미한 수준이다.23) 동시에 국제투자법은 환경, 인간건강 등 기타 가치체계에 대한 개입이 갈수록 증가하여 이러한 외부가치들을 고려하고 수용하기 위한 형태 및 수단을 강구해야 하는 특수한 법적 문제를 야기하고 있다. 이러한 문제는 양쪽의 이익이 모두 직접적으로 인정되는 재산보호와 환경 또는 보건정책 간의 조화(예를 들어 인권체계상 조화)에 대한 문제와는 법적인 측면에서 본질적으로 차이가 있다. 따라서 본서의 주된 목표는 이러한 외부가치들의 국제투자법상 수용이라는 구체적인 법적 문제를 논의하는데 있다.

본서가 국제투자법을 '논의의 장(playing field)'으로 선택한 두 번째 이유 또한 중요한 부분이다. 국제투자법은 다수의 자립적인 협정들로 구성된 조각보의 형태로 실질적으로는 그 구조와 원칙이 유사하고 관련 중재판정이 이러한 유사점들을 통일화하는데 중요한 역할을 맡고 있다.24) 이는 세계무역기구(WTO) 등과 같이 규

---

21) 국제투자법과 환경보호 간에 현존하고 잠재하는 분쟁에 대한 심도있는 논의와 이에 대한 구체적인 해석 및 입법론적(*de lege ferenda*) 해결방안에 대해서는 Fauchald, *supra* note 19 참조.

22) 이하 제2장(2.2) 참조.

23) 이하 제2장(2.1) 및 제3장(3.3) 참조.

24) 이하 제2장(2.3) 및 제3장 참조.

범 통합이라는 측면에서 유사한 사안들을 가지고 있으나 다자간 법체계로 규정된 기타 국제법상 영역과는 확연히 다른 차이점을 보여준다. 이러한 차이점은 법 규칙의 통합에 있어서 국제투자법에서만 특별히 적용될 수 있는 공통의 모델 내지는 방법론을 모색해야 하는 중요성을 배가시킨다.

본서의 견해를 뒷받침하는 상기 두 가지의 이유는 학계에서 국제법의 파편화에 대한 논의 중 거론되는 국제법 규범 통합의 문제와도 그 맥락을 같이한다.[25]

또한 국제투자법의 특징이자 본서의 견해를 지지하는 세 번째 이유가 있다. 투자규범은 국가의 주권을 제한하는 강력한 도구이다. 이는 무역규범보다 더 강력한데 그 예로 사회 각계 분야에 걸쳐 시행되는 국가의 광범위한 행정조치에 대한 영향력을 들 수 있다. 때때로 (현재 국가규제의 핵심인) 경제적으로 민감한 분야에 대한 국가의 규제능력이 문제가 되기도 한다. 이 문제는 본서에서 논의하는 통합문제에 있어서 중요한 부분을 차지한다. 동시에 투자협정은 특유의 분쟁해결 중재제도를 창설하는데 이 제도에서는 사인이 국제규칙의 적용을 요청하는 청구인의 역할을 하고 판정에 대한 강력한 이행체계가 형성된다. 이 두 가지 특징의 결합으로 인해 해당 규범에 대해 개정을 하거나 해석을 하는 것은 특별한 주의를 요구하는데 이는 기타 국제법 영역에서 흔히 찾아볼 수 있는 경우가 아니며 특히 환경보호 관련 조치를 포함하여 국가주권이라는 본질적인 문제가 결부된 경우는 더욱 흔치 않다.

요약하자면 본서의 목표는 일관적이고 파편화되어 있으며 동시에 영향력을 지닌 국제법상 외부가치들을 (하위)법체계 내에 통합할 수 있는 모델들에 대해 분석하는 것이다. 이를 통해 국제투자법이 어떻게 국제법체계의 일부로서 기능하는지에 대한 이해를 증진하고 국제법상 특정분야 외에도 여러 분야에 스며들 수 있는 환경가치의 영향력을 검토하며 국제법의 파편화에 대한 논의를 심화하는데 기여하고자 한다.

이러한 맥락에서 국제법상 각 영역과 그 전체는 본서의 논의에서 배제되거나 무시되는 것이 아니며 두 가지 측면 모두 논의의 배경이 된다고 할 수 있다. 첫째, 국제법은 규범통합에 대한 방법론에 있어서 요구되는 상대적·규범적 가치들을 제공하며 그 예로 WTO의 판정례와 해석방법론을 들 수 있다. 둘째, 국제법은 국제법을 구성하는 하위체계 및 관련분야 간의 긴밀성과 그 통합에 대한 문제 그 자체

---

25) 이하 제2장(2.2) 참조.

로 규범통합 문제의 종착점이 된다.[26]

　본 연구의 중점은 국제투자법인데 왜 인권과 기타 비상업적 사안들에 대해서는 논의를 배제하고 환경과 관련된 내용만을 포함하는지 의문점이 생길 수 있을 것이다. 이에 대한 답변은 환경문제가 인권문제 등에 비해 법 규범의 통합문제를 논의하는데 있어서 보다 더 수준 높은 분석을 가능케 만들기 때문이다. 인권이라는 개념은 사실 폭넓은 범주에 포함되는 것으로 인간의 존엄성과 재산권이 모두 혼재하는 영역이다. 그러므로 인권은 국제투자법이라는 분야에 있어서 호의적이기도 하고 적대적이기도 한데,[27] 이는 문제가 되는 권리에 따라 달라질 수 있다. 이러한 점은 그 자체로 나쁘다고 볼 수 없으며 본 연구로부터 또 다른 발견적 견해(heuristic perspective)를 도출할 수도 있을 것이다.[28]

　반대로 본 연구는 환경과 인간건강에 관한 문제를 함께 논의하는데 그 이유는 환경 또는 인간건강 관련 국가정책이 주로 두 가지 사안을 중복하여 다루고 있기 때문이다. 인간건강 보호와 환경보호 간의 직접적인 관계에 대해서 국제사법재판소(ICJ)는 다음과 같이 밝히고 있다: ‘환경은 추상적인 개념이 아니라 현재 인간이 생존하는 공간, 삶의 수준 및 건강에 대한 것으로 아직 출생하지 않는 세대까지도 포함하는 개념이다.’[29] 실제로 인간건강에 대한 위험은 주로 환경에 부정적인 영향

---

26) 제3장에서 국제투자법, WTO법 등 국제법의 특정영역(또는 하위체계)과 국제법 전체와의 관계에 대해 논의하며 이는 국제법의 파편화 논의에 있어서 중요한 부분이다.

27) ‘투자자보호는 인권에 대한 장애물임과 동시에 권리보호라는 큰 틀 속의 한 영역이기도 하다’ (G. Van Harten, *supra* note 20, 142). ‘투자보호와 인권 간의 갈등’ 문제에 대한 본질적인 논의는 B. Simma, ‘Foreign Investment Arbitration: a Place for Human Rights?’ (2011) ICLQ, pp. 573－596 참조.

28) Van Harten에 따르면 ‘투자협정과 인권협약과의 유사점은 학자들과 일부 중재자들에 의해 논의된 바 있으며 이들은 투자협정이 투자자를 위한 기본권을 창설한다고 본다’ (G. Van Harten, *supra* note 20, 136). 국제투자법과 인권에 대한 일반적인 논의는 P.－M. Dupuy, F. Francioni and E.－U. Petersmann (eds.), *Human Rights in International Investment Law and Arbitration* (Oxford 2009) 참조. 이 저서는 인권과 투자자권리와의 관계를 상황에 따라 시너지를 발휘할 수도 있고 서로 적대적일 수도 있다는 견해로 논의의 깊이를 더하고 있다. 그 예로 P.－M. Dupuy, ‘Unification rather than Fragmentation of International Law? The Case of International Invest－ment Law and Human Rights Law’, in *ibid.*, pp. 45－62: ‘인권과 투자자권리가 분명하고 또 실질적인 유사점을 가지고 있다는 것은 놀라운 일이 아니며, 투자자의 이익을 보호하고자 하는 다수의 원칙들과 국제적 수준의 시민권 및 경제권 보호 등 인권 관련 원칙들이 유사하다는 것을 그 예로 들 수 있다’ (49－50); ‘국가는 자국 영토 내에 거주하는 모든 개인의 인권을 존중해야 할 의무가 있다. 간혹 국가의 의무, 특히 작위적 의무가 다른 의무와 상충하는 상황이 발생할 수 있는데 이는 외국인투자 유치국인 경우 받아들여야만 하는 상황이 된다’ (53).

29) ‘Legality of the Threat or Use of Nuclear Weapons, Advisory Opinion’ (1996) *ICJ Reports*, p. 241, § 29.

을 미치는 행위 또는 상황으로 인해 야기된다. 이러한 위험은 국가의 입법에 의해 엄격히 규제되는 다양한 경제활동의 형태를 띠며 그 예로 공장의 오염물질 배출, 유해폐기물 수송 및 관리, 유해의심물질의 상업화 등이 있을 수 있다.30) 결과적으로 인간건강에 대한 조치는 주로 환경조치와 동일한 조치를 통해 이루어지며 이는 인간이 주어진 환경 내에서 생활하는데 이에 대한 부정적인 변화가 발생할 경우 인간의 삶에도 필수불가결하게 영향을 준다는 단순한 이유 때문이다.31)

    마지마으로 국제법이라는 논의의 배경에서 본 연구는 전반에 걸쳐서 한 가지의 중요한 문제를 다루는데 이는 바로 국가주권의 역할이다.

    투자규범은 기본적으로 외국인투자에 대한 국가의 관할권을 축소시키는데 그 목적이 있는데 이러한 제한이 해당 국가의 규제권한과 연루된 경우에 문제가 발생할 수 있다. 이는 현재 투자분쟁에서 주요한 쟁점사항으로 환경 및 인간건강 보호에 대한 사건들이 그 핵심을 이룬다. 이를 통합적 접근법을 통해 국제투자법상에서 법리를 모색하고 해결책을 강구하는 것은 이 문제를 해결하기 위한 한 가지 방법이 될 수 있다. 또 다른 접근법으로는 투자협정 및 중재제도의 근원 자체를 부정해 버리는 것으로 현 체계를 자유로운 세계시장을 주창하는 제국주의적 논리로 치부하고 '국가중심주의로의 회귀(return to the state)'를 요구하는 것이다.32) 이에 대한 자세한 논의는 후술하도록 하겠으나 분명한 것은 첫 번째 접근법이 더욱 타당하다는 점이다.33) 동시에 투자규범을 제국주의적 수단으로 생각하는 관점도 심각하게 고려하고 이러한 논리를 인지하는 것은 환경문제를 투자규범과 통합하는데 있어서 제시되는 견해들과 해결책들을 올바르게 평가하는데 있어서 중요한 역할을 할 것이다.

    국가 주권에 대한 문제는 본 연구의 결론까지 이어진다. 만약 주권국가가 자국의 환경을 외국기업의 이익을 위해 희생해야만 한다면 어떤 일이 발생할까?34) 국제투자법은 이 질문을 답변하는데 있어서 큰 도움을 주지 못한다 (국제법의 경우에

---

30) 이러한 경우들은 제5장에서 소개하는 주요 중재판정을 통해 확인할 수 있다.
31) 환경과 인간건강의 긴밀한 관계를 확인하는 문구로 미국의 모델 BIT 제12조 4항에서 규정하는 '환경법(environmental law)'에 대한 정의 참조.
32) J. E. Alvarez, 'The Return of the State' (2011) 20 *Minnesota Journal of International Law*, pp. 223-64.
33) 이하 제3장(3.4) 참조.
34) 특히 개발도상국의 경우 실제로 자국 관할권 내 외국기업들의 경제활동을 보장하기 위해 환경 보호 수준을 높이는 것을 주저하는 경우가 종종 있다.

도 관련 환경규범을 직접적으로 적용하기 위한 강력한 법적 수단을 가지고 있지 못한 것이 현실이다). 이러한 경우 투자중재절차에서 제3자의 역할이 중요하기는 하나,35) 여러 국가의 이익과 정책이 통합되는 과정에서 투자중재 청구가 부재하여 국제투자법상 투자와 환경의 조화에 대한 문제가 발생하지 않는다면 이 문제에 대한 답변을 제시할 기회가 없다. 이러한 문제점은 본 연구의 영역에서만 발생하는 것이 아니라 현재 국제투자법 및 중재에서 비경제적 사안과 주제들을 온전히 고려하는데 있어서 내부적으로 가질 수밖에 없는 한계이기도 하다.36)

---

35) 투자중재에서 NGO 등 제3자 참여에 대한 논의는 갈수록 그 중요성이 부각되고 있으며 현재 ICSID 협약은 제3자 참여에 대한 부분을 명시적으로 규정하고 있다.

36) 반대로 고도로 발전된 국제인권체계 등과 같이 국가들에게 환경보호에 대한 의무를 직접적으로 규정하고 동시에 사인에게 이에 대해 청구권을 부여하는 법체계의 경우 환경을 더욱 강력하게 보호할 것이며 외국인투자자와 국가 간에 형성된 유착관계를 와해시킬 수 있을 것이다.

3. 국제투자법에 대한 이론적 접근법

국제투자법의 이론적 토대들에 대한 논의는 본서에서 투자와 환경에 대한 실제 사례를 검토하고 정리하는데 있어서 영향을 미치는 기본적인 개념들을 명확히 하는데 그 목적이 있다. 이는 국제투자법에 대한 이론적 접근법들을 면밀히 분석하여 그 중 특정한 견해에 따를 경우 투자규범 적용시 환경적 고려사항을 수용하는 지 여부, 수용한다면 그 수준이 얼마나 되는지 판단하는데 있어서 해당 접근법이 얼마나 영향을 미치는지 여부, 또는 환경에 대한 고려의 가능성을 배제하지는 않는 지 여부를 확인하는 작업을 의미한다. 이에 따라 제3장은 여러 이론들이 어떻게 국제투자법을 바라보는지에 대해 기술하도록 한다. 다시 말해 국제투자법이 하나의 단위인지 또는 파편화된 여러 요소들의 집합인지를 판단하고 이를 해석하는데 있어서 지침이 되는 국제투자법의 목적은 무엇인지를 알아보게 될 것이다. 또한 이러한 이론들이 어떻게 국제법 하위체계(또는 이를 구성하는 협정체제)가 국제법 전체의 관계를 설명하는지에 대해서도 구체적으로 알아볼 것이다.

1. 국제투자법상 파편화에 관한 두 가지 측면

국제법의 파편화라는 개념은 국제투자법에 아주 적합한 소재이다. 이를 가장 잘 표현하는 이미지로 조각보를 연상하면 되는데 이는 여러 법체제의 공존으로 인한 파편화, 그리고 독립적인 중재판정부에 의한 투자분쟁해결의 모습을 잘 반영한다. 이러한 틀은 국제투자법상 파편화에 대한 두 가지 측면 중 그 첫 번째를 보여주는 것으로 만약 이를 극단적으로 해석한다면 학자들에게는 국제투자법을 단일한 법체제로 고려할 수 있는 일말의 희망조차 남기지 않을 것이다.

국제투자법상 파편화에 대한 첫 번째 측면은 21세기 국제법에 대한 학계의 논의와는 다소 차이점을 보인다. 이에 대해 더욱 정확하고 '기술적인(technical)' 의미는 지난 10년간 국제법위원회(ILC)에서 직접적으로 강조한 바 있다.1) 국제투자법 파편

---

1) International Law Commission, Fifty-eighth session, *Fragmentation of International Law:*

화에 대한 두 번째 측면은 규범적인 측면에서 좀 더 의미심장한 문제를 제기한다. ILC의 말을 빌리면 '파편화는 서로 충돌하고 합치하지 않는 규칙, 원칙, 규제제도 및 제도적 관행을 양산하는 위험을 야기한다.'[2] 따라서 이 두 번째 측면은 규칙과 원칙이 서로 다른 법 제도에 귀속되어 있어서 동시에 적용될 경우 서로 충돌할 수 있는 상황에 대한 것이다. 이는 현대 국제법의 파노라마를 또한 보여주는 것으로 국제통상법, 국제환경법 등과 같이 '특화되고 (상대적으로) 자립적인 법 규칙 또는 규제체계, 규제기관 및 관행의 등장'으로 인한 문제들을 다루고 있다.[3]

　　이 두 번째 측면을 통해 국제투자법에 관한 중요한 교훈을 도출할 수 있을 것이다. 위에서 ILC 보고서 일부를 인용한 내용 중 '투자법(investment law)'은 국제법상 독립적인 영역으로 제시한 여러 예시 중의 하나이다. 더욱 중요한 것은 이와 같이 국제투자법이 기타 국제법 영역과 원칙으로부터 독립성을 가진다는 것이 바로 본서에서 제기하는 '문제점(the problem)'이라는 것이다. 이와 같은 관점에서 바라본다면 국제투자법이 환경보호 등과 같은 기타 이익 및 가치들에 대해서 고려할 수 있는 여지는 줄어들 것이며 이는 실제로도 그러하다.

　　이 두 번째 측면은 본서에서 검토하는 이론적 견해들에 대한 논의의 배경이 되며 일반적으로는 본서 전체의 내용에 대한 배경이 된다. 취하는 견해가 '파편화(fragmented)'적인 성격이 강할수록 환경과 인간건강에 대한 고려사항이 투자규범을 적용하는데 있어서 수용될 가능성은 더욱 줄어들 것이다. 대신 이에 대해 체계적인 접근법을 취한다면 그 반대가 될 수 있다. 따라서 본 장에서는 국제투자법에 대한 이론적 접근을 논의하면서 그 논의의 축을 파편화적(또는 자기완비적) 접근법으로부터 체계적 접근법으로 이동시킬 것이다.

　　파편화에 대한 첫 번째 측면은 현상을 묘사하는 역할만을 수행할 뿐만 아니라 두 번째 측면과 상호작용하기도 한다. 투자협정체제의 파편화된 형태는 이론적으로는 체계적 접근법에 따라 중재판정부 판정의 전체적인 경향을 살펴보고 일반 국제법 전체를 총합하는 역할에 대해 확인함으로써 극복될 수 있다. 그러나 '체계적(systemic)' 통합론 그 자체로만으로 단일한 형태의 국제투자법이 국제사회에서 통용

Difficulties Arising from the Diversification and Expansion of International Law, Report of the Study Group of the International Law Commission finalized by Martti Koskenniemi, A/CN.4/L.682, 13 April 2006 (이하 *ILC Report on Fragmentation of International Law*).

2) *Ibid.*, p. 14.

3) *Ibid.*, p. 11.

되는 본질적 가치들에 대해 수용하는데 있어서 개방적이라고 단정할 수는 없다.

　　반대로 이러한 단일화 작업이 재산과 상업적 가치에 관한 문제일 수밖에 없는 국제투자협정의 공통적인 원칙들을 식별하는데 그 목적이 있는 것이라면 국제투자법이 이러한 원칙들의 적용을 받는다고 보기 쉬울 것이다. 따라서 투자규범이 환경보호 등 외부가치로부터 폐쇄되어 있다고 해석할 가능성이 높아질 것이다.4)

　　결과적으로 국제투자법에 관한 이론들과 개념들에 대한 분석은 ILC의 국제법 파편화 논의를 고려하여 발전되었다고 볼 수 있다. 따라서 자기완비적 체제(self-contained regimes)라는 개념을 우선적으로 고려하게 된다. 그러나 이보다 더 일반적이라고 할 수 있는 국제투자법 파편화 현상의 첫 번째 측면을 고려하는 것이 국제투자법의 성질을 이해하는데 있어서 더욱 효과적일 것이다.

2. 자기완비적 체제와 국제투자법

A. 자기완비적 체제: 논란의 여지가 있는 범주

　　자기완비적 체제는 국제법 전체로부터 가지는 규범적 자립성에 기인하는 체제이다. 이러한 자립성은 특정 규칙 및 원칙(체제)을 특별법(*lex specialis*)으로 치환하여 발생하는 것이다.5) 이는 특정 상황에서 적용되는 준거법을 판단하는 문제뿐만 아니라 준거법의 해석방법론 또한 연관이 있다 (체계적 접근법 대신 문자적 해석 또는 목적론적 해석이 기본적으로 적용된다). 자기완비적 체제에 대한 법적 논의는 시간이 흐름에 따라 진화해왔으며 앞서 언급한 바와 같이 독립적이고 서로 충돌할 수 있는 여러 개의 하위법체계가 공존하는 국제법의 파편화라는 대주제와 연관성이 있다. 국제법 파편화에 관한 ILC 보고서는 자기완비적 체제의 개념에 대해 권위있는 구체적인 분석을 제공하고 있으며 이로부터 도출할 수 있는 3가지 의미를 기술하고 있다.6) 첫 번째는 '국가책임에 관한 2차 규범상 특별법이 일반법에 우선하는 경우'를

---

4) 본 장 이하의 내용 참조.

5) *Draft Articles on Responsibility of States for Internationally Wrongful Acts, with commentaries,* adopted by the ILC at its fifty-third session in 2001, *Commentary* to Art. 55 참조. 여기에서 자기완비적 체제는 '특별법의 강력한 형태'라고 설명한 바 있다 (para. 123). 국제법의 파편화에 관한 ILC 보고서는 자기완비적 체제라는 개념이 특별법과 직접적인 관계에 놓여있다고 판단하고 있다 (*ILC Report on Fragmentation of International Law, supra* note 1, pp. 65-102).

6) '"자기완비적 체제"의 3가지 의미는 서로 간에 명확한 경계선이 없다' (*ILC Report on Fragmen-tation of International Law, supra* note 1, p. 72). 이들이 가지고 있는 분명한 공통점은 보고서

의미한다.7) 두 번째는 자기완비적 체제가 '1차 규범과 2차 규범이 상호적으로 연관된 전체'를 구성한다는 의미이다.8) 세 번째는 이 체제가 국제법 전 영역(국제인권법, 국제통상법 등)에 적용될 수 있다는 의미로 국제법 '집행(administration)', 즉 규범의 해석 및 적용에 있어서 '일반 국제법 규범이 변경되거나 심지어는 배제되는 것'을 암시한다.9)

세 번째는 추정적 의미로 국제투자법을 예로 들 수 있는데 이는 단순히 교육목적상 구분이 아니라 국제법의 하위법체계로 인식하는 경우를 의미한다.10) 이 의미는 특히 본서에서 논의하는 내용에 부합하는 것이다. 위 두 가지 의미가 여타 국제법 규칙 및 원칙보다 독립된 법체계를 우선한다는데 중점을 두고 있다면 세 번째 의미는 독립된 법체제의 '법 해석 및 집행에 대한 특수한 규칙 및 기술'의 존재

에서 지적한 바와 같이 특별법 우선의 원칙(*lex specialis derogat generali*)을 준거법 문제뿐만 아니라 해석문제에서도 광범위하게 적용하는 것을 의도하고 있다는 것이다. 그러나 ILC 보고서의 3가지 의미에 대한 분석, 특히 세 번째 의미에 대한 분석은 매우 중요하다고 할 수 있다.

7) *Ibid.*, p. 66. 이 법리에 대한 초기 연구들은 자기완비적 체제에 대해 매우 구체적인 내용을 제시하고 있다. B. Simma, 'Self-contained Regimes in International Law' in *Netherlands Yearbook of International Law* 1985, pp. 111-136; B. Simma and D. Pulkowsky, 'Of Planets and the Universe: Self-Contained Regimes in International Law' (2006) *European Journal of International Law*, pp. 483-529 참조. 이를 뒷받침하는 근거로 국제사법재판소(ICJ)의 '테헤란 주재 미 대사관 인질사건'에 대한 판결이 있다. (*Case concerning the Untied States Diplomatic and Consular Staff in Tehran (United States of America v. Iran)*, Judgment of 24 May 1980, *ICJ Reports* 1980, para. 86). L. Gradoni, *Regime failure nel diritto internazionale* (Padua 2009)에 따르면 이 의미는 '자기완비적 체제의 기술적 개념'에 상응하는 것으로 이는 위 ICJ 판결에 의거한 것이며 그 외 두 가지의 개념, 특히 세 번째 의미의 경우에는 사회학적인 의미가 내포되어 있어 '변형된 자기완비적 체제'를 형성한다고 한다 (pp. 20-23, 저자 번역). 이러한 날선 비판이 지나치게 보일 수도 있으나, 저자는 특히 WTO법체계상 대항조치에 있어서 발생하는 특별법의 자립성 문제를 지적함으로써 첫 번째 의미의 특수성을 강조하고 있다.

8) 이 두 번째 의미는 키일(Kiel) 운하에 대한 베르사유 조약의 특별조항을 '자기완비적' 요건을 충족한다고 인정된 '윔블던호 사건'에 대한 상설국제사법재판소(PCIJ)의 판결을 인용한 것이다 (*Case of the S.S. 'Wimbledon'*, PCIJ Series A, Judgment of 17 August 1923, pp. 23-24). 보고서에 따르면 본 사건에서 '자기완비적이라는 표현이 특정 사안에 대한 기존규칙이 존재하는 경우 해당규칙이 그 외의 규칙에 우선한다는 의미 이상을 지닌다고 보기 어렵다'고 인정하고 있다 (*ILC Report on Fragmentation of International Law, supra* note 1, p. 67).

9) *ILC Report on Fragmentation of International Law, supra* note 1, p. 68. (자기완비적 체제가) '의식적으로 창설된 체제라기보다는 법조인, 외교관, 이익집단의 비공식적인 활동으로부터 발전되어 법률문화 전반의 변화와 특별법에 대한 실무적 필요성에 맞춰 탄생했다고 보는 것이 맞다. 이는 국제사회의 기능적 다양화, 일반적으로는 일반법 중에서 충분한 관심을 받지 못하여 특정한 성향 및 지향점을 구체화하고 강화하고자 하는 특정단체의 노력을 의미한다. 전문화된 집행기관의 특별 "원칙"의 적용은 자기완비적 체제의 가시적 특징이다' (pp. 84-85).

10) 제2장(2.1) 참조. 반대로 투자협정 체제를 각각 독립된 체제로 고려할 경우 ILC 보고서에 의거한 자기완비적 체제의 두 번째 의미가 이에 해당할 수 있다.

를 강조하고 있다.

ILC 보고서는 자기완비적 체제의 의미가 가지는 규범적 효과가 '명확하거나 직접적(clear or straightforward)'이지 않다는 점을 잘 강조하고 있다.[11] 앞서 언급한 것처럼 자기완비적 체제이론을 지지하는 기본적인 법적 요소는 특별법 원칙이다. 그러나 자기완비적 체제의 규범적 의미에 대해 가장 중요하고 또 가장 논란이 많은 사안은 국제법 전반에서 각 법체제가 가지는 자립성의 수준이다 (예를 들어 국제법체계에 대한 구조적 원칙들 중 특별법 우선의 원칙의 지위 등). 특히 국제투자법 체제에서는 체제를 구성하는 규칙의 선택, 해석 및 적용이 특히 논란의 중심이 되고 있다.[12]

한 법체제의 자립성 수준을 식별하기 위해서는 주로 자기완비적 체제가 일반 국제법 체제를 얼마나 경시 또는 무시하는지를 통해 판단할 수 있다. 동시에 동 체제가 가지는 자율성 수준은 국제법 내 기타 법체제와의 관계에서도 직접적인 영향을 미친다. 투자규범과 환경규범과의 관계가 그 예가 될 수 있다.[13] 해당되는 규범의 자립성 수준 및 범위에 따라서 국제투자법에 대한 자기완비적 체제이론은 국제투자법 적용 시 비경제적 이익을 수용할 수도 있고 수용하지 않을 수도 있는 해석의 여지가 존재할 것이다.

국제투자법을 여타 국제법 영역으로부터 완전히 고립된 자기완비적 체제로 보는 급진적인 주장은 법체제의 내부적인 목표만을 추구하는 목적론적 해석론을 폭넓게 적용하고 있다.[14] 따라서 이 영역 외의 이익 내지는 법적인 목표가 개입할 여지는 매우 작다. 사실 법학자들은 이와 같은 급진적인 견해를 공개적으로 천명한 경우는 거의 없다. 그러나 이 견해가 공개적으로 알려진 바가 없다고 하더라도 국제투자법을 바라보는 시각 속에 내포되어 있는 경우가 많다.

---

11) *ILC Report on Fragmentation of International Law, supra* note 1, p. 68.

12) 반대로 WTO체제에서는 국가책임에 대한 특별규범 문제가 적어도 자기완비적 체제이론에서는 1차 규범의 '집행(administration)'문제만큼 중요하다고 할 수 있다. 국가책임에 대한 2차 규범, 특히 대항조치에 대한 '체제 실패(regime failure)'가 발생할 경우 자동적으로 일반규범으로 회귀하는 것을 대비책으로 두는 것에 대해 비판하는 내용으로 Gradoni, *supra* note 7 참조.

13) ILC 보고서에 의거한 자기완비적 체제의 첫 번째 의미를 살펴보았을 때 (국가책임 관련규칙의 자립성) 그 분석은 주로 자기완비적 체제와 일반 국제법 간의 관계로 한정된다. 반대로 그 외 두 가지의 의미에서 보면 (특히 자기완비적 체제를 인권법, 해양법 등 국제법의 자립적인 영역으로 보는 세 번째 의미의 관점에서) 특정한 규범(또는 법 영역)과의 관계와 연관이 있으며 이는 준거법에 대한 문제(특히 준거법 간의 충돌)뿐만 아니라 규범의 해석문제(주관적 해석 및 목적론적 해석 또는 조약에 관한 비엔나협약 제31조 3항에 따른 체계적 해석)이기도 하다.

14) 지금부터 '자기완비적(self-contained)' 체제 또는 접근법이라는 표현은 급진적인 견해를 설명하는데 사용하도록 한다.

또한 이와 같은 급진적인 입장을 개념적으로 고립시키는 것은 이론상 기타 영역의 이익을 배제하는 자기완비적 체제를 치밀하게 분석하는 기능을 수행할 뿐만 아니라 투자관련 법적 분쟁에 대한 분석에서 자기완비적 체제이론을 판단의 기준으로 삼을 수 있도록 한다. 앞서 언급한 바와 같이 자기완비적 접근법과 체계적 접근법 간의 이론적 갈등은 본서의 논의 전반에 깔려있는 중요한 문제이다. 이와 같은 맥락에서 국제투자법상 주요 이론들은 법체제의 자립성 수준에 따라, 그리고 기타 법이익에 대한 수용성 수준에 따라 구분할 수 있다.[15]

B. 국제투자법에 대한 자기완비적 접근법

국제경제법에 대한 엄격한 자기완비적 접근법을 보여주는 대표적인 예들은 1990년대 WTO법체계에 대한 학술연구에서 찾아볼 수 있었으나, WTO 상소기구가 WTO법이 여타 국제법으로부터 '분리되어(in clinical isolation)' 존재하고자 하는 의도가 없다는 것을 확인한 이후[16] 이러한 견해들은 그 입지를 잃었고 현재는 오직 소수의 법학자들만이 WTO 협정들은 그 성격을 불문하고 국제공법으로부터 완벽히 분리되어 있다는 견해를 고수하고 있다.[17] 그러나 기능주의적 해석론을 적용했을 때 국제통상법 규범이 여타 국제법으로부터 상당한 독립성을 가지는지에 대한 여부는 아직 미지수이다.

학계에서도 국제투자법과 국제투자중재가 자기완비적이라는 견해를 분명히 하는 경우는 흔치 않으며 오히려 국제투자법의 특정영역에만 이 견해를 반영하는 경우가 더 흔하다.[18] 같은 이유에서 일부 학자들은 자기완비적 이론에 융화될 수 있

---

15) 이하 문단 E의 내용 참조.

16) *United States — Standards for Reformulated and Conventional Gasoline*, Report of the Appellate Body of 29 April 1996, WT/DS2/AB/R, 17.

17) *ILC Report on Fragmentation of International Law, supra* note 1, p. 70.

18) 이러한 경우는 '공정형평대우' 기준의 의미에 대한 이론적 접근에서도 찾아볼 수 있는데 공정형평대우라는 개념이 추상적이고 이를 분별할 수 있는 협정상의 정의가 부재하여 학자들 간에 상당한 논의가 진행된 바 있다. 현재는 이를 '국제관습법적 기준'이라는 넓은 의미로 보는 견해가 우세하며 (제5장(5.3) 참조), 몇 년 전 여러 학자들은 이러한 공정형평대우 기준이 일반 국제법에 비해 외국인투자자에게 더 높은 수준의 보호를 실제로 제공하고 있으며 이는 '자기완비적 기준'에 해당한다는 견해를 밝힌 바 있다. 이를 뒷받침하는 기본적인 입장을 다시 살펴볼 필요가 있다: '투자 자유화를 위해 투자자 보호는 후퇴해선 안 된다. 바로 이것이 투자협정의 의도이며 **투자자보호 관련 모든 기준에 대한 해석은 (공정형평대우 포함) 이와 같은 취지에서 이루어져야 한다**' (M. K. Bronfman, 'Fair and Equitable Treatment: An Evolving Standard', *Max Plank UNYB* 2006, pp.609–680 at p. 676, 유사한 이론적 견해와 함께 필자의 강조 추가).

을 정도로 수준 높은 자율성을 가진 국제투자법에 대한 가설로 본인들의 견해와 분석을 발전시킨 바 있다. 국제투자법 규범에서 목적론적 해석이 널리 적용된다는 사실을 인용하는 견해들이 그 예라고 할 수 있다.[19]

한편 현재의 다수설과는 달리 S. R. Ratner는 국제법이 여러 개의 자립적 체제로 파편화되는 현상을 긍정적이라고 볼 수 있고,[20] 특히 규제수용 시 투자보호라는 중대한 문제가 결부된 경우에 그러하다고 주장한 바 있다.[21] Ratner는 각기 다른 국제기구와 관련 법체제(ECHR, NAFTA, BIT 등)가 모두 투자보호라는 동일한 문제를 해결해야만 한다는 점에서 '일반적인 수준을 넘어 모든 경우의 규제수용에 대해 일관적으로 적용되는 법리'를 형성하는 것은 '불가능하고 불필요하며 비생산적인' 작업이라고 주장하면서, '각 법체제는 각자 필요한 사항을 반영하여 고유의 법리와 의사결정절차를 보유하게 될 것'이라고 하였다.[22]

Ratner가 의미하는 국제법 파편화 현상은 본 장에서 가장 먼저 언급한 국제법 파편화의 일반적인 개념과 유사하다는 점을 주목할 필요가 있다. 실제로 본서에서 분석한 7개의 국제투자 관련 협정 내지는 체제 중 5개는 외국인투자자 권리의 보호 및 증진을 위해 사실상 동일한 법적 목표를 추구한다.[23] 게다가 유럽인권협약(ECHR)의 경우에도 기본권뿐만 아니라 재산권 및 세습권 또한 보호함으로써 소수의 예외만을 허용하고 있다. 이로 인해 Ratner가 연구한 사례는 각 법체제가 서로 다

19) 그 예로 O. E. Garcia Bolivar, 'The Teleology of International Investment Law, The Role of the Purpose in the Interpretation of International Investment Agreements' (2005) *Journal of World Investment and Trade*, pp. 751–772 참조. 저자는 국제투자협정 해석에 있어서 형식적인 입장을 취하면서 '중재판정부와 재판소는 협정문의 본문, 전문, 준비문서(travaux préparatoires)에서 명시하는 목적에서 벗어나는 해석을 적용해선 안 된다. 즉, 작성자가 협정문에 작성해둔 내용 그대로에 대해 해석해야 한다는 것'이라고 하였다 (p. 772).

20) S. R. Ratner, 'Regulatory Takings in Institutional Context: Beyond the Fear of Fragmented International Law (2008) *American Journal of International Law*, pp. 475–528.

21) 이러한 문제는 특히 직접수용에 대해 엄격하게 적용되는 규칙들이 간접 또는 점진적 수용뿐만 아니라 투자자권리를 침해할 수 있는 국가의 규제조치('규제수용')에 대해서도 적용되었을 때 발생할 수 있으며 이에 따른 보상 문제가 발생할 수 있다. 규제수용이 환경보호와 외국인투자자보호 간의 법적 관계에 영향을 미치는 가장 중요한 사안이면서 또 가장 논란이 되는 사안이라는 점에서 Ratner의 주장은 이중적으로 중요한 의미가 있다고 할 수 있다. 이 주제에 대해서는 제5장(5.4)에서 더욱 광범위하게 논의될 것이다.

22) Ratner, *supra* note 20, p. 475.

23) 이러한 맥락에서 Ratner는 각기 다른 국제투자법체제가 외국인투자 문제에 대해 동일한 방법으로 접근하는 것은 실질적으로 불가능하다고 주장하는 것으로 보인다. 단, BIT에 대한 입장은 미묘한 차이점이 있음을 발견할 수 있다. Ratner는 수많은 BIT들을 포괄적으로 설명하고자 하나 ('A regime for Bilateral Investment Treaties?') 이러한 접근법을 적용하는 것이 어렵다는 것을 인정하고 있다 (*supra* note 20, pp. 516–520).

른 원칙과 목적을 추구하여 준거법의 충돌이 발생하는 국제법 파편화 문제의 전형
적인 사례들과는 차이점이 있음을 알 수 있다.24) 이와 같은 맥락에서 Ratner의 연
구는 각기 다른 구조와 목적을 가진 법체제 중 어느 한 쪽의 규칙을 적용해야 하
는 경우 (예를 들어 WTO법과 다자간 환경조약) 조화를 이루어야 하는 문제에 있어서 해
석방법론을 논하고 있지 않다. 앞서 언급한 바와 같이 BIT, 북미자유무역협정
(NAFTA), 미국ー이란 청구 재판소(US—Iran Claims Tribunal) 등은 별개의 법체제로 자
체적인 목적과 해당 목적을 달성하기 위해 설립된 기관을 보유한 존재라는 것이다.
따라서 각 법체제가 소위 자기완비적이라는 논거는 국제투자법 및 국제투자중재
전체에 적용되는 것이 아니라 그 세부요소에 적용되는 것이다.25) 결과적으로 이러
한 견해는 각 법체제와 기관의 자립성을 옹호한다는 점에서 큰 의미가 있다. 또한
각 법체제와 기관이 내부적인 목표를 추구하는 내용이 협정상에서 지배적이기는
하나 위에서 언급한 바와 같이 이를 자기완비적 접근법으로 설명하기에는 너무 복
잡한 형태를 띠고 있어 목적론적 해석을 강력하게 지지하는 내용이라고도 볼 수
있겠다.

　　결과적으로 국제투자법(또는 개별 투자법체제)을 개념화하는데 있어서 자기완비적
법리를 명시적으로 적용하는 법학자는 실제로 극소수에 해당한다. 그러나 국제투
자법 이론과 접근법에 대한 면밀한 분석을 통해 얻을 수 있는 결론은 이 법리가
실제로는 가변적이고 정교한 해석론보다는 문자적 해석 및 목적론적 해석을 선호
하는 여러 법학자들에 의해 추정되고 있다는 점을 알 수 있다. 또한 국제투자법의
단일성을 주장하는 이론들이 국제투자법을 자기완비적 체제로 바라보는 견해로 이
어질 수 있는 위험성이 존재하는지 여부, 존재한다면 그 위험성의 수준이 어느 정
도인지를 확인하는 것이 중요하며 국제투자법의 단일성은 외국인투자자 권리의 보
호에 대한 원칙과 가치관을 근거로 형성된다는 점을 염두에 둘 필요가 있다.26) 이

---

24) 그러나 Ratner의 분석에 의하면 (외국인투자 보호에 관한) 2개의 법체제가 중복되는 경우가 발
　　생하는데, 그 예로 BIT와 미국의 해외민간투자공사(OPIC)가 중복되었던 *Enron* 사건을 들 수 있
　　다 ('Regulatory Takings in International Context' at 521–522). 그러나 OPIC 체제가 국제법 체
　　제에 포함된다고 얘기하기는 어려우며, 국제법의 파편화 논의는 이보다 더 광범위한 이론적 논
　　의에 해당하는 것으로 해당 사안에 대한 실익은 작다.
25) 또한 이러한 접근법은 '정치학과 국제법 분야가 혼합된 형태로서 자체적인 법 규정과 기관을 보
　　유한 법체제'를 도입하는 것으로 저자는 특히 '다른 법체제가 아닌 자기 법체제의 목표를 추구
　　하는 기관의 역할'을 강조하고 있다 (*ibid.*, at 485). 이는 순수하게 국제법 영역만을 논의하는
　　본서의 범위에서 벗어난 내용이다.
26) 본 장의 제3절 참조. 실제로 국제통상법과 비교해보면 국제투자법상 문제는 국제투자법을 구성

와 같은 국제투자법의 특징들이 국제투자협징상 목적과는 관련이 없으나 국제투자
법을 엄격하게 적용하는데 있어서 기타 가치관(예를 들어 환경보호에 관한 가치관)이 개
입하게 되는 경우 실제 사건에 중대한 영향을 미친다고 보는 것이 옳을 것이다.

C. 투자중재 판정례

국제투자법에 자기완비적 법리를 적용하는 문제는 중재판정례를 분석하는데
있어서도 중요한 부분이다. 그러나 법학자들과 달리 중재판정부는 준거법 또는 국
제투자법 전반을 판단하는데 있어서 어떠한 이론을 채택하는지에 대해서 밝히는
경우는 드물다. 분명한 것은 중재판정부가 자기완비적 또는 개방적인 법리 어느 한
쪽에 대한 선호도를 드러낼 수도 있겠으나 이는 단순히 한 쪽의 주장을 채택하여
적용하는 것일 뿐 이에 대한 명확한 설명은 찾아볼 수 없다.[27] 제2장에서는 중재
판정부가 환경문제가 결부되어 판정을 내리기 어려운 사건들에 있어서 원용한 법
적 주장 또는 해명에 대해 분석할 것이다. 본 분석에서는 중재판정부의 입장이 국
제투자법에 대한 자기완비적 접근법에 의해 어떻게 영향을 받았는지 알아보는 것
이 주요한 내용이 될 것이다.

국제투자분쟁 판정례에 대한 포괄적인 분석을 통해 중재판정의 파편화라는 일
반적인 경향을 파악해내는 것은 본 연구가 달성하고자 하는 목표를 초과하는 작업
이기는 하나 이를 시도했던 타 연구에 대해 확인하는 것은 의미가 있을 것이다. O.
K. Fauchald는 특정 기간 동안의 국제투자분쟁해결기구(ICSID) 판정례를 대상으로
한 포괄적인 정량분석을 통해[28] 중재판정부가 어느 정도 수준까지 '예측가능한 법

하는 법원(legal sources)과 중재판정이 극도로 파편화되어 있어 더욱 문제가 복잡해진다. WTO
설립협정은 국제통상법을 하나의 법체계로 인식할 수 있도록 만드는 역할을 수행하는 반면, 국
제투자법은 조각보적인 성격으로 인해 법적 모델들과 중재판정례의 공통점들을 도출하여 이를
하나의 규범으로 통합시켜야 하는 어려운 과정을 거쳐야만 한다.

27) 그러나 ICSID 주관 하에 첫 번째로 진행되었던 투자협정 중재사건에서 중재판정부가 해당 문제
에 적용되는 BIT는 '자기완비적인 폐쇄적 체제가 아니므로 협정상 직접적용되는 실질적 규칙에
국한되는 것이 아니며 더 광범위한 법적 맥락을 고려하여 타 법원의 규칙까지 통합된 것으로
보아야 한다'고 언급한 점을 주목할 필요가 있다 (*Asian Agriculture Products Ltd. (AAPL) v.
Republic of Sri Lanka*, ICSID Case No. ARB/87/3, Award of 27 June 1990, para. 21, 저자 강조
추가). *MTD Equity Sdn. Bhd. & MTD Chile SA v. Chile*, ICSID Case No. ARB/01/7, Decision
on Annulment of 21 March 2007, para. 61 ('중재판정부는 청구된 사안에 있어서 해당 BIT의
규정만을 분리하여 적용하는 것이 아니라 국제법 전체를 적용해야 했다') 참조.

28) O. K. Fauchald, 'The Legal Reasoning of ICSID Tribunals – An Empirical Analysis' (2008) 19
EJIL, 301–364. 본 연구는 1998년 1월 1일부터 2006년 12월 31일까지 있었던 72개 투자분쟁사
건에 대한 98개 판정을 분석한 것이다 (p. 304). 이는 국제법에 대해서만 중점을 둔 것으로 '국

제도'를 형성하였고 '국제투자법의 통합적인 발전' 내지는 '국제법의 파편화'에 어떻게 기여하였는지 파악하고자 하였다.[29] 동 분석을 통해 알 수 있는 점은 중재판정부가 국제법 파편화에 기여한다는 문제에 있어서 'ICSID 중재판정부가 국제법의 타 영역과 일치한 판정을 내리고자 하는 일반적인 이익'을 가지고 있다는 것이다.[30] 그러나 이는 중재판정부가 포용해야 하는 '투자자와 투자유치국이 주장하는 이익 이외의 고려사항'이 상당부분 존재한다는 점 또한 동시에 보여주고 있다.[31]

Fauchald의 연구가 정량분석을 활용했기 때문에 각 판정이 비상업적 이익과 타 국제법 규칙에 있어서 얼마나 폐쇄적인지에 대해 분석한 내용을 찾아보기는 힘들다. 그러나 각 판정의 내용을 분석하여 투자중재의 법리를 도출해보면 일부 판정의 경우 환경문제를 국제투자법 규칙에 통합하여 적용하는데 있어서 자기완비적 법리를 도입하고 있는 것으로 보인다.

특히 국가가 공원을 조성하여 생물다양성을 지닌 생태계를 보호하기 위해 외국인투자자의 토지를 수용하여 분쟁이 발생한 사건에 대하여 ICSID 중재판정부는 수용에 따른 배상금 책정문제를 판단하는 고려사항에서 국가가 생물다양성 보호에 대해 가지는 국제적 의무를 명시적으로 배제한 바 있다. 동 중재판정부는 다음과 같이 주장하였다: '본 사건에서 환경보호를 이유로 재산이 수용되었다는 사실은 수용에 대한 배상금의 성격 또는 책정문제를 판단하는데 있어서 영향을 주지 않는다. [...] 환경보호 의무에 대한 국제법적 법원은 이에 대해 연관이 없다.' 이 견해에 대해서는 제2장에서 소위 '환경 사건(environmental cases)'에서 국제투자법을 자기완비적 법리로 접근하는 경향을 반영하는 중재판정부들의 판정과 함께 면밀히 분석하도록 한다. 위 판정이 있은 이후 국가의 비상업적 의무의 연관성을 배제한다는 확고한 입장을 명백하게 밝힌 판정은 존재하지 않는다.[32] 그러나 이러한 맥락에서 *Santa*

내 입법이나 행정처분, 계약에 대한 중재판정부의 입장에 대해서는 분석하지 않았다' (p. 304).

29) *Ibid.*, p. 302.

30) 중재판정부는 기타 판정부 또는 재판소의 '선례'를 언급하는데 있어서 매우 개방적인 태도를 보이고 있다. 실제로 Fauchald도 이에 대해 '아무리 상당수의 ICSID 중재판정부가 타 판정부의 판정례를 제한적으로 고려하거나 아예 배제하는 경우가 있다 하더라도 ICSID 중재판정부가 일반적으로 국제법 또는 중재판정의 "파편화(fragmentation)"에 기여한다고 결론을 내리는 것은 바람직하지 않다'는 점을 강조하여 언급하고 있다. 이러한 내용은 ICSID 중재판정부가 "자기완비적 체제(self-contained regime)"를 구성하는 수준과는 거리가 멀다는 점을 의미한다 (*ibid.*, p. 343).

31) *Ibid.*, p. 358.

32) 한편 일부 최근 판정의 경우 환경보호에 대한 국가의 의무를 긍정적으로 고려한 바 있다. 이하 제7장(7.3) 참조.

Elena 사건이 매우 중대한 사건으로 그 지위를 이어가게 되는데 그 이유는 동 사건 중재판정부의 부수적 의견이 타 중재판정부들에 의해 광범위하게 인용되고 있기 때문이다. 결과적으로 *Santa Elena* 중재판정부의 부수적 의견은 국제투자법에 대한 자기완비적 법리부터 개방적 법리까지 이르는 범위 내에서 극단적인 입장을 대변하는 축이 될 수 있을 것이다.

D. 자기완비이론: 일반적 논의

국제법 파편화에 관한 ILC 보고서에서는 '책임소지가 있는 법체제나 특정 사안에 관한 법 규정, 또는 국제법의 특정 영역이 일반법에 의해 보완되어야 하는 수준은 각기 다르기는 하나 일반법이 완전히 배제되어야 한다는 입장을 지지하는 근거는 찾아볼 수 없다'고 언급하면서 '이와 같은 배제는 개념적으로도 불가능하다'고 강조한 바 있다.[33] 이 보고서에서는 자기완비적 체제를 규범적인 측면에서 고려하는데 있어서 본서가 추정하는 두 가지 사항에 대해 잘 서술하고 있다. 첫째, 법 규정 및 세부영역은 일반 국제법으로부터 고립된 것이 아니라 상호적으로 연관되어 있다 (따라서 국제법의 타 영역 또는 원칙으로부터도 고립된 것이 아니다). 둘째, 각 법체제가 효과적으로 누리고 있는 자율성 내지는 특수성[34]의 정도가 판단기준이 된다.

첫 번째 추정은 특정 법체제가 기타 국제법 영역으로부터 완전한 자율성을 가진다는 (소수의) 가정과 이론들에 대해 대응하는 비판적인 논리이다. 이는 국제법이 하나의 법체계라는 가정에 근거한 것이다. 따라서 국제법의 '규범과 원칙(또는 규칙)'은 적용하고 해석하는데 있어 타 규범과 원칙을 배경으로 고려해야 한다는 것이다. 위와 같은 내용이 ILC의 국제법 파편화에 대한 연구에서 도출한 첫 번째 결론에서 인용한 내용이라는 점은 단순한 우연의 일치가 아니다.[35] 중요한 점은 국제법 전

---

33) *ILC Report on Fragmentation of International Law, supra* note 1, p. 82.
34) ILC 보고서는 "'자기완비적 체제(self-contained regime)"라는 개념은 오해의 소지가 있다'고 밝히면서 이에 따라 '"자기완비적 체제"라는 표현은 "특별법 체제(special regime)"로 대체되어야 한다'고 하였다 (*ibid.*).
35) ILC, *Conclusions of the Work of the Study Group on the Fragmentation of International Law: Difficulties Arising from the Diversification and Expansion of International Law*, adopted at its Fifty-eighth session in 2006, para. 1. 이에 대해 특히 WTO와 국제법 전반의 관계에서 유사한 견해를 밝히고 있는 법학자들의 저서 참고: M. Garcia-Rubio, *On the Application of Customary Rules of States Responsibility by the WTO Dispute Settlement Organs* (Geneva 2001); J. Pauwelyn, *Conflict of Norms in Public International Law: How WTO Law Relates to Other Rules of International Law* (Cambridge 2003).

체를 하나의 법질서로 간주하는 이 논거에 따르면 국제관습법과 국제조약상 모든
규칙과 원칙들을 고려해야만 한다는 점이다. 이에 따라 *Santa Elena* 사건의 판정
에서 제시된 주장은 번복될 것이며 국제투자법에 대한 목적론적 해석론이 압도적
인 것으로 보는 이론적 견해들도 그 힘을 잃게 될 것이다.

그러나 위에서 제시한 두 번째 추정은 법체제의 특수성 논리에 따라 특정 법
체제의 내부적 가치가 외부적 가치에 우선한다는 사실을 배제하는 것을 의미하지
않는다. 실제로 첫 번째 추정은 가정 내지는 선결조건36)인 반면, 두 번째 추정은
타 국제법과의 관계에서 특수성 원칙에 따라 각 법체제가 누리는 자율성의 수준에
대한 것으로 미결의 문제라고 볼 수 있다. 국제투자법과 같이 국제법의 특별법 체
제(또는 하위법체계)에 대해서는 더욱 구체적인 문제가 발생한다. 다시 말해 이 두 번
째 추정은 한 법체제가 자체적으로 보호하는 영역 외의 가치와 이익까지 고려할
수 있는 수용능력, 특히 동 법체제에 귀속된 규칙과 원칙에 대한 해석에 있어서 고
려할 수 있는 수용능력에 대한 문제인 것이다. 이는 주로 특정 형태의 이익, 그 중
에서도 특히 재산과 상업에 대한 이익만을 보호하는 국제법의 세부법체계에 대한
문제이다. 한편, 인권보호 관련 법체제는 잠재적으로 서로 충돌할 수 있는 광범위
한 범위 내의 가치와 이익들을 포용하고 있으며 이는 문맥 또는 목적론적 해석에
근거한 일반적인 해석기술을 통해 효과적으로 균형을 맞출 수 있을 것이다. 결과적
으로 국제투자법과 같이 '단일한(mono-oriented)' 법체제의 자립성을 어떻게 판단하
고 또 해당 법체제의 규정을 '외부적(external)' 가치가 연관된 난해한 사건에서 어떻
게 해석할 것인가에 대한 답변이 바로 국제투자법을 이해하는데 있어서 개념적인
근거가 될 것이며, 특히 국제투자법의 해석 및 적용시 환경에 대한 고려사항을 반
영할지 여부, 반영한다면 그 수준을 결정하는 문제가 관건이 될 것이다.

---

36) 실제로 ILC 보고서에서 '개념적 불가능성(conceptual impossibility)'에 대해 다음과 같이 언급하
고 있다: '[…] 국제법의 "공백(gaps)"이라는 묵은 문제에 대한 논리적, 개념적 또는 정치적 문제
등 그 어떠한 문제든 간에 특별법(*lex specialis*)에 있어서 다른 법은 전혀 적용될 여지가 없다는
생각은 개념적으로 불가능하다(*impossibility*). 만약 법적 주체가 자신의 권리를 "특별법(special
law)"에 근거하여 주장한다면 그 청구에 대한 유효성 판단은 법체계 전체의 배경을 고려해야만
확인할 수 있으며 "특별법(special laws)"이 어떻게 도입되었고 무엇이 "특별한(special)" 사항이
며 또 어떻게 이행되고 개정되며 종료되는지를 파악할 수 있다. 법의 특정 부분만을 선택하고
그 외는 제외하여 법적 청구를 하는 것은 불가능하다.' (*ILC Report on Fragmentation of Inter-
national Law, supra* note 1, p. 65).

E. 개념주(Conceptual Pole)로서의 자기완비적 체제: 국제투자법의 자율성

위에서 언급한 바와 같이 학계와 중재판정부 모두 국제투자법을 자기완비적 체제로 규정하는 경우는 드물다. 국제투자법의 조각보 같은 성격이 국제법의 영역으로써 이해되고 해석되어야 하는 하나의 자율적인 법체계라고 명시적으로 주장하는 것을 더욱 어렵게 만들 수도 있다. 게다가 국제법의 영역들을 자기완비적 체제로 이해하려는 접근법에 대해 다수설은 매우 비판적인 것이 현실이며,[37] ILC는 다수설이 권위있는 주요이론들을 반영하는 것이라고 확인한 바 있다. 이로 인해 대다수의 학자들이 자기완비적 체제이론을 지지하지 않는다고 볼 수 있겠다.

그러나 자기완비적 체제라는 개념 자체는 국제투자법 이론들을 이해하는데 근본적인 역할을 수행한다. 자기완비적 체제론은 국제투자법의 자율성 수준을 판단하는 다양한 이론들 중에서 극단에 해당하는 것으로 그 반대편 극단은 완전체계적 (준헌법론적) 이론으로 볼 수 있다.[38] 이론적 견해가 극단적인 자기완비적 개념주에 치우칠수록 체계이론주의자들의 비판과 반대는 더욱 심해질 것이다. 반대로 온전히 체계이론에 근거한 이론적 극단에 치우칠수록 특별법 우선의 원칙의 보편성을 주장하는 이들로부터 더 큰 반대에 부딪힐 것이다. 적어도 국제투자법 영역에서는 전자의 경우가 더 흔하며 차후 이론 분석을 통해 이에 대해 논의할 것이다. 실제로 본 장의 앞부분에서 암시한 바와 같이 일부 이론적 견해는 보기에는 국제투자법의 이론적 스펙트럼에서 중립적인(또는 체계이론에 기반을 둔) 것으로 보일 수 있으나 실제로 국제투자법 및 중재에 위험요소가 될 수 있는 것은 자기완비적 체제이론이다.

이러한 이론적 스펙트럼 내에서 국제법 영역 중 특별법 체제, 특히 국제투자법에 준하는 자립적인 체제를 찾아보긴 어렵다. 물론 쉽게 얘기하면 스펙트럼 중간에 위치하는 이론들은 양 극단에 치우친 이론들보다 낫다고 주장할 수 있다. 이는

---

37) 그 예로 C. McLachlan, 'Investment Treaties and General International Law' (2008) 57 *ICLQ*, pp. 361–401: '본 조항은 투자협정이 자기완비적 체제가 아니라는 것을 전제로 한다' p. 369. McLachlan의 견해에 대해서는 다음 장 참조.

38) 국제경제법에 대한 헌법론적 접근에 대해서는 E. U. Petersmann, *International Economic Law in the 21st Century: Constitutional Pluralism and Multilevel Governance of Interdependent Public Goods* (Oxford and Portland 2012) (여기서 저자는 '국제투자법의 "베스트팔렌(West-phalian)" 체계에서 "현대 법의 지배(rule-of-law) 체계"로의 변환'을 언급한 바 있다, p. 297) 참조. 추가로 E. U. Petersmann, 'Constitutional Theories of International Economic Adju-dication and Investor-State Arbitration', in P.-M. Dupuy, F. Francioni and E. U. Peters-mann (eds.), *Human Rights in International Investment Law and Arbitration* (Oxford 2009), pp.137–94 (WTO법과 EU법이 경험한 여러 유사점들에 대한 설명을 포함하고 있다) 참조.

투자분쟁에서 서로 충돌하고 중복되는 다양한 형태의 규칙들 속에서 해결책을 항상 찾을 수 있기 때문이다. 이러한 개념은 국제투자법을 그 자율성 수준에 따라 이해할 수 있는 방법론을 제시하고, 또한 국제투자협정상 규정들이 직접적인 영향을 미치는 환경, 인간건강 등의 외부 가치와 이익들을 수용할 수 있는 최선의 방법을 평가하는데 더 유용하다.

본서는 더 나아가 이론적 스펙트럼을 제시함으로써 국제투자법의 국제법상 통합문제에 있어서 파편화를 옹호하는 논거부터 체계적, 원칙적 기반의 논거까지 다양한 논거들을 뒷받침하는 법적 견해들을 구분하고 정리하는 역할을 수행하고자 한다. 이는 앞서 설명한 법 이론들과는 달리 구체적인 견해들과 해결책들에 관한 것이다.

그러나 이러한 시사점들도 국제투자법의 자립성 수준에 대해 확정적인 답변을 제공하지는 않는다. 그 이유는 국제투자법의 복잡성을 고려했을 때 이 문제를 해결할 수 있는 기존 해결책 또는 획일적인 판단기준이 존재하지 않기 때문이다. 또한 국제투자법의 파편화적 성격을 옹호하는 견해의 경우에도 체계적 통합론보다 무조건 환경문제에 대한 고려의 폭이 적다고 얘기할 수는 없으며 이는 체계적 통합론을 인용하는 것이 국제투자법과 환경문제를 서로 존중하는 근거로 활용하는데 더 유용하다고 보더라도 그러하다.

3. 국제투자법에 대한 포괄적 접근법

위에서 언급한 바와 같이 대다수의 법학자들은 국제투자법을 사실관계 측면에서 논하고자 하며 중재판정례의 실증분석을 통해 국제법상 외국인투자자를 보호하는 규칙과 원칙을 식별하는 방법에 의존한다.[39] 이를 통해 법학자들은 국제투자법이 단일한 법 규범이라고 추정하고 또 다수의 경우 이러한 견해를 지지하는데, 이들의 견해를 뒷받침하는 포괄적인 이론을 발전시켜 명시적으로 언급하지는 않는다. 그러나 국제투자법을 단일한 법 규범으로 추정하는 것으로 인해 뒤따르는 문제점을 이론적인 측면에서 논의한 중요한 연구들이 최근 이루어졌다. 이 연구에서 발전된 이론들은 국제경제법의 법 원칙과 가치들을 포함하는 것으로 국제경제법의

---

39) 제2장(2.1) 참조.

모든 측면에서 매우 중대한 파급효과를 가지고 있다고 할 수 있다.

A. 국제투자법: 투자협정규칙과 일반국제법의 공생관계

C. McLachlan의 최근 연구에서는 투자협정이 창설한 법 규범과 일반국제법 간 관계에 있어서의 중점들을 논의하고 있다.[40] 이에 대해선 서로 연관된 두 가지 질문에 대한 답을 요한다. 첫째로 일반국제법이 투자협정에 따른 분쟁[41]에 대한 중재판정에 있어서 영향을 미치는지, 미친다면 그 정도는 얼마나 되는지를 확인해야 하며, 둘째로 이러한 중재판정(및 국가들의 관행)이 일반국제법의 발전에 기여를 하는지 여부를 확인해야 한다.[42] 이는 McLachlan이 ILC의 국제법 파편화에 관한 연구에 참여하여 특별법 우선의 원칙, 체계적 해석의 원칙 등 개념적인 근거들을 제시하면서 직접적으로 ILC의 연구를 지원하면서 이루어진 분석이다.

McLachlan이 제시한 위 두 가지 질문들에 대해 상호간 연계성을 고려해보면 긍정적인 답변을 얻을 수 있다. 실제로 국제투자법 규범과 일반국제법의 관계는 공생적인 성격으로 규정할 수 있다: '협정상 의무의 내용은 일반국제법의 영향을 받을 수 있다. 결과적으로 협정상 의무에 대한 공표와 이에 대한 중재판정부의 적용도 일반국제법의 진보적인 발전으로 이어질 수 있다.'[43] 이러한 결론은 국제법이 '법체계이며 투자협정은 국제법이 생성하고 규율하는 존재'라고 보는 가정에 주된 근거를 두고 있다. 이는 국제법을 그 전체와 구성요소를 포함하여 체계적으로 판단하는 것을 의미한다. 주목할 만한 부분은 McLachlan이 중재판정부가 일반국제법을 판정에 적용할 수 있는 가능성을 인지하면서 국제투자협정의 해석방법론에 중점을 두고 자신의 체계적 논증을 더욱 발전시켰다는 것이다. 이러한 맥락에서 McLachlan은 투자협정을 해석하는데 있어서 1969년 조약법에 관한 비엔나협약 제31조 3항 (c)호에 의거하여 일반국제법을 고려하는 것에 대해 그 중요성을 강조하고 있다.

투자협정규범과 일반국제법의 공생관계는 법이 상호 간에 순환적으로 해석되고 적용되는 결과로 이어진다. 투자협정은 국제관습법에 따라 해석되는데 특히 일반적인 문구인 '공정형평대우(fair and equitable treatment)' 등이 협정에 명시되었을 경

---

40) McLachlan, *supra* note 37.
41) 이는 투자협정상 특정 조항에 따라 중재판정부에 귀속되는 분쟁을 의미한다.
42) McLachlan, *supra* note 37, p. 362.
43) *Ibid.*, p. 364.

우에 특히 그러하다.[44] 이를 통해 일반국제법의 지위는 더욱 공고해지고 여러 국
제투자협정에 적용되면서 진화하게 될 것이다. 반대로 국제투자협정이 국내구제완
료 또는 필요성의 항변 등 국제법의 일반원칙으로부터 명백한 예외를 규정하고 있
는 경우 해당 협정은 특별법 우선의 원칙에 따라 우선적으로 적용될 수 있을 것이
다.[45]

　　이론적 스펙트럼 내에서 위 이론은 국제투자법을 체계적 또는 개방적인 개념
으로 보는 축에 더 가까운 곳에 위치한다고 봐야만 할 것이다. 일반적으로 체계적
해석방법론이 본서의 분석에서 매우 중요하다고 할 수 있을 것이다.[46] 그러나 본
서에서 제시하는 투자협정규범과 일반국제법의 공생관계는 주로 특별법과 일반법
의 성격에 관한 문제로써 위에서 언급한 법 해석 및 적용의 순환과정이 결국 투자
유치국의 외국인투자자 대우에 관한 원칙을 정의하는데까지 이르렀다는 점을 눈여
겨 볼 필요가 있다.[47] 따라서 국제투자협정에 적용되는 국제관습법은 재산 및 상
업 가치들을 보호하는 기존의 협정들로부터 파생되었음을 알 수 있다. 실제로
McLachlan은 일반국제법의 주된 역할이 협정문에 명시된 '체약당사국들의 의도를
적극적으로 해석하거나 협정에서 명시되지 않은 문제에 대해 다른 접근법으로 협
정문을 적용하는 것'이라고 밝힌 바 있다.[48]

　　McLachlan의 접근법을 적용하는데 있어서 그의 의도에서 벗어나는 극단적인

---

44) McLachlan은 이 개념에 대해 그 의미를 '적정절차(due process)'를 기준으로 매우 심도있게 분
　　석하고 있다 (*ibid.*, pp. 375-383).

45) *Ibid.*, pp. 384, 390.

46) 체계적 해석 방법론에 따른 국제투자법 해석 문제에 대해서는 제6장(6.2) 참조.

47) 저자는 일반적인 법 원칙이 상호적으로 순환적인 과정을 거치는 것에 대한 중요성을 부각시키
　　면서 국제사법재판소 규정 제38조 1항 (c)호에 규정된 국제법의 법원을 언급하고 있다. 이를 통
　　해 McLachlan은 국제투자법의 원칙(예를 들어 '지배적인 공통원칙이라는 통일된 성격을 지닌
　　국제투자법'이라고 표현하고 있다, McLachlan, *supra* note 37, p. 397)만을 의미하는 것으로도
　　보이나, 반드시 외국인투자에 대한 내용만을 담고 있지 않은 일반(국제)법 원칙의 역할을 배제
　　하지도 (또한 인용하지도) 않았다.

48) 인용된 문장의 첫 부분은 국제투자법 내에서만 통용되는 논리를 펼치는 것으로 보인다. 대신 두
　　번째 부분은 꼭 외국인투자에 대한 내용만을 담고 있지 않은 원칙들의 연관성에 대한 함의로
　　이에 대한 협정의 침묵 내지는 비적용에 대해 고려한 것이다. 국제투자법상 관습법의 역할이 과
　　장되는 위험을 야기한다는 비판에 대해서는 J. d'Aspremont, 'International Customary Invest-
　　ment Law: Story of a Paradox', in T. Gazzini and E. De Brabandere (eds.), *International In-
　　vestment Law. The Sources of Rights and Obligations* (Leiden, Boston 2012), pp. 5-47 참조. 그
　　예로 저자는 '자본수출국(capital-exporting States)'의 독점적 지위와 '국제관습법이 시장기능 및
　　자본의 자유이동에 필요한 법적 기반이 되어야 한다'는 주장의 위험성에 대해 경고하고 있다, p.
　　40 참조.

결과를 생각해보면 이러한 순환과정이 결국 국제투자법이 투자자에게만 유리한 원칙에 따라 협정문을 해석하고 적용하게 되고 이러한 관행이 국제투자협정을 비롯하여 일반국제법상에 뿌리내리게 되는 상황이 발생할 수 있다. 반대로, 만약 국제투자협정과 일반국제법의 순환과정이 일반국제법의 틀 내에서 진정한 공생관계를 유지하고 이에 따라 적용되는 국제법 원칙과 규칙들이 외국인투자 분야에만 국한되지 않는 것이라면 체계적 통합론은 이 둘의 관계를 설명하는 이론적 대안이 될 수 있을 것이다. 이를 통해 투자분야에서 갈수록 증가하는 긴박한 법적 분쟁들에 대해 적절히 대응하고 궁극적으로는 외국인투자자의 권리 보호와 경제적 이익 외의 기타 법익들이 공존할 수 있는 방안을 모색할 수 있을 것이다.[49]

B. 국제투자법: 자유주의와 세계화를 촉진하는 사실상의 다자간 법체계

최근 일부 연구에 따르면 국제투자법을 하나의 포괄적인 법체계로 보는 이론을 제시한다.[50] S. W. Schill에 따르면 국제투자법과 투자중재는 실제로 투자협정의 당사국 간의 양자관계라는 성격을 고려하더라도 다자간 법체계를 구성한다고 주장한다. 이 이론은 국제투자법이 '국제법 및 국제분쟁해결 규범의 하위법체계로서 세계경제에서 이루어지는 투자활동을 형성, 추진 및 보호하는데 있어서 체계적인 법적 기반을 제공한다'고 본다.[51] 이러한 맥락에서 국제투자법은 '세계경제에 대한 헌법적 기능'을 수행하는 것으로 비교우위론을 주장하는 자유주의 경제학자들의 논리를 뒷받침하는 전형적인 법적 구조로 본다. 파편화된 법원 내지는 혼돈 속의 법원으로 볼 수 있는 국제투자법을 하나의 단일 구조로 보는 이 이론을 지지하는 두 가지 주장을 확인할 수 있다.

첫째, '국제투자협정들은 상당 부분이 놀라울 정도로 통일된 형태로 발전되었으며 다수의 경우 동일한 조항의 문구와 투자보호원칙을 인용하고 지지하고 있

---

49) 본서에서는 제6장(6.4) 및 제8장(8.3) 참조.

50) S. W. Schill, *The Multilateralization of International Investment Law* (Cambridge 2009). 저자는 Thomas Walde가 취한 접근법을 더욱 심화하여 발전시켰다. T. W. Walde, 'The Specific Nature of Investment Arbitration', in P. Kahn and T. W. Walde (eds.), *New Aspects of International Investment Law* (The Hague Academy of International Law 2007), *passim*, 및 Walde의 *Thunderbird* 사건에서의 개별의견 (*International Thunderbird Gaming v. United Mexican States*, UNCITRAL Arbitration, Award of 26 January 2006, *Separate Opinion of Thomas Walde*) 참조.

51) Schill, *supra* note 50, p. XIV.

다.'52) Schill은 이러한 동질성을 확인하는데 그치지 않고, 이와 같은 사실이 우연의 일치가 아니며 '국가들의 통일된 보편적인 국제투자보호 규범을 창설하고자 하는 공동의 이익을 반영한다'고 주장하면서 이는 다자간 규칙을 창설하고자 하는 '국가들의 의도'를 반영한다고 밝히고 있다.53) 결론적으로 Schill의 주장은 BIT를 체결한 국가들은 지금까지 사실상(de facto) 다자간 국제투자법 체계를 자발적으로 형성해왔다는 것이다.54)

둘째, 중재의 관점에서 보면 투자유치국에 직접적으로 청구권을 행사할 수 있도록 하는 투자자의 권한이 증대되고 중재판정의 국내법 체계상 이행이 강화된 사실은 투자협정의 다자간 체계형성이라는 이론을 뒷받침한다. 가장 중요한 것은 중재판정부가 국제투자법상 규칙이 불분명한 사안들을 해결하고 협정들 간에 존재하는 간극을 좁히며 투자법 체계 전반의 예측가능성을 향상시키면서 '투자자-국가간 분쟁 중재시 규범창설적(norm-creative) 기능을 수행'하고 있다는 것이다.55) 이를 통해 중재판정부는 투자협정의 양자적 성격을 지지하는 근거들을 약화시키고 투자규범의 단일적 내지는 다자적 성격을 지지하는 것이다. 중재판정부는 '양자협정상에서 언급되는 수준에 그치는 국제투자법에 대해 그 전부를 포괄하는 구조의 존재를 지지하는 법리와 주장'을 펼치면서 '국제투자법을 국제법하의 다자간 체계(내지는 하위체계)로 변환시키고 있다'는 주장이다.56) 이 주장의 근거는 여러 투자관련 중재판정부들의 판정을 통해 확인할 수 있는데 각 중재판정부에서는 각기 다른 협정을 준거법으로 적용하면서도 '협정 간 통일성'을 국제투자분야의 판례법에서 갖추고자 함을 알 수 있다.

위 견해를 요약하면 다음과 같다:

"종합했을 때 투자협정상 중재는 자동생산적이고(autopoietic) 자기지시적이며(self-referential) 규범적으로 폐쇄적인 법체계의 일부로 수많은 양자투자협정들을 규율하

---

52) Ibid., p. 65.
53) Ibid., p. 68.
54) 이 견해를 지지하는 여러 주장들에 대해서는 ibid., pp. 98-106 참조.
55) Ibid., p. 243. 중재판정부의 이러한 규범창설적 행태는 공정형평대우 등 그 개념이 추상적인 국제투자법상 기본원칙에 관한 사건에서 환영받은 바 있으며 (pp. 263-265), 국제법상에서 흔히 발생하는 문제인 효과적인 입법기관의 부재로 인해 더욱 탄력을 받았다 (pp. 266-268). 국제투자법상 '전례의 규범적 가치'를 부여할 가능성에 대해서는 d'Aspremont가 주장한 바 있다, supra note 48, pp. 43-46 참조.
56) Schill, supra note 50, p. 278.

고 국제투자관계 전반에 적용되는 공통의 원칙에 따라 동 협정들을 통합하면서 세계경제의 기능을 위해 필요한 법적 기반을 제공하는데 기여한다."[57]

이 이론은 국제투자법에 대한 여러 이론들을 하나로 통합하는데 분명 그 가치가 있다. 여러 법적 논거들을 통해 국제경제법의 일부인 국제투자법 영역을 하나의 영역으로 구체화하고 내재되어 있는 해석경향 또한 알려주고 있다. 그러나 이는 두 가지의 복잡한 문제를 발생시키는데 본서에서 논의하는 문제들과 상당한 관련이 있다.

첫째, 국제투자법을 다자간 법체계로 인식하는 해석론에 따를 경우 국제투자법이 국제법상 하위법체계로서 사실상 자기완비적 체제로 비춰질 수 있는 위험을 안고 있다. 실제로 이 이론은 국제투자법을 단일한 구조로써 실제 법체계를 구성하는 것으로 보고 국제투자법을 '자립적이면서 지배적인 투자보호원칙'에 의해 규율되는 법체계로 보면서 국제투자협정상 규정은 '단순한 미사여구'에 불구하다고 간주하게 만드는 위험을 야기하게 되는 것이다.[58] 따라서 국제투자법을 타 국제법 분야로부터 분리된 영역으로 볼 수 있는 위험성은 상당히 높다고 할 수 있으며 이는 위에서 인용한 '자동생산적이고(autopoietic) 자기지시적이며(self-referential) 규범적으로 폐쇄적인 법체계'라는 표현에서도 확인할 수 있다.

이와 같은 복잡한 문제는 자기완비적 체제이론에 대한 비판을 통해서도 확인할 수 있지만 몇몇 구체적인 사안에서도 확인할 수 있다. Schill은 투자협정 간의 차이점을 인지하고 있기는 하나 결론적으로는 그러한 차이점은 중요하지 않으며 이미 국제투자법은 통합(및 다자화) 과정을 거쳐 하나의 법체계가 되었음을 주장한다.[59] 주목할 만한 것은 이러한 분석은 BIT에 국한되어 있고 FTA와 기타 복수국간 투자협정은 배제하고 있다는 점이다.[60] 이는 저자가 저서를 집필하면서 FTA와 복

---

57) *Ibid.*, pp. 280-281.
58) 게다가 '국제투자법상 지배적인 지위의 규정들과 원칙들은 단순히 우연의 결과로 양자협정상에 언급되었다고 보는 것이다 (p. 279, 강조 추가).
59) 예를 들어 Schill은 조약쇼핑(treaty shopping)의 문제를 제기하면서 조약 남용을 강력하게 금지하는 혜택의 부인 조항에 대해서는 언급하지 않고 있다 (이와 같은 내용을 포함하는 조항은 양자투자협정에서는 흔하지 않으나 주요 투자협정(지침)에서는 원용되고 있다. 미국-DR-CAFTA 제10.12조 2호, NAFTA 제1113.2조, 2003년 캐나다 모델 BIT 제18.2조, 2012년 미국 모델 BIT 제17.2조 등 참조).
60) Schill의 저서 제3장과 제4장에서 특히 이러한 점을 찾아볼 수 있다 (Schill, *supra* note 50, pp. 65-196).

수국간투자협정에서 발생한 다양하고 복잡한 문제들을 축약하여 자신이 논의하고
자 하는 범위 안에 포함시키는데 어려움이 있었기 때문으로 추측된다.[61] 그러나
주요 중재판정의 법적 근거가 되고 국제투자법의 중요한 부분을 차지하는 해당 협
정들은 고려되지 못했으며 이에 따라 국제투자법을 다자간 법체계로 보는 이 견해
는 일반적으로 적용된다고 보기 힘들 것이다.

또한 Schill의 중재판정례 분석은 분명히 그 내용이 정확하고 공통된 해석경향
을 확인하는 데 있어서는 문제가 없으나 중재판정부가 '선례'를 활용한다는 주장은
완벽하게 신빙성이 있다고 보기 힘들다. 실제로 Schill은 각기 다른 국제투자협정을
준거법으로 하는 투자관련 중재판정부들이 과거 중재판정부들의 결정사항과 판정
들을 자주 인용하고 있다는 사실을 강조하고 있는데, 이 중재판정부들이 투자분야
외의 국제중재판정부와 국제재판소 판례들도 인용하는 경향이 있다는 중요한 사실
을 간과하고 있다.[62] 이는 국제투자법이 Schill의 주장에 따라 단일한 형태로 존재
하기는 하나 국제법이라는 범위 안에 포함되는 영역으로 자체적으로 완벽하게 고
립된 법체계라고 볼 수 있는 여지를 제한하고 있음을 확인할 수 있다.

둘째, 다자간 법체계로서의 국제투자법이 근거를 두고 있는 개념적인 부분에
서의 가정이 문제가 된다. 위에서 확인한 바와 같이 국제투자법을 다자간 법체계로
보는 대표적인 이유는 Schill이 본인의 저서에서 여러 단락에 걸쳐 재확인하고 있
는 것과 같이 국제투자법을 경제적 세계화를 법적인 측면에서 지지하기 위한 것으
로 인식하면서[63] '세계경제의 기능을 위한 법적 기반을 제공'하는데 기여한다고 보
기 때문이다.[64] 이러한 가정이 안고 있는 위험은 특히 국제투자법을 폐쇄적인 법
체계로 보는 관점과 결합되었을 때 투자자보호 경향이 짙은 현재의 투자규범과 원
칙을 선호하면서 기타 환경조치 등을 통해 보호되는 타 영역의 이익들을 뒷받침하
는 주장과 원칙들이 적용될 수 있는 여지를 사실상 없애버리는 결과가 발생할 수
있다는 점이다. 이로 인해 국제투자법의 통합과 체계화는 세계경제 발전이라는 미
명하에 특정 형태의 서구식 자유주의를 전 세계적으로 적용하는 것을 옹호하는 특

---

61) 이는 특히 국제투자법을 논의하는데 있어서 중요한 점이다. 실제로 FTA(및 지역투자협정)의 경
   우 더욱 포괄적인 당사국 간 경제관계를 규율하는 것으로 비상업적 가치들을 더 적절하고 직접
   적으로 고려하고 있는 것을 알 수 있다 (특히 GATT 제XX조 일반적 예외 조항을 모델로 만든 국제
   투자협정 조항들을 눈여겨 볼 필요가 있다, 이하 제7장(7.3.B) 참조).

62) Fauchald, *supra* note 28, pp. 341–3.

63) Walde, 'The Specific Nature of Investment Arbitration', *supra* note 50 참조.

64) Schill, *supra* note 50, p. 281.

수한 법리로 발전되고 있는데, 현재의 세계적인 경제 위기를 고려했을 때 이보다는 다양하고 다층적인 전략을 구상하고 실험하여 국가적인 차원에서 그리고 세계적인 차원에서 이를 운용할 필요가 있을 것으로 보인다.

　　Schill은 마치 반대의견이 나올 것을 예상한 것처럼 자신의 BIT에 대한 중재판례 분석이 전체 그림의 일부만을 보여준다는 한계를 인식하고 있다는 점을 또한 밝히고 있는데,[65] 현재의 중재판정의 경향은 Schill의 분석과 다소 차이점이 있음을 알 수 있다. 또한 국제투자법을 여러 규칙들이 하나로 통일된 법체계로 주장하는데 있어서 서구권 국가들의 협정 모델에 따라 협상이 이루어지고 작성되는 BIT에 대한 국가관행을 고려해보면 이러한 협정들이 특정 국가들의 이익만을 반영하게 되는 위험을 안고 있음을 확인할 수 있다.[66] 반대로 최근 BIT로부터 탈퇴하거나 탈퇴 의사를 밝혀 위협을 가하는 현상(및 중재판정의 취소절차 사용의 증가)으로 미루어보았을 때 일부 개발도상국들은 이러한 투자협정들이 자신들의 주권을 지나치게 제한하는 것으로 간주한다고 볼 수 있을 것이다. 이를 통해 개발도상국들은 국제투자법과 국제투자중재가 포괄적이고 자율적인 법체계를 구성하는지에 대해 의문을 제기하는 것으로 보인다.

　　결론적으로 다자간 법체계로서 국제투자법을 설명하는 이 이론은 국제투자법을 하나의 단위로 보았을 때 신빙성이 있는 것으로 이와 관련된 여러 주장들은 주목할 만한 가치가 있다고 할 수 있다. 그러나 투자규범이 이미 서로 조화를 이루고 다자화되었다는 주장을 받아들이기에는 아직 시기상조라고 할 수 있겠다. 게다가 이 이론을 지지하는 주된 법리는 하나의 통합된 세계경제 구축을 위한 자유주의적인 세계화를 촉진하는데 그 목적을 둔 것으로 개발도상국들의 정치적 입장과는 대립되는 논리이며 현재의 세계 경제위기로 인해 발생하는 여러 복잡한 사안들에 대해서는 논의하지 않는다는 문제점이 있다. 재산권과 상업적 가치들을 보호하는데 주안점을 둔 원칙들을 내재하고 있는 이 이론은 국제투자법을 일반국제법으로부터 분리된 별개의 하위법체계로 발전시킬 수 있는 위험을 안고 있으며 이는 궁극적으로 국제투자법 및 투자중재를 자기완비적 체제로 이끄는 결과로 이어질 것이다.

---

65) *Ibid.*, p. 119.
66) J. Alvarez, 'The Return of the State' (2011) 20 *Minn. J. Int'l L,* p. 223 참조. 여기서 저자는 불충분한 근거에 대한 문제와 더불어 BIT에 서명하는 것이 양자관계뿐만 아니라 다자관계를 형성하는 것을 의미한다는 견해를 정면으로 반박하고 있다.

C. 국제투자법: 공법으로서의 접근법

국제투자법을 개념화하는데 있어서 공법적 성격을 부각하는 이론적 경향이 있다. 이는 투자법체제를 하나의 단일영역으로 보는 학자들 사이에서 의견이 분분하다.

G. Van Harten은 이 접근법을 발전시킨 학자들 중 가장 저명한 학자로 투자중재의 특징과 그 특수성에 대해 주목하였다.[67] Van Harten의 핵심적인 주장은 국제투자중재가 상사중재를 모델로 삼기는 했으나 이는 계약당사자의 관계가 부재한 중재이자[68] '공법심판의 형태'로 보아야 한다는 것이다.[69] 저자는 중재판정부의 판정기준뿐만 아니라 국제투자법의 협정상 내용도 공법적인 측면에서 분석해야 한다고 주장한다.

Van Harten은 가장 중요한 사안으로 투자관련 중재판정부들이 '다수의 규제가 적용되는 국제거래에 있어서 국가의 주권적 행위'에 대해 권한을 가져야 한다는 점을 밝히면서,[70] 법률용어들의 모호성을 고려했을 때 중재자들은 폭넓은 재량권을 가지고 이 권한을 행사해야 한다고 주장한다.[71] Van Harten은 이러한 주장을 통해 국가들의 규제권력 사용에 대한 위험성을 강조하는 것으로 보인다. 이를 배경으로 Van Harten은 중재자들이 '공법의 틀'을 도입할 수 있는 해석방법론을 취해야 한다고 주장한다. 이는 '국내법 또는 그 이하의 영역에서 발전된 법 원칙을 국제법 영역에서 적용'하는 식의 표현으로 대변될 수 있을 것이다. Van Harten은 특히 '각기 다른 국가의 거래규제 관련 행정법 및 헌법'에 대한 비교법적 접근을 제안하고 있다.[72]

또한 Van Harten은 중재판정이 환경 등보다 광범위한 규제영역에 미치는 영향에 대해 기술하고 있다. Van Harten은 중재판정부가 '국가기관은 재량적으로 정책을 결정하는데 있어서 판단여지(margin of appreciation)를 가져야 한다'고 제안하면

---

67) G. Van Harten, *Investment Treaty Arbitration and Public Law* (Oxford 2007). G. Van Harten and M. Loughlin, 'Investment Treaty Arbitration as a Species of Global Administrative Law' (2006) *European Journal of International Law*, pp. 121－150 참조.

68) Van Harten은 협정기반의 투자중재 시행 초기에 유행했던 표현을 사용했다 (J. Paulsson, 'Arbitration without Privity' (1995) 10 *ICSID Review*, pp. 232－257).

69) Van Harten, *supra* note 67, p. 70.

70) *Ibid.*, p. 83.

71) *Ibid.*, p. 93. 이러한 법률용어들의 예로 '투자'와 '형평대우' 등을 언급하였다.

72) *Ibid.*, pp. 143－144.

서 "국가는 협정의 당사국으로서 공공의 이익을 위한 궁극적인 책임을 져야 한다"
는 점을 확인하고 있다.73) 이러한 제안은 분명 매력적이기는 하나 이행하는데 있
어서 상당한 위험을 동반하게 되는데 그 이유는 다음과 같다.74)

　　Van Harten의 주장은 여러 학자들에 의해 인용되었으며 국제투자법을 포괄적
접근법을 통해 설명하는데 있어서 많은 도움이 되었다.75) 특히 투자규범 해석 및
사건해결에 있어서 비교법적 접근을 제안한 견해는 Schill을 필두로 일부 학자들에
의해 구성적 해석방법론(constructive method)으로 발전되었다. 이 학자들은 국제투자
법을 새롭게 개념화하는 연구로 더 넓은 이론적 범위에서 소위 국제법의 헌법화
(constitutionalization of international law)라는 작업을 야심차게 진행하고 있다.76)

　　Schill은 국제투자법에 대한 비교법적 접근을 설명하기 위해 자신의 기존 연구
에서 도출한 결론으로부터 논의를 시작하는데 이는 국제투자법이 '투자보호원칙을
창설함으로써 발생하는 투자관계를 비롯하여 공공의 국제경제질서를 위해 법적 기
반을 제공'하며 중재판정부는 '협정상 투자보호기준을 생성하고 강화하는 역할'을
수행한다는 것이다.77) Schill은 국제투자법 내 '불만요소(elements of discontent)'를 논의
의 중심에서 정확하게 지적하고 있으며 본서는 이러한 '불만(discontents)'들에 대해

---

73) *Ibid.*, pp. 144-145.
74) 제8장(8.1) 참조.
75) A. Kulick, *Global Public Interest in International Investment Law* (Cambridge 2012) 참조.
Kulick는 Van Harten의 주장을 더 발전시켜 국제투자법을 '세계공법(Global Public Law)'으로
개념화하여 그 의도와 목적이 '세계적 공공이익(Global Public Interest)'을 추구하는 것으로 본
다. Kulick의 이러한 접근법은 국제공법을 Van Harten의 이론적 틀로 설명하는데 있어서 중요
한 역할을 한다. 이 견해에 따르면 세계공법은 '국내법과 국제법의 융합을 통해 이에 대한 이분
법적 개념'을 해소한다고 한다, p. 97. 또한 관습법과 일반원칙은 세계적 공공이익을 결정하는데
근거가 된다고 주장한다 (pp. 163-165). 여기서 비례성의 원칙(proportionality)은 외국인투자
자의 이익과 세계적 공공이익이 조화를 이루는데 결정적인 역할을 하게 된다. 환경에 대해 고려
사항을 수용하는 문제도 이러한 견해에 포함되어 있다, pp. 267-268.
Van Harten의 이론을 발전시켜 국제투자법 및 투자중재를 세계헌법 및 세계행정법의 발전과 실
질적으로 연계시키는 접근법을 주장한 S. Montt, *State Liability in Investment Treaty Arbitration.
Global Constitutional and Administrative Law in the BIT Generation* (Oxford and Portland
2009).
76) S. W. Schill (ed.), *International Investment Law and Comparative Public Law* (Oxford 2010).
Schill이 여러 학자들의 글을 편집하여 위 연구를 이끌었는데 이는 사실 Thomas Walde 교수의
아이디어였다. (S.W. Schill의 서문(Preface), ix 참조).
77) S. W. Schill, 'International Investment Law and Comparative Public Law—an Introduction', in
Schill, *supra* note 73, 3-37, pp. 3-4. 국제 거버넌스의 이념적 근거에 대해서는 17-23면에서
더 잘 설명하고 있으며, 국제투자법의 다자화 이론은 31-32면에서 재확인하고 있다. Schill은
비교법적 고찰을 통해 기존의 이론과 추정의 내용이 일부 수정되었음을 주장한다.

궁극적으로 해답을 제공하는 것을 목표로 한다.[78] Schill은 이러한 맥락에서 투자규범의 추상성과 비일관성에 근거한 국제투자법에 대한 비판에 대응하면서 비상업적 이익에 배타적이라는 비판에 대해서도 단순히 고려가 부족하다는 문제뿐만 아니라[79] 이러한 이익들의 정당성을 인정하는 문제에 대해서까지도 논의하고 있다.

이러한 이론적 접근은 국제투자법 관련 주요 논쟁에 대해 '비교법적 방법론을 통해 국내법 수준에서는 행정법과 헌법, 국제법 수준에서는 비교공법에 중점'을 두면서 투자규범의 '해석에 대한 지침을 제공하고 정당성을 부여'하는데 있어서 이론적 기틀을 제공한다.[80] 이 이론을 뒷받침하는 핵심 주장은 국제투자법 체제의 성격이 국제법을 비롯하여 국내법상 공법, 상법 및 상사중재 등 여러 가지 요소가 결합된 혼합적인 성격을 띤다는 것이다.[81] 실제로 국제투자법 체제는 '국제공법 내에 견고히 내재된' 법체제이기는 하나 '투자자의 중재청구권' 도입으로 인해 국제투자법 및 투자중재는 '사인인 투자자와 국가 간의 관계를 규율해왔던 기존 국제공법의 메커니즘과 차이가 있다'고 할 수 있다.[82]

비교법적 접근을 택하는 이 이론은 국제인권법체계, EU법체계, WTO법체계 등 사인과의 관계에서 행해지는 국가의 행위를 평가하는 국제공법상 체제들을 고려한다는 점에서 주목할 만하다.[83] 또한 이 이론은 국제투자법상에서의 예외적 상황들과 비투자이익(non-investment interests)[84]의 고려 등 우려사항들에 대해서도 언급하면서 국제투자법체계 전반의 정당성과 개방성에 대해 해명하고 내부적인 일관성을 유지하고자 한다.[85]

위와 같은 평가방식에 따라 자기완비적 체제 이론부터 체계적 이론에 이르기

---

78) Schill, *supra* note 77, p. 23 참조.
79) *Ibid.*, p. 7. 중요한 것은 Schill이 이에 대해 '투자협정이 국가의 규제권력을 제한하는 수준과 이러한 권력행사에 대한 외국인투자자의 국가에 대한 배상책임청구 문제는 국제투자법체계의 향후 생존여부를 판단할 수 있는 리트머스 시험이 될 수 있다'고 주장한다는 것이다 (p. 9).
80) *Ibid.*, p. 4, 그리고 pp. 23-35에서 이 접근법에 대한 핵심내용을 기술하고 있다. 특히 비교공법 분석은 '다수의 목적을 수행'하는데 그 중에는 '추상적인 투자보호기준을 구체화'하고 '투자보호와 비투자분야 고려사항 간의 균형을 유지'하는 것이 포함되어 있다, p. 25.
81) *Ibid.*, p. 17.
82) *Ibid.*, p. 14.
83) *Ibid.*, p. 25.
84) 실제로 비투자이익 중에는 '투자보호와 비투자이익 간의 균형유지'를 비롯하여 '국제투자법이 가지는 국제인권법, 국제환경법 등 타 국제법 체제와의 동질성과 이에 대한 개방성을 강조함으로써 국제법의 파편화에 따른 부정적 효과를 완화하는 것' 등이 있다 (*ibid.*, pp. 25-26).
85) Schill이 제기하는 우려사항들은 본서가 제기하는 우려사항들과 그 내용이 본질적으로 같음을 확인할 수 있다 (*ibid.*, pp. 25-26 및 p. 27의 내용 참조).

까지 국제투자법 관련 이론들의 스펙트럼을 살펴보면 비교공법 이론은 분명 개방적이고 포용적인 국제투자법 이론에 가까울 것이다. 이는 행정법과 헌법이 투자협정에 비해 (또는 상사중재에 비해) 비경제적 사안과 규제관련 사안에 더 민감하게 반응한다는 점을 고려하면 더욱 그러하다. 그러나 몇 가지 중요한 점을 짚고 넘어갈 필요가 있다.

　　우선 첫째로 국제투자법을 여러 영역의 법 형태를 혼합한 것으로 이해하기에는 어려운 부분이 있다. Schill은 기존 국제공법 또는 상사중재의 메커니즘으로 국제투자법체제를 설명하기에는 역부족이라고 주장한다. 그러나 국제법상 일반원칙의 중요성을 강조하면서 '국제법은 더 이상 국가간의 관계를 규율하는 법에 국한되지 않고 국제투자법 등 국가와 사인 간의 관계를 규율하는 법까지도 포용하기 시작하고 있다'고 덧붙였다.[86] 일부에서는 국제투자법이 Schill이 주장하는 현대 국제법의 개념에 따라 국제법의 기본적인 테두리 안에서 해석되어야 하고 비교법적 접근은 이와 함께 이루어질 때만 의미가 있게 될 것이라고 주장할 수 있을 것이다. 이러한 주장은 만약 중재판정부가 해결하기 어려운 사건에 직면했을 때 비교법적 접근에 근거한 투자협정 해석을 정당화하기 위해 국제투자법의 혼합적인 성격에 따른 법리만을 채택할 경우 더욱 중요하게 여겨질 것이다.

　　국제투자법 및 투자중재를 하나의 헤게모니로 보는 경향은 비교공법 이론에 있어서 위험요소가 된다. 이는 특히 비교법적 분석을 위한 국가들의 공법체계를 선정하는 문제에서 위험성이 더욱 부각된다. Schill은 특히 국제사법재판소(ICJ) 규정 제38조 1항 (c)호에 명시되어 있는 법원 중 하나인 '문명국에 의하여 인정된 법의 일반원칙'과 관련된 문제에 대해 지적한다. '문명국에 의하여 인정된'이라는 표현은 Schill이 제대로 지적한 바와 같이 '세계의 주요법체계'를 의미한다고 보는 것이 정설이고,[87] 이러한 맥락에서 '비교법은 기계적인 정량분석의 과정이 아니라 법을 개념화하고 의미를 부여하는 정성평가의 과정'이라고 봐야 하며,[88] 따라서 모든 국가의 법체계를 분석할 필요는 없다. Schill은 우선 시민법 및 영미법체계 비교의 중요성을 강조하면서 이를 '실질적인 준거법 확인의 문제로 외국법의 법원 및 학술자료 확보에 있어서 국제변호사들이 겪는 어려움'으로 인해 예컨대 독일, 프랑스, 영국, 미국 4개국의 법체계를 비교분석해야 하는 경우 그 기반이 견고하지 못하다는 점

---

86) *Ibid.*, p. 28.
87) *Ibid.*, p. 29. 이와 유사하게 Schill은 국제법의 일반원칙은 비교법적 분석을 통해 확인할 수 있는 의미 이상의 지위를 가진다는 점을 정확히 지적하고 있다.
88) *Ibid.*, pp. 30. 이와 같은 주장은 일반적인 법리에 따른 것이다.

을 지적한다.[89]

    중요한 것은 여기서 이루어지는 비교법적 분석은 공적 사안을 규제하는데 있어서 국가들이 가지는 주권적 자유를 제한하는 국제규칙을 해석하고 발전시키는 것을 그 목표로 한다는 것이다. 위에서 언급한 바와 같이 비교법적 분석을 서구권 국가 4개국의 법체계로 한정하는 것은 국제투자법을 헤게모니적인 법체계로 볼 수 있는 위험을 가중시킬 수 있고 궁극적으로 이러한 시각을 인정하는 수순으로 이어질 수 있다.[90] 왜 인도, 중국 또는 이슬람 국가들의 법체계는 국제투자법에 대한 일반원칙을 개념화시키는 작업에 있어서 부차적인 역할을 하는데 그칠 수밖에 없는 것인가? 왜 남미국가들이 헌법적인 측면에서 이룬 최근 성과들은 비교공법적 접근에서 보조적인 기능밖에 할 수 없는 것인가? 다시 말해 비교법적 분석을 사실상 일부 소수 서구권 국가들에 한정하는 것은 비서구권의 신흥강국들이 그동안 미국과 유럽이 지배해왔던 국제관계에 도전하는 현대 세계화시대의 모습과는 상충된다고 볼 수 있다.

    설사 비교법적 분석에서 비서구권 주요국가(또는 비서구권 주요법체계)들을 실제로 고려대상에 포함한다고 하더라도 이를 통해 ICJ 규정 제38조 1항 (c)호에 명시된 법의 일반원칙을 도출하는 것은 각국 법체계의 복잡하고 다양한 형태를 고려했을 때 굉장히 어려운 작업이 될 것이다. 궁극적으로 각국이 자국의 공법을 결정하고 또한 경제분야에서 공적 영역과 사적 영역의 균형도 결정한다는 점이 문제가 되는 것이다. 국가의 자율성은 수용에 따른 배상금 수준, 행정절차상 시민참여 수준, 사인의 법적이익 보호 수준 등을 결정하는데 있어서 서로 상이한 결정을 내릴 것이다. 또한 국가의 공적인 결정에 있어서는 각국의 이념 또는 정치적 견해뿐만 아니라 보유한 재산 내지는 경제상황도 영향을 줄 것이다. 이는 비교법적 분석에서 기술적인 측면을 비교하는 국제형사법의 일반원칙 도출과정에 비해 국제투자법에 대한 일반원칙을 도출하는 작업이 왜 더 어려운지를 잘 설명해준다.

    따라서 비교공법 이론의 장점은 국제투자법의 해석 및 적용에 있어서 비경제적 이익을 통합시키는 문제를 설명할 수 있다는 것이다. 행정법과 최상위법인 헌법

---

89) *Ibid.*, pp. 29-30. Schill에 따르면 일반적으로 비교법적 분석을 위해 국가들의 법체계를 선정하는 작업은 '기능적 접근'을 통해 이루어져야 하며 이에 따라 법의 지배를 인정하고 사인의 경제권을 존중하는 법체계를 선정해야 한다.

90) Schill은 이러한 법적 헤게모니의 존재를 부인하면서도 위 4개국의 법체계를 선정한 이유는 단순히 이들이 '타 국가 공법체계에 미친 영향력'을 고려했다고 언급하였다 (*ibid.*, p. 30).

은 주로 광범위한 법적 가치들을 규정하며 인권보호, 환경보호 등 본질적인 가치들을 보호하는데 중심적인 역할을 한다. 따라서 행정법과 헌법은 내부석으로 권리와 이익 긴의 적절한 균형을 유지하며, 국제투자협정의 법적 구조와 같이 사인의 경제적 이익이 우선하게끔 만들지 않는다. 또한 비교공법 이론은 국제인권법체제를 적극적으로 고려한다. 국제인권법 체제는 사인의 재산권보호부터 본질적인 권리라고 할 수 있는 건강권과 환경권의 보호 및 추구에 이르기까지 모두 규정하고 있는 만큼 재산권 보호와 환경적 가치 보호 간의 관계를 규율하는데 있어서 해석적 기틀을 제공해 줄 수 있다.

비교공법 이론은 국제투자법의 당면과제들과 우려사항들을 불식시킬 수 있는 효과적인 이론으로 보기는 어렵다는 것이 결론이다. 포괄적인 비교분석을 통해 국제투자법의 일반원칙을 식별하고자 하는 목표는 서구권의 입장을 지지하는 법체계를 형성한다는 위험성은 차치하더라도 매우 어려운 작업이며, 특히 그동안 이러한 분석을 도입하지 않은 중재판정부에게는 더욱 어려울 것이다. 단, 이러한 비교분석은 본질적으로 국제법에 근거하여 제기 가능한 서로 다른 법적 주장들을[91] 비교하고 유추해석 하는데 있어서 매우 중요한 역할을 할 것이다.

4. 주권의 '귀환': 국제투자법은 투자와 환경이 조화를 이룰 수 있는 법영역인가?

앞서 언급한 바와 같이 국제투자법 및 WTO법은 모두 세계화 현상의 원인이자 결과로써 지난 20년간의 국제경제관계를 규율해왔다. 세계화 찬성론자와 반대론자 모두 상기 국제법 영역에 대해서는 긍정적인 견해와 부정적인 견해 모두를 피력한 바 있다. 이러한 측면에서 일부 연구에서는 과연 국제투자법이 세계화 속의 경제적, 사회적, 환경적 문제를 법적인 측면에서 논의할 수 있는 적절한 장이 될 수 있는지 의문을 제기하기도 한다. 그 중에는 국제투자법체제의 정당성에 의문을 제기하면서 국가 주권의 중심적인 역할을 회복해야 한다는 주장을 피력하는 견해도 있다.

---

91) Schill은 자신의 이론이 '일반국제법의 협정해석방식을 포괄적으로 적용하거나, 국제관습법을 심도있게 분석하여 활용하거나, 체계적 해석원칙 및 일반화 기술을 활용하는 등 여러 방식을 취하는 이론들을' '보완'하는 역할을 한다고 적절히 기술하고 있다 (*ibid.*, p. 10).

　　이러한 맥락에서 최근 한 연구에서는 '국가의 귀환(the return of the state)'을 예견하면서 '사실상(de facto)'의 다자간 국제투자법체제를 주장하는 학자들의 견해보다더 복잡한 국제투자법 및 투자중재 형태를 설명한 바 있다.[92] J. Alvarez는 투자협정에 따라 창설되어 국가의 규제권한을 축소시키는데 책임소지가 있다고 여겨지는국제투자법 체제에 맞서는 국가들이 늘어나고 있다고 주장한다. 이 국가들은 외국인투자 문제에 있어서 협정상 특정 의무와 상충하는 결과를 낳더라도 국가가 상당한 재량권을 확보해야 할 필요성을 확인한 것이다. 최근 다수의 국가관행이 이러한경향을 보여주는데 그 예로 BIT와 ICSID협약에서 탈퇴하고, 국제투자협정 재협상을 통한 국가의 권한을 강화하며, 심지어 투자유치국이 외국인투자자에게 거액의배상금을 지급할 것을 명령하는 중재판정의 이행을 거부하는 사태도 벌어지고 있다. 이와 같은 비판적인 견해는 법학자들[93] 사이에서뿐만 아니라 사회적, 경제적관점에서 세계화로 인해 환경에 미치는 여파를 비롯하여 전반적으로 발생하는 부작용을 비판하는 학자들 사이에서도 찾아볼 수 있다.[94]

　　이와 같은 국제투자법 체제에 대한 비판들로 인해 일부에서는 국가의 환경보호조치와 외국인투자자의 권리가 조화를 이룰 수 있는 국제투자법상 해석방법론을도출하는 작업 자체에 대해 아예 전면 반대하는 견해를 가질 수도 있을 것이다. 왜이 민감한 문제는 굳이 투자협정이라는 측면에서 고려되어야 하는 것일까? 국가들은 투자자의 권리와 환경문제가 조화를 이루도록 하는데 있어서는 외국인투자자의권리보호라는 목적이 중심이 되는 국제적인 법적 기준에 따르기보다는 국내법에따라 자체적으로 처리하는 것이 결국 훨씬 더 용이할 것이다. 그렇다면 왜 외국인투자자들만이 청구를 제기할 수 있고 사적 이익을 추구하는 경향이 지배적인 중재라는 체계를 통해 본질적인 국가이익이 결부된 법적 분쟁을 해결해야 하는가? 국가들은 '투자유치국의 국내재판절차를 통한 투자자–국가간 분쟁해결'을 목표로 삼고추진할 수 있고,[95] 따라서 지난 20년간 개념화되고 발전되어온 국제투자체계는 사실상 붕괴될 수도 있을 것이다.

---

92) Alvarez, *supra* note 66.

93) 그 예로 M. Sornarajah, *The International Law on Foreign Investment*, 3rd edition (Cambridge 2010).

94) 이에 대해 가장 대표적인 견해는 J. Stiglitz, *Globalization and its Discontents* (London 2002) 참조.

95) Alvarez, *supra* note 66, p. 241.

　　이와 같이 본서의 목적에 반하는 주장에 대한 첫 번째 답변은 그 주된 내용을 현재 국제관행으로부터 찾아볼 수 있다. 국가들은 매해 약 50개의 새로운 BIT를 지속직으로 체결하고 있는 반면에 투자협정으로부터의 탈퇴나 중재판정의 명시적인 이행거부 등은 아직 제한적으로 이루어지고 있으며, 국제중재, 특히 ICSID 주관 하의 국제중재의 경우에는 혼합국제중재(mixed international arbitration)가 활성화되고 있다. 따라서 국가들이 전반적으로 국제투자법과 투자중재를 배제한다고 보기에는 무리가 있으며 국제투지법상에서 환경문제를 포용하는 문제는 여전히 매우 중요하다고 할 수 있다.

　　좀 더 일반적으로 보면 국제투자법에 비판적인 견해를 가지고 지나친 세계화 흐름에 맞서 국가 주권의 회복을 역으로 제안하는 주장들을 살펴보면 그 내용의 중의성을 숨기고 있는 것으로 보인다. 물론 국가는 자국민의 특정한 수요와 이익을 충족시켜주고 보호할 때 그 존재감이 잘 드러나지만, 불행하게도 실제로는 이러한 국가의 이익을 외국기업들에게 양허하는 경우가 많은데 이는 특히 환경관련 문제에 있어서 그러하다.96) 만약 투자유치국이 자연서식지의 오염 내지는 파괴에 대응하기 위한 법률을 완화시키거나 철폐하는 경우 그 반대논리(환경-투자 간 갈등에 대해 국내법 또는 국제투자법상에서 해결방안을 찾는 것)는 존재의 의미를 잃을 것이다. 이러한 국가의 조치에 대해서는 외국인투자자는 자신들의 권리가 침해되었다는 이유로 소를 제기하지 않을 것이기 때문에 이에 대한 법적 분쟁도 발생하지 않을 것이기 때문이다.

　　마지막으로 가장 최근 들어 문제가 되고 있는 환경관련 사건들을 살펴보면 세계적인 수준의 사건들로써 많은 국가들이 이를 고려해야만 하는 문제이다. 따라서 국가간 협력, 당사국에 대한 법 원칙 및 법적 의무 창설 등 국제법상 조치들을 통해 환경문제에 대응하고 있는 상황이다. 이러한 상황에서 단순히 각국이 자국의 국내법을 통해 세계적인 문제에 대응하기보다는 비투자이익과 국제사회의 규범을 포용하는 국제투자법을 통해 대응하는 것이 훨씬 효과적일 것이다. 이는 특히 시민단체, 비정부단체(NGO) 등 비국가주체들이 혼합투자중재에 참여하여 투자유치국이 자국의 환경조치를 변호하는데 지원을 제공할 수 있는 경우 더욱 그러할 것이다.97)

---

96) 예를 들어 Alvarez의 분석은 환경적 이익보다는 경제와 국가안보 이익에 중점을 둔다. 이러한 경향은 최근 세계경제위기 이후 경제성장이 최우선 목표가 되면서 더욱 심화되었다.

97) 본서는 투자규범의 해석관련 분석을 논의의 목적으로 설정하고 있으므로 환경보호의 절차적 문제에 대해서는 일부분만을 다루고 있다. 관련 참고문헌은 제2장 전게주 36 참조.

단언건대 Alvarez가 주장하는 '국가의 귀환(return of the state)'은 국제투자법 체제의 종말을 선언하는 것이 아니다. 대신 현존하는 BIT와 FTA(그리고 이러한 조약과 협정들의 개정)에 대해 다른 방식으로 접근하는 것이 그의 주장의 핵심이라는 것을 알 수 있다. 이는 국제투자협정에 내재되어 있는 자유주의적 논리에 대한 국가의 대응으로, 특히 1세대 국제투자협정의 당사국인 국가들이 외국인투자자들에게 영향을 미치더라도 자국의 내부적 사안들에 대한 주권행사에 있어서 재량권을 (재)확인하기 위함이다. 이는 투자협정을 법적 측면에서 분석하더라도 그러하며 특히 투자유치국의 필수적인 안보이익이 결부되어 있는 경우 더욱 그러하다.[98]

---

98) 예를 들어 Alvarez의 주장에 따르면 2004년 미국 모델 BIT는 '그 목표와 목적에는 투자유치국의 재량에 따른 규제권한 보호도 포함된다'고 주장할 만큼 자국 규제기관에 대해 상당한 권력을 부여하는 법적 근거가 되었다 (Alvarez, *supra* note 55, p. 237).

4. 준거법과 해석방법론

1. 진퇴양난(Between Scylla and Charybdis): 험난한 여정

지난 수십 년간 특정분야에서 제한적으로 이루어졌던 외국인투자 관련 투자분쟁 및 비상업적 가치 고려에 대한 논의는 현재 광범위하게 진행되고 있다. 이러한 논의의 확장은 더 많은 수의 다양한 이익집단의 이해가 맞물려 있는 이 주제의 복잡성을 부각시키는 것으로 이에 대한 하나의 간단명료한 해결책을 찾는 것은 허무맹랑한 생각이라는 점을 의미한다. 따라서 이번 장은 본 연구에 있어서 사전적으로 논의되어야 할 사안들을 더 심도있게 분석히고, 특히 국제투자분쟁에서 적용되는 준거법과 협정의 해석방법에 대해 알아볼 것이다.

이번 장에서는 투자분쟁에 적용되는 준거법을 선정하는 시점이 분쟁당사자와 중재자들이 비상업적 가치를 고려하는데 있어서 결정적인 역할을 하는지 알아볼 것이다. 결론부터 얘기하자면 준거법 선정을 통해 환경, 인간건강 등의 가치들을 국제투자법에 통합하는 방법은 그 가능성이 제한적인데 이는 투자협정상 중재에 관한 기존의 규칙과 관행이 존재하기 때문이다.

이는 여러 가지 협정 해석방법이 혼재하는 가운데 해결방안을 모색해야 하는 어려운 작업으로 서로 다른 두 개의 이익을 통합해야 한다는 것을 의미한다. 한편으로는 투자자에 유리한 문자적 해석 및 목적론적 해석을 우회해야 하고 다른 한편으로는 지나친 체계적 해석으로 인해 비현실적인 법적 주장으로 이어지는 것을 주의해야만 한다. 따라서 본 장의 결론에서는 투자규범 해석에 대한 주요 논점들을 확인하고, 외국인투자 및 환경보호가 조화를 이룰 수 있도록 적용될 수 있는 해석방법론들을 구분하는 기본적인 이론적 접근법들을 제시할 것이다.

2. 투자분쟁에서의 준거법 및 비상업적 가치의 통합

A. 투자자-국가간 중재에 있어서의 환경분쟁

투자자-국가간 '환경분쟁(environmental disputes)'은 외국인투자자가 환경이익의 보호를 목적으로 투자유치국이 취한 조치에 대해 중재를 청구함으로써 발생한다. 따라서 환경보호는 부정적인 측면에서 투자중재와 연루된다고 얘기할 수 있을 것이다. 투자자의 중재청구는 제2장(2.2)에서 확인한 바와 같이 투자유치국에 의무를 부과하는 여러 투자협정의 규정들을 근거로 할 수 있다.[1]

따라서 준거법에 관한 문제는 우선적으로 투자자 중재청구의 근거가 되는 법에 관한 문제이다. 이론상 중재자들이 투자분쟁에 적용할 수 있는 법의 종류는 다양하며 이에 대해서는 이하 문단 B에서 후술하도록 한다. 이와 같이 적용될 수 있는 여러 준거법들은 특히 절차규칙의 영향을 받는데 대표적으로 ICSID와 UN국제상거래법위원회(UNCITRAL)의 절차규칙이 있다. 본서에서는 제2장(2.3)에서 설명한 바와 같은 이유로 국제법, 특히 국제투자법상에서 이 문제를 분석할 것이다. 실제로 국제법은 투자협정에 근거하고 있는 다수의 분쟁들을 규율하고 있다.

이와는 반대로 투자유치국의 항변과 이를 위해 원용될 수 있는 협정에 대한 문제는 국제투자법상 환경문제의 통합이라는 문제가 가장 밀접하게 연관되어 있다.[2] 투자유치국의 항변은 기본적으로 투자자의 중재청구가 근거로 하는 법과 동일하다. 예를 들어, 피소국은 청구인이 인용한 규정에 대한 특정한 방법의 해석을 제안할 수 있으며 이를 통해 책임으로부터 자유로워질 수 있다. 이와 유사하게 투자유치국은 투자협정상의 예외규정을 근거로 항변을 제기할 수도 있다.

피소국은 이외에도 인간 및 자연서식지에 대한 위험 최소화 등 투자와 관련이 없는 국제규칙을 인용할 수도 있다. 이와 같이 투자분쟁에 적용될 수 있는 비투자규칙들에 대해서는 문단 C와 D에서 후술하도록 한다. 앞서 암시한 것과 같이 준거법에 관한 문제는 바로 해석문제와 밀접하게 연관이 되어 있다. 일반적으로 중재자

---

1) 각각의 투자관련 규칙에 관한 분석을 통해 투자규범과 환경보호 간의 여러 교차지점 및 갈등에 대해 조사한 구체적이고 포괄적인 연구로 O. K. Fauchald, 'International Investment Law and Environmental Protection', in *Yearbook of International Environmental Law* 2007, pp. 3-47 참조. 다자간환경협정과 국제투자협정 간의 잠재적인 갈등에 대한 분석으로는 J. Viñuales, *Foreign Investment and the Environment in International Law* (Cambridge 2012), pp. 158-278 참조.
2) 반대로 투자유치국이 외국인투자자를 상대로 반소(counterclaim)를 제기할 수 있는 가능성은 현재 매우 제한적으로, 투자협정상 실질적으로 확고한 근거를 두고 이루어져야 한다 (이하 후계주 11 및 12 참조).

들이 채택하는 해석방법론은 투자분쟁에서 비상업적 가치들을 통합하는데 있어서
가장 중요한 역할을 하며 특히 예외조항을 포함히는 등의 방식으로 조문의 내용이
포괄적으로 구성되지 않은 경우 더욱 그러하다. 그러나 통합문제는 다른 종류의 국
제규칙을 '적용(applying)'하는 경우에 발생하기도 한다는 점을 유의할 필요가 있다.3)

B. 준거법,4) 당사자 선정과 국제법

국제투자중재의 혼합적인 성격(상사중재 및 국가간 중재 법리의 혼합)으로 인해 준거
법 문제는 더욱 복잡해진다. 국제투자중재는 일반적으로 비밀성, 유동성 및 당사자
의 자율성을 존중하는 절차로 분쟁당사자로 하여금 중재청구 시 준거법을 선택할
수 있는 권한을 부여한다. 동시에 준거법 선택이 이루어지지 않는 경우,5) 상사중재
메커니즘이 투자중재의 공법적 기능을 대신해야 한다.6)

분쟁당사자들이 가장 적절하다고 판단되는 준거법을 선정하는 기준은 사인 간
의 상사중재 기준뿐만 아니라 외국인투자자와 투자유치국 간의 혼합국제중재7) 기
준, 일반적인 국제중재8) 기준에서도 흔히 적용된다. 분쟁당사자는 여러 가지 방안
을 놓고 자유롭게 준거법을 선택할 수 있으며 이는 국내법 또는 국제법 모두 해당
될 수 있고 특정 법체계만을 적용하거나 둘 이상의 법체계를 조합하여 적용할 수
도 있다. 그러나 실제로 투자분쟁의 당사자인 외국인투자자와 투자유치국은 당사
자 간의 기존 협정에 근거하여 준거법을 선택하며 이는 해당 협정의 조문에 명시
된 방법에 따른다.9)

---

3) 후술하겠으나 외국인투자자 권리보호를 목적으로 보면 비투자 규칙의 적용은 기본적으로 간접
   적용의 형태를 띤다 (이하 문단 C 참조).
4) 여기에서는 준거법의 실질적인 내용만을 논의하도록 한다. 절차법은 중재판정에서 중재판정부가
   자체적으로 분석하는 경우가 드문데, 이는 중재판정부가 주로 자체적인 관할권에 따라 당사자가
   선택한 특정 협정을 규율하는 절차법에 따르기 때문이다 (그 예로 ICSID협약 제44조에 따르면,
   분쟁의 당사자가 달리 합의하지 않는 이상 중재절차는 ICSID협약과 해당 중재규칙의 적용을 받는
   다). 이에 대한 다른 견해로는 *Chevron Corporation and Texaco Petroleum Company v. Ecuador*,
   UNCITRAL, Partial Award on the Merits of 30 March 2010, para. 158 참조.
5) 이와 같은 상황에서 해당 분쟁이 투자협정에서 규정하는 분쟁해결조항에 근거한 경우 그 절차
   는 자동적으로 이루어지는데 이에 대해서는 후술하도록 한다.
6) 이에 대해서는 G. Van Harten, *Investment Treaty Arbitration and Public Law* (Oxford 2007),
   pp. 124-126 참조.
7) ICSID협약 제42조 1항 및 UNCITRAL 중재규칙 (2010년 개정 기준) 제35조 참조 (본문 내용은
   이하 문단에서 참조).
8) 그 예로 2012년 상설중재재판소 중재규칙 *(Arbitration Rules of the Permanent Court of Arbi-
   tration)* 제35조 1항 참조 (이 규칙은 개인-국가 간 분쟁에도 적용이 가능함).
9) 구체적으로는 이러한 경우 중재판정부의 관할권에 대한 적절한 내용이 협정상 조문에 포함되어

　　대조적으로 투자분쟁이 외국인투자자와 투자유치국 간에 존재하는 협정에 근거한 것이 아닌 국제공법상에서 발생한 것이라면 분쟁당사자들은 준거법 선택에 대한 근거를 찾기 매우 어려울 것이다. 이러한 특수상황, 그리고 일반적인 준거법 문제에 대해 이해하기 위해서는 우선 분쟁당사자가 중재절차에 동의하는 수단으로 사용되는 메커니즘을 종류별로 구분할 필요가 있다.

　　만약 외국인투자자와 투자유치국이 국제투자분쟁의 당사자로서 분쟁 발생시점부터 중재판정부를 설치하기로 합의한다면 (중재합의 또는 Compromis[10]) 이 합의에 따라 명시적으로 선택한 준거법을 식별하는 것은 어렵지 않을 것이다. 그러나 이와 같은 메커니즘에 따라 중재판정부가 형성되는 경우는 매우 드물다.

　　반면, 현재의 혼합투자중재판정부(mixed investment tribunals)는 두 개의 단계를 거쳐 구성되는 방식을 따른다. 우선 투자협정이 특정 조항(중재조항)을 명시하여 각국이 협정 당사국 중에 상대국의 국적을 소지한 투자자와 향후 발생하는 분쟁에 대하여 중재에 응하기로 동의하는 것이다. 이에 따라 투자자는 협정상 절차규칙에 부합하는 중재절차를 개시할 권리를 가지게 된다.[11] 결과적으로 분쟁이 발생하게 될 경우 해당 투자자는 협정상의 내용에 의거하여 중재조항을 원용하여 이를 중재판정부의 판단에 맡길 수 있다.[12]

있다 (절충조항). 주로 이러한 조항은 중재판정부가 적용하는 준거법을 명시해 놓는다. 이와 관련한 ICSID의 사례로 C. Schreuer with L. Malintoppi, A. Reinisch and A. Sinclair, *The ICSID Convention. A Commentary*, 2nd edition (Cambridge 2009), pp. 558－567, 583－587 참조 (당사자가 국내법을 준거법으로 선택한 경우에도 국제법이 개입할 수 있는 여지가 존재한다는 주장을 담고 있다). 투자자－국가간 협정상 준거법 선택에 대한 조항은 보통 상사문제에 적용되는 법의 일반원칙을 명시한다 (M. Sornarajah, *The International Law on Foreign Investment*, 3rd edition (Cambridge 2010), p. 285).

10) M. Shaw, *International Law*, 5th edition (Cambridge 2003), p. 955 참조.
11) 이 방식은 투자자만이 투자유치국을 상대로 중재절차를 개시할 수 있는 권리를 가진다는 점에서 본질적으로 비대칭적이라는 점을 주목할 필요가 있다. 이러한 비대칭성은 투자자에 부과하는 실질적인 의무가 투자협정상 부재한 결과로부터 비롯된 것으로 이에 대한 예외적인 사례로는 2007년 *Investment Agreement for the COMESA Common Investment Area* 제13조가 있다. www.unctad.org에서 열람할 수 있다.
12) 이와 같이 관할권을 부여하는 메커니즘은 위에서 설명한 외국인투자자와 투자유치국 간의 실질적인 (사적 또는 행정적) 합의 상에 포함되어 있는 재판조항의 경우와 유사하다. 이 두 가지 경우 모두 두 개의 단계를 거치게 되는 것으로, 이론적으로는 우선 중재판정부에 관할권을 부여하는 조항을 원용하는 것과 이후 분쟁당사자가 이에 따라 중재절차를 개시하는 것이다. 그러나 이 두 가지 경우의 주요한 차이점은 전자의 경우 (실질적인 합의와 이에 따른 계약관계의 논리) 양 분쟁당사자는 동등한 지위에 놓이는 것으로 양자 모두 중재를 청구할 수 있는 반면에 후자의 경우에는 (국가 간의 합의) 투자자만이 일부 극히 예외적인 경우를 제외하고 중재절차를 개시할 권리를 가지게 되며 이로 인해 비대칭적인 지위관계를 형성하게 되는 것이다. 반대로 국가가

양 분쟁당사자의 합의는 이미 이루어진 상태이므로 중재절차는 투자자의 단독
행위로 인해 실질적으로 개시되는 것으로 '당사자 선택(choice of parties)' 기준은 여
기서 관련이 없다. 여기서 적어도 이론적으로 준거법 적용에 대해 두 가지의 법원
이 존재할 수 있다. 한편으로는 투자협정이 분쟁에 적용되는 준거법을 자동적으로
결정하는 조항을 제공하고 있을 수 있다. 이러한 경우 이 조항은 주로 동일한 협정
상 규칙을 따르도록 명시하고 있을 것이다. 다른 한편으로는 중재판정부가 절차규
칙에 포함되어 있는 준거법상 조항들 중에 선택하여 적용하는 방법이 있을 수 있
을 것이다.

실제로는 주어진 분쟁에 대한 국제투자협정이 부재한 상황이더라도 중재판정
부가 관련협정 및 국제법을 준거법으로 결정하는 경우가 다반사라는 점을 지적할
수 있을 것이나, 이러한 준거법 결정에 대한 큰 그림을 그리기 위해서는 투자중재
에 적용가능한 국제절차규칙들을 살펴보고 이러한 국제법상 준거법을 선택한 중재
판정부들이 그 근거로 어떠한 주장을 펼쳤는지를 살펴볼 필요가 있을 것이다.

예를 들어 투자협정이 (대부분의 경우처럼) 다수의 절차규칙이 적용 가능한 것으
로 명시하고 있을 경우, 절차규칙은 투자자가 중재를 청구하는 과정에서 투자자에
의해 선택된다. ICSID협약과 ICSID협약의 중재규칙이 투자자와 국제투자협정에 의
해 가장 많이 선택되는 법적 근거가 되나,[13] UNCITRAL 중재규칙 또는 타 중재규
칙에 의해 분쟁에 대한 중재가 이루어지는 경우도 자주 있다.[14]

외국인투자자를 상대로 반소(counterclaim)를 제기하는 것은 이론적으로는 가능하나 (ICSID협
약 제46조 참조) 이는 양 당사자가 적어도 묵시적으로 이에 대해 모두 동의한 경우에만 제한
적으로 가능한데 이에 대한 국가들의 시도는 모두 좌절된 바 있다. Vohryzek–Griest, 'State
Counterclaims in Investor–State Disputes: A History of 30 Years of Failure' (2009) *Revista
Colombiana de Derecho Internacional*, pp. 83–124, A. K. Bjorklund, 'Improving the In-
ternational Investment Law and Policy System: Report of the Rapporteur Second Columbia
International Investment Conference: What's Next in International Investment Law and
Policy?'. in J. E. Alvarez, K. P. Sauvant, K. Gerard Ahmed and G. P. Vizcaino (eds.), *The
Evolving International Investment Regime: Expectations, Realities, Options* (New York, Oxford
2011), p. 213, at pp. 219–31 참조.

13) ICSID협약 제42조에 따르면 '(1) 재판소는 당사자가 합의하는 법률의 규칙에 따라 분쟁을 해결
하여야 한다. 이러한 합의가 없는 때에는 분쟁 체약당사국의 법률(법률의 충돌에 관한 동국의
규칙을 포함한다) 및 적용할 수 있는 국제법의 규칙을 그 분쟁에 적용하여야 한다. (2) 재판소
는 법의 부존재나 불명을 이유로 명확하지 않다는 판결을 내릴 수 없다. (3) 제1항과 제2항의
규정은 분쟁 당사자가 합의하는 경우 형평과 선의 원칙에 따라 분쟁을 결정할 재판소의 권한을
침해하여서는 아니된다.'

14) 일부 국제투자분쟁은 국제상공회의소(ICC), 스톡홀름상공회의소(SCC) 또는 상설중재재판소(PCA)
에서도 다루어진다. 본 장에서 논의되는 내용은 투자중재에서 가장 많이 인용되는 중재규칙인

위에서 언급한 바와 같이 준거법에 대한 ICSID와 UNCITRAL의 중재규칙은 당사자가 준거법을 선택하는 것을 선호하는 경향이 있으나, 중재판정부의 관할권을 규정하는 당사자 간의 합의가 부재한 상황에서 분쟁이 발생한 이후에 당사자들이 준거법에 대한 별개의 합의를 도출하는 경우는 거의 없을 것으로 보인다.15) 이외에 ICSID 및 UNCITRAL 중재규칙의 내용은 서로 매우 상이한 내용을 담고 있다. ICSID협약 제42조는 당사자의 준거법 선정이 부재한 상황에서는 '분쟁 체약당사국의 법률(법률의 충돌에 관한 체약당사국의 규칙을 포함한다)과 해당되는 국제법 규칙을 그 분쟁에 적용하여야 한다'고 규정하고 있다. 반면에 UNCITRAL 중재규칙은 '당사자가 [준거법을] 지정하지 못하는 경우, 중재판정부는 스스로 적절하다고 판단되는 법을 적용해야 한다'고 규정하고 있다.16) 전자의 경우에는 투자유치국의 법률도 명시하고 있기는 하나 국제법에 중점을 두고 있다고 볼 수 있으며, 후자의 경우에는 직접적인 언급을 피하면서 중재자에게 넓은 재량권을 부여하고 있음을 눈여겨 볼 필요가 있다.

그럼에도 불구하고 분쟁당사자들이 준거법을 선정하지 않은 경우 ICSID 및 UNCITRAL의 중재판정부들이 내린 결정들을 살펴보면 위와 같은 절차규칙에 크게 영향을 받지 않는다는 것을 예상이 틀리지 않았음을 확인할 수 있다. 이와 같이 중재판정부들이 서로 유사한 결정을 내린다는 사실은 오히려 국제공법의 역할이 증대되고 있다는 점을 반증한다. 중재판정부들이 준거법에 대해 유사한 결정을 내리고 국제법 적용을 선호하는 경향을 보이는 이유는 중재판정부들이 어떻게 투자분쟁에 대해 관할권을 얻게 되었는지 살펴보면 그 연결고리를 찾을 수 있다.

국제법을 준거법으로 적용하는 것을 선호하는 경향이 생겨난 이유는 ICSID 및

ICSID와 UNCITRAL을 근거로 이루어진다. 또한 ICSID를 제외한 기타 중재절차체계들을 살펴보면 국제상사중재를 그 원형으로 삼는다는 점을 주목할 필요가 있다. ICSID 중재의 경우에는 ICSID협약이 사인간의 중재에 대해서는 규정하지 않고 있더라도 투자자-국가간 계약에 관한 조문들을 근거로 삼아 상사중재체계와 협정기반의 중재체계 그 중간의 형태로 중재를 진행할 수 있도록 하고 있다.

15) 이는 초창기부터 중재판정부들에 의해 여러번 확인된 사항이다 (*Asian Agricultural Products Ltd. (AAPL) v. Republic of Sri Lanka*, ICSID Case No. ARB/87/3, Award of 27 June 1990, para. 19 참조). 그러나 중재판정부가 중재조항이 포함된 투자협정을 적용하는 것을 정당화하기 위해 분쟁당사자들이 묵시적으로 선택한 준거법에 의존하는 것과는 차이가 있는데 이에 대해서는 후술하도록 한다.

16) Art. 35 of the *Arbitration Rules of the UN Commission on International Trade Law* (UNCITRAL), Resolution 31/98 Adopted by the General Assembly of the United Nations on 15 December 1976 and revised in 2010 (이하 UNCITRAL 중재규칙).

UNCITRAL 절차규칙 적용의 변천사를 살펴보면 이해하기 쉽다. 1976년 UNCITRAL 중재규칙은 사인간의 특정 계약에 관한 국제상사분쟁을 해결하기 위해 등장하였다. 수년이 지나고 나서야 투자자－국가간 분쟁해결에 대해서도 이 중재규칙이 원용되었는데,[17] 이는 사인간의 계약 외의 관계에 대해서도 적용된다는 것을 의미하였다.[18] 이와 같이 ICSID의 경우에도 초기에는 현재의 주요기능과는 다르게 작용된 바 있다. 협정 체결이후 28년간 ICSID의 임시 중재판정부는 양허계약 등 투자자－국가간 계약에 명시된 중새조항에 의해서만 관할권을 부여받았다. 이러한 사적계약을 근거로 하는 법리는 ICSID 협약 제42조의 구조를 보면 알 수 있는데, 제42조에 따르면 당사자가 준거법을 선정하지 않은 경우, 준거법은 우선적으로 법의 충돌에 관한 규칙을 포함한 투자유치국의 국내법이 적용되어야 하기 때문이다.[19] 1990년 첫 투자중재 판정이 세상에 알려진 이후,[20] ICSID 중재판정부는 투자협정에 따른 분쟁해결에 투입되는 경우가 잦아졌으며 현재는 이리한 성우가 압도적으로 많다.[21]

　　이제는 ICSID 및 UNCITRAL 중재판정부의 관할권이 국제투자협정 규정(국가가 향후 상대국의 투자자와의 분쟁에 대해 중재에 응하기로 동의하는 내용의 규정)의 존재와 이 특정 조항에 따른 투자자의 중재청구를 통해 구성된다는 점은 중재판정부의 분쟁에

17) UNCITRAL 중재규칙은 1981년 설치된 이란－미국 중재판정부의 근거가 되었는데 이후 준거법에 대한 주요 변동사항이 있었음에도 불구하고 지속적으로 그 역할을 하였다. (R. D. Bishop, J. Crawford, and W.M. Reisman, *Foreign Investment Dispute. Cases, Materials and Commentary* (The Hague 2005), pp. 427－428). 1990년부터 국제투자협정에서 UNCITRAL 중재규칙을 포함하는 것이 일반화되었다.

18) 1976년 UNCITRAL 중재규칙이 상사분쟁 외의 분쟁에서도 적용해야 되는 필요성에 대해서는 준거법 조항이 개정되면서 그 내용이 반영되었다. 1976년 조문에 의하면 '당사자가 지정하지 못하는 경우, 중재판정부는 스스로 해당된다고 판단하는 법의 충돌(conflict of laws)에 관한 규칙에 따라 결정된 법을 적용해야 한다'고 규정하여 준거법 선정의 여지를 사실상 국제사법 문제에만 적용되는 것으로 한정하였다. 그러나 2010년 조문에서는 중재판정부는 '스스로 적절하다고 판단한 법을 적용하여야 한다'는 문구로 개정되었다.

19) 제42조에서는 국제법 또한 언급하고 있어 중재판정부는 국제법에도 중요한 역할을 부여하였는데 일부 중재판정부에서는 투자유치국의 법만을 고려한 경우도 있었다 (*Société Ouest Africaine des Bétons Industriels (SOABI) v. Senegal*, ICSID Case No. ARB/82/1, Award of 25 February 1988, para. 5.01).

20) *AAPL v. Sri Lanka, supra* note 15.

21) Sornarajah, *supra* note 9, p. 300. 이외에도 협정에 근거한 분쟁은 계약에 근거한 분쟁보다 그 범위가 더 넓은데 이는 일부의 외국인투자 관련 분쟁이 투자유치국과의 합의에 근거한 것이 아닌 경우가 있기 때문이다. 예를 들어 외국인투자자가 토지 또는 공장을 사인으로부터 매입하였는데 이것이 투자유치국에 의해 수용된 경우, 이에 대해 투자자－국가간 사전합의는 존재하지 않더라도 일반적인 국제투자협정의 관할권 범위 내에는 포함된다는 것을 확인할 수 있다.

대한 준거법 선정에 결정적인 역할을 한다. 이에 대해서는 두 가지 경우의 수를 생
각해볼 수 있다.

투자협정이 분쟁에 관한 준거법 규칙을 명시한 경우 (주로 해당 협정과 국제법을
준거법으로 하는 규칙) 중재판정부는 사실상 이 규칙을 따라야만 하는 의무가 발생하
는데, 그 이유는 해당 규칙이 중재판정부에 관할권을 부여하는 메커니즘의 일부이
기 때문이다. 준거법에 관한 협정상 규칙이 그 외의 관련 절차규칙(예를 들어 ICSID협
약 제42조)에 우선한다는 것이 명확하고 또 공식적으로 확인된 사항이 아니라는 점
에서 이러한 경향은 민감한 사안으로 볼 수 있다.[22] 중재판정부는 주로 준거법 선
정에 관한 정당한 근거로 분쟁당사자의 의지표명을 직접적으로 인용한다(이러한 의
지표명을 합의로 보는 경우가 많다).[23]

적용되는 국제투자협정이 준거법 문제에 대해 침묵하고 있을 경우, 중재판정
부는 이 문제를 해결하기 위해 자신의 입장을 발전시켰는데 모두 국내법(또는 관련
법의 충돌에 관한 규칙에 따른 법체계) 대신 국제법의 적용을 주장하였다. 중재판정부는
중재절차(협정상 중재조항의 존재 확인과 이를 원용하는 외국인투자자의 중재청구)의 개시를 당
사자들이 암묵적으로 투자협정과 국제법을 분쟁을 규율하는 준거법으로 합의한 것
으로 보는 경우가 있었다.[24] 분쟁당사자의 중재청구와 국제투자협정상 중재는 투
자유치국의 합의가 필요하다는 사실을 위 주장의 근거로 제시한다.[25] 이외의 경우
중재판정부는 준거법 선정에 대한 이유에 대한 별다른 설명 없이 또는 준거법 문
제에 대한 논의조차 없이 간단하게 국제투자협정 규칙과 국제법상 적용규칙을 해
당 분쟁에 대한 준거법으로 인용한다.[26] 주목할 점은 ICSID 중재판정부는 주로 '체

---

22) 실제로 일부 투자협정에서는 이에 대해 아주 적절한 규칙을 제공하고 있다. 그 예로 NAFTA 제
    1120.2조가 있다. '적용중재규칙은 본 장에서 수정하지 않는 범위 내에서 중재에 적용된다'. 이
    규칙은 관련 절차규칙이 혼합중재에 적용될 수 있는 여지를 제공하며 준거법에 대한 협정문상
    조항의 지배적인 역할을 분명히 확인하고 있다.
23) ICSID상 사건에 대해서는 Schreuer et al., *supra* note 9, pp. 575-578 참조.
24) 그 예로 *AAPL v. Sri Lanka, supra* note 15, para. 20.
25) 예로 *MTD Equity Sdn. Bhd. & MTD Chile SA v. Chile,* ICSID Case No. ARB/01/7, Award of
    25 May 2004, para. 87. ICSID 사건들에 대해서는 Schreuer et al., *supra* note 9, pp. 578-580
    참조.
26) 구체적으로 UNCITRAL 중재판정들이 이러한 경향을 따르는데 그 이유는 UNCITRAL 중재규칙상
    에서 ICSID 협약 제42조 1항 두 번째 문장과 같은 규칙을 명시하고 있지 않기 때문이다. 그 예
    로 *Chevron & Texaco* 사건에서 중재판정부는 준거법을 'BIT의 본문 규정과 이와 관련된 기타
    국제법상 규정'으로 확인하였는데 (*Chevron Corporation (USA) and Texaco Petroleum Company
    (USA) v. Ecuador,* UNCITRAL Arbitration, Final Award of 31 August 2011, para. 159), 선정 근
    거에 대해서는 언급하지 않았다. *Frontier Petroleum* 사건에서 중재판정부는 준거법 문제에 대해

약당사국의 법률' 및 '국제법상 적용규칙'을 명시하고 있는 ICSID 협약 제42조 두 번째 문장을 적용한다는 점이다. 그러나 실무에서는 중재판정부들이 일반적으로 투자유치국의 법률을 국제법에 통합하고 이에 따른 변경을 가하도록 국제법의 역 할을 우선적으로 고려하고 있음을 확인할 수 있다.[27] 이에 대해서는 투자협정이 준거법 규칙으로 국내법 및 국제법 모두를 명시한 경우에도 유사한 결정을 내린 중재판정부의 판정들을 확인할 수 있다.[28]

종합해보면 당사자 간의 합의에 기초한 투자자−국가 중재와 투자협정에 기초 한 투자자−국가 중재를 구분하여 볼 수 있을 것이다.[29] 전자의 경우 국제법은 투

별도로 언급하지 않으면서 캐나다−체코슬로바키아 BIT를 준거법으로 적용하였다 (*Frontier Petroleum Services Ltd v. Czechia,* UNCITRAL Final Award of 12 November 2010, para. 182). 상기 사건들의 판정문 첫 번째 면에 UNCITRAL 중재규칙과 해당 BIT에 따른 중재라는 점을 명 시하고 있음을 확인할 수 있다.

27) 중재판정부는 주로 '국제법의 보충적 기능과 수정적 기능'을 수행한다 (Schreuer et al., *supra* note 9, pp. 620−627). ICSID 협약 제42조 1항이 적용된 초기 사건 중 국제법의 수정기능을 확 인한 사건으로 *Southern Pacific Properties (Middle East) Limited v. Egypt,* ICSID Case No. ARB/84/3, Award on the Merits of 20 May 1992, para. 84 참조. 또한 *LG&E Energy Corp. et al. v. Argentina* 사건에서 국제법은 국내법과 상충될 경우 국내법에 우선하게 되는데 이는 국내법 조문의 적용으로 인해 국가의 국제적 의무 불이행으로 이어지는 것을 정당화할 수 없기 때문이 다'고 판시한 바 있다, para. 94. *Enron Corporation Ponderosa Assets, L.P. v. Argentina,* ICSID Case No. ARB/01/3, Award of 22 May 2007, paras. 206−207, 이 사건에서는 중재자가 분쟁당 사자들의 행위와 투자유치국 헌법에 근거하여 '아르헨티나 공화국의 법체계는 헌법 제27조와 제 31조에 의거하여 협정에 현저한 역할(prominent role)을 부여하고 있다. 협정은 헌법상 인정되 는 법원 중에 "국가 최상위 법"으로 간주된다. 이에 따라 협정상 규칙과 아르헨티나 국내법상 규칙 간의 충돌이 발생한 경우에는 전자가 우선한다'고 판시한 바 있다 (para. 208).

28) Schreuer et al., *supra* note 9, p. 576 참조. 최근 사건으로 *EDF International S.A., SAUR International S.A., and León Participaciones Argentinas S.A. v. Argentine Republic,* ICSID Case No. ARB/03/23, Award of 11 June 2012, 동 사건의 중재판정부는 '현재의 분쟁에서 BIT는 중재 판정부가 투자자 보호에 대한 고려에 있어서 주된 법적 근거와 틀을 제공한다. 중재판정부는 1969년 조약법에 관한 비엔나협약 제27조 규정에 따라 국가가 자국의 국내법을 이유로 협정상 의무를 불이행하는 것을 인정하지 않는다'고 판시한 바 있다 (paras. 904−905).

29) 중재판정부의 준거법 선정에 따른 위 구분의 유효성은 2012년 미국 모델 BIT 제30조를 통해 확 인할 수 있는데 이 조항은 분쟁해결을 규율하는 준거법을 명시하고 분쟁을 BIT 위반에 대한 경 우와 투자승인 또는 투자계약 위반에 대한 경우로 명확하게 구분하고 있다. 전자의 경우 '협정 (BIT) 및 국제법상 적용규칙'이 준거법이 되며, 후자의 경우 '중재판정부는 (a) 해당 투자승인서 또는 투자계약에 명시된 규칙, 또는 분쟁당사자가 달리 합의한 사항에 따라 준거법을 지정하거 나, (b) 만약 규칙이 명시되거나 달리 합의되지 않은 경우, (i) 법률의 충돌에 관한 규칙을 포함 한 피소국의 법률 및 (ii) 관련 국제법상 규칙'을 준거법으로 한다. 그러나 기억해야 될 것은 '이 러한 (협정 기반의) 중재형태의 시초는 협정상 포함되지 않는 외국인투자 계약에 따른 중재형태 로 이는 당시 투자협정이 등장하기 이전에 발전된 형태'라는 점과 '투자협정하의 외국인투자 중 재에 관한 법을 발전시켰다'는 점이다 (Sornarajah, *supra* note 9, p. 277). 게다가 우산조항 (umbrella clauses)이 존재하는 경우, '두 가지 형태의 중재가 중복될 수 있다'는 문제가 있다 (*ibid.*, p. 300).

자유치국의 국내법30)과 얽혀있는 법체계로써 환경문제에 있어서는 그 의의가 한정
되는데,31) 이는 해당 법적 문제들이 계약적인 성격을 가지기 때문이다.32) 반대로
후자의 경우에는 본서에서 논의되는 핵심적인 내용으로 분쟁이 규제와 직접적으로
관련된 사안33)에 관한 것으로 이는 중재판정부가 국제법을 실질적으로 원용하여
분쟁을 해결하는 형태를 의미한다.34)

C. 준거법 및 비경제분야에 관한 국제규칙

투자자−국가 중재의 지배적인 준거법으로써 국제법이 가지는 관련성은 무엇
인가? 이 질문에 대한 답변은 본 연구에 있어서 매우 중요하며 더 일반적으로는 외
국인투자자 권리보호 문제에 있어서 어떻게 그리고 어느 수준까지 비경제적 사안
을 고려해야 하는가라는 문제를 해결하는데 있어서도 매우 중요한 내용이다. 중재
판정부가 국제법을 주된 준거법으로 고려하는 가장 주요한 이유는 중재판정부의
관할권이 투자협정상에 포함되어 있는 조항에 기초한다는 사실에 기인한다. 그러
나 이러한 관할권의 근거로써 알 수 있는 일반적인 사실은 중재판정부가 우선 투

---

30) 외국인투자자와 투자유치국 간의 합의(계약 또는 양허계약 등)는 협정에 기초한 분쟁에서도 충
   분히 고려될 수 있는데, 이는 국제투자협정상의 명시적 조항(우산조항)에 의거하거나 또는 투자
   자−국가간 합의에 따라 보장되는 투자자의 권리에 부정적인 영향을 미치는 국가의 조치가 국
   제투자협정 위반사유가 되어 투자자가 이에 대해 제소를 하는 경우에 가능하다. 이러한 경우,
   특히 우산조항이 명시되어 있는 경우에 투자유치국의 국내법 일부가 중재판정에서 고려될 수
   있으며 (예를 들어 해당 국가의 계약법), 이는 국가의 행위를 판단하는 척도가 될 수 있을 것이
   다. 이러한 가정은 분명 협정에 기초한 분쟁과 국제법의 논리에 따르는 것으로 투자유치국의 법
   에 따라 재구성된 결과는 공정형평대우 기준 등의 관련 국제법상 규칙에 의거하여 평가되어야
   할 것이다.
31) 특히 ICSID의 경우 투자협정에 기초하지 않은 소수의 중재사건에서 투자유치국이 국제법에 의
   거하여 보호하고자 하는 비경제적 가치가 문제가 된 적이 있다.
32) 간혹 투자자−국가간 합의에서 소위 안정화 조항(stabilization clauses)을 명시하는 경우가 있는
   데 이는 국가가 외국인투자에 영향을 주는 자국의 법률 일부(예를 들어 환경정책 관련)를 변경
   하지 않을 것이라는 약속 내지는 변경시 발생하는 부정적 효과들로부터 투자자를 보호하겠다는
   약속을 의미한다. 이와 같이 환경보호에 미치는 계약조항의 '동결(freezing)'효과는 우산조항에
   따라 협정에 기초한 중재를 개시하기 위해 원용되는 경우 특히 중요하다 (Fauchald, *supra* note
   1, pp. 27−29).
33) 이는 투자협정에 기초한 중재가 '공법에 대한 판정방식으로 사인과 국가 간에 규제(regulatory)
   분쟁을 해결하기 위한 것으로 사인 당사자 간의 분쟁과는 차이가 있다'는 점을 보여준다 (Van
   Harten, *supra* note 6, p. 4).
34) 결과적으로 이와 같은 중재형태의 차이는 투자협정(및 더 강력한 논거(*a fortiori*)인 국제관습법)
   은 일반적인 규칙의 성격을 가지며 법의 지배를 구성하는 반면 투자자−국가간 계약 및 합의는
   그 자체적으로 특수한 성격을 가지는 것으로 사인 간의 관계를 규율한다는 사실에서 비롯되는
   것이다.

자협정상 규칙을 고려하고 그 이후에 국제법을 고려한다는 것이다.

물론 해당 투자협정의 중요성에 의문을 제기할 문제는 아니지만, '기타 국제법 규범이 개입할 수 있는 여지는 얼마나 되는가'라는 문제가 관건이 될 것이다. 이에 대해 다수설이 일반적으로 취하는 입장은 국제법상 체제를 설명하는데 있어서 자기완비적 체제 이론에 근거한 접근법은 배제되어야 한다는 것이다.[35] 이와 같은 국제투자법에 대한 다수설 입장의 타당성은 1990년 투자협정에 근거한 첫 번째 중재판정에서 확인된 바 있다.[36] 그러나 위에서 언급한 바와 같이 현재 국제법에 대한 논의에서 중요한 문제는 자기완비적 체제에 대한 비판이 아니라 특정 법체제가 타 규칙, 원칙 및 기타 국제관계에서 적용되는 가치들을 수용하는 개방성 수준을 확인하는 것이라는 점을 염두에 둘 필요가 있다.

환경가치를 어떻게 국제투자법 및 투자중재에 통합해야 하는지에 대한 문제를 쉽게 해결하는 방법으로는 국제법 내 타 영역(예를 들어 국가의 환경보호 의무 등)의 국제법상 규칙을 국제법의 통일성과 내부적 일관성 유지라는 측면에서 '적용(applying)'할 수 있는 가능성을 인정하는 방법이 있다. 이러한 가설적인 해결방법에서 '기타(other)' 규칙은 피소국이 투자자의 중재청구에 대항하여 직접적으로 인용할 수 있을 것인데[37] 특정 협정상 조항, 일반국제법상 예외 또는 조약법에 관한 비엔나협약 제31조 3항 (c)호에 따른 체계적 해석방법론 등의 매개를 거치지 않고도 '국제적 의무를 다하기 위해 분쟁의 대상이 된 조치를 취할 수밖에 없었다'는 식의 주장을 할 수 있게 될 것이다.

'규칙 적용(to apply a rule)'이 이와 같은 경우 무엇을 의미하는지 설명할 필요가 있을 것 같다. 국가의 환경보호 의무를 규정하는 국제규칙을 예로 생각해보면 된다. 이를 법적으로 적용하게 되는 전형적인 예는 국가 간 분쟁으로 일방이 상대국의 환경보호 의무 위반을 주장하는 것이다. 현 국제투자법상의 가설적인 상황으로

---

35) 제3장(3.2) 참조.

36) *AAPL v. Sri Lanka, supra* note 15 ('양자투자협정은 직접적용되는 규칙만을 제공하는 자기완비적이고 폐쇄적인 법체계가 아니며, 더 넓은 국제법적 배경에서 기타 국제법 또는 국내법의 성격을 띠는 법원들을 묵시적 편입(implied incorporation) 또는 특정 보칙(supplementary rules)에 관한 직접적인 언급을 통해 통합된 법체계로 인식해야 한다'고 판시한 바 있다, para. 21).

37) 국제인권법 영역에서 해석적인 측면을 강조하기는 했으나 위 해결방안과 유사한 방안으로 B. Simma, 'Foreign Investment Arbitration: a Place for Human Rights?' (2011) *ICLQ*, pp. 573−96 참조. '투자협정 틀 내에서의 인권규칙 중재'도 가능하며, '국제인권협약을 투자협정의 준거법에 대한 일반규정에 포함'하는 방법이 있다 ("적용할 수 있는 국제법의 규칙"이라는 요건에 따름) (p. 581).

바꾸어 생각해보면 투자유치국, 즉 환경을 보호해야 할 의무를 가지는 국가가 자국
의 조치를 정당화하기 위해 이와 같은 의무를 항변으로 제시하는 것이다. 이를 통
해 동 규칙은 기존 법적 권리―의무 관계 외의 영역에서 '적용(applied)'될 것이다.
따라서 '규칙 적용(applying the rule)'이라는 표현은 간접적으로 인용되는 것으로 보아
야 하는데 그 이유는 이 규칙이 국가의 항변으로 인용되는 것이기 때문이다. 이에
대한 구체적인 사례인 NAFTA 제104조에서 명시하는 협정상 국제환경의무의 연관
성에 대해서는 제6장(6.2)을 참고하기 바란다.

  그러나 위와 같은 해결방안은 국제투자중재의 관점에서 보면 일반적으로 비현
실적인 것에 해당한다. 조약법에 관한 비엔나협약 제30조의 '동일한 주제에 관한
(relating to the same subject matter)' 계승적 조약의 적용은 차치하더라도, 특별법 우선
의 원칙과 투자유치국이 투자자의 권리를 존중하고 있는지 여부를 평가하는 투자
분쟁의 기능을 함께 고려했을 때 중재판정부의 중재자들은 국제투자법 규칙에 따
라 창설된 권리 및 의무에 직접적으로 충돌하는 타 국제법 규칙을 적용하기 쉽지
않을 것이다. 게다가 준거법의 오용이 확인될 경우 중재판정의 취소로 이어질 수
있다는 사실은 중재판정부로 하여금 일반국제법상 규칙을 적용하는데 있어서 폭넓
은 재량권을 행사하는 것을 주저하게 만들 것임이 분명하다.

  중재 판정들을 살펴보면 실제로 그렇다는 점을 확인할 수 있다. 1998년에서
2006년까지 98개의 ICSID 중재판정부 결정 및 판정을 연구한 결과에 따르면,[38] 중
재판정부는 대부분의 경우 투자협정을 해석하고 적용하였으며, 국내법상 법률, 관
습법, 법의 일반원칙 등은 제한적인 범위 내에서만 고려하였다.[39] 또한 중재판정부
가 관습법 및 법의 일반원칙을 별개의 법적 근거로 판정에 원용한 경우에도 이는
외국인투자에 대한 대우 내지는 국가책임에 대한 2차법상 규칙과 관련된 것으로
그 외의 법적 가치를 지닌 사항은 아니었다.[40]

  이러한 상황에서 ICSID 중재판정부는 그 유명한 *Pyramids* 사건[41]에서 기존과
는 다른 개방적인 접근법을 취하였다.[42] 특히, 본 사건의 제소자(SPP)는 이집트의

---

38) O. K. Fauchald, 'The Legal Reasoning of ICSID Tribunals―An Empirical Analysis' (2008)
   19(2) *EJIL*, pp. 301―364. 이 연구는 72개 사건의 92개 결정사항들에 대해 분석한 것으로 이중
   28개의 결정이 분쟁의 본안이 되는 사항이었다 (*ibid.*, p. 304).
39) *Ibid.*, p. 303.
40) *Ibid.*, pp. 309―13. 관습법에 대해서는 이하 문단 C 참조.
41) *SPP v. Egypt, supra* note 27.
42) 본 사건의 분쟁은 피라미드 유적지 및 지중해 해안 부근 관광단지 건설사업이 문제가 되었는데

국내법 및 국제법상 규칙에 근거하여 이집트 정부의 관광단지 건설허가 철회에 따른 손해배상을 청구하였는데, 이에 대해 이집트 정부는 이집트의 동 건설사업에 대한 의무와 'UNESCO 세계유산협약'에 따라 피라미드 유적지를 보호해야 하는 국제적 의무가 서로 상충한다는 점을 항변으로 내세웠다.43)

본 사건의 중재판정부는 우선 준거법 문제를 거론하면서, UNESCO 세계유산협약이 해당 분쟁에 '연관이 있다(relevant)'고 판정한 점을 주목할 필요가 있다. 물론 중재판정부가 판정한 내용을 살펴보면 분쟁당사자가 존재하는 암묵적인 합의를 그 근거로 한다는 점을 찾아볼 수 있으나, UNESCO 세계유산협약의 적용에 대한 제소자(SPP)의 동의여부가 분명하지 않았고 준거법에 직접적인 연관이 없는 이전 중재과정에서 있었던 선언을 통해 추정되었다는 점을 고려했을 때 이와 같은 중재판정부의 판정은 매우 중요한 의미를 가진다.44) 또한 동 분쟁의 중재판정부는 본안심사에서 세계유산협약에 따른 국가의 의무를 직접적으로 고려하였다. 피소국(이집트)은 세계유산협약에 따라 피라미드 유적지 보호의무와 충돌하는 건설사업에 대한 승인을 철회할 수밖에 없었다고 항변하였는데, 중재판정부는 이집트의 국제적 의무는 실질적으로 건설사업 승인철회 이후에 발생한 것으로 판단하여 이집트의 항변을 받아들이지 않았으나 이론적으로는 세계유산협약상 의무를 항변의 근거로 제기할 수 있다는 점을 인정하였다.45)

이는 홍콩의 한 기업(Southern Pacific Properties – SPP)과 이집트의 공법상 단체(public law organization)의 합작투자로 이집트 정부의 지원 하에 진행되었던 계획이었다. 이집트 정부의 승인을 받고 공사가 시작된 이후, 이집트 정부는 피라미드 유적지 내에 아직 발견되지 않은 유물의 보호를 이유로 승인을 철회하였다. 시공계약상 조항을 근거로 일차적으로 중재가 이루어진 후, SSP는 ICSID 중재판정부에 중재를 청구하면서 이와 같은 분쟁이 발생할 경우 중재를 통한 해결에 동의하는 내용을 담은 이집트 국내법상 법률을 그 근거로 삼았다.

43) 주목할 점은 여기서 문제가 되었던 협정이 1972년 10월 17일부터 11월 21일까지 프랑스 파리에서 개최되었던 UNESCO 회의에서 채택된 세계문화 및 자연유산의 보호에 관한 협약(이하 UNESCO 세계유산협약)이라는 점이다. 이론적으로 본 협정은 환경문제에 관한 내용을 포함하고 있다.

44) SPP v. Egypt, supra note 27, para. 78. 실제로 본 사건의 제소자(SPP)는 ICSID 중재 이전에 있었던 국제상공회의소(ICC) 주관 중재과정에서 '국가가 특정 조치를 도입하거나 계약을 체결하는 경우 이는 동 국가가 국제협약상 타 체약국에 대해 가지는 국제적 책임과 상충할 수 있다 (les Etats etaient susceptibles d'engager leur responsabilite internationale envers les autres Etats signataires en persistant dans des actes ou contrats devenus contraires aux regles de la Convention)'고 인정한 바 있다 (ibid.).

45) '중재판정부의 관점에서 UNESCO 세계유산협약은 그 자체로 피소국의 승인철회 조치를 정당화하거나 제소자의 배상청구권을 배제시킬 수 없다. […] 본 사건과 관련한 피소국의 국제적 의무는 피소국이 "피라미드 지역"을 지정하여 동 지역이 1979년 UNESCO 세계유산협약상 유산 목록에 등재되는 시점부터 인정되는 것이다. 따라서 제소자의 건설사업이 해당지역 유물 보호에

따라서 *Pyramids* 사건의 판정은 여러 중재판정 중에서 독특한 입장을 취하고 있음을 알 수 있다. 본 사건에서는 중재판정부에 대한 특정 관할권 부여가 문제가 되었고, 국가가 외국인투자자와의 향후 분쟁해결에 대한 사전 합의내용을 최근의 관행과 같이 투자협정상에 명시하지 않고 국내법상 법률에 포함시켰다는 점이 그 이유가 될 수 있다.[46] 관할권의 근거가 될 수 있는 분쟁당사자 간의 국제투자협정의 부재가 중재판정부로 하여금 ICSID협약 제42조 1항 2문을 공개적으로 적용하고 또한 잠정적으로 적용될 수 있는 광범위한 국제법상 규칙들을 고려하면서 심지어는 국제법상 타 영역에 귀속되는 문화유산 보호에 대한 의무까지 고려하는 상황으로 이어졌다고 볼 수 있을 것이다. 이러한 사실관계가 동 사건의 판정이 왜 국제투자중재에서 해당 사건에 한정된 고립된 판정으로 고려되는지 설명하는 단초가 될 것이다.

중재판정부가 국제법상 타 영역의 규칙을 준거법으로 고려하는데 있어서 겪는 어려움은 최근의 한 UNCITRAL 판정[47]을 통해서도 찾아볼 수 있는데, 해당 규칙과 투자협정이 상충하지 않더라도 문제가 발생한 것을 확인할 수 있다. *Frontier Petroleum* 사건에서 제소자는 유럽인권협약(ECHR)에 명시된 사인의 권리를 원용하였는데 이는 제6조가 사인에게 부여한 재판에 대한 접근권(right to have access to a court)으로 캐나다-체코 BIT 제3조에서는 내국민대우와 최혜국대우의 형태로 포함되어 있었던 사항이었다.[48] 중재판정부는 제소자의 위와 같은 주장에 대해 '유럽인권협약상 권리는 어느 누구에게나 국적과 상관없이 부여되는 권리로 제소자는 이러한 권리를 원용하기 위해 BIT에 근거할 필요가 없다'고 비판하면서도, '분쟁의 양 당사자는 동 분쟁에서 유럽인권협약의 관할권에 대해 합의한 바가 없으며 따라서 유럽인권협약이 정한 기준의 적용여부와 실질적 위반여부에 대해서도 판정한 바가 없다'고 확인하였다.[49] 이러한 중재판정부의 주장은 준거법에 대한 분쟁당사

대한 지속적인 방해가 국제적 관점에서 위법행위로 간주되는 시점은 피소국이 "피라미드 지역"을 지정하여 동 지역이 1979년 UNESCO 세계유산협약상 유산 목록에 등재되는 시점부터 인정된다' (*SPP v. Egypt, supra* note 27, para. 154, 강조 추가). 본 판정에 대한 보다 자세한 내용은 이하 제6장(6.1.C, 6.2) 참조.

46) 국내법상 법률이 실질적으로 중재에 대한 합의사항을 포함할 수 있는지 여부에 대해서는 여러 ICSID 사건들을 언급하고 있는 M. Moise Mbengue, 'National Legislation and Unilateral Acts of States' in T. Gazzini and E. De Brabandere (eds.), *International Investment Law. The Sources of Rights and Obligations* (Leiden, Boston 2012), pp. 183-213 참조.

47) *Frontier Petroleum, supra* note 26.

48) *Ibid.,* para. 307에서 제소자의 준비서면(Memorial) paras. 74-75 인용.

49) *Frontier Petroleum, supra* note 26, para. 338.

자 합의의 원칙에 합치하는 것으로 국제법상 타 영역에 귀속되는 규칙들의 직접적
인 적용에 대해 부정적인 태도를 보이는 투자중재판정부들과 같은 입장을 취하고
있는 것이다.50)

결과적으로 위 판정을 비판하자면 중재판정부에서 유럽인권협약을 준거법의
문제로만 논의하고 BIT 규정 해석에 미치는 파급효과에 대해서는 고려하지 않았다
는 점을 지적할 수 있다. 실제로 중재판정부는 유럽인권협약을 준거법에서 배제한
이후에도 해당 내용을 제소자가 동일한 사유로 원용한 공정형평대우의 차원에서
이를 고려하여 유럽인권협약이 외국인대우에 대한 기존의 관습법을 반영한다고 간
주할 수 있는지 여부를 평가해볼 수 있었을 것이다. 다시 말해 유럽인권협약의 직
접적용을 배제한다고 해서 중재판정부가 관련 BIT 조항을 해석하는데 있어서 동
협약이 가질 수 있는 의의를 평가하는 것까지 사전에 방지할 필요는 없었다는 것
이다.

D. 강행규범(Jus Cogens), 관습법 및 법의 일반원칙

Pyramids 사건에서 중요하지만 동떨어진 중재판정부의 결정 외에도 투자중재
판정부가 국제법상 타 영역의 가치를 보호하는 국제규칙을 적용할 수 있는 또 다
른 가능성으로 강행규범(*jus cogens*)의 원용을 생각해볼 수 있다. 일부 학자들은 강행
규범 적용 가능성에 중점을 두는데,51) 이 방안에 따르면 강행규범이 국제법상 위
계질서에서 다른 규범보다 우선하므로 특별법 우선의 원칙에 근거한 반대 입장을
무력화할 수 있기 때문이다. 그러나 이러한 가능성에 근거한 환경문제 해결은 이론
상으로만 의미가 있을 것으로 보인다.

강행규범의 실제 적용범위에 대해서는 국제법 학자들 사이에서 항상 논란이

---

50) 또한 '현재의 공정형평대우 조항은 중재자들에게 인권관련 제소에 대한 중재권한을 직접적으로
부여하지 않는다', I. Knoll–Tudor, 'The Fair and Equitable Treatment Standard and Human
Rights Norms', in P. M. Dupuy, F. Francioni and E. U. Petersmann (eds.), *Human Rights in
International Investment Law and Arbitration* (Oxford 2009), pp. 310–43 (p. 338). 반대로,
'인권법은 매우 기술적인 법의 영역이 되어가고 있으며 [...] 이에 대한 전문가가 되기 위해서는
대대적인 준비를 필요로 한다'(p. 337)는 점에서 투자중재자들이 인권관련 제소를 판단할 수 있
는 전문적인 지식을 가지고 있는 경우는 거의 없다는 Knoll–Tudor의 주장은 지나친 것으로 보
인다. 다수의 투자중재자들이 저명한 국제법 교수라는 사실은 차치하더라도, 특정 법 영역에 대
한 전문성을 근거로 주장하는 것은 국제법상 각 하위체계를 국제법 질서로부터 고립된 별개의
법체계로 보는 해석방법론을 편파적으로 선호하는 결과로 이어질 수 있다.

51) 그 예로 Sornarajah, *supra* note 9, p. 469.

되어 왔다. 분명한 것은 인권법의 핵심내용은 강행규범으로 구성되어 있다는 것이다. 가상의 상황을 예로 들면 외국인투자자의 중대한 인권침해행위(노예계약 등)를 근거로 투자유치국이 해당 투자자의 사업허가 갱신을 거부하는 것을 정당화하는 주장은 중재판정부에서 쉽게 인정할만한 사안이 될 것이다.[52] 그러나, 이는 극단적인 사례로 실제로는 거의 발생하지 않으며 발생하더라도 이를 증명하기가 어려운 부분이 있다. 실제로 인권의 핵심적인 내용만이 강행규범의 일부로 인정되고 있다. 이러한 맥락에서 환경적 가치 또한 환경문제가 인류에 대한 실제적인 위험을 수반하지 않는 이상 강행규범의 일부로 보는 것은 어려울 것이다.[53] 요컨대 국제법상 강행규범은 이론적으로는 투자중재에 적용될 수 있을 것이나 (권리행사의 최대 한계치 역할), 실제로 강행규범이 적용되는 사례는 드물 것이며 특히 환경문제가 결부되어 있는 경우 더욱 그럴 것이다.[54]

    강행규범과는 별개로 관습법은 강행규범적인 성격을 띠지 않는다. 관습법은 하나의 원칙으로 협정상 규칙과 (비강행규범적) 관습이 서로 충돌할 경우에 적용되는 위계관계는 존재하지 않으며 대신 전형적인 신법우선의 원칙(lex posterior)과 특별법

---

52) 투자중재판정부는 국제투자법이 '일반국제법 및 그 일반원칙과는 별개로 적용되고 해석될 수 없다'고 주장하면서 (이를 '극단적인 예'로 설명하면서) '고문금지, 집단살해금지, 노예제도 철폐, 장기매매 금지 등 인권보호의 본질적인 내용을 담은 국제법 규칙을 위반하는 방법으로 이루어진' 외국인투자자의 투자에 대해서는 보호를 제공할 수 없다고 판시한 바 있다 (*Phoenix Action LTD v. Czechia,* ICSID Case No. ARB/06/5, Award of 19 April 2009, para. 78).

53) Sornarajah, *supra* note 9. Sornarajah는 국제투자협정에서 현재 실질적으로 존재하는 강행규범의 역할을 강화하는데 있어서 '강행규범으로 그 지위가 상승될 수 있는 **후보**'로 '고문금지와 함께 다수의 인명, 생활여건 및 거주지에 영향을 미치는 대규모 오염발생 금지도 포함될 수 있다'고 주장한 반면 (pp. 469−70, 강조 추가) 환경규범 그 자체를 국제법상 강행규범으로 인정하는 것에 대해서는 의문을 제기하였다. 이러한 견해를 지지하는 입장으로 P. Birnie and A. Boyle, *International Law and the Environment,* 2nd edition (Oxford 2002), p. 15 참조. 반대로 일부 학자들은 '강행규범적 성격은 환경법의 일부 규칙에서도 확인할 수 있으며, 그 예로 인류의 환경에 대한 대규모 오염 금지를 들 수 있다'고 주장하면서 국제사회 전체를 위한 1992년 환경과 개발에 관한 리우선언 제2원칙에 따른 의무를 그 근거로 제시한 바 있다 (A. Orakhelashvili, *Peremptory Norms in International Law* (Oxford 2006), p. 65). 논란의 여지가 있는 이 주장을 받아들인다 하더라도, 국가가 리우선언 제2원칙에 따라 자국 내 환경파괴를 방지해야 하는 강행규범적 성격의 의무를 가진다고 보기는 어렵다 (위 제1장(1.2) 참조). 대신 리우선언 제2원칙상의 의무는 투자유치국이 외국인투자자의 기대이익에 부정적인 영향을 미칠 수 있는 (자국의 환경보호 강화 등) 정책 변경조치를 정당화하는데 강력한 근거가 될 수 있을 것이다.

54) 그러나 국제사법재판소는 위와 같은 가능성을 배제하지 않으면서 Gabcikovo−Nagymaros 사건에서 "양 당사자 그 어느 쪽에서도 1977년 협정 체결 이후 새로운 환경법의 강행규범이 등장했다고 주장한 바가 없다"고 언급한 바 있다 (para. 112). P.−M. Dupuy, 'L'unité de l'ordre juridique international' (2002) 297 *Collected Courses of the Hague Academy of International Law,* p. 292 참조.

우선의 원칙(lex specialis) 기준이 적용되어 주로 협정상 규칙이 우선하게 된다. 그러나 실제 관습과 협정 간의 관계는 이보다 더 복잡한데, 만약 협정상 규칙이 관습법을 명시적으로 배제하지 않을 경우 관습이 우선 적용되거나 적어도 이를 판단하는 국제재판관들이 협정상 규칙을 해석하는데 있어서 기존에 관련된 관습을 기준으로 그 의미를 부여하게 될 것이다.55) 이는 준거법과 법률해석을 구분하는 경계선이 불분명하다는 것을 의미한다.56)

국제투자중재의 경우에도 위에서 언급한 내용과 같은 것으로 보인다. 국제투자중재에서 일반국제법은 매우 빈번하게 인용되며, 투자협정에 명시적으로 규정하고 있는 외국인투자 관련 관습법이 국제투자법 판정례에서 가장 많이 언급된다.57) 중재판정부는 판정에서 관습을 별개의 법적 근거로 적용하는 경우가 자주 있다. 그러나 중재판정부가 직접 적용하는 관습법과 단순히 투자협정 해석을 위해서 원용하는 관습법을 명백하게 구분하는 것은 쉽지 않은 일이다.58) 또한 중재판정부는 국가책임에 대한 관습법을 지속적으로 적용하고 있다. 물론 이러한 국가책임관련 관습법은 외국인투자자 보호에 관한 실질적인 규정에 비해 부수적인 내용이기는 하나, 위법성조각사유를 적용하는데 있어서 비상업적, 환경적 이익을 고려하는데 중요한 역할을 할 수도 있다.59) 이와 같이 2개의 주요 관습법(외국인투자관련 및 국가책임관련) 외에 인간건강, 환경 등 기타 영역의 이익을 보호하는 일반국제법 규칙이 직접적용된 사례는 현재까지 존재하지 않는다.

법의 일반원칙은 국제법상 법원으로서 그 개념, 범위 및 자율성이 오랜 기간

---

55) *Elettronica Sicula S.P.A. (ELSI)*, Judgment, *ICJ Reports* 1989, p. 15 참조.

56) *Fragmentation of International Law: Difficulties Arising from the Diversification and Expansion of International Law*, Report of the Study Group of the International Law Commission finalized by Martti Koskenniemi, A/CN.4/L.682, 13 April 2006 참조: "일반법이 특정 법체제가 적용되는 것을 해석하는데 있어서 어느 정도 수준까지 간극을 좁히고 이를 지원하는 역할을 하는가? 어느 법체제도 일반법으로부터 완벽하게 분리될 수 없다는 것은 분명하나, 이들의 상호관계(*inter se*)를 식별하는 문제가 발생한다" (para. 159). 여기서 정말 중요한 점은 본 보고서에서 이 문제를 '법체제의 자기완비적 수준'을 확인하는 문제와 결부시키고 있고 (*ibid.*) 이는 본서에서 분석하고자 하는 근본적인 이론적 접근법과 관련되어 있다는 점이다 (제3장(3.2) 참조).

57) 그 예로 아르헨티나-프랑스 BIT 제8조 4항 (*EDF International S.A.* 사건의 근거가 되었던 협정이다, *supra* note 28): '중재기관은 본 협정의 규정과, [...] 해당 대상(*on the subject*)에 대한 국제법 원칙을 근거로 판정해야 한다' (강조 추가).

58) 이는 투자협정 및 관습법이 변천하는 순환과정에 따른 국제투자협정의 발전에 대한 이론과 연관이 있다. 이에 대한 견해로 McLachlan의 논문 (C. McLachlan, 'Investment Treaties and General International Law' (2008) 57 *ICLQ*) 제3장 참조.

59) 위법성조각사유, 특히 필요성의 중요성에 대해서는 이하 제7장(7.2) 참조.

논의의 대상이 되어 왔는데 이에 대해서는 특별히 관심을 가질 필요가 있다. 한편으로는 법의 일반원칙은 국제법 법원 중 자율적인 법원으로써 이는 기존 국제사법재판소규정 제38조 1항 (c)호에 명시된 '문명국에 의하여 인정된 법의 일반원칙'과 같다. 이 원칙은 국제투자중재에서 그동안 제한적으로 적용되어 왔는데,[60] 이는 일부에서 주장하듯이 국제투자법을 통합하고 협정 간 내용의 간극을 좁히는데 결정적인 역할을 할 수 있음에도 그 적용이 제한적이었다.[61]

다른 한편으로는 법의 일반원칙이 국제관습법에 귀속된다고 볼 수도 있다. 이 관점에서 원칙을 정의하는 기준은 그 규범적 내용이 될 것인데 특히 높은 수준의 추상성이 요구되며 그 예로는 신의성실의 원칙을 들 수 있다.[62] 법의 일반원칙은 서로 다른 가치들이 조화를 이루도록 하는 역할을 할 수 있으며 실제로 중재판정부에서 이러한 논거를 자주 적용하고 있다.[63] 그러나 법의 일반원칙의 추상적인 내용으로 인해 이것이 직접적용된 것인지 규범의 해석을 위한 도구로 사용된 것인지 구분하는 것은 어렵다.

3. 법해석을 통한 국제투자법과 환경문제의 조화: 재구성주의적 접근법 제시

국제투자법 체제에 비상업적 가치를 통합시키는 작업에서 준거법 선택 그 자체는 제한적인 영향력밖에 행사하지 못할 것이다. 그러므로 준거법의 선택은 법의 해석 차원에서 (투자협정의 범위를 국제투자법 외의 영역으로 확대시키는 최근 협정상 조항들과 함께) 중재판정부에 의해 환경문제가 관련된 분쟁을 해결하는데 활용될 수 있어야 할 것이다.[64] 이러한 접근법은 국제투자법의 일반적인 개념을 정의하고 다수의 국

---

60) Fauchald, *supra* note 38 참조. 그러나 법의 일반원칙은 이론적으로 국제투자법을 비교공법적 접근법에 따라 개념화하는데 중요한 역할을 한다.

61) S. W. Schill, 'An Introduction', in S. W. Schill (ed.), *International Investment Law and Comparative Public Law* (Oxford 2010) and S. W. Schill, 'General Principles of Law and International Investment Law', in Gazzini and De Brabandere (eds.), *supra* note 46, pp. 133–181. 이에 대한 내용은 원칙 식별을 위한 방법과 함께 제3장(3.3.C.)에서 소개하고 있다.

62) 일부 학자들은 법의 일반원칙이 제3의 분류에 해당한다고 하면서 이 분류는 법의 일반원칙 그 자체라고 주장한다. 이에 대한 여러 학자들의 견해로 R. Kolb, *La bonne foi en droit international public. Contribution à l'étude des principes généraux du droit* (Geneva, 2000), pp. 25–70 참조. 드워킨(Dworkinian) 법 원칙에 대한 다른 견해로는 이하 제8장(8.3) 참조.

63) Fauchald, *supra* note 38.

64) 관습법에 있어서 관습 그 자체가 적용되는 경우와 해석을 목적으로 적용되는 경우를 명확하게

제투자협정을 하나로 통합하는데 주요한 역할을 하는 중재판정부의 결정들에 의해 더욱 확실해진다. 본서에서는 투자중재 해석의 주요쟁점들과 해석관련 여러 견해들을 구분하여 알아보도록 한다.[65]

투자중재판정부를 비롯하여 여러 중재판정부들은 국제협정을 해석하기 위해 조약법에 관한 비엔나협약 (이하 비엔나협약)[66] 제31조 '해석의 일반규칙(general rule of interpretation)'[67]을 인용하는 것으로 해당 내용의 분석을 시작하는 경우가 많다. 제31조는 기존의 전통적인 해석방법론과 진보적인 해석방법론 모두를 하나의 규칙[68]으로 묶어서 규정하고 있으며 이는 학자들 사이에서 있었던 국제법 해석에 대한 심도있는 논의에 불을 지폈다. 따라서 이어지는 내용도 비엔나협약 제31조의 협정문 내용[69]부터 분석을 시작하여 이 협정문에서 규정하고 실무에서 이해되고 적용되는 해석방법론들이 환경문제를 국제투자법에 통합하는 작업에서 어떻게 그리고 어느 수준까지 관여할 수 있는지를 알아볼 것이다.

첫 번째 문제로는 대륙법체계에서 비롯된 것으로 법의 주관적 해석과 객관적

구분하기는 힘들다.

65) 위 구분은 본서 제2부에서 분석의 틀로 활용된다.

66) *Vienna Convention on the Law of Treaties*, done at Vienna on 23 May 1969 and entered into force on 27 January 1980. 제31조의 내용은 다음과 같다:
  1. 조약은 조약문의 문맥 및 조약의 대상과 목적으로 보아, 그 조약의 문면에 부여되는 통상적 의미에 따라 성실하게 해석되어야 한다.
  2. 조약의 해석 목적상 문맥은 조약문에 추가하여 조약의 전문 및 부속서와 함께 다음의 것을 포함한다: (a) 조약의 체결에 관련하여 모든 당사국간에 이루어진 그 조약에 관한 합의; (b) 조약의 체결에 관련하여, 1 또는 그 이상의 당사국이 작성하고 또한 다른 당사국이 그 조약에 관련되는 문서로서 수락한 문서.
  3. 문맥과 함께 다음의 것이 참작되어야 한다: (a) 조약의 해석 또는 그 조약규정의 적용에 관한 당사국간의 추후의 합의; (b) 조약의 해석에 관한 당사국의 합의를 확정하는 그 조약 적용에 있어서의 추후의 관행; (c) 당사국간의 관계에 적용될 수 있는 국제법의 관계규칙.
  4. 당사국의 특별한 의미를 특정용어에 부여하기로 의도하였음이 확정되는 경우에는 그러한 의미가 부여된다.

67) 이에 대해 중재판정부 및 재판소는 법리를 발전시키지 않고 종종 '형식적 조항(clause of style)'으로만 인용하기도 한다.

68) 제31조는 그 제목이 해석의 일반규칙*(General Rule of Interpretation)*'으로 정해져 있다. '제31조의 제목이 단수임을 확인'하는 것은 '가장 중요할 수도 있는 규칙 창설'이자 '위계관계의 형성을 방지하는 수단'이기도 하다 (J. - M. Sorel and V. Bore Eveno, 'Commentary to Art. 31', in O. Corten and P. Klein (eds.), *The Vienna Convention on the Law of Treaties. A Commentary* (Oxford 2011), vol. I, pp. 804-837 (p. 816).

69) 비엔나협약 제31조의 내용은 오늘날 일반국제법의 일부로 간주된다. 그러나 이외의 해석기준도 존재한다. 예를 들어 국가의무에 대한 제한적 해석 원칙도 종종 국제적 수준의 판례에서 인용된 바 있다 (I. Brownlie, *Principles of Public International Law*, 7th edition (Oxford 2008), p. 635).

해석을 구분하는 문제이다. 비엔나협약이 채택되기 이전부터 이에 대한 열띤 논의
가 있었다. 비록 위 해석방법론의 구분은 이론적인 측면에서 매우 중요하기는 하
나,[70] 주어진 문제를 해결하는데 있어서 유용한 정보를 제공하지는 않는데 그 이
유는 두 가지 해석방법론 모두 엄격하게 적용할 경우 국제투자법에 비상업적 가치
가 개입할 수 있는 여지를 거의 제공하지 않기 때문이다. 실제로 분쟁당사자의 '본
래(original)' 의도를 탐색하여 투자협정을 주관적으로 해석하는 방법은 협정문 작성
에 주로 기여하는 강대국의 역할을 증진시킬 것이며 이들의 최우선 과제는 투자자
보호가 될 것이다. 최근의 추세이자[71] 비엔나협약의 협정문 및 구조에 암시적으로
포함되어 있는[72] 객관적 (또는 문자적) 해석방법론을 택한다고 하여도 완전히 다른
결과를 제시하지 않는다. 객관적 해석은 기본적으로 특정 조항 또는 규칙을 협정
전체의 맥락에서 가지는 '자연적 의미와 통상적 의미(natural and ordinary meaning)'를
식별하는 작업이다. 그렇다 하더라도 이론적으로 환경과 같이 근본적인 가치를 국
제투자법상에서 보호하는 것은 어려운 작업이며 이에 대한 내용은 대다수의 투자
협정에서 그 전문과 규정에서 부분적으로만 명시되어 있는 상황이다.

　　따라서 비엔나협약 제31조에 규정되어 있고 여러 국제법 관련 저서와 실무에
서 쓰이는 구체적인 해석방법론들을 그 의미와 사용법을 고려하여 분석하는 것이
더 유용할 것으로 보인다. 협정문에서는 전통적인 해석방법론과 진보적인 해석방
법론 모두를 규정하고 있다. 신의성실, 통상적 의미, 문맥, 대상과 목적, 추후의 관
행, 기타 관련 국제규칙 및 당사자의 구체적인 의도 등이 여기에 포함된다. 그러나
실무에서는 국제분쟁 해결에 있어서 이 모든 해석방법론이 동일한 역할을 하지는
않았다. 특히 협정의 내용 외의 가치와 원칙에 대한 규칙을 적용 및 해석할 수 있
도록 하는 해석방법론들은 많은 관심을 받지 못했다. 따라서 국제적 수준의 이론과
판례가 비엔나협약 제31조 규정을 인정한다고 하더라도, 실제로 그 의미를 분석하
고 직접 적용하는데 있어서는 분쟁당사자 간에 적용되는 모든 규칙과 원칙을 고려

---

70) O. Corten, 'Les tecniques reproduites aux articles 31 à 33 des Conventions de Vienne:
    approche objectiviste ou approche volontariste de l'interpretation?' (2011) RGDIP, pp. 351 –
    366 참조.
71) 1991 ICJ quoted in Sorel and Bore Eveno, *supra* note 68, p. 818 참조.
72) 제31조 1항에서는 당사자의 의도를 언급하고 있지 않다. 또한 협정의 준비작업 내용 등 당사자
    의 본래 의도를 확정하는데 가장 중요한 역할을 하는 수단들은 제32조에 해석의 보충적 수단으
    로만 명시되어 있다.

하면서 타 영역의 이익 또한 비교할 수 있는 여지를 주는 제31조 3항 (c)호73) 규정을 무시하는 경우가 자주 있다.74) 반대로 신의성실 해석기준은 실효적 해석 원칙을 정당화하는 수단으로 그 용도가 축소되는 경우가 잦으며,75) 따라서 그 적용 범위가 축소되고 있다.

국제 재판소 및 중재판정부에서는 주로 문자적(통상적 의미) 해석, 문맥적 및 목적론적 해석방법론을 따른다. 중요한 점은 이러한 해석방법론들은 투자협정에 적용하였을 때 모두 협정 내부에서만 해석의 순환과정을 거치는 방식을 택하는 것으로 보인다는 것이다.

문자적 해석은 주어진 사건에 관련된 규정의 본문만을 해석한다고 하나, 문맥적 해석과 목적론적 해석은 여러 국제적 수준의 법적 분쟁에서 관련 규정에 암시되어 있지 않은 법 원칙과 사회적 기준을 포함하는 국제법상 규칙을 해석에 포함시킬 수 있다. 실제로 문맥적 해석방법론은 전문 등 관련 협정의 일부분에서 다른 협정상에서 보호되는 이익 내지는 가치를 명시하고 있는 경우 이는 해당 관련 협정의 엄격한 적용을 완화하고 제한하는 결과로 이어질 수 있다.76) 반대로 일부 협정들은 그 내용에 원칙과 목적을 기술하고 있으며, 이에 대해서는 목적론적 해석을 통해 협정문에서 명시하지 않은 이익과 가치들을 고려할 수 있을 것이다 (인권법체계가 그 예가 될 수 있다).

앞서 제2장에서 언급한 바와 같이 이러한 맥락에서 주목해야 할 투자협정들의 공통적인 특징은 재산보호 및 외국인의 투자이익 보호에 관한 내용에 대해 대부분

---

73) 예를 들어 Brownlie는 제31조를 다각도로 분석하는데 있어서 3항 (c)의 내용을 무시하고 있다 (Brownlie, *supra* note 69, pp. 632–636). 이와 유사한 입장으로 D. J. Harris, *Cases and Materials on International Law* (London 200), pp. 835–840 참조.

74) 실제로 제31조 3항의 내용은 '문맥과 함께 다음의 것이 참작되어야 한다: [...] (c) 당사국간의 관계에 적용될 수 있는 국제법의 관계규칙'. 여기서 당사국 간의 관계에 적용될 수 있는 일반국제법이 자동적으로 포함된다는 내용은 이 해석기준에서 찾아볼 수 없다. 이 규정이 국제법 파편화의 맥락에서 수행하는 역할에 대한 구체적인 논의로 C. McLachlan, 'The Principle of Systemic Integration and Article 31(3)(c) of the Vienna Convention' (2005) *ICLQ*, pp. 297–320 참조.

75) 실효적 해석기준(*ut magis valeat quam pereat*)도 협정 해석에 유효한 방법 중에 하나이다. 그러나 이 해석기준은 (국제사법재판소에서 종종 확인한 바와 같이) 관습법적 기준 또는 협정의 목적과 연결된 기준으로 볼 수도 있다. 이에 대해서는 국제법위원회의 비엔나협약 제31조에 대한 *Commentary* 참조. (*Yearbook of the International Law Commission* 1966, II, p. 219).

76) 예를 들어 WTO법의 경우 WTO협정 전문에서 명시적으로 지속가능한 발전을 목표로 규정하고 있는데, 이는 기타 법체계에서 환경문제를 통합하여 해석하는데 활용되어 왔다. (관련 사례로 *United States−Import Prohibition of Certain Shrimp and Shrimp Products*, DS58/AB/R and DS61/AB/R, Report of the Appellate Body of 12 October 1998, pp. 129–131).

동일한 입장을 취하고 있다는 것이다.[77] 따라서 문맥적 해석 및 목적론적 해석도 국제법상 타 영역으로의 '개방(opening)' 및 '진화(evolutive)' 기능을 가지고 있음에도 불구하고 국제투자법에 있어서는 '내부적(internal)' 해석으로 이어지게 된다.[78] 국제 투자중재에서 2개의 해석방법론은 투자자 권리 보호 및 향상이라는 기본적인 가이 드라인을 준수하고[79] 심지어는 이를 위해 투자규범 및 원칙의 자율성까지 해할 수 있는 위험을 감수하기도 한다.[80] 여러 주장과 해결방안을 '질서있게 정돈(give an order)'하고자 하는 본서의 목표를 고려하여 제5장에서는 '통상적 의미 해석(ordinary meaning)', '대상과 목적 해석(object and purpose)', '문맥적 해석(context)' 3개의 주요 해

---

77) 그러나 최근 국제투자협정에서는 갈수록 비상업적 가치, 특히 환경적 가치들을 함께 규정하고 있는 추세이다. 이러한 추세가 지속될 경우, 국제투자법의 해석방법론에도 변화가 생길 수 있으며, 문맥적 해석 및 목적론적 해석방법론은 자체적으로 비상업적 가치를 투자협정중재에서 통합 시키는 결과로 이어질 것이다. 현재 국가 간의 주요 경제관계를 규율하는 국제투자협정들은 이 와 같은 최근 추세를 반영하는 규정을 담고 있지 않으며 이에 대한 개정 또는 재체결 등은 자 주 이루어지지 않는다. 2011년 기준 국제투자협정상 환경조항 포함여부를 조사한 내용으로 K. Gordon and J. Pohl, 'Environmental Concerns in International Investment Agreements: A Survey', *OECD Working Papers on International Investment*, 2011/01, OECD Publishing, 2011, available at http://dx.doi.org/10.1787/5kg9mq7scrjh−en 참조. 국제투자협정상 환경조항의 분석 은 이하 제6장(6.4.D.), 제7장(7.3.B.) 및 제8장(8.2) 참조. 반대로, 다수의 국제투자협정에서 규 정하고 있는 투자유치국의 경제발전 목표는 투자자에 대한 보호를 다소 감소시키기는 하나 투 자자 보호에 일방적으로 호의적인 흐름 자체를 바꾸지는 못한다.

78) 그 예로 *SGS Société Générale de Surveillance v. Philippines*, ICSID Case No. ARB/02/6, Deci- sion on Jurisdiction of 29 January 2004 참조. 'BIT의 대상과 목적은 실효적 해석을 지지한다 [...]. BIT는 상호 간의 투자 증진 및 보호를 위한 협정이다. [...] 해석상의 불명확성을 해소하여 투자보호를 증진하는 것은 정당하다' (para. 116). 이와 같은 일방적인 견해는 중재판정부가 주 관적 해석을 적용하는 경우에도 확인할 수 있다: '당사자의 의도는 분명하다. 이는 투자를 위한 호의적인 여건을 조성하고 사인의 투자를 장려하는 것이다' (*Siemens A.G v. Argentina*, ICSID Case No. ARB/02/08, Decision on Jurisdiction of 3 August 2004, para. 81). 다른 예로는 Van Harten, *supra* note 6, p. 138; J. Kurtz, 'Adjudging the Exceptional at International Investment Law: Security, Public Order and Financial Crisis' (2010) *ICLQ*, pp. 325−371 (p. 350) 참조. Schill은 BIT의 목적론적 해석에 대한 분석의 결론으로 '국제투자협정의 공통된 대상 및 목적은 그 해석의 방향도 동일하다'고 주장하였다 (S. W. Schill, *The Multilateralization of Inter- national Investment Law* (Cambridge 2009), p. 319).

79) 국제관행에서도 종종 '재판소가 대상 및 목적을 결정하는 더욱 극단적인 접근법'이 적용되는 경 우가 있으며 따라서 '당사자가 구상하지 않은 목적의 법을 이행'해야 하는 상황이 발생할 수도 있다 (Brownlie, *supra* note 69, p. 636). 이러한 접근법은 이론상 국제투자협정의 엄격하게 규정 된 목적을 뛰어넘을 수 있다. 그러나 이와 같은 경우는 UN과 같은 '국제기구의 헌법적인 역할을 하는 협정'에 더 적합한 접근법으로 보인다 (M. Shaw, *International Law*, 6th edition (Cam- bridge 2008), pp. 936−937). 이와 달리 투자중재판정부는 중재판정부의 임시적 성격과 폭넓은 법적 근거의 부재로 인해 위와 같은 목적론적 해석을 명시적으로 적용할 것처럼 보이지는 않는다.

80) Van Harten, *supra* note 6 참조: '중재판정부는 투자보호의 대상 및 목적에 근거하여 의심의 여 지가 있는 경우 제한적으로 해석하라는 원칙(principle of *in dubio mitius*)마저도 무효화시킨다' (p. 138).

석방법론에 근거한 주장들을 '내부적(internal)' 접근법을 통해 통합하여 분석할 것이다. 그 외의 해석방법론에 대해서는 이어지는 제6장에서 비엔나협약 제31조 3항 (c)호에 특히 중점을 두고 논의할 것이다.

제2부:

국제투자법상 환경보호의 통합

제2부에서는 중재판정부의 입장과 협정체결 방식의 해결방안[1]에 대해 설명하고 비판적으로 분석하면서 환경 및 인간건강[2]에 대한 고려사항이 국제투자법 체제에 통합될 수 있는지 여부, 통합된다면 어느 수준까지 가능한지에 대해 알아보도록 한다. 중재판정부의 입장과 해결방안은 3개의 분류로 구분하여 내부적 통합론, 체계적 통합론, 그리고 예외모델론을 통해 분석하도록 한다. 본서에서는 방대한 양의 국제투자법 관련자료를 3개의 분류로 정리하여 각각 독립적으로 구성된 논거에 따라 관련 협정과 사건들을 분석하고자 한다.

본서에서 제시하는 분류는 우선 환경 및 인간건강 문제가 결부된 분쟁에서 투자협정에 대한 '내부적(internal)' 해석과 '외부적(external)' 해석으로 구분하는 것으로 시작한다. 이와 같은 구분은 중재판정부의 판정을 기준으로 나눈 것이 아니다. 다시 말해 각각의 판정에서 제시하는 국제투자법상 환경보호 통합 수준을 구분기준으로 삼은 것이 아니라는 의미이다. 결과중심적인 구분은 '정치적(political)' 결정의

---

1) 제2부는 주로 국제투자중재 판정례에서 언급된 주장들을 다룬다. 이는 본서에서 분석하는 주요 대상으로 해당 사건에서 당사자들이 제시한 해석방법론들도 함께 알아보도록 한다. 또한 협정상 규정에서 직접적으로 환경보호관련 정책과 문제에 대해 언급하고 있는 사례에 대해서는 제6장에서 특히 중점을 두고 알아보도록 한다.
2) 공법의 관점에서 바라본 인간건강과 환경의 밀접한 관계에 대해서는 제2장(2.3) 참조.

산물이 될 위험이 있으며 그 자체의 내용과 규범적 의미는 간과되는 결과를 낳을 수 있다.

　　본서에서는 대신 해석방법론을 기준으로 중재판정부가 투자분쟁시 환경문제를 고려하는 경우를 구분하여 분석한다. 중재판정부가 관련 규정의 통상적 의미만을 해석하고 일반적으로 비투자규범과 원칙은 인용하지 않는 경우 이는 '내부적(internal)' 접근법을 취한 것으로 본다.3) 반대로 투자자보호규정 외에도 국가이 환경보호의무 등의 법적 근거를 직접적으로 명시하는 경우 이는 '외부적(external)' 접근법을 취한 것으로 본다. 이와 같이 외부적 접근법에 적용되는 근본적인 해석방법론은 국제투자법의 틀에서는 비엔나협약 제31조 3항 (c)호에 따른 체계적 해석이라고 할 수 있다.4)

　　내부적 통합론에서 체계적 통합론까지 이어지는 본 연구의 구조에 대해서는 제5장과 제6장에서 논의하도록 한다. 이는 국제법이 파편화와 통일이라는 다른 개념으로 구분된 것에 따른 결과로써 기능한다고 볼 수 있다. 그러나 중요한 점은 이 두 가지의 분류방법은 서로 상반된 것이 아니라 오히려 통합으로 이어지는 같은 선상에 놓여 있다는 것이다. 실제로 최근 중재판정부의 판정들을 보면 내부적 해석 접근법을 따르면서도 인간건강 및 생태계 보호를 위한 국가의 정책을 함께 고려한다. 결과적으로 환경보호의 국제투자법상 통합 문제를 다루는데 있어서 외부적인 측면에서 접근하는 것이 내부적인 측면에서 접근하는 것보다 용이하다고 볼 수 있는 가치판단 기준이나 법적 근거는 없다는 점을 확인할 수 있다.

　　위와 같은 접근법들을 모두 검토한 뒤에는 해석방법론의 세 번째 분류인 예외모델에 대해 알아보도록 한다.5) 상당히 많은 수의 사건에서 국제투자법상 환경보호 통합문제에 대해 내부적 통합론이 채택된다는 점은 법적 예외를 추구하는 해석모델을 살펴볼 수 있음을 의미한다. 이러한 사실은 법적 예외가 독립적으로 적용될 것을 요구한다. 다수의 최신 투자협정이 친환경적인 조항을 법적 예외의 형태로 포함시킨다는 점 또한 중요한 점이다. 특히, 이와 같은 최신 협정상 규정들은 WTO 체제하에서 통상법적 측면에서 환경문제를 통합시킬 수 있는 법적 근거를 제공해

---

3) 이에 대한 자세한 설명은 제5장(5.1) 참조.
4) 일부 제한적인 경우에 한하여 문맥적 해석 및 목적론적 해석이 외부적 접근법으로 이어질 수 있는데 이는 투자협정이 환경보호 규정을 두고 있는 경우에 그러하다. 이에 대해서는 제7장 (7.2) 참조.
5) 이에 대해서는 제7장에 논의한다.

주는 매우 중요한 역할을 한 관세와 무역에 관한 일반협정(GATT) 제XX조를 모델로 구성한 것이다. 또한 중재판정부는 필요성 등 위법성조각사유를 근거로 항변하는 피소국들을 상대해왔다. 국가의 조치를 정당화하기 위해 종종 인용되는 근본적인 공공목적을 추구하는 국가의 항변도 법적 예외의 형태에 포함될 수 있을 것이다. 이와 같이 중재판정부의 주장과 해결방안은 하나의 독립적인 분류로 제7장에서 이를 분석할 것이다.[6]

본서에서는 해석문제에 관한 중재판정부의 입장이 핵심적인 내용이며 이와 함께 설명하게 되는 협정체결 방식의 해결방안은 GATT 제XX조 모델에 국한되지 않는다. 제한적인 경우에 한하여 국제투자협정은 전문에 환경관련 목표를 제시하여 협정의 외부적 해석을 가능하게 만든다.[7] 또한 최근의 투자협정들은 갈수록 중재판정부의 판정례 및 법리를 반영하는 조항들을 삽입하는 추세로, 특히 규제수용에 관한 내용도 포함시키고 있다. 이는 투자협정에 대한 중재판정부의 해석과 협정체결이 서로 순환적으로 작용하고 있음을 의미하며 그 결과 중재판정부의 판정과 협정체결 방식의 해결방안이 함께 분류되어야 함을 보여준다.[8]

즉, 위에서 제시한 내부적 통합론, 체계적 통합론 및 예외모델론은 중재판정부와 조약체결 당사자들의 해석방법론과 규범적 해석기술을 통해 환경과 인간 건강의 보호를 국제투자법의 일부로 통합시키고 있음을 알 수 있다. 또한 위 이론들은 국제투자법을 국제법상 파편화된 규범으로 보는 접근법부터 시작하여 체계적 접근법과 전체론적 접근법으로 발전해나가고 있음을 확인할 수 있다.

---

6) 주목할 점은 중재판정부의 주장을 어느 한쪽의 분류로 포함시키는 것에 대해 논란의 여지가 있을 수 있다는 것이며 일부의 주장 및 해결방안은 여러 분류를 아우르는 중간에 위치할 수도 있다 (본서에서는 제5장과 제6장의 중간지대). 또한 동일한 중재판정부의 주장이 서로 다른 분류에 해당될 수도 있다.

7) 제7장 참조.

8) 이와 같은 순환적 구조는 일반적 예외 등의 협정체결 방식 해결방안이 중재판정부의 투자협정 해석방향과 일치하다는 점에서 더욱 강화된다.

5. 내부적 통합론: 통상적인 의미부터 비판적인 견해까지

1. 내부적 통합론의 중요성과 한계

제5장에서는 중재판정부가 외국인투자자의 권리와 환경보호 간에 잠재적으로 발생할 수 있는 충돌에 대응하는 논리로 내세울 수 있는 내부적 접근법에 대해 알아보도록 한다. 내부적 접근법은 쉽게 얘기하면 중재판정부가 국제투자법의 내부적 해석방법론에 따라 발전시킨 방법으로써 국제투자법상 적용규칙의 통상적 의미를 확인하고 재산 및 상업관련 가치와 이익 외에는 고려하지 않는 것을 뜻한다.

제4장에서 설명한 바와 같이 국제투자법에 적용될 수 있는 해석방법론은 그 범위의 폭이 넓은데 문자적 해석뿐만 아니라 문맥적 해석 및 목적론적 해석도 이에 해당한다. 국제투자법 외의 영역에서는 문맥적 해석과 특히 목적론적 해석을 통해 특정 사건의 준거법 이외의 가치와 원칙을 포함시키는데 관용적인 경우가 있을 수 있다. 그러나 이러한 해석방법론들이 국제투자법의 개념 및 규칙에 적용될 경우에는 해석자로 하여금 단일가치론적 관점(unitary axiological perspective)을 가지도록 하는 결과를 낳는다.[1]

이와 같이 국제투자법의 일차원적인 성격은 왜 중재판정부가 준거법 해석시 내부적 접근법을 취하는 이유를 설명해줌과 동시에 외부가치 통합에 대한 문제에서도 중요한 역할을 한다. 실제로 투자협정의 문맥과 목적을 고려하면 주로 외국인투자자의 재산권 및 상권보호 외의 가치나 이익은 인정하지 않으므로,[2] 투자분쟁에서 근본적인 사회적 가치와 인간의 존엄 및 가치 등을 적절히 고려하기는 어려울 수 있다.

그럼에도 불구하고 국제투자법상에서 중재판정부가 위와 같은 기존 해석방법론들을 적용한다고 해서 환경문제에 대한 고려 자체를 아예 배제해버리는 자기완

---

[1] 이에 대해서는 제4장(4.3) 참조.
[2] 그러나 제6장에서는 최근 체결된 협정들의 전문에 환경보호가 보호해야 할 가치 내지는 추구해야할 목표로 언급되어 있다는 점을 예로 제시하며 이에 대해 더 논의할 것이다 (6.3 참조).

비적 체제이론을 필연적으로 인정한다고 할 수는 없다. 중재판정부는 실제로 환경 문제를 '내부적(internal)' 통합론을 통해서도 투자규범에 통합시킨 경우가 여럿 있다. 예를 들어 중재판정부는 타 협정상 국가가 지는 환경보호 의무 내지는 관습법상 인권보호 의무 등 단일가치론적 관점에서는 '외부적(external)'인 법적 요소에 대한 언급 없이 '간접수용(indirect expropriation)', 또는 비차별원칙상의 '동종상황(like cir- cumstances)' 등 투자협정상 고유의 개념(notions and concepts)[3])에 대해 열린 의미 (open- ended meaning)를 부여함으로써 핀징에 대한 입장을 표명한 바 있다.[4])

이보다 더 흥미로운 점이 있다. 내부적 통합론에 따라 환경문제를 긍정적으로 고려한 (외국인투자에 부정적인 영향을 미치는 환경 및 인간건강 관련조치에 대한 국가책임 완화 내지는 부정 등) 중재판정부 판정의 대다수는 보기와는 달리 파편화된(또는 상호 독립적 인) 형태가 아니라 서로 그 수준이 다르긴 하더라도 궁극적으로는 법적 예외의 모 델 형태를 따르는 통합이라는 동일한 기조를 취하고 있음을 알 수 있다.[5])

중재판정부의 환경문제에 대한 내부적 통합론은 국제투자법의 3대 원칙인 비 차별, 공정형평대우, 수용으로 구분하여 볼 수 있다. 분석을 시작하기 이전에 한 가 지 염두에 두어야 할 것은 이 '내부적(internal)' 성격의 접근법이 단순히 환경 및 인 간건강 문제를 순전히 우연에 의해 고려한 것이 아니라는 점이다. 이론적인 측면에 서 중요한 점은 중재자들이 열린 해석 또는 체계적 해석에 따르지 않았음에도 불 구하고 환경 등의 비상업적 가치들을 명시적으로 고려했다는 것이다. 다시 말해 중 재판정부는 사건에 적용되는 투자규범의 의미를 판단하는 과정에서 직접적으로 이 와 같은 가치들을 인정했다는 것이다. 그러므로 중재판정부가 투자규범상에서 환 경문제를 법적으로 고려하는 것은 생태계 또는 인간건강 보호를 단순히 사실관계 로 이해하는 것과는 구분되어야 할 것이다. 후자의 경우는 준거법 해석에 있어서 전혀 영향이 없기 때문이다. 연관성이 '0 단계(level 0)'라는 것이다.

이 '0 단계'라는 개념을 이해하기 위해 가상의 사례를 생각해 볼 수 있다. 외국

---

3) 'Notions'와 'Concepts'은 이사일의(hendiadys)적 표현이다.
4) 이에 대한 판정례를 보면 대다수의 중재판정부에서 환경 및 인간건강의 국제투자법상 통합문제 를 다루고 있음을 알 수 있다. 대다수가 내부적 접근법을 취하고 있다는 점은 중재판정부가 체 계적 해석 또는 진화적 해석 등 '새로운(newer)' 해석방법론보다는 기존의 해석방법론을 선호한 다는 점에서 놀라운 결과가 아니다.
5) 제7장(7.4) 참조. 그러나 제7장에서는 예외모델에 해당하지 않을 수 있는 내부적 접근법에 대해 서도 논의한다. 이는 본서의 전체적인 흐름에 영향을 줄 수도 있겠으나 궁극적인 목표는 해석문 제에 대해 중재판정부의 접근법이 여전히 파편화되어 있음을 보여주기 위함이다.

인투자자가 생태계를 위협하는 사업활동을 금지하는 투자유치국의 조치로 인해 간접수용된 자신의 투자에 대하여 투자유치국으로부터 배상금을 요구하는 경우를 생각해볼 수 있다. 본 사건의 중재판정부가 주어진 사실관계와 환경보호와의 연관성을 고려한 뒤 문제가 된 투자활동이 세계적인 관점에서 보았을 때는 그 규모가 미미하여 외국인투자자의 재산권이 실질적으로 박탈당했다고 보기 어렵다고 확인하면서 조치의 환경보호적 성격을 주장한 피소국의 항변은 근거로 삼지 않고 판정을 내릴 수 있다.6) 또 다른 예로는 중재판정부에서 자신의 관할권을 부인하면서 그 근거로 투자자가 중재청구절차를 계속 진행하지 않으므로 인해 본안에서 해당 사건의 환경적 시사점에 대해 다루지 않는 경우를 생각해 볼 수 있다.7) 이와 같이 외국계기업은 공정형평대우의 의무 위반을 근거로 배상을 요구할 수 있으며 이는 기존에 제공되었던 사업관련 양허에 대한 투자유치국의 갑작스러운 갱신 거부 등이 근거가 될 수 있다. 이에 대한 항변으로 투자유치국은 해당 투자자의 사업활동으로 인해 발생한 환경파괴 위험과 투자자의 실질적인 계약위반을 근거로 할 수 있다. 중재판정부는 이와 같은 경우 투자자의 주장을 배척하면서 그 근거로 피소국의 첫 번째 주장(환경파괴 위험)은 배제하고 두 번째 주장(계약위반)만을 근거로 삼을 수 있다. 마지막 예로 위험물질을 생산하는 외국인투자자가 해당 위험물질의 판매를 금지하는 투자유치국의 조치에 대항하면서 유사한 물질을 생산하는 국내생산자와 비교했을 때 차별적인 대우를 받았다고 주장하는 경우를 생각해 볼 수 있다. 이에 대해 중재판정부는 제소를 기각하면서 그 이유로 동일한 위험물질을 생산하는 국내생산자도 문제가 된 금지조치에 의해 동일하게 영향을 받았음을 근거로 차별적 대우가 발생하지 않았다는 사실만을 근거로 제시하면서 위험물질의 위험성 자체에 대한 피소국의 항변은 고려하지 않을 수 있다.8)

이와 같은 사례들이 가상이든 현실이든 간에 판정들을 살펴보면 환경문제에 호의적인 태도를 보이고 있다는 것을 알 수 있다. 그러나 이러한 사례들이 국제투자법과 환경 간의 관계를 설명하는 이론적인 의미가 있다고 보기는 어렵다. 그 이

---

6) *Marion Unglaube and Reinhard Unglaube v. Republic of Costa Rica*, ICSID Cases Nos. ARB/08/1 and ARB/09/20, Award of 16 May 2012, paras. 224－30 (이하 *Unglaube*).

7) *Commerce Group Corp and San Sebastian Gold Mines, Inc. v. The Republic of El Salvador*, ICSID Case No. ARB/09/17, Award of 14 March 2011.

8) *Methanex Corporation v. U.S.A.*, UNCITRAL Arbitration Rules, Final Award of 3 August 2005, paras. 16－19 (이하 *Methanex*). 본 사건에서 피소국은 *Parkerings* 사건의 판정내용과 유사한 항변을 제시한 바 있다. 이하 2.B.i. 참조.

유는 중재자들이 투자규범을 해석하면서 문제가 된 투자유치국 조치의 환경보호적
성격을 직접적으로 또는 간접적으로 그 근거로 삼는 법적 논리를 발전시키지 않았
기 때문이다. 분명한 것은 사실관계 속의 환경보호적 사유가 투자유치국에 호의적
인 판정에 영향을 미쳤다고 볼 수 있다는 것이다.[9] 그러나 중재판정의 사회학적
측면은 앞서 언급한 바와 같이 본서 논의의 범위 밖에 문제이다.[10]

2. 비차별원칙과 '동종상황(Like Circumstances)'

A. 비차별원칙, 외국인투자와 환경

비차별원칙은 외국인투자를 보호하는 국제수준의 체제를 구성하는 기본적인
내용 중에 하나이다. 비차별원칙은 기본적으로 2개의 협정상 규정에 반영되어 있
는데 이는 바로 내국민대우 규정과 최혜국대우 규정이다.[11] 물론 이외에도 다른
투자규정에도 관련이 있을 수 있다.[12] 내국민대우와 최혜국대우에 관한 규정은 주
로 BIT와 FTA 투자챕터에서 찾아볼 수 있는데 실제로는 이외에도 다양한 형태로
존재한다. 이 두 가지 대우에 대한 국가의무는 국제경제법상 또 다른 영역인 국제
통상법(WTO법)상 유사규정이 존재하므로 그 중요성이 더욱 부각된다.

내국민대우 규정의 기본적인 의미는 투자유치국이 외국인투자 또는 외국인투
자자에 대해 동종상황에서 자국의 투자 또는 투자자보다 불리한 대우를 받아서는

---

9) 투자유치국의 조치에 대한 환경보호적인 이유가 고려되지 않는 경우에도 동일한 논리가 약간의
   변경을 가하여(*mutatis mutandis*) 적용될 수 있는데 이는 환경보호 외의 사유가 압도적으로 작
   용하여 중재판정부가 투자자의 중재청구를 받아들인 경우로 볼 수 있다. 그 예로 *Chevron &*
   Texaco 사건을 들 수 있다. 본 사건에서 Chevron과 Texaco는 에콰도르가 사전에 합의한 수량
   이상의 석유를 고정가격으로 취하여 석유개발계약을 위반하였다고 주장하였다. 에콰도르는 이
   에 대해 이는 자국민이 Chevron과 Texaco를 상대로 환경책임을 근거로 소를 제기한 상황에서
   Chevron과 Texaco가 에콰도르 국내법원을 통한 절차를 피해가기 위한 전략으로 투자중재를
   청구하였음을 주장하였다. 이에 대해 중재판정부는 계약위반사항이 존재함을 인정하면서 그 근
   거로 환경적 측면이나 에콰도르 정부의 가설적인 주장에 대해서는 언급하지 않았다 (*Chevron*
   Corporation (USA) and Texaco Petroleum Company (USA) v. Ecuador, UNCITRAL Arbitration,
   Final Award of 31 August 2011).
10) 이와 같은 이유로 투자유치국을 규탄하거나 사면하는 최종 판정문의 내용은 본서의 논의에서
   결정적인 요소가 아님을 밝힌다. 오히려 최종 판정문을 이끌어내면서 언급된 주장들이 더 중요
   한 요소들이다. 예를 들어 *S.D. Myers* 사건의 판정에서 중재판정부는 결과적으로 캐나다 정부를
   규탄하면서 배상금을 지급하도록 판시하였으나, 더 중요한 것은 투자자의 권리와 환경보호 간의
   조화에 대한 법적 공방의 내용이라고 할 수 있다 (이하 본장의 내용 참조).
11) 독일 모델 BIT에서는 내국민대우와 최혜국대우가 하나의 조항으로 제3조에 명시되어 있다.
12) 비차별원칙은 공정형평대우와 수용관련 규정에도 관련이 있다.

안 된다는 것이다. 그 결과 다양한 종류의 규제조치가 본 규정에 의해 잠정적으로 영향을 받을 수 있으며 그 예로 제품 요구조건, 운송요건 등에 따른 조세 또는 국내보조금 조치를 들 수 있다.13) 또한 허가, 양허 등 행정조치의 경우에도 차별적 요소가 있을 수 있다. 투자협정은 주로 내국민대우의 시간적 적용범위를 투자 사후(post-entry)단계로 규정하고 있어 자국민에게 부여하는 투자설립에 관한 권리를 외국인투자자에게는 제공하지 않으며 이에 대한 국가의무도 배제된다.14)

반면에 최혜국대우 원칙의 경우 투자유치국이 외국인투자 또는 외국인투자자에 대해 동종상황에 있는 다른 외국인투자 또는 외국인투자자보다 불리한 대우를 해서는 안 된다는 본질적인 의미를 내포하고 있다. 국가의 행위 또는 조치에 대한 이 원칙의 적용범위는 내국민대우 원칙의 적용범위와 본질적으로 동일하다.15)

국가의 법률과 그 이행은 적용범위가 넓어 비차별원칙 위반에 해당될 수 있다는 점을 고려했을 때, 내국민대우와 최혜국대우는 국가가 환경 및 인간건강 보호를

---

13) 여기서 주목할 만한 것은 형식적 차별(*de jure*)과 실질적 차별(*de facto*)을 구분하는 기준이 특별히 내국민대우에 대해 적용된다는 것이다. 전자는 더 엄격하고 단순히 문서상 국적을 구분의 근거로 명시하는 조치에 대해 적용되는 것이라면, 후자는 해당 조치가 내국민과 비교했을 때 외국인투자자에게 미치는 '유해한 결과(detrimental result)'를 고려하는데 이는 투자분쟁에서도 실제로 적용되는 판단기준이다. 이에 대한 내용으로 F. Ortino, 'Non-Discrimination Treatment in Investment Disputes', in P.-M. Dupuy, F. Francioni and E-U Petersmann (eds.), *Human Rights in International Investment Law and Arbitration* (Oxford 2009), pp. 344-366, 실질적인 의미에서 발생 가능한 다른 형태의 차별로 '내재적 차별(inherent discrimination)'과 '금지론적 차별(prohibitionist discrimination)'을 언급한 바 있다 (pp. 349-351). 이 두 가지 형태의 차별은 문제가 되는 조치의 공공정책상 목표와 또 다른 균형을 이룰 수 있다. 또한 실질적 차별을 광의적으로 보면 형식적 차별의 경우보다 '동종상황(like circumstances)' 요건에 대해 더욱 엄격하게 적용된다는 점을 주목할 필요가 있다.

14) 이는 BIT의 경우에 그러한데, FTA에서는 제한사항이 있기는 하나 투자설립에 관한 권리를 상대방 체약국의 투자자들에 대해서도 보장하는 경우가 많다.

15) 주목할 점은 최혜국대우 조항의 경우 투자유치국이 체결한 타 국제투자협정에 명시된 특정한 투자보호를 해당 사건의 투자자에게 부여하기 위해 중재재판정부에서 여러 방면으로 원용하였다는 사실이다. 최혜국대우 조항은 절차문제 있어서도 영향을 미칠 수 있다 (특히 *Emilio Agustin Maffezini v. Spain*, ICSID Case No. ARB/97/7, Decision on Objections to Jurisdiction of 25 January 2000, paras. 38-64 참조). 이와 같은 관행은 투자규범의 다자화를 옹호하는 주장의 근거로 활용된 바 있다 (S. W. Schill, *The Multilateralization of International Investment Law* (Cambridge 2009), pp. 121-196. 그러나 이와 같은 최혜국대우 조항의 광의적 해석은 각기 다른 법체제의 '콜라주(collage)'를 형성하게 되는 위험이 있으며 이로 인해 구체적인 규정이 명시된 원문의 내용을 추론하여 논리를 구성하지 못하게 될 수 있다. 국제투자협정이 환경문제를 고려해야 하는 경우, 투자자들이 최혜국대우 조항에 근거하여 환경보호에 관한 언급이 없는 타 협정의 조항들을 원용하게 될지도 모른다 (O. K. Fauchald, 'International Investment Law and Environmental Protection' (2007) YbIEL, pp. 3-47, at p. 15).

목적으로 도입한 조치와 법률에 부정적인 영향을 미칠 수 있을 것이다.16) 예를 들
어 외국인투자자에게 환경관련 사안을 이유로 사업허가에 대한 승인 내지는 갱신
을 거부하였으나 같은 영역 내의 다른 투자자에게는 사업허가를 내주었다면 최혜
국대우 위반의 소지가 있을 수 있다. 이와 유사하게 운송 중에 발생한 환경오염을
근거로 특정 상품의 수출에 대한 제한조치가 있을 경우에도 외국인투자자에 대한
차별을 근거로 내국민대우 위반의 사유로 규정될 수 있다.

　　투자 이전단계에서도 여러 사례들을 생각해 볼 수 있다.17) 중재판정부는 이미
여러 사건에서 국제투자협정의 비차별 조항이 투자유치국의 보편적인 가치의 보호
를 위한 조치에 대항하여 원용된 사건들을 판시한 바 있다. 놀라운 것은 일부 판정
에서 내국민대우 및 최혜국대우에 내재되어 있는 '동종상황(like circumstances)'의 개념
을 개방적인 개념으로 해석하면서 해당 조치들의 합법성을 지지하였다는 점이다.

B. '동종상황(Like Circumstances)'의 또 다른 의미

　　상당수의 국제투자협정상 내국민대우 또는 최혜국대우 조항이 적용되기 위해
서는 유리한 대우를 받은 투자와 불리한 대우를 받은 투자가 '동종상황(like circum-
stances 또는 like situations)'에 놓여있을 것을 요건으로 규정하고 있다. 이는 투자협정
이 비차별원칙을 규정하면서 해당 요건을 명시하지 않더라도,18) 차별을 평가하는
데 있어서 동반되는 서로 다른 상황을 비교하는 행위 그 자체에 있어서 위와 같은
요건을 존재하는 모든 외국인투자와 내국인투자 중에 비교대상을 선정하는 기준에
통합하여 적용해야 할 필요가 있을 것으로 보인다.19) 실제로 특정 상황의 비교에

---

16) 예를 들어 K. Miles, 'Sustainable Development, National Treatment and Like Circumstances in
　　Investment Law,' in M. C. Cordonier Segger, M. W. Gehring and A. Newcombe (eds.)
　　Sustainable Development in World Investment Law (The Hague 2011), pp. 265−294, at pp.
　　270−271. 이는 다른 경우와 같이 규제조치에 대한 일종의 냉각효과, 특히 개발도상국의 규제조
　　치에 대한 냉각효과를 야기할 수 있는 위험이 있다.

17) M. Sornarajah, *The International Law on Foreign Investment*, 3rd edition (Cambridge 2010): '[투
　　자설립]에 관한 권리 창설은 외국인투자가 투자유치국에 이익이 되며 환경오염 등의 유해한 영
　　향을 미치지 않는지 평가할 수 있는 투자유치국의 규제를 해체하도록 요구한다. 그러나 투자 이
　　전단계에서 외국인투자자의 권리보호를 허용한 국가들의 관행을 살펴보았을 때 분명한 점은 다
　　수의 산업자원 및 천연자원 분야는 권리보호 대상에서 제외될 수 있다는 것이다' (p. 337).

18) A. Newcombe and L. Paradell, *Law and Practice of Investment Treaties. Standards of Treat-
　　ment* (Alphen aan den Rijn 2009), pp. 159−160. 이 저서에 따르면 대다수의 국제투자협정이
　　이와 같은 요건을 명시하지 않은 것으로 보인다.

19) Newcombe and Paradell, *supra* note 18, p. 161. 예를 들어 *Parkerings* 사건에서 중재판정부는
　　'동종상황'에 대해 명시하지 않은 최혜국대우 조항을 판정에 적용한 바 있다 (1992년 노르웨이-

국한되지 않고 서로 상이한 상황이라도 불리한 대우를 확인하기 위한 목적으로 비교의 대상이 될 수 있다. 그 예로 사과농장 운영자와 주차장 소유자에 영향을 미치는 조치들에 대한 비교를 들 수 있다. 그 반대로 중재판정부에서는 동종상황만을 비교할 수도 있을 것인데 이와 같은 경우에는 위장된 형태의 차별을 쉽게 허용할 수 있는 여지가 생길 것이다.

분명한 것은 '동일한(또는 동일하지 않은) 상황'의 의미가 언제나 자명(self-evident)하지 않다는 것이다. 가장 기본적인 의미를 설명하자면 동종의 사업 분야에 종사하는 두 투자자 또는 투자를 비교 가능한, 또는 '동종상황'에 놓여있는 상황으로 얘기할 수 있을 것이다.[20] WTO 법체계에서 상응되는 개념인 (1994년 GATT 제I조 및 제III조에서 규정하는 최혜국대우 및 내국민대우의 정의에 따른) '동종상품(like product)'에 대한 판례가 그러했듯이 최근 투자분쟁 중재판정례에서도 동종상황이라는 개념에 대한 중요한 법리들이 도출된 바 있다.[21] 특히 '동종성(likeness)'에 대한 열린 해석은 일부 중재판정부로 하여금 차별의 존재를 부정하고 정당한 목적을 확립하여 기본적인 가치를 보호하는 국가의 조치를 정당화하는데 활용되기도 하였다. 그러므로 동종상황이라는 개념을 활용하는 것은 통합의 관점에서 보면 전형적인 내부적 통합론에 해당하는 접근법으로써 규정 일부('동종상황')의 의미만을 확인하고 동 협정의 다른 규정이나 기타 국제법 규칙, 건강 또는 환경 등의 가치들에 대해서는 고려하지 않는 성격을 띤다.

리투아니아 BIT 제4조). 중재판정부는 이 문제를 다음과 같이 해결하였다: '최혜국대우 조항의 위반을 판단하는 기본적인 요건은 유사한 상황 내에 존재하는 다른 외국인투자자에게 다른 대우를 제공하였다는 사실이 존재해야 한다는 것이다. 그러므로 **유사한 상황**에 놓여 있는 투자자와의 비교가 필요하다. 유사한 상황의 개념은 그동안 중재판정부에 의해 광의적으로 해석한 바 있다', *Parkerings-Compagniet As v. République de Lituanie*, ICSID Case No. ARB/05/8, award of 11 September 2007, para. 369 (*Parkerings* 사건으로 표기). 본 투자협정상 분쟁에 대한 판정과 모든 결정사항들은 http://italaw.org에서 확인이 가능하다.

20) 대다수의 저서에서 이와 같은 견해를 공유하고 있다. C. McLachlan, L. Shore and M. Weiniger, *International Investment Arbitration. Substantive Principles* (Oxford 2007), p. 253; R. Dolzer and C. Schreuer, *Principles of International Investment Law* (Oxford 2008), p. 180; Newcombe and Paradell, *supra* note 18, pp. 164-165 참조. 흥미롭게도 Andrea Bjorklund는 '동종상황'이 투자자에 대한 대우뿐만 아니라 국가에 대한 대우에도 적용될 수 있다고 언급하면서도 '비교대상 간에 경쟁적 관계(competitive relationship)의 부재는 보통 동종상황으로 판단하는데 있어서 넘기 힘든 걸림돌이 될 것이다'라고 인정한 바 있다 (A. K. Bjorklund, 'National Treatment', in A. Reinisch (ed.), *Standards of Investment Protection* (Oxford 2008), pp. 39-40).

21) '동종상황'이라는 표현에 있어서 '생각 없이 통상법의 개념을 투자법의 영역으로 확장'하는 것에 대한 비판은 (Sornarajah, *supra* note 17, p. 203) 공감할 수 없는 주장이다. 비교과정을 표준화하기 위해서는 서로 다른 상황을 비교하는 기준이 필요하기 때문이다.

i. *Parkerings v. Lithuania*

Parkerings 사건은 리투아니아의 수도인 빌뉴스(Vilnius)시의 역사적 중심부에 해당하는 지역 내 주차장 건설사업에 대한 분쟁이었다. 사업 입찰을 통해 노르웨이의 한 회사는 빌뉴스시와 계약을 체결하였고 공사를 시작하였다. 그 후 빌뉴스시 대표의 요청과 일부 규정의 개정에 따라 빌뉴스시는 환경파괴의 위험과 고대 마을의 역사적, 문화적 유물의 보존을 근거로 해당 건설사업을 중단시켰고, 별 소득 없는 협상이 진행된 끝에 결국 사업계약은 파기되었다. 그 결과 외국인투자자인 동 회사는 노르웨이－리투아니아 BIT의 중재 조항에 근거하여 ICSID에 중재를 청구하였다. 동 청구에서는 여러 가지 주장이 있었으나 그 중에는 BIT의 최혜국대우 조항 위반에 대한 내용이 있었는데 이는 동일한 시기에 빌뉴스시가 다른 외국인투자자에게는 주차장 건설사업을 승인하였다는 점을 근거로 제시하였다.

최혜국대우 규정상 '동종상황'의 개념을 분석하면서 중재판정부는 실제로 동종상황이 존재함을 확인하기 위한 방법으로 3단계 판단기준(three－tiered test)을 제시하였다. 이 기준은 다음을 요건으로 한다: 1. 다른 투자자도 반드시 외국인이어야 한다. 2. 양 투자자 모두 '동종의 경제 또는 사업영역에 속해야 한다.' 3. '각 투자자는 반드시 다른 대우를 받아야 한다.' 그러나 '만약 국가의 정당한 목표가 특정 투자에 대한 서로 다른 대우를 정당화하는 경우에는 불리한 대우가 허용된다.'[22]

첫 번째 요건은 국제투자협정 전반의 구조와 합치하는 단순한 전제인 반면에 두 번째와 세 번째 요건은 그 내용을 주목할 필요가 있다. 두 번째 요건은 투자에 있어서 '동종성'의 핵심적인 의미를 명시하면서 두 투자자들의 사업활동이 가지는 유사성을 고려하였다. 위 사건에서 중재판정부는 두 투자자가 모두 빌뉴스시 시내의 주차장 건설 및 관리라는 동종의 사업영역에 속해 있다고 판시한 바 있다.

세 번째 요건은 본서의 목적에 가장 중요한 부분을 보여주는데, 이는 바로 국가가 채택한 조치의 목적(국가의 정당한 목표)이 고려되었다는 점이다. 이 요건은 엄격한 유사성의 개념을 초월하는 것으로 서로 다른 대우를 받았는지 평가하는 비차별 대우라는 전반적인 의미에 포함되는 것으로 보인다. 그러나 더 구체적으로 살펴보면 이 요건이 서로 다른 형태의 대우와 투자의 특징을 고려하고 있다는 점을 확인할 수 있는데, 이는 투자의 특징이 서로 다를 경우 이에 대한 대우의 차이도 정당

---

22) *Parkerings, supra* note 19, para. 371.

화될 수 있다는 것이다. 이 마지막 요건은 왜 중재판정부가 최혜국대우 전반에 대해 국가의 공공목적(public purpose)을 사전적으로 고려하지 않고 대신 동종상황의 존재여부를 고려했는지 그 이유를 알려주고 있다.

중재판정부는 세 번째 요건의 '동종성(likeness)' 기준이 해당 사건에서는 충족되지 않았다고 판시하면서 그 이유로 환경 등 비상업적 가치의 존재가 노르웨이 기업의 투자에만 연관된 점을 지적하였는데 그 내용은 다음과 같다:

> 역사적·고고학적 가치를 지닌 유물의 보존과 환경보호는 동 사건에서 건설사업을 거부한 것을 정당화하는 사유가 될 수 있다. 중재청구인 Parkerings의 사업으로 인해 고대 마을에 미치는 잠재적인 부정적 효과는 사업의 상당한 규모와 대성당이 위치한 문화적으로 민감한 지역과의 인접성으로 인해 더욱 증폭되었다. 따라서 게디미노 지역에서의 BP의 MSCP 사업은 [다른 외국인투자자인] Pinus Proprius가 진행한 MSCP 사업과 유사하다고 볼 수 없다.[23]

중재판정부의 논거를 살펴보면 전형적인 국제투자협정 조문이라고 할 수 있는 최혜국대우 조항에서 특히 중점이 되는 '동종상황'을 해석하는데 있어서 환경적 사유와 문화적 사유를 통합했다는 점을 확인할 수 있다.[24] 예를 들어 두 가지의 상황 중에서 하나는 특정 인구의 주요이익에 대한 위험이 존재하고 다른 하나는 존재하지 않는 경우에는 두 상황을 동종상황으로 볼 수 없을 것이다. 따라서 국가가 취한 조치는 정당화될 것이며 두 가지 상황에서 발생한 각각의 투자는 서로 비교대상이 될 수 없으므로 그 어떠한 조문을 위반했다고 볼 수도 없다. 이러한 통합적 논리에

---

23) *Ibid.*, para. 392. 이와 동일한 논리를 중재판정부가 해당 청구를 기각하면서 재확인한 바 있다: '빌뉴스시가 게디니모 지역 내 BP의 건설사업 승인을 거부한 것은 여러 사유에 의해 정당화될 수 있는데 그 중에는 역사적·고고학적 가치를 지닌 유물의 보존과 환경보호 등이 있다. 이러한 사유는 BP가 진행하는 고대 마을 지역의 건설사업에 특정된 것으로 Pinus Proprius에 제공된 동등하지 않은 대우를 정당화하는 근거가 될 수 있다. 중재판정부는 Pinus Proprius가 행정적 요건을 충족시키는데 있어서 더 유리한 대우를 제공받았다는 설득력 있는 증거가 부재함을 고려할 때 제소자가 차별이 있었다는 점을 증명하지 못한 것으로 판시한다' (para. 396). 문화적 이익과 환경적 이익 간의 밀접한 관계는 1972년 세계문화 및 자연유산 보호에 관한 협약(UNESCO 협약)을 통해 확인할 수 있다. 동 협약은 *Parkerings* 사건에서도 원용된 바 있다 (paras. 389 & 392; 이하 제6장 6.1.C 참조).

24) 이와 같은 입장으로 R. Pavoni, 'Environmental Rights, Sustainable Development and Investor-State Case Law: A Critical Appraisal', in Dupuy, Francioni and Petersmann (eds.), *supra* note 13, p. 544 (동 저서에서 저자는 비경제적 요건이 '투자법에 내재된 개념으로써 투자자-국가 분쟁에 포함된다'고 강조하였다).

근거한 주장은 투자협정상 조문의 내용과 그 제한에 대한 것으로 조약법에 관한 비엔나협약 제31조 1항에 따른 객관적인 해석과도 연관지을 수 있을 것이다.

ii. S.D. Myers v. Canada

이 사건은 Parkerings 사건과 비교했을 때 적용된 준거법(BIT가 아닌 북미자유무역협정(NAFTA))이 다르고 비차별원칙 중에 내국민대우가 적용되었다는 점에서 차이가 있다. 본 사건을 다룬 중재판정부의 판정은 몇 년 후에 발생한 Parkerings 사건의 판정과 매우 유사하나 NAFTA와 관련된 주요 내용에서는 차이점을 보인다.

S.D. Myers 사건은 PCB(polychlorinated biphenyl)이라는 화학물질을 운송할 때 환경과 인간건강에 미치는 위험을 고려한 캐나다의 수출금지조치에 대한 분쟁이다. 제소자는 캐나다에서 PCB 자재를 수집하여 재처리를 위해 미국 오하이오주(州)로 운송하는 미국 국적의 기업이었다. 캐나다의 수출금지조치로 인해 캐나다 내 사업 활동이 실질적으로 중단되자, 미국의 투자자들은 중재를 청구하고 NAFTA 제1120조에 따라 UNCITRAL 중재규칙을 준거법으로 선정하였다. 특히 동 분쟁의 제소자인 미국 투자자들은 캐나다의 조치가 보호주의적 의도를 표출하였고 캐나다 내국인 투자자들과 비교했을 때 자신들이 차별대우를 받았다고 주장하였는데, 그 근거로 캐나다 내 미국의 기업들은 캐나다 기업들과는 달리 미국으로 자재를 수출하는 업무가 불가피하게 관련될 수밖에 없었다는 점을 설명하면서 캐나다의 PCB 수출금지조치가 NAFTA 제1120조 내국민대우 위반이라고 주장하였다.

동 사건의 중재판정부는 보통의 경우와는 달리 국제투자협정 위반에 대한 첫 번째 주장을 검토하는 것으로 시작하지 않고 캐나다가 취한 수출금지조치에 대한 전반적인 평가를 우선적으로 실시하였다. 중재판정부는 캐나다가 수출금지조치의 근거로 제시한 환경적인 이유가 존재하지 않는다고 밝히면서 이는 오히려 보호주의적인 의도에 기인한 것으로 캐나다 자국의 산업에 유리한 조치라고 보았다.[25] 판정의 주된 내용은 환경보호 측면에서 중대한 위험을 감수하지 않더라도 PCB 자재를 운반하는 것이 가능했기 때문에 해당 자재가 처리되는 장소가 캐나다인지 미국인지는 환경보호와 무관한 사안이라는 것이었다.

그러나 중재판정부는 이어서 NAFTA 협정문 전체를 해석하고 기타 국제협약

---

25) S.D. Myers, Inc. v. Canada, UNCITRAL, Partial Award of 11 November 2000, paras. 161-95 (이하 S.D. Myers).

들을 검토하면서 특히 NAFTA 각 회원국의 '높은 수준의 환경보호를 설정(to estab-lish high levels of environmental protection)'할 권리에 대한 일반적인 해석원칙들을 또한 상기시켰다. 이러한 판정의 내용에서 분명한 것은 투자협정 내에서 환경사안이 충분히 고려되어야 한다는 점을 부각시키고 있다는 것과 내부적 접근법과는 다른 법리를 따르고 있다는 것이다.[26] 또한 이어지는 내용에서는 내국민대우의 맥락에서 '동종상황'이 가지는 의미에 대해서도 언급하고 있다.

　　본 사건의 중재판정부는 판정의 마지막 부분에 이르러서야 NAFTA 제1102조상 내국민대우 위반여부에 대해서 언급하였다. 중재판정부는 캐나다의 수출금지조치의 차별적 성격, 환경 또는 인간건강 보호에 따른 정당화 논리 등 기존에 제시된 내용을 확인하는데 만족하지 않았다. 중재판정부는 해당 사안을 더 심도있게 검토하면서 제1102조상 차별과 환경보호 간의 관계를 다음과 같이 분석하였다:

　　중재판정부는 제1102조상 '동종상황'이라는 표현에 대한 해석에 있어서 반드시 NAFTA의 법조문 전반에서 등장하는 일반원칙을 고려해야 하며 그 원칙에 환경에 대한 우려와 환경적 사유로 인해 정당화될 수 없는 무역왜곡적 조치를 배제해야 할 필요성 등이 포함된다. '동종상황'의 평가는 또한 공공의 이익 보호를 위해 경쟁관계의 투자자들을 달리 대우하는 정부규제가 정당화될 수 있는 상황이 있을 수 있음을 반드시 고려해야 한다. '동종상황'이라는 개념은 불리한 대우를 받았다고 주장하는 외국인투자자가 내국인투자자와 동종 '영역(sector)'에 속하는지에 대한 평가를 요한다.[27]

　　이러한 해석론에 따라 운송에 수반되는 위험이 문제가 되지 않는 것을 확실히 한 중재판정부는 자체적으로 해당 조치가 언급되지 않은 잠재적인 환경적 사유들이 외국인투자자와 자국 기업이 처한 각각의 상황을 차등적으로 구분할 수 있었는지에 대해 확인하였다. 그 결과 중재판정부는 '미래에 캐나다 내에서 안전하게 PCB를 처리할 수 있는 능력' 확보라는 정당한 목표에 따른 캐나다의 수출금지조치가 추상적으로(in abstracto) 보았을 때 정당화될 수 있다고 밝히면서 이는 바젤협약의 목표와도 합치한다고 언급하였다.[28] 결과적으로 중재판정부는 캐나다가 자국의

---

26) 이에 따라 위 판정의 내용은 제7장(7.3.B)에서 분석하도록 한다.
27) *S.D. Myers, supra* note 25, para. 250. 투자보호 및 증진 외의 원칙을 언급하는 1문의 내용을 살펴보면 내부적 접근법에 따른 내용이 아님을 알 수 있다. 그러나 2문은 내부적 통합론에 따른 분석이라고 볼 수 있다.
28) *Ibid.*, para. 255. 체계적 통합 접근법에 따른 바젤협약에 대해서는 이하 제6장(6.1.C.iii) 참조.

목표를 달성하는데 있어서 덜 제한적인 조치가 대안으로 존재하였음을 확인하면서 해당 사건에서 다른 상황이 존재하였다고 보기에는 그 근거가 충분하지 않다고 보았다. 즉 '동종상황'이 내국인 및 외국인투자자 모두에게 적용된다는 결론을 도출하면서 캐나다의 수출금지조치는 제1102조 위반에 해당한다고 판시하였다.[29]

S.D. Myers 사건 중재판정부가 '동종상황'(및 환경적 이익을 고려한 비차별원칙의 해석)에 대해 제시한 법리는 Parkerings 사건 중재판정부의 판정내용을 모델로 삼은 것으로 그 주된 내용이 유사하다. 그러나 S.D. Myers 사건 중재판정부에서는 NAFTA 협정의 맥락을 고려하여 각 회원국이 높은 수준의 환경보호를 설정할 권리가 존재함을 인정한 것이 주된 차이점이라고 할 수 있다. 이 판정의 영향력이 실제로 상당하기는 하나 그렇다고 해서 위에서 언급한 '동종상황'에 대한 주장이 약화된다고 할 수는 없을 것이다.[30]

결과적으로 내국민대우 조항에 비경제적 사안을 통합시키는 것은 기본적으로 협정문 해석에 관한 문제로서 '동종상황'의 해석이 함께 수반되는 것으로 이는 체계적 접근이나 원칙에 근거한 논리에만 국한되지 않는다. 중재판정부가 WTO의 '동종성'[31]을 유사한 개념으로 언급한 점은 이러한 주장의 근거가 되는 것으로 자세한 내용은 후술하도록 한다.

iii. *Unglaube v. Costa Rica*

중재판정부가 환경 및 기타 비상업적 가치들을 '동종성'에 반영하여 해석할 수 있는 능력이 있다는 사실은 최근 BIT에 근거한 투자분쟁에서도 확인할 수 있는데,[32] 특이한 형태의 비차별원칙이 적용되었음을 또한 확인할 수 있다.

독일 국적의 투자자는 코스타리카가 새로운 국립공원의 경계 내에 속한 자신

---

29) S.D. Myers 사건에 대해 '환경적 고려에 대한 언급은 단순히 권고적인 성격에 불과하다'는 비판적인 견해를 밝힌 저서로 Bernasconi-Osterwalder and Brown Weiss, *supra* note 16, p. 270 참조.

30) '동종상황'을 해석하는데 있어서 동 판정에서는 명시적으로 두 가지의 법리 모두를 언급하면서 이를 '또한(also)'이라는 표현으로 구분하였다. 이 두 법리는 내국민대우 조항을 적용하는데 있어서 환경을 함께 고려할 수 있도록 공존하는 주장으로 보인다. 물론 전자의 존재(국가가 NAFTA에 따라 환경을 보호할 수 있는 권리가 있음을 인정)가 후자를 더 유리하게 만들었다고 볼 수도 있겠으나 이는 중재판정부의 자체적인 논리를 발전시키는데 일조한 것으로 *Parkerings* 사건과 매우 유사하다고 할 수 있겠다.

31) S.D. Myers, *supra* note 25, paras. 244-246.

32) Unglaube, *supra* note 6. 사실관계에 대한 설명은 제3장(3.C) 참조.

의 토지 일부를 수용했다고 주장하면서 이러한 수용조치가 동 보호지역 내 토지를
소유하고 있는 코스타리카 자국민들을 대상으로는 이루어지지 않았다고 주장하였
다. 그러나 동 투자자는 중재를 청구하면서 독일－코스타리카 BIT 제3.2조 내국민
대우 조항을 직접적으로 원용하지 않고 체약국의 '자의적인 조치 또는 정당하지 않
은 차별적 대우'를 통한 외국인투자 사용 및 이득 침해를 금지하는 의무조항을 원
용하였다.33) 이러한 절차적 결단은 오히려 제소자의 주장을 약화시켰는데 이는 아
마도 '정당하지 않은(unjustified)'이라는 표현에 근거하여 입증책임을 투자유치국으로
전가시키고자 했던 제소자의 시도로 보인다.34) 결국 이와 같은 제소자의 청구는
공정형평대우라는 넓은 범위에서 검토되었으며,35) 중재판정부는 비교가능한 상황
의 존재에 대해서만 판단하고36) 그 외에는 *Parkerings* 사건과 *S.D. Myers* 사건의
중재판정부와 매우 유사한 입장을 취하면서 제소자의 청구를 기각하였다.

　　중재판정부에 따르면 수용의 대상이 되지 않은 코스타리카 국적의 토지 소유
자는 실제로 '환경관련 비정부단체로 국립공원 조성 및 거북이 보호를 위해 정부와
긴밀히 협력한 단체'였다.37) 이와 같은 '환경적 목표(environmental aim)'를 가지고 특
히 국립공원 조성에 있어서 정부에 도움을 준 동 단체의 활동은 중재판정부가 서
로 인접한 두 토지재산을 비교가 가능한 상황으로 고려하지 않는데 결정적인 역할
을 하였다. 환경적 요소가 서로 유사한 상황을 구분하는데 명백하고 결정적인 역할
을 한 판정이라는 점에서 이는 *Parkerings* 사건과 *S.D. Myers* 사건의 판정들과 같
은 선상에 있다고 할 수 있겠으나, 위 두 사건에서는 비차별원칙에 대한 전형적인
규정의 해석이 문제였다면 이번 *Unglaube* 사건에서는 특별규정에 관한 문제였다
는 점에서 차이점이 있다.

C. WTO 판정례와의 평행이론: *Asbestos* 사건
Parkerings 사건과 *S.D. Myers* 사건의 중재판정부는 동종상황(like circumstances)

---

33) 1994년 독일－코스타리카 BIT 제2.3조.
34) 동 판정의 261번째 문단 참조.
35) 실제로 중재판정부의 주요 판정도 공정형평대우에 따른다.
36) '제소자는 차별에 대한 합리적인 근거 없이 동등하지 않은 대우의 대상이 되었다는 점을 입증해
　　야 한다'; '본 사건에서 제소자가 주장한 차별적인 대우를 검토하는데 있어서 중재판정부는 "누
　　구와 비교하는가?"라는 의문을 가지고 비교대상으로 어느 집단이 검토되어야 하는지 신중하게
　　고려해야만 한다' (*Unglaube, supra* note 6, paras. 262－263).
37) *Ibid.*, para. 264.

에 대한 통합적인 해석을 제시하였는데 이는 프랑스가 유해성을 이유로 석면섬유를 함유한 상품의 판매를 금지시킨 조치에 관한 사건으로 유명한 WTO 분쟁사례와 중요한 연관성이 있음을 확인할 수 있다.[38] 캐나다는 프랑스의 조치가 1994년 GATT 제Ⅲ조 4항의 내국민대우를 위반한다고 주장하면서 이를 WTO의 분쟁해결기구(DSB)에 제소하였다. 캐나다는 유해성 문제가 없어 금지조치에서 배제되었으나 캐나다 석면과 동종상품에 해당하는 셀룰로오스(cellulose), 식이섬유(green fiber) 등을 생산하는 프랑스 생산자들에 비해 캐나다 석면 생산자늘이 차별대우를 받았음을 수장하였다.[39] 패널은 우선 프랑스의 조치가 GATT 제Ⅲ조를 위반하는 조치이기는 하나 제XX조(일반적 예외)에 의해 정당화된다고 판시하면서 동 조치가 제XX조 (b)호에서 언급하는 '인간건강 보호에 필요한(necessary to protect human health)' 조치로 구분하였다. 이러한 패널의 보고서에 대해 캐나다는 WTO 분쟁해결 규칙 및 절차에 관한 양해(DSU) 제16.4조에 의거하여 항소하였고 동 분쟁은 이후 상소기구(AB)에 의해 심의되었다.[40]

상소기구 보고서[41]의 내용은 GATT 제XX조 적용 검토에만 국한되지 않았다. 실제로 동 보고서는 프랑스가 내국민대우 조항을 위반하였다는 기존 패널의 판정을 뒤집었다. 상소기구의 분석에서는 '동종상품(like products)'의 의미를 확인하고 석면섬유와 기타섬유 간의 비교가능성에 대해서도 확인하였다. 그 결과 상소기구는 석면섬유의 확인된 유해성으로 인해 석면섬유는 기타 안전한 섬유들과는 구분되어야 한다고 판시하면서 동종성을 확인하는 기본적인 평가기준인 비교상품들의 물리적 특성 일치여부가 패널에 의해 검토되지 않았다고 밝혔다.[42]

따라서 상소기구의 입장은 *Parkerings* 사건 및 *S.D. Myers* 사건 중재판정부의

---

38) *European Communities－Measures Affecting Asbestos and Products Containing Asbestos*, Case Dispute DS/135.
39) 이러한 주장은 프랑스 내에는 석면 생산자가 실제로 존재하지 않았다는 사실에 의해 뒷받침되었다.
40) 상소는 (따라서 상소기구의 관할권에 의함) '패널 보고서에서 다루어진 법률문제 및 패널이 행한 법률해석에만 국한된다' (DSU 제17.6조).
41) *European Communities－Measures Affecting Asbestos and Products Containing Asbestos*, Case Dispute DS/135, Report of the Apellate Body of 12 March 2001.
42) '이러한 발암성 또는 유해성은 보이는 것과 같이 온석면섬유의 물리적 특성을 규정하는 부분이다. 제시된 증거에 따르면 PCB 섬유는 온석면섬유와는 반대로 적어도 동일한 수준에서 이러한 유해성을 띤 특성을 공유하지 않는다. 상소기구는 이와 같이 매우 중요한 물리적 차이점이 1994년 GATT 제Ⅲ조 4항에 따른 "동종성"을 판단하는데 있어서 상품의 물리적 특성을 검토하는데 있어서 고려될 수 없다고 보지 않는다 (*Asbestos－AB Report, supra* note 41, para. 114).

입장과 매우 유사하다고 할 수 있을 것이다. 이들은 모두 자유화를 추구하는 경제 관련 규범과 본질적 가치의 보호를 목적으로 하는 국가조치가 조화를 이룰 수 있도록 비차별원칙을 구성하는 개념인 '동종성'에 대한 해석을 활용하였기 때문이다.

상소기구의 보고서를 좀 더 면밀히 분석해보면 상소기구의 법리에 대한 세부 요소들을 더 찾아볼 수 있는데 이는 환경과 관련한 '동종성' 해석에 있어서 국제투자법 및 WTO법 차원에서 더 포괄적이고 심도 있게 분석할 수 있도록 도움을 줄 수 있을 것이다.

GATT상의 '동종상품'이라는 개념은 그 해석에 있어서 긴 역사를 가지고 있다. 1947년 GATT에 따른 동 개념은 그 의미가 불명확하여 4가지의 판단기준(물리적 특성, 관세 분류, 최종용도, 소비자의 기호 및 습관)을 확립하여 두 상품 간 '동종성'의 존재를 확인할 수 있도록 하고 있다.[43] 이와 같은 판단기준은 큰 도움이 되기는 하나 여전히 불명확한 부분이 존재한다. 초기 WTO 판정례에서는 이에 대해 상소기구에서 해법을 제시한 바 있다. 상소기구는 '동종성'의 개념을 가장 잘 나타내는 이미지로 아코디언(카드게임)을 언급하면서 게임에 내재된 규칙에 따라 그 형식이 달라지는 것을 언급하였다.[44] 또한 상소기구는 GATT 내국민대우 조항에서 '동종상품'의 의미를 파악하는데 있어서는 한가지의 판단기준이 있는데 이는 동 조항의 목표로 밝히고 있는 '보호주의 배제(avoiding protectionism)'를 위해 비교상품 간의 경쟁관계를 살펴보는 것이라고 언급하였다.[45] 실제로 만약 두 상품이 특정 시장 내에서 경쟁관계에 있다면 국가의 조치가 자국 상품에 비해 외국상품에 불리한 대우를 제공하는 경우 이는 궁극적으로 자국 상품에 유리한 결과를 낳게 될 것이다.[46] 이 판단기준은 기존의 4가지 판단기준을 대체하지는 않았으나 이들과 함께 동종성 판단에 대한 지침이 되고 있다.

---

43) *Working Party Report on Border Tax Adjustments*, L/3464, adopted on 2 December 1970, BISD 18S/97, 102, para. 18 참조.

44) 이에 대해서는 *Japan－Taxes on Alcoholic Beverages*, WT/DS8/AB/R, WT/DS10/AB/R, WT/DS11/AB/R, Report of the Appellate Body of 4 October 1996, p. 21 참조. 그 외에도 GATT 제Ⅲ조 내국민대우의 제2항 두 번째 문장에 대한 보충규정(Supplementary Provision)에 따라 그 성격을 규정하는 차이점이 있을 수 있다.

45) W. M. Choi, *Like Products in International Trade Law: Towards a Consistent GATT/WTO Jurisprudence* (Oxford 2003).

46) 특히 불리한 대우가 외국상품의 비용을 증가시켜 결국 시장가격이 상승하는 경우, 이는 해당 조치에 따른 해를 입지 않고 외국상품을 대체할 수 있는 자국 상품에 유리한 결과로 이어질 것이다.

Asbestos 사건의 판정은 위와 같은 '동종성' 해석에 관한 역사적인 맥락에서 이해해야 할 필요가 있다. 상소기구는 상품의 특성을 근거로 한 판단기준에만 제한되지 않고 그 외 3가지의 판단기준도 함께 고려하였고 그 중 특히 최종 용도와 소비자의 기호 및 습관을 검토하였는데 이는 '상품 간의 경쟁관계에 관한 핵심요소'였기 때문이다. 이와 같이 상소기구는 경쟁관계가 동종성을 판단하는데 주요한 요소라는 점을 인지하고 있기는 하였으나,[47] 해당 사건에서는 그 연관성을 오히려 축소시켰다고 평가할 수 있다. 이는 이미 첫 번째 판단기준에 따라 문제가 된 상품들이 동종이 아님을 밝히면서 '물리적 차이점이 존재함에도 불구하고 모든 증거들을 함께 고려했을 때 문제가 된 상품들이 경쟁관계에 놓여 있으므로 '동종'상품에 해당한다는 것을 입증하는데 있어서 제소국에 더 높은 책임이 부여된다'고 판시하였기 때문이다.

이와 같은 결론은 제XX조 예외의 인용 없이 내국민대우 조항의 해석에 있어서 본질적 가치들을 직접적으로 통합히여 고려하는 것을 그 목표로 함을 알 수 있다. 그러나 이러한 접근법은 상품의 동종성을 식별하는데 있어서 물리적 특성을 판단하는 통상법 규칙 내에서의 열린 해석이 요구될 뿐만 아니라 동종성의 기본적인 개념과는 다소 거리가 있는 경쟁관계에 대한 열린 해석도 함께 요구된다는 것을 알 수 있다. 이러한 차이는 두 상품이 서로 경쟁관계에 있다는 것을 입증하는데 있어서 제소국에 더 '높은 책임(higher burden)'이 부여된다는 점에서 확인할 수 있다. 그 이유는 본질적인 공공목적을 보호하기 위한 국가조치의 기능적인 성격을 정당화하는데 필요하기 때문이다.

결과적으로 WTO법상 '동종성'의 해석방법과 앞서 논의한 투자중재 판정에서의 '동종상황'의 해석방법은 상당한 유사성을 가지고 있음을 확인할 수 있다.[48] 이는 미래에 국제경제법의 두 영역인 국제통상법과 국제투자법에 공통적인 해석모델로 적용될 수 있는 가능성을 보여주며 이미 국제투자법은 국제통상법을 통해 '동종

---

47) '만약 상품 간에 경쟁관계가 부재하거나 또는 존재할 수 없다면', 회원국은 자국 생산품 보호를 위해 내국세 또는 규제를 통한 개입을 할 수 없다' (Id., para. 117).

48) 이와 같은 관계는 Methanex 사건(유해물질에 대한 금지조치가 문제가 된 사건으로 자세한 내용은 제4절 참조)에서 미국이 Asbestos 사건 상소기구의 '동종성'에 대한 판정을 항변으로 제시하였다는 점에서 다시 확인할 수 있다: '미국은 Asbestos 사건에서 상소기구가 상품이 야기하는 건강에 유해한 효과는 "동종성"을 판단하는데 적절한 요소이며 미국이 제시한 MTBE의 유해성에 대한 증거가 이에 해당한다' (제1절 참조). Methanex 사건에서 중재판정부가 '동종상황' 해석에서 환경관련 사유를 고려하지 않은 것에 대한 비판으로 Pavoni, supra note 24, p. 543 참조.

상황' 해석에 대해 중요한 교훈을 얻고 있다.[49]

D. 동종상황과 공공정책에 의한 정당화

F. Ortino는 최근 연구에서 투자중재상 차별대우와 공공정책에 의한 정당화의 관계에 대해 흥미로운 견해를 제시하였다.[50] 공공정책에 의한 정당화를 근거로 학자들은 주로 문제가 된 조치가 공공의 목적을 보호하기 위한 경우를 예로 들었으며 이는 위에서 논의된 바 있다. Ortino에 따르면 이 관계는 크게 두 가지의 경우로 이어질 수 있다고 한다. 차별을 금지하는 내국민대우 원칙(형식주의적 입장에 기반한 원칙[51])으로 '공공정책을 사유(public policy grounds)'로 한 '정당화 규정을 수반(accompanied by a justification provision)'하는 경우, 또는 아예 이러한 가능성을 무시 내지는 부인하는 경우이다. 첫 번째 경우에 따르면 국제투자법상 내국민대우 원칙에 비상업적 가치를 통합하는 것은 2단계 법적 모델(two-step legal model)에 따르는 것으로 기본 규정이 정당화(justification) 또는 예외(exception)규정과 함께 명시되는 형태를 의미한다.[52] 이 모델은 *S.D. Myers* 사건을 포함한 여러 국제투자법 판정례 분석을 통해 발전된 것이다.

Ortino는 위 접근법과 일치하게 자신의 논거를 GATT 제XX조에 엄격하게 연계시켜 우선 위반사항의 존재를 명백히 밝힌 이후에 예외적 권리의 일부라고 할 수 있는 정당화 사유의 존재를 평가하는 것으로 설명하고 있다.[53] Ortino가 제시하는 해결방안은 분명 주목할 필요가 있으며 아직 온전히 연구가 이루어지지 못한 국제투자법 영역에서 동 해결방안이 가지는 함의에 대해서는 제7장에서 자세히 논의하도록 한다.

---

49) 주목할 점은 WTO의 *Asbestos* 사건이 국제투자법 판정례와 더 유사한 형태를 띨 수 있는 생산방법(PPM)에 대한 문제가 아니었다는 점이다. PPM에 대한 문제였다면 GATT 제XX조가 원용되었을 것인데 이는 다자간 법체계 및 통상관련 사안에 있어서 환경적 고려에 대한 여지를 제공하는데 효과적이었기 때문이다 (이에 대해서는 제7장 참조).

50) F. Ortino, *supra* note 13, *passim*.

51) *Ibid.*, p. 349.

52) 그러나 Ortino는 두 번째 경우를 언급하면서 정책에 따라 취해진 조치가 보호주의적 의도를 가지고 있는지 여부를 판단할 필요가 있음을 함께 밝혔다. 이는 '소위 1단계 분석으로 "정당화"를 위한 고려사항이 "차별"을 판단하는데 있어서 그 내부에서 일부분으로 함께 얽혀(entangled) 고려되는 것'을 의미한다 (*ibid.*, p. 351). 이와 같은 논리는 비차별원칙에 있어서 내부적 접근법의 또 다른 통합적 입장을 제시하는 것이다 (실제로 정당화는 원칙의 기능에 '얽힌(entangled)' 것이다).

53) *Ibid.*, p. 360.

Ortino의 주장은 GATT 제XX조와 같은 규정이 대다수의 국제투자협정에서는 부재한 상황에서 중재판정부가 '동종상황'의 개념 해석을 통해 사실상(de facto)의 예외규정을 창설했다는 것이다.[54] 그러나 '동종상황'의 판단을 위해 발전된 논의들을 살펴보면 적어도 환경 측면에서 문제가 되었던 사건들의 경우 동종상황을 예외규정을 예외규정으로 해석하지는 않은 것으로 보인다. 이러한 사건들에서는 내국민대우 위반이 실제로 사후적으로 또는 자동적으로 정당화된 경우는 없었다. 대신 서로 다른 상황에서 제공된 다른 형태의 대우가 정당화된 경우가 있었다. 하지만 이는 내부적 통합론에 의한 것으로 '동종성'의 해석문제에 해당한다. 다시 말해 서로 유사하지 않은 상황에 있으므로 차별은 발생하지 않았다는 논리로 이는 위반이 발생하고 사후적으로 정당화되는 예외규정 적용의 형식과는 다른 것이다.

이러한 본서의 입장은 *Asbestos* 사건의 판정을 근거로 한다. WTO 패널은 해당 사건에서 GATT 제III조 4항 위반사항을 확인하고 이것이 제XX조 (b)호에 의해 정당화된다고 판시하였다. 그러나 상소기구는 이러한 패널 보고서의 입장을 뒤집고 제III조 4항의 위반 자체가 없다고 판시하였으며 이는 *Parkerings* 사건 및 *S.D. Myers* 사건의 중재판정부의 논거와 같다. 만약 Ortino가 주장한 바와 같이 GATT 제XX조의 예외규정이 사실상 적용된 것이라면 Asbestos 사건의 상소기구는 패널의 판정을 지지하고 예외규정 원칙에 따라 동 사건에 대한 결론을 내렸을 것이다. 그럼에도 불구하고 상소기구가 패널의 판정을 뒤집고 내국민대우 의무 위반 자체가 없었음을 확인한 것은 동종성의 해석과 일반적 예외의 해석이 서로 연관되어 있기는 하나 서로 다른 단계에서 이루어진다는 것을 보여주는 사례라고 할 수 있다.[55]

본서가 위와 같이 재고가 필요한 부분을 지적하기는 하였으나 Ortino의 견해

---

54) 이와 유사한 입장으로는 M. Valenti, *Gli standard di trattamento nell'interpretazione dei trattati in materia di investimeni stranieri* (Turin 2009), pp. 177－179; J. Viñuales, *Foreign Investment and the Environment in International Law* (Cambridge 2012), pp. 332－334 참조.

55) 이러한 맥락에서 상소기구의 보고서 115번째 문단을 보면 그 입장이 분명하다: '상소기구는 제 III조 4항에 따라 건강에 대한 위험을 야기하는 상품에 관한 증거를 고려하는 것은 1994년 GATT 제XX조 (b)호의 적용을 무효화한다는 패널의 입장에 동의할 수 없다. 제XX조 (b)호는 회원국으로 하여금 인간의 생명 또는 건강 보호 등에 필요한 조치가 기타 GATT 규정에 합치하지 않더라도 "채택하고 시행(adopt and enforce)"할 수 있도록 한다. 제III조 4항과 제XX조 *(b)* 호는 *GATT*의 구분되고 독립적인 규정들로서 각자 별도로 해석되는 규정이다. 제III조 4항의 범위와 의미는 조약 해석에 관한 일반적인 국제관습법에 요구하는 수준 이상으로 확대되거나 제한되어서는 안 되는데 그 이유는 제XX조 (b)호가 제III조 4항에 합치하지 않는 조치를 정당화하기 위해 존재 내지는 가용되는 것이기 때문이다 (*Asbestos*－AB Report, *supra* note 41, para. 115, 강조 추가).

는 규정 해석에 있어서 중요한 요소들을 제시하고 있다. '동종상황'이 두 가지의 기능을 가진다는 주장56)은 정확한 것으로 이는 비차별원칙을 적용하는데 있어서 환경 및 인간건강 문제 통합의 근거가 되는 해석적 근거를 명확히 한다고 볼 수 있다. 첫 번째 기능은 동종성 판단에 관한 것으로 두 경쟁업체가 경제적 관점에서 비교가능한 대상인지를 판단하는 문제라고 할 수 있겠다 (이는 GATT 규정의 시장논리와 같다). 두 번째 기능은 환경보호 등 정당한 공공정책 목표에 따라 제공된 서로 다른 대우를 정당화하는 것이 되겠다. '동종성' 판단을 두 번째 기능으로 전환하는 것이 바로 비차별원칙 적용에 있어서 투자자의 권리와 비상업적 가치 간의 균형을 유지하는 방안이 될 것이다. 동종성 판단에 대한 2단계 해석방법론의 존재는 이미 위에서 언급한 중재판정부들의 판정과 *Asbestos* 사건 상소기구 보고서에서 명시적으로 확인된 사항이다.57)

결론적으로 아직 명확하지 않은 점은 중재판정부의 '동종상황' 해석을 GATT 제XX조 모델에 직접적으로 적용하는 것이 바람직한지 여부이다. 그러나 이를 약간 변경하여 적용할 수 있다면 비차별원칙 적용에 있어서 '사실상의 예외(*a de facto exception*)'58)를 주장하는 접근법은 중재판정부가 외국인투자자의 권리와 환경문제를 함께 통합하여 고려하는 '내부적(internal)' 통합론을 더 포괄적으로 이해하는데 중요한 시사점을 제공할 수 있을 것으로 기대된다.

3. 공정형평대우(FET)의 판단기준

A. 공정형평대우의 복합적인 의미와 환경문제의 통합

그동안 국제투자법에서는 수용과 보상에 관한 법적 문제가 핵심적인 사안이었으나 최근에는 투자유치국이 외국인투자자들에게 공정형평대우를 제공해야 할 의

---

56) Ortino, *supra* note 13, p. 360.
57) *Parkerings* 사건 중재판정부에서 동종성 판단을 2단계로 나누어 두 번째 기준을 국가조치의 정당화 가능성을 언급한 것은 (좀 더 명확히 설명하자면 이는 일반적인 수준에서 환경예외를 제시하는 *S.D. Myers* 사건 중재판정부의 입장이다) 비차별원칙에서 예외규정 적용이 가능하도록 해석을 발전시키는 징검다리 역할을 했다고 할 수 있겠다. *Parkerings* 사건의 중재판정 377번째 문단은 '두 투자자가 동종상황에 있는지 판단하거나 또는(or) 빌뉴스시의 조치가 정당화되는지 여부를 판단할 때 중재판정부는 두 투자자가 처한 다음의 상황을 분석하고자 한다'고 언급하고 있다. 여기서 중재판정부는 '두 투자자가 처한 상황' 분석에 중점을 두기는 하나 '또는(or)'으로 시작하는 부분이 바로 다리 역할을 하여 규정에 대한 내부적 해석으로 이어진다고 볼 수 있을 것이다.
58) Ortino, *supra* note 13, p. 361.

무가 있음을 주장하는 투자자들의 중재청구가 증가하면서 공정형평대우의 중요성
이 나날이 커지고 있다. 비록 공정형평대우가 기존의 최소대우기준(minimum standard
of treatment)과 같은 의미로 자주 언급되기는 하나,59) 그 의미를 제대로 파악하기란
쉽지 않다. 대다수의 투자협정에서 수용과 보상에 관한 정의를 제공하고 있는 반면
에 공정형평대우에 관한 구체적인 정의는 명시하지 않고 있다. 따라서 공정형평대
우의 의미와 그 범위의 한계는 투자중재 판정례와 이에 따른 학술연구에 의해 규
정되고 있다고 볼 수 있다.

공정형평대우는 협정상 정의의 부재와 공정성과 형평성60)이라는 일반적인 법
적 개념의 혼용으로 인해 그 규정이 광범위하게 활용되었으며 중재판정부에서도
그 의미를 굉장히 광의적이고 복합적으로 해석하고 있다.61) 그 결과 투자중재 판
정례에 대한 학자들의 해석을 보더라도 공정형평대우에 관한 구체적인 정의를 제
공하지 않고 있으며 오히려 이를 일반적인 조항62) 내지는 기준63)으로 규정하는
것을 선호하는 것으로 보인다. 같은 맥락에서 학자들은 공정형평대우의 의미를 적
법절차(due process)나 정당한 기대(legitimate expectations) 등 가변적인 일련의 상황
(situations)(또는 유형들(typologies)이나 원칙들(principles))을 근거로 제시하고 있음을 확인
할 수 있다.64) 또한 공정형평대우 조항에 대한 학자들과 중재판정부들의 해석은

---

59) 그 예로 R. Klager, *Fair and Equitable Treatment in International Investment Law* (Cambridge
    2011), p. 17. 이에 대한 비판적인 분석으로는 Sornarajah, *supra* note 17, pp. 349-354 참조.
    이애 대한 세부적인 내용은 이하 각주 61-63 참조.
60) 공정형평대우 기준에 대한 연구에 따르면, 공정성과 형평성이라는 두 개념은 실제로 중재판정부
    가 공정형평대우의 내용을 판단하는데 있어서 큰 역할을 하고 있다. Knoll-Tudor, 'The Fair and
    Equitable Treatment Standard and Human Rights Norms', in Dupuy, Francioni and Peters-
    mann, *supra* note 24, p. 319.
61) 이에 대한 대표적인 예로 NAFTA의 *Waste Management* 중재판정을 들 수 있다: '공정형평대우
    라는 최소대우기준은 국가의 행위가 ① 자의적이고(arbitrary), 심각하게 불공정하거나(grossly
    unfair) 정의에 부합하지 않거나(unjust) 기이한 형태로(idiosyncratic), ② 차별적이며(discrimi-
    natory) 이로 인해 제소자가 집단적 또는 인종적 선입견의 대상이 되거나, ③ 적법절차의 부재
    로 인해 사법타당성(judicial propriety)이 침해되는 결과로 이어진 경우 공정형평대우가 침해되
    고 제소자에게 해를 가한 것으로 본다. 또한 사법절차에서 자연적 정의(natural justice) 구현이
    명백히 실패한 경우 또는 행정절차에서 투명성과 공평성이 완전히 결여된 경우도 이에 포함된
    다' (*Waste Management Inc. v. Mexico,* ICSID Case ARB(AF)/00/3, Award of 30 April 2004,
    para. 98).
62) Dolzer and Schreuer, *supra* note 20, p. 122.
63) Knoll-Tudor, *supra* note 60, p. 318.
64) 예를 들어 Knoll-Tudor, *supra* note 60, p. 321에서는 상황들(situations)로 언급하고 있다.
    Dolzer and Schreuer, *supra* note 20 참조. 공정형평대우와 비차별원칙의 통상적인 의미에 대한
    더욱 자세한 논의는 T. J. Grierson-Weiler and I. A. Laird, 'Standards of Treatment', in P.

기존의 국제관습법에 근거하고 있음을 확인할 수 있는데,[65] 그 이유는 국제관습법
이 국제투자협정에 주로 명시되어 있고[66] 또 법의 흠결(*lacunae juris*)을 메우는 기능
을 수행하기 때문이다.[67] 요약하자면 공정형평대우는 복합적인 의미를 내포하고
있으며 기존의 판정례와 함께 공정성과 형평성이라는 대표적인 일반원칙 내지는
개념의 영향력이 강력하게 작용하는 일련의 해석방법에 의해 규정될 수 있는 개념
이라고 할 수 있을 것이다.

　공정형평대우 기준의 성격과 이에 대한 중재판정부의 적용사례를 살펴보면 다
음 두 가지의 사항을 고려해볼 수 있다. 한편으로는 투자유치국 입장에서 정당한
공공목적을 달성하기 위한 조치라고 주장하는 국가의 특정 조치에 대해 투자자가
공정형평대우를 위반했다고 주장하며 중재를 청구함으로써 해당 사안이 중재판정
부에 회부되는 경우를 들 수 있다. 이는 해당 국가의 적법절차 제공의무의 위반이
나 투자자의 정당한 기대의 침해 등을 주장하는 경우들이 포함될 수 있다. 이는 비
경제적 사안들을 국제투자협정에 통합시키는데 있어서 가장 복잡하고 또 잠재적으
로 이율배반적인 상황들로 볼 수도 있을 것이다. 다른 한편으로는 공정형평대우 조
항의 열린 의미와 신의성실의 원칙을 비롯한 국제관습법 및 일반원칙과의 관계로
인해[68] 공정형평대우는 국제투자법에서 적용되는 내부적(internal) 접근법, 예외적
(exception-based) 접근법, 원칙지향적(principle-oriented) 접근법 간의 구분을 더욱 미

Muchlinksi, F. Ortino and C. Schreuer (eds.), *The Oxford Handbook of International Invest-ment Law* (Oxford 2008), pp. 259-304 참조.

65) 2006년까지의 국제투자법 해석에 관한 내용은 R. Dolzer and A. von Walter, 'Fair and Equi-table Treatment-Lines of Jurisprudence on Customary Law', in F. Ortino, L. Liberti, A. Sheppard and H. Warner (eds.), *Investment Treaty Law II* (BIICL 2007), pp. 99-114 참조. 이 저서에서는 공정형평대우를 적용하는데 있어서 국제법(주로 최소대우기준)을 근거로 하는 경향이 국제투자중재에서 주류를 이루고 있음을 확인한 바 있다.

66) 그 예로 미국의 BIT들을 들 수 있다. 2001년 NAFTA에서 있었던 *Pope & Talbot v. Canada* 사건과 *Loewen v. U.S.* 사건에서는 NAFTA 회원국들을 대표하는 자유무역위원회(FTC)가 (공정형평대우를 규정한) NAFTA 제1105조에 관한 해석지침(Note of Interpretation)을 채택하면서 '제1105조 1항은 외국인에 대한 최소기준대우라는 관습법을 규정'한 것으로 '공정형평대우와 완전한 보호 및 안전이라는 두 개념은 국제관습법에서 요구하는 것 그 이상의 대우를 요하지 않는다'고 명시한 바 있다 (www.naftalaw.org에서 확인 가능).

67) 이와 같은 유형의 해석과정은 순환작용에 따라 협정과 관습법이 상호적으로 여파를 미치며 이에 대한 내용으로는 C. McLachlan, 'Investment Treaties and General International Law' (2008) 57 *ICLQ*, pp. 361-401 참조.

68) Dolzer and Schreuer, *supra* note 20, '공정형평대우 기준은 신의성실의 원칙의 의미와 일부 중복되는 부분이 있으며 여기에는 식언금지의 원칙(*venire contra factum proprium*), 즉 금반언(estoppel) 원칙의 핵심요소가 포함된다' (pp. 122-123). 같은 맥락에서 부당이득(unjustified enrichment) 금지원칙도 함께 고려될 수 있다.

묘하게 만들고 있음을 알 수 있다.

B. 정당한 기대

공정형평대우가 적용되는 '상황들(situations)' 중에 투자중재 제소자들이 가장 빈번히 문제를 제기하는 형태는 투자유치국이 외국인투자자의 정당한 기대를 침해했다고 주장하는 경우라고 할 수 있다. 정당한 기대라는 개념은 여러 국가의 행정법 체계에서 찾아 볼 수 있다.[69] 그 의미를 파악하기 위해서는 사용된 두 단어를 분석해볼 필요가 있다. '기대(expectations)'는 투자자가 국가기관의 (형식적인 측면과 사실적인 측면 모두의) 행위에 의존하여 진행하는 사업활동에 있어서 드러난 사실관계와 규칙을 인식하는 것과 관련이 있다. 한편, '정당한(legitimate)'이라는 개념은 앞서 설명한 기대(expectations)의 성격을 규정하는 요소로써 이는 투자자가 국가의 잠재적 행위와 이에 따라 발생하는 수많은 상황들 중에서 국가에게 책임소지를 물을 수 있는 상황들을 선택하고 분류하는 것을 허용한다.[70] 다시 말해 투자자는 투지유치국에 관한 사실관계와 취해진 행위들로부터 수많은 '기대(expectations)'를 가질 수 있으나 그 모든 기대가 국제법상 정당한 것이라고 할 수는 없음을 의미한다. 이 중에서도 정당한 기대만이 공정형평대우의 일부가 될 수 있으며 이에 해당할 경우 침해에 대한 국가책임을 물을 수 있을 것이다.

투자유치국의 잠재적인 조치들은 투자물과 다양한 형태로 상호작용을 하면서 투자자의 기대를 형성한다는 측면에서 정당한 기대라는 개념의 중요성은 자명하다.[71] 또한 외국인투자의 관행을 살펴보면 다수의 경우에 투자자들이 본질적 가치의 보호를 위한 국가행위에 대해 기대를 가지고 있었음을 알 수 있다. 이는 정당한 기대의 침해에 해당할 수 있는 국가기관 행위의 범위가 광범위하다는 것을 보여준다. 공정형평대우가 분쟁의 사안이 된 대표적인 사례로는 환경오염으로부터 자국

---

69) 비교공법론에 의한 공정형평대우의 해석으로는 H. A. Mairal, *Legitimate Expectations and Informal Administrative Representations*, in S. W. Schill (ed.), *International Investment Law and Comparative Public Law* (Oxford 2010), pp. 413–452 참조.

70) 명백한 것은 투자유치국에게 책임을 묻기 위해서는 제3의 요건을 필요로 하는데 이는 '정당한 기대 보장의 실패와 투자자가 입은 피해 간의 인과적 관계' 등이 될 수 있다 (I. Knoll–Tudor, *The Fair and Equitable Treatment Standard in the International Law of Foreign Investment* (Oxford 2008), p. 166.

71) 이러한 맥락에서 *Saluka* 사건(*infra* note 74)에서 중재판정부는 정당하고 합리적인 기대라는 개념은 공정형평대우 기준의 '지배적인 요소(dominant element)'임을 확인한 바 있다 (para. 302).

민을 보호하기 위해 행정기관이 취하는 사업허가 철회(예: 쓰레기 매립장 사업허가 철회)가 있다.72) 좀 더 일반적으로 얘기하면 이는 (투자자의 기대를 창출하는데 대해) 사실상의(de facto) 책임을 다해야 하는 국가의 의무와 이와 같은 책임과 상충하는 본질적 가치보호를 위한 국가의 의무 간의 갈등이라고 볼 수 있다. 국민건강과 환경파괴 위험에 대한 새로운 정보가 없는 상황에서 국가기관이 관련 정책을 변경하는 경우(정권교체에 따른 변화 등) 이와 같은 문제는 더욱 증폭될 것이다.73)

i. 기대의 정당성과 공공목적의 항변: 통합적 견해를 취한 2개의 판정

중재판정부들은 투자자의 정당한 기대와 국가의 공공목적 달성을 위한 정당한 국가기능 간의 조화를 위해 '내부적(internal)' 해석방법에 따라 투자자의 기대에 대한 정당성을 검토한 바 있다.

Saluka 사건에서74) 중재판정부는 '정당한 기대(legitimate expectations)'를 해석하는데 있어서 단순히 외국인투자에 대한 높은 수준의 보호라는 목적을 달성하는데 초점을 맞추는 목적론적 해석에 따르지 않았다. 대신 이전 사건들을 언급하면서 보상가능한 외국인투자자의 기대를 정의하고 이에 내재된 형식주의의 위험성을 강조하였다. 동 사건의 중재판정부는 오히려 '외국인투자자들의 기대가 침해되었다는 주장이 정당하고 합리적인지 판단하기 위해서는 투자유치국이 자국의 공공이익을 위해 규제를 할 수 있는 정당한 권리 또한 함께 고려되어야 한다'고 판시하였다. 이와 같은 접근법은 결과적으로 중재판정부로 하여금 '제소자의 정당하고 합리적인 기대와 함께 피소국의 규제에 대한 정당한 이익'을 함께 평가하도록 유도하고 있다.75)

---

72) *Tecmed* 사건과 *Metalclad* 사건이 환경보호에 대한 시사점이라는 측면에서 가장 대표적인 사건들이라고 할 수 있으며 그 외에도 쓰레기 매립장 사업과 관련한 여러 사건들이 있었다.

73) 이러한 점은 투자협정에서 안정화 조항을 포함하는 경우(또는 우산조항을 통해 계약까지 포괄적으로 보호하는 경우)와 관련이 있는데, 그 이유는 국가는 안정화 조항에 따라 협정을 체결하는 시점에 존재하는 법률을 외국인투자에 부정적인 영향을 미치는 방향으로 개정해서는 안 될 의무를 지기 때문이다.

74) *Saluka Investments BV v. Czechia*, UNCITRAL, Partial Award of 17 March 2006 (이하 *Saluka*).

75) *Saluka*, paras. 304－305. 동 중재판정부의 다른 주장도 눈여겨 볼만하다: '투자 당시의 상황이 아무런 변화 없이 온전히 지속될 것이라고 믿는 것은 투자자의 합리적인 기대라고 할 수 없다' (para. 304). 이러한 주장은 국제투자법상 환경보호 문제에 있어서도 대단히 중요한 부분이다. 위에서 언급한 바와 같이 환경에 관한 규제는 주로 국가에 의해 개정되고 또 강화된다. 이는 과학적 근거가 명확해짐에 따라 이루어지기도 하고 또는 국민과 미래세대의 권익을 위해 환경을 보호해야 할 필요성에 대해 정부차원의 인식이 단순히 높아져서 이루어질 수도 있는 부분이다.

위 판정에서는 이미 몇몇 중재판정부에서 판정을 통해 암시적으로 확인한 내용들에 대해 명확한 견해를 제시했다고 볼 수 있다.[76] 비록 위 사건에서는 본질적 가치를 보호하는 규제조치에 대한 분쟁은 아니었으나 (체코의 은행업에 대한 규제가 분쟁의 대상이었다),[77] 문제가 된 공정형평대우 해석에 관한 법리는 이후 문제가 되었던 천연자원 보호 또는 환경오염 대응을 위해 취하는 국가의 조치에 대해서도 그대로 적용하는데 있어서 어려움이 없었다.

Spyridon 사건의[78] 제소자인 그리스 식품업자는 루마니아의 행정기관이 자신의 사업활동에 대한 운영허가를 부당하게 중지하고 취소하여 자신의 정당한 기대가 침해되었다고 주장하였다. 중재판정부는 이러한 제소자의 청구를 기각하면서 '사건에서 [루마니아 행정기관인] FSD가 취한 규제조치는 식품안전에 대한 규제를 이행해야 할 의무를 다하기 위해 이루어진 것이며 이와 같은 규제는 국가의 명백하고 정당한 공공목적을 반영한다'고 판시하였다.[79] 이에 따라 제소자는 '국가가 공공이익을 위한 규제를 도입하지 않을 것이리고 기대했다고 볼 수 없다'고 덧붙였다.[80]

동 중재판정부의 법리에서는 두 가지 요소를 확인할 수 있다. 본 사건에서는 식품안전 규제를 통해 인간건강을 보호하기 위해서는 국가의 공공목적이 '중요(important)'하고 '명백하며 정당한(clear and legitimate)' 목적임을 확인하는 것이 결정적이라는 점을 확인하였다. 이와 같은 정당한 공공목적의 존재는 투자자의 기대가 정당하다고 볼 수 있는 여지를 차단하며 이에 따라 투자자가 국제투자협정상 투자자 보호규정을 원용하여 국가의 조치에 대해 소를 제기하는 것을 방지한다. 그러므로 정당성에 대한 판단기준은 그 범위가 이중적이고 투자자의 권익과 국가의 규제 목

Saluka 사건의 중재판정부가 비록 상업적 문제에 대해 판시한 내용이라고는 하나, 동 중재판정부의 판정은 외국인투자자와 환경 간에 상충하는 여러 문제들을 해결하는데 핵심적인 역할을 할 수 있을 것이다.

76) *Waste Management Inc. v. Mexico,* ICSID Case ARB(AF)/00/3, Award of 30 April 2004, para. 99 참조.

77) *Saluka* 사건의 중재판정부는 위에서 언급한 논리를 공정형평대우 기준 판단에 적용하면서 최종적으로는 체코의 조치가 협정상 위반임을 확인하였다.

78) *Spyridon Roussalis v. Romania,* ICSID Case No. ARB/06/1, Award of 7 December 2011 (이하 *Spyridon*).

79) 동 중재판정부는 또한 '식품안전에 관한 정책은 여러 국가에서 공통적으로 취하는 정책으로써 공중보건과 같이 국민의 안전보장이라는 중대한 목적을 가지고 추구한다'고 판시하였다.

80) *Spyridon, supra* note 78, p. 691. 이와 유사한 법리가 공정형평대우 기준의 일부인 자의성과 '부당성(unjustifiedness)'의 판단에 있어서도 적용된 바 있다.

적 모두를 고려한다는 것을 알 수 있다.

종합해보면 *Saluka* 사건의 판정에서 제시된 법리는 비록 상업적 규제조치에 관한 내용이었고 *Spyridon* 사건의 판정에서는 인간건강 보호 측면에서만 이를 재확인하였으나, 이는 '정당한 기대(legitimate expectations)'의 의미에 대해서 직접적으로 다룬 사건이었고 기타 국가의 의무 또는 일반원칙에 대한 언급 없이 공정형평대우 기준에 비상업적 고려사항들을 통합시켰다는 점을 확인할 수 있다. 그러므로 *Saluka* 사건의 판정에서 제시된 법리는 내부적 해석론의 일부라고 볼 수 있을 것이다. 이는 문제가 된 조치의 공공정책적인 목적이 고려되었고 이를 통해 해석의 범위를 제한하였다는 점에서 판단할 수 있는 부분이다. 이러한 맥락에서 이 해석론은 국가의 공공정책에 의한 정당화 개념을 창설하였다고도 볼 수 있을 것이다. 따라서 동 판정은 '동종상황(like circumstances)' 개념에 대한 해석 모델과 유사한 해석 모델을 따른다고도 할 수 있을 것이다.

ii. 새로운 공정형평대우 개념으로 조명된 *Tecmed* 사건의 해석

위에서 언급한 두 사건의 판정에서 확인한 (또한 다른 사건들에서도 완화된 형태로 적용된) 해석 모델은 2003년 소위 '환경(environmental)' 투자중재 판정으로 유명한 사건에서 다루어졌던 투자자 기대에 대한 접근법에 도전장을 내밀었다고 할 수 있다.

Tecmed 사건에서[81] 제소자인 스페인 기업은 멕시코 정부로부터 공정형평대우를 제공받을 권리가 침해되었다는 등의 이유로 BIT를 원용하여 중재를 청구하였는데 이는 멕시코 당국(INE)이 유해폐기물 매립장 사업에 대한 허가 갱신을 거절함으로써 발생한 사건이었다. 실제로 제소자인 스페인 기업에 따르면 '이와 같은 (사업허가의) 거절은 기존 투자의 지속성과 영속성에 대한 정당한 기대를 침해'하는 것이라고 주장하였다.[82] 이보다 더 논란이 되었던 쟁점은 INE와 제소자 간에 환경관련 우려사항을 이유로 기존의 매립지를 새로운 지역으로 이전하는 것에 대한 구두합의가 있었다는 것이었다. 제소자는 멕시코 정부가 기존 매립지는 새로운 매립지가 운영을 시작한 이후에 폐쇄되었어야 했는데 그 이전에 폐쇄되어 자신의 권리가 침해당했다는 주장이었다.

---

81) *Tecnicas Medioambientales Tecmed S.A. v. The United Mexican States*, Case No. ARB(AF)/00/2, Award of 29 May 2003 (이하 *Tecmed*).
82) *Ibid.*, para. 41.

중재판정부는 이와 같은 제소자의 청구를 공정형평대우와 투자자의 기대를 굉장히 광의적으로 해석하면서 유명한 판정문을 남겼는데 이는 결과적으로 국가의 공공목적이 고려될 수 있는 여지를 축소한 내용이었다. 그 내용은 다음과 같다:

외국인투자자는 투자유치국이 일관적으로 행동할 것으로 기대하며 그 행동은 외국인투자자와의 관계에 있어서 모호성으로부터 자유롭고(free from ambiguity) 완전히 투명하게(totally transparently) 이루어져야 하며, 외국인투자에 관한 모든(any and all) 법률 및 규제를 비롯하여 그 목적이 되는 관련 정책, 행정처분 또는 지침 등 그 전부를 외국인투자자가 사전에 파악하여 투자를 미리 계획하고 해당 규제들을 준수할 수 있도록 대비할 수 있어야 한다.83)

이에 대해서는 두 가지 시사점을 도출할 수 있다. 한편으로 위 판정문은 공공기관으로 하여금 특정 조치를 취하기 이전에 외국인투자자에게 굉장히 높은 수준의 정보를 제공하도록 요구한다. '모든(any and all)', '완전히(totally)', '자유롭고(free from)' 등의 표현을 쓰면서 본래의 이미를 이탈하거나 회색지대(grey areas)에 위치시킬 수 있는 여지를 거의 남기지 않고 있다 (흑백논리에 따른 것으로 이는 투자유치국의 관점에서 지나치게 가혹하다고 할 수 있다). 다른 한편으로는 위 판정문에서 투자자가 반드시 '사전에(beforehand)' 법률 및 규제의 변화에 대해 인지하고 있어야 한다고 확인한 점에서 (이에 따라 투자자는 현실적인 기대를 가지게 된다.84)) 국가가 자국의 법률 및 규제를 변경할 수 있는 가능성을 사실상 배제하고 있다. 이와 같은 공정형평대우에 대한 해석은 투자자가 환경문제에 있어서 소위 '정치적 리스크(political risks)'에 대비하여 보험을 드는 것과 같은 형태로 볼 수 있을 것이다.

위 판정은 해당 사건에서 더욱 복잡한 사안이라고 할 수 있는 사업허가 갱신 거절문제에 대해서도 다음과 같이 결론을 내렸다 (중재판정부는 이를 실질적인 취소(effective revocation)로 보았다). '외국인 투자자는 투자유치국이 일관된 자세를 유지하여 기존의 그 어떤 결정 또는 허가도 자의적으로 철회하지 않을 것이라는 등의 기

---

83) *Ibid.*, para. 154.
84) 게다가 동 판정문에서 투자자 기대의 성격을 규정하면서 '정당한(legitimate)'이라는 표현 대신 '기본적인(basic)'이라는 표현을 쓴 것은 우연이라고 보기 힘들다. 실제로 정당성의 개념은 투자자의 기대를 법적 가치에 근거하여 평가해야 하는 반면, '기본적인(basic)' 기대라는 것은 단순히 제소자의 양적 이익을 의미하는 것으로 비상업적 측면이 고려될 여지가 없는 개념이라고 할 수 있다 (S. Di Benedetto, 'Le rôle des tribunaux CIRDI au regard de la mise en œuvre de la protection de l'environnement', in S. Maljean−Dubois and L. Rajamani (eds.), *La mise en œuvre du driot de l'environnement* (Leiden, Boston 2011), pp. 537−578, at p. 567).

대를 가지고 그 약속을 이행할 것을 믿고 자신의 상업 및 사업활동을 계획하고 개
시한다.' '그 어떤(any)'이라는 표현을 제외하고는 국가 결정사항의 자의성을 평가하
는데 있어서 앞서 설명한 판정문의 내용보다는 보다 유연하게 해석할 수 있는 여
지를 남기고 있는 것으로 보인다. 그러나 동 사건의 판정문에서 이어지는 법리를
살펴보면 공정형평대우를 투자자에게 유리하게 정의한 앞 내용과 완벽히 일치한
입장을 가지고 있다는 것을 확인할 수 있다.

　　중재판정부가 멕시코로 하여금 배상금을 지불하도록 판정하는데 있어서 근거
가 된 정황은 멕시코가 매립장을 더 안전한 지역으로 이전하기 이전에 기존의 매
립장 사업허가에 대한 갱신을 거절했다는데 있다. 왜 이러한 사실이 제소자의 정당
한(또는 기본적인) 기대를 침해하고 이에 따라 공정형평대우 조항의 위반한 것으로
평가되었을까? 중재판정부의 주된 근거는 제소자가 INE 및 멕시코 지방정부의 요
청에 따라 매립장 이전에 동의하였다는 것이다.85) 중재판정부는 투자자가 '멕시코
지방정부 및 중앙정부에서 새로운 매립장 지대를 탐색, 확보, 제공할 책임을 진다
(municipal and state authorities will be in charge of finding, acquiring and delivering a new site)'
는 조건 하에 매립장 이전을 '승인 내지는 합의(accepted or agreed)'한 사실에 주목하
면서 매립장 운영에 대한 책임을 투자자와 공공기관이 분담하고 있음을 지적하였
다. 이러한 시실관계는 다른 근거들과 함께 중재판정부로 하여금 당사자 간의 실제
'이전합의(relocation agreement)'가 서면으로 존재하지는 않으나 합의 자체는 존재한다
고 인정하게끔 만들었다. 이에 따라 중재판정부는 해당 투자자가 '신의성실의 관점
에서 Las Viboras [기존 매립지] 매립장 사업에 대한 허가가 매립지의 실질적인 이
전시점까지 상당기간 지속될 것'으로 기대했다고 판단한 것이다.86)

　　Tecmed 사건 중재판정부의 사실관계에 대한 해석 그 자체는 흠결이 있다고 볼
수 없다. 논란의 여지가 있기는 하나 이전 중재판정부들이 공정형평대우와 투자자
기대의 의미를 해석한 내용과 일치하는 해석이기 때문이다. 이는 외국인투자자에 대
한 높은 수준의 보호를 선호하는 해석방법론과 입장을 같이 하며 정부가 공공목적
달성을 위해 누리는 특권에 대해서는 실질적인 고려가 결여된 접근법이기도 하다.
반면에 만약 오늘날 중재판정부가 위 사건의 사실관계를 *Saluka* 사건과 *Spyridon*

---

85) 이와 더불어 멕시코 정부의 조치 이면에는 정치적 압력이 존재했다는데 있다. 이에 대해서는 이
　　하 D.i. 참조.
86) *Tecmed, supra* note 81, para. 160.

사건 판정에서 제시된 정당한 기대의 개념을 적용하여 분석한다면 그 결과는 필시 자국민 보호를 고려하는 멕시코 정부의 입장에 훨씬 더 호의적일 것이다.

　　Tecmed 사건 중재판정부의 분석으로부터 추론해보면 결국 매립장 이전에 대한 분명한 합의는 존재하지 않았고 오직 새로운 매립지에서의 사업과 이전부담 할당에 관한 내용만이 있었음을 확인할 수 있다. 실제로 중재판정부의 판정에 따르면 투자자는 멕시코 당국의 '인식(perception)'에 따라 이전을 '승인 내지는 합의(accepted or agreed)'하면서 멕시코 당국으로 하여금 이전에 대한 구체적인 요청이나 제안을 하노록 요구하지 않았다. 이는 오히려 공공이익을 위한 행정적 결정사항에 대해 사인이 취한 일방적인 행위로 보인다. 따라서 중재판정부가 주어진 사실관계에 따라 투자자의 요구사항까지 포함된 사실상의 이전합의[87]가 있었다고 이해한 것은 외국인투자자 이익에 대한 최대한의 보호만을 추구하는 해석방법론에 의해 설명이 가능한 것으로 보인다. 반대로 좀 더 균형잡힌 관점에서 투자자 기대의 정당성을 행정조치에 대한 공공목적의 정당성과 비교하여 평가해본다면, 위의 해석은 사실관계를 호도하는 것으로 보일 수 있다. 결과적으로 *Saluka* 사건 중재판정부의 해석에 따르면 별도의 서면합의 없이 사인이 국가기관과 협상할 권리를 가지고 임의로 공권력 행사에 조건을 붙이는 것(이전 완료시기까지 사업허가 갱신 등)은 상상하기 힘든 일이라고 볼 수 있다.

　　가장 중요한 점은 설사 멕시코 당국이 투자자와 매립장 이전에 대한 사실상의 합의가 있었다고 하더라도 신규 매립지가 준비되지 않은 상황에서 기존 매립지에 대한 사업허가 갱신 거절을 막을 수는 없을 것으로 보인다는 것이다. 우선 일반적으로 사업허가의 갱신은 국가기관의 재량하에 공식적인 절차에 따라 여러 단계를 거치게 된다. 공정형평대우 조항에 근거하여 이 투자자에 대해 사업허가를 갱신하기로 하는 비공식적인 약속이 있었음을 인정한다고 하더라도 이는 환경파괴 위험이라는 문제 앞에서 무용지물이 될 것이다. 결과적으로 투자유치국의 국가기관이 투자자에게 사전에 약속한 내용이 있다고 하더라도 이를 이행하는 것이 기본적인 공공이익, 이 사건에서는 자국민의 생활터전 보호라는 국가의 의무와 상충하는 경우에는 이에 대한 투자자의 기대가 정당한 것으로 볼 수 없음을 의미한다.

---

87) '비록 Cytrar가 이전에 대해 승인 내지는 합의하였다고는 하나 이에 대해 신규 매립지에서 기술 및 사업활동을 펼치는데 대한 조건을 멕시코 당국에 수차례 제시하였다' (*Tecmed*, *supra* note 81, para. 158).

결국 *Tecmed* 사건의 판정은 목적론적 해석을 선호하는 해석방법론을 따름으로써 공공정책에 대한 고려의 여지를 확연히 축소시키고 외국인투자자 보호에 최대한의 중점을 두었다.[88] 실무에서는 공정형평대우와 정당한 기대라는 개념에 비상업적 가치가 개입할 수 없는 자기완비적(self-containing) 해석으로 이어졌다.[89] 반대로 *Saluka* 사건 및 *Spyridon* 사건의 판정에서 제시한 모델에 따른 투자자 기대의 '정당성(legitimacy)' 해석론에 따른다면 동일한 사실관계 및 이해관계에 대해서 다른 결론에 도달했을 것으로 판단된다.

iii. 투자의 '환경여건(environmental climate)'

Glamis 사건은 환경문제에 있어서 특히 규제수용(regulatory expropriation)[90]이라는 측면과 본서의 범위에서는 벗어나는 내용이기는 하나 절차상 법정 조언자(*amici curiae*)의 역할이라는 측면에서 중요한 시사점들을 제공한 것으로 알려져 있다. 그러나 동 사건 판정의 내용을 좀 더 심도있게 살펴보면 공정형평대우에 대한 시사점도 찾아볼 수 있는데 특히 투자자의 정당한 기대 존중에 대해 강조한 내용을 확인할 수 있다. 동 사건에서 제소자는 미국이 기존 법률과 법률해석을 갑작스럽게 변경하

---

88) 이에 대해서는 본 판정문의 para. 156 참조.

89) 자기완비적 접근은 본 판정이 있기 몇 년 전에 이미 공정형평대우 기준에 대한 중재판정부의 판정을 통해 도입된 바 있는데 해당 사건의 사실관계가 본 사건과 거의 같았다 (멕시코 당국의 위험폐기물 매립장 운영에 대한 사업허가 거절에 대한 내용이었다). 이는 *Metalclad* 사건으로 동 사건에서는 투자자의 정당한 기대에 관한 문제가 투자유치국이 공정형평대우에 따라 투명성을 유지해야 할 의무와 결부되었다. 중재판정부 입장에서 투명성은 단순히 행정조치의 성격을 규정하는 것뿐만 아니라 입법구조의 성격까지도 규정하는 것이었다. 'Metalclad社의 주장에 따르면 자사가 멕시코 한 지방에서의 건설허가 발급을 위한 지원서를 제출한다면 해당 지방정부는 이를 거절할 법적 근거가 없으며 허가가 당연히 발급될 것이라고 멕시코 연방 공무원들이 얘기했다는 것이었다. 해당 건설허가 발급요건에 대한 명문규정이 부재하다는 점과 이에 대한 관행 또는 절차도 부재하다는 점을 고려했을 때, 이는 NAFTA 투명성 요건 기준으로 하였을 때 일정 부분 멕시코 당국에게 책임이 있다.' 또한, 'Metalclad는 [멕시코 당국의 조언에 따라] 성실하게 행동하였으며 건설허가가 발급될 것이라고 온전히 기대하고 있었다' (*Metalclad Corp. v. United Mexican States*, ICSID Case No. ARB(AF)/97/2, Award of 30 August 2000, paras. 88-89, 이하 *Metalclad*). 이러한 공정형평대우 해석은 중재판정부가 국가기관의 입법권한에 대해서도 검토할 수 있는 가능성에 대해 여러 의문을 남긴다. 그러나 동 중재판정부가 NAFTA 제1105조상 공정형평대우에 대해 기존 의미에서 벗어나는 해석을 하였으므로 ('준거법이 투명성 의무도 포함한다고 잘못 판시하였다', para. 70) 이는 공정형평대우에 대한 모든 내용에 대해 중재관할권 범위에서 벗어난 판시이며 (para. 76) 따라서 판정의 일부가 잘못되었음을 지적하면서 (para. 134) 해당 판정에 대한 취소절차가 진행되었다 (*The United Mexican States v. Metalclad*, Supreme Court of British Columbia, Reasons for Judgment of 2 May 2001).

90) 해당 사건의 사실관계 개요에 대해서는 본 장 이하의 내용 참조.

여 기존 법적 근거에 기반한 자신의 정당한 기대가 침해되었다고 주장하였다.

이에 대해 중재판정부는 투자자의 정당한 기대에 대해 '국가가 목적을 가지고 구체적으로 투자를 유치한 것으로 볼 수 있는 투자유치국과 투자자 간의 준계약 (quasi-contractual) 관계' 등이 부재함을 지적하며 이를 인정하지 않았다. 그 결과 중재판정부는 환경 및 문화보호 등 해당조치의 배경이 되는 사유들이 가지는 해석적 역할에 대한 구체적인 언급 없이 단순히 투자자 정당한 기대에 대한 해석범위를 축소시킴으로써 해당 투자분쟁을 해결한 것으로 보인다. 준계약 관계라는 특이한 요건은 경제적 이익을 비롯하여 여러 종류의 이익을 보호하는데 있어서 다양하게 원용될 수 있는 것으로 이는 국제투자법과 환경 간의 관계에 대한 법해석론을 제시하지 않고도 순전히 주어진 사실관계만을 근거로 국가의 특권을 보호하는데 활용될 수 있을 것이다.

그러나 주목해야 할 점은 중재판정부가 준계약 관계의 존재가 부재함을 명시하는 내용의 첫 번째 문장은 다음과 같다는 것이다. '세소자는 노천광 채굴(open-pit mining)로 인한 환경파괴 문제가 갈수록 민감한 사안이 되고 있는 상황에서 사업을 진행하고 있었다.'[91] 환경에 대한 고려는 투자자의 정당한 기대의 존재를 부정하는데 가장 중요한 요소임을 확인할 수 있는 부분이다. 게다가 더욱 중요한 것은 인용한 위 문장은 준계약의 확정에 관한 내용과 직접적으로 연관되어 있지 않다는 점을 주목할 필요가 있다.[92] 이는 준계약 문제와는 별개의 독립적인 주장으로 정당한 기대의 부재를 일반적인 관점에서 판단한 것으로 보인다. 또한 동 주장은 환경적 사유에 직접적인 근거를 두고 있을 뿐만 아니라 당사자들이 처한 '여건 (climate)'도 함께 고려하였다. 결과적으로 이는 '정당한 기대(legitimate expectations)'의 의미를 판단하는데 있어서 공정형평대우 기준이 환경보호를 근거로 도입된 국가조치를 극도로 제한하는 것을 방지하는 역할을 한다고 볼 수 있을 것이다.[93]

---

91) *Glamis Gold, Ltd. v. U.S.A.*, UNCITRAL Arbitration Rules, Award of 8 June 2009, para. 766.

92) 실제로 중재판정부는 위 문장의 이어지는 내용에서 미국 당국의 행위를 검토하고 준계약이 효과적으로 창설되었는지 여부를 확인하면서 앞선 문장은 준계약 판단과는 무관하다는 점을 명시하였다.

93) S. Di Benedetto, 'Il rapporto tra diritto internazionale degli investimenti e tutela dell'ambiente nel quadro dell'arbitrato internazionale misto: l'esperienza dei tribunali UNCITRAL', in A. Oddenino, E. Ruozzi, A. Biterbo, F. Costamagna, L. Mola and L. Poli (eds.), *La funzione giurisdizionale nell'ordinamento internazionale e nell'ordinamento communitario* (Turin 2010), pp. 175-194, at p. 190 참조.

C. *Unglaube* 사건: 투자자 권리와 환경문제의 균형을 맞추는 공정형평대우 해석

최근 중재판정부는 환경문제와 직접적으로 연관된 공정형평대우에 대한 해석을 제공한 바 있다. 이는 *Saluka* 사건과 *Spyridon* 사건의 판정에서 발전된 해석론과 같은 입장이기는 하나 중요한 요소들이 추가되었다.

Unglaube 사건에서[94]는 코스타리카 환경보호지구(environmentally sensitive zone) 내에 위치한 제소자의 부동산이 문제가 되었는데 제소자는 해당 지역에서 수년간 관광 숙박업소 건설에 공을 들이고 있었다.[95] 초기에는 코스타리카 당국과 부동산 소유자 모두 해당 지역의 생태환경에 대한 서로 다른 비전을 공유하였는데 전자의 입장에서는 공원을 조성하는 것이었고 후자의 입장에서는 해당지역의 환경보호 기준에 따라 숙박업소를 건설하는 것이었다. 그러나 이후 코스타리카 당국이 이행한 환경조치들이 기존의 입장과 대치되는 것으로 자신의 정당한 권리를 행사하는데 위험을 야기한다고 느낀 제소자는 위 조치들이 BIT 위반에 해당함을 주장하였다.

동 사건에서는 부동산에 대한 (간접)수용이 있었는지 여부가 주된 쟁점이기는 하였으나,[96] 투자유치국이 공정형평대우를 위반하였다는 제소자의 주장도 함께 포함되어 있었다. 제소자는 준비서면을 통해 여러 위반사항들을 지적하면서 그 중 첫 번째로 정당한 기대의 침해를 언급하였으며, 또한 투명성과 적법절차 의무에 대해서도 언급하였다.[97] 동 중재판정부의 분석을 살펴보면 여러 측면에서 중요한 시사점을 도출할 수 있다.

중재판정부는 공정형평대우 위반에 대한 제소자의 주장을 세 단계로 나누어 분석하였다. 첫째, 관련 당사자들의 입장을 요약하였다 (판정문 세 번째 절의 a와 b). 둘째, 중재판정부가 공정형평대우를 판단하는데 있어서 고려하는 일반적인 요소들을 제시하였다 (동 절의 c). 셋째, 선례의 고려사항들을 기준으로 (동 절의 e, f, g) 여러 형

---

94) *Unglaube, supra* note 6. 동 사건의 사실관계는 잘 알려진 2002년 *Santa Elena v. Costa Rica* 사건의 사실관계와 유사하다 (이하 각주 111 참조).
95) 제소자의 부동산은 멸종위기에 처한 장수거북이 알을 낳는 연안지역 부근에 위치하고 있었다.
96) 이하의 내용 참조.
97) *Unglaube, supra* note 6, para. 235. 해당 BIT 제2.1조(공정형평대우)에 근거한 제소자의 여러 주장들은 다음과 같다. 코스타리카 당국이 공원조성에 대한 법률을 제정한 뒤 취한 특정 조치들 중에 특히 대법원 결정에 따라 환경보호라는 목표를 온전히 달성하기 위해 공원 부근에 완충지역(buffer zone)을 조성하는 것이 문제가 되었다. 제소자는 이와 같은 조치들로 인해 (수영장 및 추가 게스트하우스 조성 등) 계획된 사업활동을 펼칠 수 없었으며 이는 코스타리카 당국이 투명성 의무를 위반하였고 특히 자신의 정당한 기대가 침해당했다고 주장하였다 (공원조성에 대한 법률에서는 완충지역에 대해 고려하지 않았기 때문이다). 또한 제소자는 자신의 부동산에 대한 당국의 지나친 행정절차 지연도 공정형평대우 위반에 해당한다고 주장하였다.

태의 공정형평대우를 분석하였다 (정당한 기대, 자의적이거나 부당한 행위, 적법절차 등).98)

공정형평대우에 관한 일반적인 고려사항들과 함께 (두 번째 단계) '단순한 법적 오류 이상(more than mere legal error)'의 위반을 공정형평대우 위반의 요건으로 제시하면서 중재판정부는 '타당한 공공정책이 존재하고 특히 공중보건, 공공안전, 사회 풍속 및 공공복지를 보호하기 위한 국가의 책임과 관련된 조치 또는 결정'이라는 형태의 국가의 행위에 있어서 '상당한 수준의 존중(a considerable measure of deference)' 이 수반되어야 한다고 밝혔다.99) 여기서 존중(deference)이란 일반적으로 '국가기관이 자국 영토 내에서 가지는 규제권한에 대한 인식'을 의미하는 것으로 "제한이 없는 것은 아니며 자의적 또는 차별적 성격의 국가조치 등은 이에 해당되지 않는다"고 확인하였다.100)

위와 같이 중재판정부가 공정형평대우에 관한 일반적인 고려사항들을 검토한 것은 판정에서 결정적으로 중요한 근거가 되었다. 중재판정부는 사건의 쟁점을 검토하면서 (세 번째 단계), 공정형평대우 위반에 대해 국가가 책임을 져야 한다는 제소자의 주장을 받아들이지 않으면서 생태계 및 생물다양성의 보전 등 타당한 공공정책이 존재함을 언급하였다. 중재판정부에 따르면 이러한 공공정책의 존재는 국가행위에 대한 '존중(deference)'이 수반되어야 하는 근거가 되는 것으로 이는 해당 조치가 자의적이거나 차별적인 성격을 띠는 조치가 아닌 이상 정당화될 수 있는 조치라고 판시하였다.101)

---

98) d는 사건의 사전적 고려사항들에 대해 해명하는 내용이다.

99) *Unglaube, supra* note 6, para. 246. 중재판정부는 *Restatement of the Law, Third, Foreign Relations Law of the United States*의 내용을 인용하였다.

100) *Ibid.*, para. 247.

101) 중재판정부는 이어서 공정형평대우 위반여부를 구체적으로 검토하면서 국가행위에 대한 '존중(deference)'의 접근법을 판정의 논리에 적용하여 코스타리카가 공정형평대우를 위반한 사실이 없었음을 확인하였다. 중재판정부는 안정적인 법적 환경 및 투자자의 정당한 기대에 대한 권리가 침해당했다는 제소자의 주장을 기각하고 '법무장관(Attorney General) 및 대법원(Supreme Court)이 법에 대해 권위있는 최종적인 해석을 제시할 수 있는 권한을 가진다'고 밝히면서 '법무장관 및 대법원이 자의적으로, 차별적으로 또는 양심에 어긋나게 행동하는 경우'를 제외하고는 중재판정부가 이들의 결정에 개입할 수 없음을 확인하였다 (para. 253). 중재판정부의 유일한 고민은 완충지역에 대한 과학적 근거가 부재하다는 것이었다 (para. 255). 중재판정부는 대신 공정형평대우 위반여부에 대해 전반적인 평가를 통해 국가행위 '존중(deference)'의 접근법을 토대로 해당 국가행위가 자의성이나 차별성이 없었음을 확인하면서 코스타리카의 손을 들어주었다 (para. 258).

D. 공정형평대우 기준과 환경문제의 통합: 발전적인 경향

Saluka 사건과 *Spyridon* 사건으로부터 *Unglaube* 사건까지 이어지는 일련의 판정들을 살펴보면 발전적인 경향을 보이고 있음을 확인할 수 있을 것이다. 첫째, 위 판정들의 내용을 살펴보면 *Tecmed* 사건으로 대표되는 기존 공정형평대우 및 환경보호 관련 판정들의 내용과는 확연히 다르다는 것을 알 수 있다. 또한 *Unglaube* 사건의 판정에서는 공정형평대우 기준을 통해 투자자 권리의 보호와 환경보호라는 양립하기 힘든 두 가치가 조화를 이룰 수 있도록 하는 좀 더 포괄적이고 색다른 견해를 제시했다는 점을 인식할 필요가 있다.

Unglaube 사건의 판정에서는 다음 3가지의 내용을 주목할 필요가 있다. 첫째, *Saluka* 사건 및 *Spyridon* 사건에서는 공공정책에 의한 정당화가 정당한 기대, 특히 '정당성(legitimacy)'이라는 개념을 포괄하는 공정형평대우 해석의 문제로 직결된 반면 (이는 *Parkerings* 사건과 S.D. Myers 사건 판정에서의 해석모델에 따른 것이다), *Unglaube* 사건에서는 공공정책에 대한 '존중(deference)'이 공정형평대우 기준 전반에 대한 해석에 있어서 일반적인 기준이 됨을 확인하였고 이를 국가의 '권리(right)'에 상응하는 수준으로 인식하였다.[102] 둘째, 앞선 두 사건과는 달리 *Unglaube* 사건의 중재판정부는 문제가 된 국가의 조치가 공정형평대우 위반에 해당하지 않는다는 것을 확인하기 위해 해당 조치의 배경이 되는 다양한 공공이익들을 살펴보고 그 중 일부를 선정하여 판정의 근거로 삼았다. 이와 같은 중재판정부의 선택은 '특히(especially where)'라는 표현을 사용하면서 공중보건을 언급했다는 점을 통해 그 의도를 확인할 수 있다.[103] 또한 공공목적이 공정형평대우 기준에 합치하지 않는 조치를 정당화하는데 '중요한(important)' 요소임을 확인하였다.[104] 셋째, 국가의 공공정책에 대한 '존중(deference)'에 있어서 정책을 이행하는 당국의 조치가 자의적이거나 차별적이지 않을 것을 요건으로 제시하면서 제한을 두었다.

---

102) 이와 같은 맥락에서 *Merrill & Ring v. Canada* 사건 판정의 내용을 눈여겨 볼만하다. '문제가 된 규제조치의 일부 측면은 사회 전반의 이익을 위한 것으로 이는 환경, 안전, 보건 또는 위생 관련 조치 등을 포함한다 [...] 국제관습법은 진정한 공공정책의 추진을 위해 필요할 경우 최소대우기준 제공이 제한될 수 있음을 오랜 기간에 걸쳐 확인한 바 있다' (*Merrill and Ring Forestry v. Canada*, UNCITRAL Arbitration Rules, Award of 31 March 2010, para. 224).

103) 또한 환경에 대한 부분도 암시적으로 언급되었다고 볼 수 있는데 이는 쟁점이 되는 모든 내용이 멸종위기종 보호를 위한 공원조성 등 생태계 보전과 관련되어 있었기 때문이다. 게다가 공공목적의 4가지 형태를 괄호 안에 열거하였는데 이는 오래된 미국법 중 하나인 *Restatement of the Law, Third, Foreign Relations Law of the Untied States* (1987)의 내용을 인용한 것이다.

104) *Unglaube*, *supra* note 6.

　　위와 같은 *Unglaube* 사건의 판정은 내부적 해석론을 따르는 판정들과 함께 분류할 수 있을 것인데 그 이유는 해당 사건의 중재판정부가 국제환경의무 등 외부의 법적 요소들을 원용하지 않고 공정형평대우의 일반적 의미를 식별하여 국가의 공공정책에 대한 '존중(deference)'을 정당화하고자 하였기 때문이다.105) 동시에 위 3가지 사항을 종합해보면 GATT 제XX조의 구조로 대변되는 일반적 예외모델과도 유사하다고 볼 수 있을 것이다.106)

　　결과적으로 환경문제에 대한 중재판정부의 고려는 갈수록 그 내용이 엄격해지고 있는 투자규범에서 매우 광의적으로 해석될 수 있는 내용을 담고 있는 공정형평대우 기준을 통해 이루어지고 있음을 알 수 있다. '공정(fair)'과 '형평(equitable)'이라는 용어의 사용 자체가 신의성실의 원칙 등 법의 일반원칙에 대한 해석을 하도록 유도하고 있다는 것도 확인할 수 있다.107) 또한 공정형평대우 기준의 해석에 있어서 여러 국제투자협정들이 일반국제법의 내용을 협정문에 빈번히 인용하고 있다는 점은 국제법의 타 영역을 아우르는 체계적 해석론에 힘을 실어준다고 할 수 있을 것이다.

---

105) 중재판정부는 명시적으로 '협정문의 구체적인 내용에 대한 검토가 중요'하다는 전제를 밝혔다. 가장 중요한 점은 중재판정부가 공정형평대우를 투자중재 판정례를 근거로 해석하였다는 것이다. 이는 단순히 관련 협정에 대한 해석이라는 관념에서 벗어난 개방적 형태의 해석을 의미한다고 볼 수도 있겠으나 (이는 Fauchald의 주장으로 이를 자기완비적 논리에서 상당부분 벗어난 형태라고 보았다) 이는 사실 투자법에 대한 내부적 접근법이라고 보는 것이 맞다. 즉, 기존 원칙에 대한 의미를 소위 진보적인 판정례를 통해 규정했다고 보는 것이 맞다. 이는 McLachlan이 국제투자법 해석에 있어서 일반국제법과 투자협정 사이에서 점진적으로 발전하고 있는 지속적이고 순환적인 피드백(feedback) 고리가 작용함을 주장한 것과 맞물린다고 할 수 있다 (제3장 3.3.A 참조). 분명한 것은 비엔나협약에서 언급하고 있는 관습법이 (비엔나협약 제31조 3항 (c)호) 외국인투자자 보호 외의 가치와 목표를 포용하는 역할을 할 수 있다는 것이다. 이러한 역할은 해당 견해를 취한다고 해서 자동적으로 수반되는 것이 아니다. 자세한 내용은 제6장에서 후술한다.

106) 이에 대해서는 제7장(7.4.B.iii)에서 후술한다.

107) 중재판정부는 공정형평대우의 의미를 해석하는데 있어서 법의 일반원칙을 적용하는 경우가 흔하며 이는 중재판정부가 투자자에게 유리한 목적론적 해석을 도입하는데 있어서도 마찬가지이다. 그 예로 *MTD v. Chile* 사건에서 (*MTD Equity Sdn. Bhd. & MTD Chile SA v. Chile*, ICSID Case No. ARB/01/7, Award of 25 May 2004) 중재판정부는 공정형평대우가 '신의성실, 적법절차, 비차별, 비례성 등 근본적인 기준들을 포함한다'는 내용을 판정문에 명시하였다 (para. 109). 이는 Tecmed 사건의 중재판정부가 제시한 기준을 지지하는 입장을 취했음에도 불구하고 이루어진 것이다 (paras. 114-5).

4. 투자의 수용과 규제수용이론

A. 국제법상 합법적인 수용

국가가 외국인의 재산과 투자를 수용할 수 있는 권리는 바로 자국 영토에 대한 국가의 주권으로부터 기인한다고 일반적으로 받아들여지고 있다.[108] 동시에 이러한 권리를 행사하기 위해서는 특정 요건을 갖춰야 하는데, 이는 공공목적 달성을 위한 것이어야 하고, 차별적이지 않아야 하며, 적법절차를 거쳐 수용에 대한 보상이 함께 이루어져야 한다는 등의 내용이다.[109] 마지막으로 언급한 수용에 대한 보상이라는 요건은 그 중 굉장히 중요한 부분에 해당하는데, 이는 투자유치국이 공공목적을 추구하는 것 자체를 봉쇄하지 않고 수용으로 인해 외국인투자자가 입은 피해에 대한 구제를 제공하기 때문이다. 또한 수용에 대한 보상은 배상금의 산정방법 결정과 금액 책정이라는 껄끄러운 문제들을 동반한다.[110]

환경 또는 인간건강 보호에 목적을 둔 국가의 조치는 외국인투자의 몰수에 해당할 수도 있고[111] 외국인투자에 대해 부정적인 영향을 미침으로써 간접수용에 해당할 수도 있다. 실제로 환경 및 인간건강 보호가 문제가 되었던 다수의 국제투자

---

108) 이러한 권리는 UN총회에서 천연자원에 대한 국가의 권리를 인정하면서 확인된 바 있다 (*Declaration on Permanent Sovereignty over Natural Resources* (14 December 1962) UNGA Res. 1803 (XVII)). 20세기에 걸쳐 국가들은 자국의 경제를 운영하는데 있어서 직접적인 영향력을 행사하였는데 이는 주요 산업 또는 산업 전반을 수용하면서 이루어지는 경우가 잦았다. 이와 같은 형태의 수용은 흔히 '국유화(nationalization)'로 알려져 있는데 국유화가 일반적인 수용 (expropriation)과는 엄격히 구분되어야 하는 다른 형태의 수용인지에 대해서는 논란이 있다 (I. Brownlie, *Principles of Public International Law*, 7th edition (Oxford 2008), p. 538 참조). 그러나 국유화는 현재 세계의 역사 속으로 사라지고 있는 상황이다 (단, 남미지역은 예외에 해당한다). 어떠한 경우든 간에 중재판정부는 투자중재에서 환경 또는 인간건강 관련 문제를 판정하는데 있어서 국유화라는 경우의 수를 잘 고려하지 않는 추세이다.

109) 위 4가지의 요건은 주로 투자협정에서 수용에 대한 조항에 명시되어 있으며 일반국제법 일부의 내용으로 간주된다 (Dolzer and Schreuer, *supra* note 20 pp. 90-99 참조). 요건에 대한 세부적인 내용과 중재판정례에 대해서는 A. Reinisch, 'Legality of Expropriations', in A. Reinisch (ed.), *Standards of Investment Protection* (Oxford 2008), pp. 171-204 참조.

110) 배상금의 금액책정 문제는 수용뿐만 아니라 넓게는 외국인 투자자 보호에 관한 내용 중에서도 고전에 해당한다. 오늘날 국제투자협정들은 주로 (공정한) 시장가격을 고려하여 '헐 공식(Hull formula)'에 따른 완전한 보상(full compensation)이 이루어지도록 규정하고 있는데 이것을 일반 국제법의 내용으로 볼 수 있는지에 대해서는 여전히 논란이 있다 (Reinisch, *supra* note 109, pp. 194-199; Newcombe and Paradell, *supra* note 18, pp. 377-384 참조).

111) 이러한 경우 중점이 되는 문제는 외국인투자자에게 지급해야 하는 배상금 책정이다 (*Compania del Desarrollo de Santa Elena, S.A. v. Costa Rica*, ICSID Case No. ARB/96/1, Award of 17 February 2000 (이하 *Santa Elena* 참조). Santa Elena 사건의 판정에서 직접수용은 '소유자의 재산권에 대한 완전하고 공식적인 박탈'이라고 정의한 바 있다.

분쟁에서 국가의 규제조치가 수용에 해당할 수 있는지 여부를 검토한 바 있다. 이
와 같은 경우 대부분 간접 또는 점진적 수용(indircct or creeping expropriation)의 정의
를 법적 근거로 활용하였는데 이는 기존 수용의 형태와 더불어 투자협정에서 그
존재를 인정하는 형태로써 중재판정부에서는 이에 대한 여러 해석을 제시한 바 있
다.112) 다시 말해 외국인의 재산에 부정적인 영향을 미치는 형태의 국가행위는 재
산권을 직접적으로 박탈하지 않더라도 수용에 해당할 수 있다는 것이다.113)

'간접수용(indirect expropriation)'의 범위를 어떻게 설정하는가가 중요한 문제인
데,114) 이는 특히 국가가 본질적 가치 내지는 공공이익을 보호하기 위해 도입한 규
제조치의 결과로 인해 투자수익에 대한 손실이 발생한 경우에 그러하다.115) 이 문
제에 대해서는 학자들 사이에서도 열띤 토론이 이어지고 있는데 그 중 다수의 학
자들은 '규제수용(regulatory takings)'을 국가의 규제조치로서 보상을 필요로 하지 않
는 수용의 형태로 그 당위성을 인정하고 있다는 점을 주목할 필요가 있다.116)

112) 대표적으로 '국제법상 발생하는 재산의 박탈 내지는 수용은 국가가 개인의 재산 또는 해당 재산
의 이익을 향유하는데 있어서 개입함으로써 이루어지는데, 이는 재산권 이전이 없다고 하더라도
가능하다'는 판정 내용이 있다 (*Tippetts, Abbett, McCarthy, Stratton v. Iran*, Award of 22 June
1984, 6 Iran−US Claims Tribunal 1986, pp. 219, 226). *Middle East* 사건에서 (*Middle East
Cement Shipping and Handling Co SA v. Egypt*, ICSID Case No. ARB/99/6, Award of 12 April
2002) 중재판정부는 '국가의 조치로 인해 투자자가 자신의 투자에 대한 명목상 재산권을 유지한
다고 하더라도 투자의 사용 내지는 그 이익을 향유하는 것을 침탈당한 경우' 수용에 해당한다고
판시한 바 있다 (para. 107).
113) 여러 학자들이 간접수용에 대한 여러 판정례를 체계적으로 정리한 바 있다. A. Reinisch, 'Ex−
propriation', in Muchlinski, Ortino and Schreuer (eds.), *supra* note 64, pp. 407−458 참조. 동
저서에서 저자는 투자자의 권리에 대한 국가의 실질적인 개입(effective interference)을 간접수
용을 식별하는 주요 기준으로 삼았는데 간접수용으로 인해 국가 얻는 이익과 수용에 대한 국가
의 의도는 간접수용의 요건에 해당하지 않는다고 확인한 바 있다 (*ibid.* pp. 438−447).
114) 위에서 언급했던 *Tibbets* 사건의 판정문에서는 '투자의 소유자가 재산권에 대한 본질적인 권리를
박탈당하고 이와 같은 권리의 박탈이 단순히 일시적인 현상이 아닌 모든 경우에' 수용에 해당한
다고 설명하였다. *Metalclad* 사건에서는 중재판정부가 투자에 대한 권리 박탈이 '전체(whole)
또는 상당부분(in significant part) 그 사용 또는 합당한 기대에 해당하는 재산의 경제적 수익'에
있어서 발생한 경우에 수용에 해당한다고 언급하였다 (*Metalclad, supra* note 89, para. 103).
115) 이에 대한 중요한 요소를 2004년과 2012년 미국 모델 BIT에서 찾아볼 수 있다. 부속서 B가 외
국인투자의 수용에 대한 규칙을 명시하고 있는데 제4항에 간접수용에 대한 구체적인 규정을 두
고 있다. 동 항에서는 사건별로 간접수용이 존재하는지 여부를 판단하기 위해 '당사국의 조치
또는 일련의 조치가 재산권의 직접적 박탈 내지는 공식적인 이전이 없음에도 불구하고 직접수
용과 동등한 효과를 가지는 경우'를 평가기준으로 제시하고 있다. 평가요소들 중에 '정부의 조치
가 투자에 기초한 구분되고 합리적인 기대를 침해하는 수준'을 언급함으로써 투자자의 이익과
공공이익 간의 균형을 유지하고자 했다는 점을 매우 중요한 부분이라고 볼 수 있겠다. 또한 부
속서 말미에는 '규제수용(regulatory takings)'에 대한 별도의 규정을 두고 있다 (본서 이하의 내
용을 참조).
116) 국제법상 규제수용에 대해서는 여러 문헌들을 찾아볼 수 있다. K. A. Byrne, 'Regulatory Ex−

B. '규제수용'의 판정례: *Metalclad*, *Tecmed*, *Methanex*, *Glamis* 사건

투자중재의 판정들을 보면 외국인투자자는 수용된 자신의 권리에 대한 보상을 요구하고 투자유치국은 수용조치의 공공목적을 근거로 항변하는 모습의 분쟁이라는 것을 확인할 수 있다. 다수의 경우에 국가들은 문제가 된 조치들의 환경보호적 목표를 내세워 해당 조치에 대한 보상여부를 다투는데 이는 개발도상국과 선진국 모두 자국의 '환경관련 법률의 입법이 고액의 손해배상 및 배상금을 지불할 수 있다는 위협으로 인해 제한될 수 있다'는 생각을 기본적으로 가지고 있기 때문이다.117) 최근 중재판정의 경향은 아직 굳어졌다고 할 수는 없으나 보상불가능한 (non‒compensable) 규제수용에 대한 예외적 개념을 인정함으로써 '간접수용(indirect expropriation)'의 개념을 제한하고자 하는 것으로 보인다.118)

21세기 들어서 발생한 *Metalclad*119)와 *Tecmed*120) 2개 사건의 ICSID 중재판정부는 환경조치에 관한 분쟁에서 간접수용의 개념을 해석한 바 있다. 2개 사건 모두 지역 주민들이 투자자의 사업활동(유해폐기물 매립장 관리)으로 인해 자신들의 건강과 해당지역 생태계에 유해한 결과를 초래한 것에 대해 문제를 제기하는 내용이었다. 2개 사건에서 멕시코는 문제가 된 자국의 조치들이 규제수용이자 보상불가능한 수용이라고 주장하면서 본서에서 이미 설명한 바 있는 정책적 접근법(doctrinal approach)을 취하였는데,121) 이에 대해 중재판정부는 매립장 운영허가 갱신을 거절한 것은 수용과 동등한 조치로 이에 따라 투자의 가치만큼을 보상하도록 판시한 바 있다. 단, 2개 사건에서 차이점을 보이는 몇 가지 중요한 점을 짚고 넘어갈 필요가

---

propriation and State Intent', (2002) *Canadaian Yearbook of International Law*, 89; I. Nouvel, 'Les mesures équivalant à une expropriation dans la partique récente des tribunaux arbitraux', (2002) *Revue Générale de Droit International Public*, 76; A. Newcombe, 'The Boundaries of Regulatory Expropriation in International Law' (2005), *ICSID Review* 1 등 참조.

117) E. Kentin, 'Sustainable Development in International Investment Dispute Settlement: the ICSID and NAFTA Experience' in N. Schrijver and F. Weiss (eds.), *International Law and Sustainable Development. Principles and Practice* (Leiden 2004), p. 327.

118) 또한 일부 사건들에서는 (예를 들어 *Santa Elena v. Costa Rica*, *supra* note 111의 경우) 생물다양성 등 공공이익을 보호하는 것을 목적으로 하는 국가의 조치가 외국인투자를 완전히 수용해 버리는 경우가 있음을 주목할 필요가 있다.

119) *Metalclad*, *supra* note 89.

120) *Tecmed*, *supra* note 81.

121) '피소국은 [...] 결의안이 높은 수준의 규제가 존재하고 굉장히 민감한 사안인 환경보호 및 공공보건 분야에서 국가의 공권력 행사의 일환으로 취해진 조치임을 주장하였다. 이에 따라 피소국은 해당 결의안이 국가의 입법조치로써 국제법상 수용에 해당하지 않는다고 밝혔다' (*Tecmed*, *supra* note 81, para. 97). *Metalclad* 사건의 판정문에서 당사자들의 주장은 언급된 바가 없다.

있다.

   Metalclad 사건의 판정에서는 NAFTA 제1110조의 '수용에 상응하는(tantamount to expropriation)'이라는 표현을 광의적으로 해석하면서 외부가지 통합에 완전히 폐쇄적인 입장을 취하였다. 동 사건의 중재판정부는 '부수적 침해(incidental interference)', '주요한 부분(significant part)', '합리적으로 기대되는 수익(reasonably-to-be-expected benefit)'이라는 표현들을 사용함으로써122) 간접수용의 개념을 과도하게 확장시켰으며 이는 엄격한 목적론적 해석모델에 따라 투자자 이익보호에 목적을 둔 협정에 완전히 의존한 해석으로 결과적으로 해당 사건에서는 자기완비적 접근법을 취했다고 볼 수 있다.

   반대로 *Tecmed* 중재판정부는 2단계 분석에 근거하여 *Metalclad* 중재판정부보다는 덜 엄격한 접근법을 취하였다. 첫째, 중재패널은 BIT상 간접수용의 정의에 따라 해당 조치에 대한 보상이 가능한지 여부를 판단하였다.123) 보상가능한 간접수용의 존재를 확인하는데 있어서 투자의 사용 또는 향유에 대한 일부 내지는 전체의 박탈을 요건으로 설정함으로써 높은 수준의 기준을 적용하였다.124) 이러한 중재판정부의 판정내용을 살펴보면 이미 *Metalclad* 사건 판정내용과는 중요한 차이점을 보이고 있음을 확인할 수 있다.125)

   둘째, 규제수용이론을 근거로 한 투자유치국의 항변을 살펴보면 *Tecmed* 중재판정부는 비보상 규제수용을 위에서 언급한 높은 수준의 투자자 권리 박탈126)과

---

122) 중재판정부에 따르면 'NAFTA상의 수용은 몰수, 투자유치국에 유리한 재산권의 정식 또는 강제이전 등 공개적이고 의도적이며 이미 인정된 형태의 재산 수용뿐만 아니라, 재산 사용에 대한 은밀하고 부수적인 침해의 경우에도 재산권의 전체 또는 주요한 부분을 박탈하여 재산의 사용 또는 이에 대해 합리적으로 기대되는 수익을 침해하는 경우, 또한 이것이 반드시 투자유치국에 가시적 이익에 해당하지 않는 경우에도 수용에 해당한다'고 밝혔다 (*Metalclad, supra* note 89, para. 103).
123) 멕시코-스페인 BIT 제5.1조에 따르면 간접수용은 '그 외 [수용과] 유사한 특징 또는 효과를 가지는 기타 조치'로 정의하고 있다.
124) 중재판정부는 '투자의 경제적 사용 및 향유에 대한 갑작스러운 박탈' (para. 115); '행정조치 또는 결정으로 인해 영향을 받은 자산 또는 권리의 사용, 향유 또는 처분에 대한 경제적 가치가 무효화되거나 유실된 경우' (para. 116) 등의 표현을 사용하였다. 중재판정부는 이어지는 문단에서 본 사건에서 중대한 규모(significant mangnitude)의 투자자 권리 박탈이 있었음을 확인하였다.
125) 이와 유사한 내용으로 J. Coe and N. Rubins, 'Regulatory Expropriation and the *Tecmed* case: Context and Contributions', in T. Weiler (ed.), *International Investment Law and Arbitration: Leading Cases from the ICSID, NAFTA, Bilateral Treaties and Customary International Law* (London 2005), pp. 597-667, at p. 651 참조.
126) '이는 국제중재의 중재판정부 관점에서 [투자자의] 자산 또는 권리의 축소로 이어지는 국가의 공권력 행사라는 일반적인 형태에 해당하는 규제조치를 해당 자산 및 권리를 실질적으로 박탈

조치의 기능적인 측면에서 판단하면서 해당 조치가 추구하는 목적에 대한 고려를 배제하였다. 동시에 '그 외 [수용과] 유사한 특징 또는 효과를 가지는 기타 조치'의 통상적인 의미를 탐색하면서 원칙적으로는 규제조치가 이로부터 '그 자체로 배제 (*per se* excluded)'되는 것은 아님을 확인하였다.[127] 그러나 국가의 규제조치가 투자자에게 보상가능한 조치인지 여부를 판단하는데 있어서는 '해당 행위 또는 조치가 보호하고자 했던 공공이익과 [외국인]투자에 제공한 법적 보호수준을 비교했을 때 비례성을 갖추었는지' 여부를 평가하였다.[128] 이를 통해 해당 조치의 공공목적을 고려할 수 있는 여지를 확보한 것이다. 중재판정부가 실제로 멕시코 정부의 조치가 그 목적에 비추어보았을 때 비례성을 갖추었는지 여부를 판단하는 방법은 설득력이 있다고 보이지는 않는다.[129] 그러나 동 중재판정부의 입장은 비록 보상불가능한 규제수용이론에 근거하지는 않았으나 간접수용에 대한 해석에 있어서 이론적으로는 환경문제에 대한 고려도 동반하고 있음을 확인할 수 있다.

Methanex 사건에서[130] UNCITRAL 중재판정부는 기존 판정례의 간접수용 및 환경문제에 대한 입장을 뒤엎는 견해를 제시하였다. 미국 캘리포니아주(州)는 유해성을 이유로 주 내에서 가솔린 첨가제 'MTBE(methyl tertiary−butyl ether)'의 사용을 금지시켰다. 미국에서 사업을 운영하던 캐나다 투자자 *Methanex*는 이와 같은 금지조치는 MTBE의 주원료를 생산하는 자신의 투자물 가치를 급속도로 하락시켰으므로 NAFTA 제1110조에 따른 수용에 상응하는 조치에 해당한다고 주장하였다. 중재판

하는 사실상의 수용(a *de facto* expropriation)과 구분하는데 있어서 근거가 되는 주요 요소 중에 하나임으로 중요한 판단기준이라고 할 수 있다' (para. 115). 이러한 견해는 본질적 가치보호 여부가 문제되지 않았던 사건의 중재판정부에서 제공한 NAFTA 제1110조의 해석을 실질적으로 답습한 것이다 (*Pope & Talbot Inc. v. Canada*, UNCITRAL Arbitration Rules, Interim Award of 26 June 2000, para. 96, 이하 *Pope & Talbot*).
127) 동 중재판정부는 이와 같은 해석을 내리면서 일반적 의미라는 개념에 대한 해석근거를 명시하였다: '해당 협정의 제5조 1항을 검토하고 그 내용에 대한 통상적인 의미에 따라 (조약법에 관한 비엔나협약 제31조 1항) 해석했을 때, 중재판정부는 동 협정의 적용범위에서 규제·행정조치가 그 자체로 배제된다는 원칙을 확인하지 못했으며 이는 해당 조치가 환경보호 등 사회전반에 유익한 조치라고 하더라도 그러하다' (para. 121). 이어지는 부분에서는 *Santa Elena* 중재판정부의 유명한 부수적 의견(dictum) 내용을 인용하였다 (*supra* note 111 참조).
128) *Tecmed, supra* note 81, para. 122.
129) 중재판정부는 환경보호라는 순수한 목적의 존재 여부와 함께 멕시코 당국이 투자자에게 사업허가 갱신을 거부하도록 만든 '정치적 상황(political circumstances)'의 존재 여부를 함께 검토하였다 (*Tecmed, supra* note 81, paras. 127−129). 분명한 것은 환경보호에 대한 고려도 지역 주민들의 정치적 압력에 의해 형성된 것이라는 점이다.
130) *Methanex, supra* note 8.

정부는 이에 대해 국가의 법률은 '일반국제법의 문제로서(as a matter of general inter-
national law)' 수용에 상응하는 조치에 해당하지 않고 따라서 보상도 제공할 필요가
없으나 다만 이와 같은 법률은 비차별적이며 적법절차에 따라 채택되고 공공목적
달성을 목표로 해야 한다는 유명한 부수적 의견(dictum)을 남겼다.131) 본 사건에서
규제조치에 따른 보상의무를 인정하지 않은 것은 공적 영역에서 외국인투자자에
대해 국가가 가지는 압도적인 규제권한을 재확인한 것으로 볼 수 있을 것이다.

　　Glamis 사건에서도132) UNCITRAL 중재판정부는 NAFTA 제1110조 적용에 관
한 문제를 검토하였다. 캐나다 투자자인 *Glamis*사는 미국이 사실상의 수용에 해당
하는 조치를 취했다고 주장하면서 캘리포니아주의 고고유적지 보호조치가 자신의
광업권을 심각하게 제한하는 결과로 이어졌다고 문제를 제기하였다. 동 중재판정
부는 *Methanex* 중재판정부와 마찬가지로 공공정책 이행에 대한 특권을 인정하고
외국인투자자의 주장을 배척하는 견해를 취하였는데 그 근거가 된 주장들을 살펴
보면 유의한 차이점들이 있으며 이에 대해서는 후술하도록 한다. *Glamis* 사건 외
에도 여러 사건에서 보상불가능한 규제수용의 개념을 지지하는 취지의 판정이 있
었다는 점을 주목할 필요가 있다.133)

---

131) 실제 원문은 다음과 같다: 'as a matter of general international law, a non-discriminatory
　　regulation for a public purpose, which is enacted in accordance with due process and,
　　which affects, *inter alios*, a foreign investor or investment is not deemed expropriatory and
　　compensable' (*Methanex* award, 4, D, para. 7).
132) *Glamis Gold, Ltd. v. U.S.A.*, UNCITRAL Arbitration Rules, Award of 8 June 2009.
133) 그 중 가장 중요한 사건은 *Saluka* 사건으로 *Methanex* 사건의 판정에서 제시된 견해와 본질적으
　　로 같은 견해를 취하였다 (또한 그 내용을 인용하였다). 이외에도 후술하게 될 여러 중요한 판
　　정내용들을 담고 있다. *Feldman* 사건에서 ICSID 중재판정부는 보상불가능한 규제수용이라는 수
　　용형태의 존재를 인정하면서 다음과 같이 언급하였다. '정부는 광범위한 공공이익을 위해 자유
　　롭게 행동할 수 있어야 하며 이는 환경보호, 조세제도의 도입 또는 변경, 정부보조금의 제공 또
　　는 철회, 관세의 증감, 토지이용의 규제 등 여러 형태로 이루어질 수 있다. 이와 같이 합리적인
　　정부의 규제는 규제로 인해 부정적인 영향을 받는 모든 사업자들이 보상을 요구할 경우 그 목
　　적을 달성할 수 없는 것으로 국제관습법에서 그 존재를 인정한다고 볼 수 있다' (*Marvin
　　Feldman v. Mexico*, ICSID Case No. ARB(AF)/99/1, Award of 16 December 2002, para. 103).
　　규제수용이론은 S.D. Myers 사건의 판정에서도 찾아볼 수 있다 ('공공기관의 규제조치는
　　NAFTA 제1110조상 정당한 중재청구의 대상이 되기 어려우나 본 중재판정부에서 그 가능성을
　　배제하는 것은 아니다. 수용은 주로 재산권의 박탈에 대한 것으로 규제는 이보다 약한 형태의
　　간섭에 해당한다', *S.D. Myers, supra* note 25, paras. 282-283). *Pope & Talbot* 사건에서 캐나다
　　는 투자유치국의 입장에서 보상불가능한 규제수용의 존재를 주장하였는데 중재판정부는 이를
　　받아들이지 않았다 (*supra* note 126, par. 90).

C. 규제수용이 예외의 한 형태에 해당하는지 여부

Methanex 사건과 *Glamis* 사건은 모두 NAFTA 제1110조 적용에 관한 사건이 었다는 점에서 비교대상이 될 수 있다 (*Metalclad* 사건도 포함된다). 중요한 점은 두 사건의 판정이 NAFTA 규칙과 직접적으로 상충하는 내용을 담고 있다는 것이다. 제1110조 1항에 따르면[134] 국가가 특정 조치를 통해 외국인의 투자재산을 수용할 경우, 비록 해당 조치가 '비차별적(non‑discriminatory)'이고 '적법절차에 따라(in accord‑ance with due process of law)' 도입되었으며 '공공목적(a public purpose)'을 추구하기 위함이라 하더라도 투자유치국은 이에 대한 배상금을 지급해야 할 의무가 있음을 확인할 수 있다. 다시 말해, 본 조항에 따르면 비차별성, 적법절차, 공공목적이라는 3가지 사항은 합법적인 수용조치에 대한 요건일 뿐 투자유치국으로 하여금 배상금 지급이라는 본질적인 의무로부터 해방시켜주는 요소는 아니라는 것이다. 또한 제1110조에서 직접수용과 간접수용을 명시적으로 구분하지 않고 있다는 점을 확인할 필요가 있다.

이와 같은 법적 근거들로 미루어 보았을 때 위 두 사건의 판정은 법적 예외의 모델을 따르고 있다고 할 수 있다.[135] 두 사건의 중재판정부는 국가의 조치에 대한 정당성을 옹호하면서 투자협정의 내용에 대한 명시적 해석에 근거하지 않고 오히려 중재판정부 차원에서 예외적 요소들을 고려하였다. 해당 조문의 내용과 (NAFTA 제1110조) 중재판정부가 적용한 내용 간의 차이점은 분명하며 이는 새로운 규범적 (예외적) 해석이 필요함을 의미한다. 실제로 중재판정부는 합법적인 수용에 대한 협정상 정의를 명시하고 있는 NAFTA 제1110조의 첫 3가지 사항과 네 번째 사항을 분명히 구분하고 있다. 이와 같은 창의적인 해석에 따르면 첫 3가지 사항은 수용에 대한 보상불가능성을 정당화하는 요소들로써 네 번째 사항의 비적용을 의미한다. 결과적으로 이 해석은 NAFTA상 제1110조의 핵심내용, 즉 불가분의 4가지 요건으로 구성된 합법적인 수용에 대한 정의에 반하는 것으로 해당 조문에 대해 중재판정부가 예외적 해석을 제시한 대표적인 경우라고 할 수 있겠다.[136]

---

134) 'No Party may directly or indirectly nationalize or expropriate an investment of an investor of another Party in its territory or take a measure tantamount to nationalization or expropriation of such an investment ("expropriation"), except: (a) for a public purpose; (b) on a non‑discriminatory basis; (c) in accordance with due process of law and Article 1105(1); and (d) on payment of compensation in accordance with paragraphs 2 through 6'.
135) 법적 예외의 개념에 대한 분석은 제6장(6.1)에서 후술하도록 한다.
136) 이와 같이 규제조치에 관하여 발생하는 내부적 모순은 *Azurix* 사건의 중재판정부를 통해서도

비록 환경 또는 비상업적 가치에 대한 사건은 아니었으나 *Saluka* 사건 등과
같이 UNCITRAL 판정들을 통해서도 예외모델에 상응하는 경우들을 찾아볼 수 있
다. *Saluka* 중재판정부는 규제조치에 대해 현존하는 정의 중 가장 완벽한 사법적
정의를 제공하였는데,137) 이에 덧붙여 규제조치의 범위를 설정하는 요소들을 함께
제시하였다. 이 중 눈에 띄는 것은 *Saluka* 중재판정부가 '세계의 주요 법체계에서
인정하는 경우로써 정의의 원칙으로부터 비합리적으로 이탈하는 내용의 조치(an
unreasonable departure from the principles of justice recognized by the principal legal systems of
the world)'와 '외국인의 재산을 몰수하기 위한 목적으로 본 문단에서 규정하는 권한
의 남용(an abuse of the powers specified in this paragraph for the purpose of depriving an
alien of his property)'은 배제되어야 할 필요성을 언급하고 있다는 점이다. 전자의 경
우 관련 사안들이 모두 법 원칙의 영역에서 고려되는 것이라면, 후자의 경우에는
우선 권리를 규정하고 (본 사건에서는 '권한(power)'으로 지칭) 그 다음에 권리의 남용을
금지시키는 2단계 방식으로 이는 GATT 제XX조와 같은 형태이다. 규제수용과 예외
모델 간의 상응성은 이어지는 판정문의 내용에서 명시적으로 언급되었는데 중재판
정부는 보상불가능한 수용이 '공권력 예외(police powers exception)'에 해당한다고 명
시했다는 점을 확인할 필요가 있다.138)

    예외모델에 따라 규제수용에 관한 판정례를 조명하는데 있어서 또 확인해야
할 요소가 있다. *Methanex*와 *Glamis* 사건에서 중재판정부는 일반국제법을 인용하
여 외국인투자자가 입은 손해에 대한 비보상성(non-compensability)을 확인한 바 있
다. *Methanex* 사건에서 판정의 내용은 수용의 비보상성이라는 일반적인 규칙과
NAFTA 제1110조 조문의 내용을 비교·대조하여 전자의 손을 들어준 것에 불과하
였다. *Glamis* 사건의 판정에서는 보다 치밀하게 구성된 법리를 찾아볼 수 있다. 이
사건의 중재판정부는 (간접)수용을 해석함에 있어서 국제관습법을 근거로 하여 수

확인된 바 있다. 'BIT에 따르면 투자는 공공목적 추구와 수용에 따른 보상을 요건으로 하여 수
용할 수 있는 것이며 동시에 수용에 상응하는 규제조치는 공공목적을 위한 조치인 경우 중재청
구의 대상이 될 수 없다' (*Azurix Corp. v. Argentina*, ICSID Case No. ARB/01/12, Award of 14
June 2006).
137) 그 원문의 내용은 다음과 같다: 'It is now established in international law that States are not
liable to pay compensation to a foreign investor when, in the normal exercise of their
regulatory powers, they adopt in a non-discriminatory manner *bona fide* regulations that are
aimed at the general welfare' (*Saluka, supra* note 74, para. 255).
138) *Ibid.*, paras. 257-258.

용의 비보상성을 확인하였다. 동 중재판정부는 바로 이 부분에 대해 NAFTA 협정
이 침묵하고 있음을 지적하면서 국제관습법에 따르면 문제가 된 수용조치는 보상
의 대상으로부터 제외된다고 강조한 바 있다. 이러한 주장은 협정의 기본문을 엄격
히 해석하면서 사실상 예외모델을 형성하는 것이라고 볼 수 있다. 이러한 차이점이
있음에도 불구하고 위 두 사건의 판정에서 얘기하고자 하는 본질은 서로 유사하나
고 할 수 있겠다. 단, NAFTA 협정문이 수용에 대해 명확한 설명을 제공하고 있다
고 본다면 위와 같은 *Glamis* 중재판정부의 견해는 협정문이 중재판정부의 자의적
인 예외규칙의 적용(또는 창설) 가능성을 명시적으로 부인하지 않고 있다고 주장하
는 수사적인 시도에 불구하게 될 것이다.139)

　　위의 내용을 놓고 보면 *Methanex*와 *Glamis* 중재판정부의 입장이 본서에서 구
분하여 제시하고 있는 3가지 해석방법 중에 어느 쪽에 해당하는지 판단하기가 쉽
지 않다. 제2부 서두에서 언급했듯이 일부 견해는 접근법 간의 교집합에 해당할 수
도 있으며 위 두 중재판정부의 견해가 이에 해당한다고 할 수 있겠다. 그러므로 이
에 대한 법적예외모델의 적용은 이어지는 제7장에서 후술하도록 한다.

　　위 두 사건에서 확인한 것과 같이 규제수용이론에 대한 잠정적 결론은 이 이
론이 환경적 이익을 비롯한 비상업적 가치들을 국제투자법의 일부로 통합하는데
있어 아주 강력한 이론적 근거가 될 수 있다는 것이다. 이는 국가의 ‘정책(policy)’
이행을 옹호하는 근거로 그 힘이 너무 강력하여 위험한 수준이라고까지 할 수 있
으며, 이에 대해 *Pope & Talbot* 중재판정부는 ‘다수의 점진적 수용(creeping ex-
propriation)은 규제에 의해 시행될 수 있는 것으로 규제수용에 대한 포괄적 예외
(blanket exception)를 이에 적용하는 것은 수용조치에 대한 국제적 차원의 보호장치
를 마련하는데 있어서 큰 허점을 남길 수 있다’고 언급한 바 있다.140)

D. 투자협정상 ‘규제수용조항(Regulatory Taking Clauses)’

　　국제투자법이 다수의 법원(legal sources)이 서로 독립적으로 존재함에도 불구하
고 상당히 높은 수준의 일관성을 가진다는 것은 학계 또는 중재판정부의 해석과
투자협정의 창설이 순환적으로 상호작용을 하고 있기 때문이다. 규제수용이 바로

---

139) *Methanex* 및 *Glamis* 사건에서 언급된 국제관습법에 대해서는 제7장(7.4.B.ii) 참조. 수용 및 보
　　상에 관한 기본규칙에 대한 예외로서의 규제조치를 설명하는 내용으로는 Viñuales, *supra* note
　　54, p. 306 참조.
140) *Pope & Talbot, supra* note 126, para. 99.

이러한 과정을 통해 형성된 국제투자법 규칙의 예라고 할 수 있다.

최신 BIT 모델과 협정문들을 살펴보면 다수가 간접수용의 범위를 제한하여 공공목적을 추구하는 국가에 우호적인 규칙을 제공하고 있음을 알 수 있다. 아마 그 중 가장 유명한 예는 미국의 2004년 모델 BIT일 것이다 (그 내용이 큰 변화 없이 2012년 모델 BIT에도 적용되었다). 관련 내용을 살펴보면 다음과 같다: '드문 상황이 아닌 한 공중보건, 안전, 환경 등 정당한 공공복지 목적을 보호하기 위해 고안되고 적용된 일방 당사국의 비차별적 규제조치는 간접수용에 해낭하지 않는다.'141) 이는 지금까시 미국의 여러 투자협정에 성공적으로 반영되었으며 미국 외 국가의 투자협정142) 및 모델143)에서도 적용된 바 있다. 이와 유사하게 2003년 캐나다 모델 BIT144)와 캐나다의 여러 국제투자협정145)에서도 문자 그대로 동일한 내용을 담고 있는데, 미국의 경우와는 다르게 '드문 상황(rare circumstances)'이란 '조치 또는 일련의 조치가 그 목적으로 미루어 보았을 때 너무 가혹하여(so severe) 신의성실하게(in good faith) 도입되고 적용되었다고 보기에는 합리적이라고 볼 수 없는 경우'를 의미한다는 부가설명을 덧붙이고 있다. 이는 캐나다가 당사국이 아닌 다른 협정들에서도 도입되었으며146) 해당 예외규정을 균형있게 적용하는데 있어서 유용하게 사용되고 있다.

위와 같은 협정문들의 내용은 중재판정부의 판정과는 달리 규제수용이론을 발전시키는데 있어서 보다 정확하고 치밀하게 구성되었다는 것을 확인할 수 있다. 협정문에 따르면 외국인투자에 부정적으로 영향을 미치는 모든 규제조치가 국가의 보상의무로부터 면제되는 것은 아니며 오직 '정당한 공공복지 목적(legitimate public welfare objectives)'을 보호하는 조치만이 이에 해당한다.147) 위에서 제시한 예들을 살

---

141) 'Except in rare circumstances, non-discriminatory regulatory actions by a Party that are designed and applied to protect legitimate public welfare objectives, such as public health, safety, and the environment, do not constitute indirect expropriations', 2004 US Model BIT, Annex B, 4.(b).

142) 특히 인도가 요르단(2006), 아이슬란드(2007), 트리니다드 토바고(2007), 세네갈(2008), 시리아(2008), 모잠비크(2009), 라트비아(2010), 리투아니아(2011)와 맺은 BIT에서 그 예를 찾아볼 수 있다. 또한 2008년 9월 30일에 체결된 호주-칠레 FTA와 2012년 5월 22일에 체결된 호주-말레이시아 FTA에서도 적용된 바 있다 (http://www.dfat.gov.au/fta에서 원문 참조).

143) 중국의 모델 BIT가 제7.3조에서 이와 동일한 내용을 담고 있다.

144) 2003년 캐나다 외국인투자 진흥 및 보호협정 (FIPA).

145) 캐나다의 체코, 라트비아, 루마니아와의 BIT 부속서 A, 페루, 요르단과의 BIT 부속서 B 13.1 참조.

146) 콜롬비아-벨기에·룩셈부르크 BIT(2009) 및 콜롬비아-중국 BIT(2008, 발효 전) 참조. 인도-브루나이 BIT(2008) 및 인도-콜롬비아 BIT(2009)도 참조.

147) 이와 같은 표현을 쓰지 않는 경우를 더 찾아보기 힘든데 2006년 중국-인도 BIT가 그 예이다. 'Except in rare circumstances, non-discriminatory regulatory measures adopted by a Con-

펴보면 조치가 추구하는 목적의 범위를 구체화하고 제한하여 온전히 경제적인 목
적이거나 복지에만 관련된 목적으로는 정당화될 수 없음을 알 수 있다. 물론 환경
및 인간건강에 대해 언급한 점은 큰 시사점이 있다고 할 수 있겠다. 그러나 가장
중요한 점은 여러 종류의 규제조치 중에 일부만이 예외에 해당하도록 엄선함으로
써 예외규칙이 수용에 대한 보상기준의 근간을 뒤흔들지 못하도록 했다는 것이
다.148)

이러한 맥락에서 '드문 상황(rare circumstances)'의 개념을 명확하게 정의하는 것
이 중요하다고 할 수 있다.149) 별도의 부가설명을 붙이지 않는 미국 모델의 경우
'드문 상황'이라는 표현은 광범위한 가정상황을 포함할 수 있다는 점을 여러 환경
및 인권단체에서 지적한 바 있다. 반대로 부가설명을 덧붙인 캐나다 모델의 경우
해당 개념을 무분별하게 해석하는 것을 방지하고 규제수용을 국제투자법 체계에
보다 더 합치하는 형태로 만든다는 것을 확인할 수 있다. 실제로 캐나다 모델은 해
당 규정의 적용에 있어서 매우 중요한 기준을 제시하고 있는데 이는 바로 조치의
강도(severity)와 추구하는 목적 간의 균형 유지로써 신의성실의 원칙과 밀접한 관계
가 있는 기준이라고 할 수 있다.150) 이와 같은 기준은 보상불가능한 규제수용이론
에 따라 환경 및 인간건강과 관련된 사안들을 적절하게 통합할 수 있도록 총체적
이지 않은 융통적인 해석을 가능하게 하고 있어 캐나다 외의 다른 국가들도 이를
자국의 투자협정에 명시적으로 인용하고 있다.

---

tracting Party in pursuit of public interest, including measures pursuant to awards of general
application rendered by judicial bodies, do not constitute indirect expropriation or natio-
nalization' (*Agreement between the Republic of India and the People's Republic of China on the
Promotion and Protection of Investments* of 21 November 2006, Protocol to the Agreement, III
Ad Art. 5).

148) 이에 대한 자세한 내용은 제7장 말미와 제8장 서두의 내용을 참조.

149) 일부 BIT는 '규제수용조항(regulatory taking clause)'을 '드문 상황'에 대한 언급 없이 규정하고
있다. 그 예로 일본-페루 BIT 제13조 수용에 대한 규정을 참조.

150) 2010년 5월 17일에 체결된 콜롬비아-영국 BIT 본문의 내용을 보면 같은 법리이기는 하나 다소
다른 형태를 보이고 있다: 'non-discriminatory measures that the Contracting parties take for
reasons of public purpose or social interest (which shall have a meaning compatible with
that of 'public purpose') including for reasons of public health, safety and environmental
protection, which are taken in good faith, which are not arbitrary and which are not
disproportionate in the light of their purpose, shall not constitute indirect expropriation' (Art.
6.2.(c)).

E. 규제수용: 여러 견해와 한계점

중재판정부 판정이나 투자협정상 규제수용조항이나 수용에 관한 분쟁이 발생할 경우 외국인투자 보호와 환경보호가 조화를 이루도록 하는 문제에 대해 명확한 해답을 제시하고 있지는 않다.

우선 전반적인 국가관행을 살펴보면 중재판정부 판정과 규제수용조항이 한 목소리를 내고 있지 않다는 것을 알 수 있다. 보상불가능한 수용에 대한 조항을 삽입하여 새로운 국제투자협정을 체결하는 국가들은 손에 꼽는다.151) 대다수의 경우 이러한 국가들도 별도의 조항 없이 기존에 체결하여 효력이 유지되고 있는 국제투자협정들의 당사국들이며 기존 국제투자협정을 재협상하는 경우는 드물다.152) 물론 국가들이 기존 협정들을 개정하거나 관련 내용에 대한 권위있는 해석을 제시할 수 있겠으나 최근에 있었던 사건에서도 확인할 수 있듯이 이러한 경우도 흔치 않다.153)

중재판정부의 판정도 특정한 경향이 있다고 보기 힘들다.154) 최근에 있었던 *Unglaube* 사건의 판정에서도 환경문제를 통합하여 고려할 수 있도록 많은 여지를 남기기는 했으나 문제가 된 국립공원 지역에 귀속된 개인의 재산권 일부가 간접수용의 대상이 된 것을 인정하여 배상금을 지급하도록 판시한 바 있다.155)

---

151) 미국, 캐나다, 인도, 호주 또는 콜롬비아가 당사국이 아닌 양자협정에서 규제수용조항이 삽입된 경우를 발견하기란 쉽지 않다. 예를 들어 독일, 프랑스, 영국, 네덜란드 등 여러 국가들의 모델 BIT에서는 관련 내용에 대한 규정이 존재하지 않는다 (이에 대한 전반적인 내용과 기타 모델 BIT에 대해서는 M. Paparinskis, *Basic Documents on International Investment Protection* (Oxford and Portland 2012), pp. 489–582 참조).

152) 예를 들어 2004년 이후에 현재까지 체결된 미국의 BIT 수는 소수에 불과하다.

153) 1997년 캐나다-칠레 FTA는 (당시 정황상의 이유로) '규제수용조항(regulatory taking clause)'을 수용과 보상에 대한 제G-10조에 삽입하지 않았다. 해당 협정에 따라 설치된 자유무역위원회(FTC)는 간접수용 문제에 대한 결정문의 내용 중 세 번째 요점에서 제G-10조에 대한 권위있는 해석을 제공하였는데 그 내용의 원문은 다음과 같다. '[E]xcept in rare circumstances, such as when a measure or series of measures is so severe in the light of its purpose that it cannot be reasonably viewed as having been adopted and applied in good faith, non-discriminatory measures of a Party that are designed and applied to protect legitimate public welfare objectives, such as health, safety and the environment, do not constitute indirect expropriations' (*Decision of the Canada-Chile Free Trade Commission on the Interpretation of Art. G-10*, adopted on 5 April 2010, available at http://www.international.gc.ca). 이는 캐나다의 외국인투자보호법과 정확히 일치하는 내용이다.

154) 특이한 점은 규제수용을 예외로 인정하는 결정적인 판정들이 모두 UNCITRAL 중재를 통해 이루어진 반면 (*Methanex, Saluka, Glamis*), ICSID 중재에서는 *Tecmed* 사건에서와 같이 이러한 주류의 견해에 반하는 결론을 내리거나 중도의 입장을 취했다는 것이다.

155) *Unglaube, supra* note 6, paras. 209–223. 이 판정에서는 보상에 유리한 결론을 도출하면서

또한 두 가지의 실질적인 사안이 그대로 해결되지 못한 채 남겨져 있다는 것도 문제다. '규제수용이론(regulatory taking doctrine)'은 궁극적으로 2진법적 논리에 따르는 것으로 딜레마를 해결하기보다는 그대로 떠안고 있으면서 모든 사건에서 적절하게 적용될 수 없음이 밝혀졌다. Unglaube 사건에서와 같이 간접수용이 거의 직접수용에 가까운 상황에서156) 해당 수용조치에 대한 비보상성을 확인하는 것은 지나치게 가혹한 처사이며157) 수용에 관한 규칙 전체의 균형을 무너뜨릴 수 있는 위험을 야기하는 것이다.158)

보다 일반적인 관점에서 '포괄적 예외(blanket exception)' 형태의 해결책은 규제수용이론을 온전히 받아들이는 것을 주저하게끔 만드는 문제가 지속적으로 발생한

Santa Elena 사건의 판정문 내용을 인용하였다.

156) 이는 Santa Elena 사건(supra note 111)에서와 같이 직접수용의 경우에 더욱 그러하다.

157) 이는 중재판정부가 규제수용이론에 대해 비판하면서 '특히 해당 조치가 투자자의 재정 상태에 부정적인 경제적 여파를 야기하면서 그 어떠한 보상 없이 투자재산의 가치 또는 상업적 사용을 무효화시키는 경우에' 문제가 있다는 점을 밝힌 Tecmed 중재판정부의 입장과 유사한 것이다 (Tecmed, supra note 81, para. 121). '이러한 "모 아니면 도(all or nothing)"식 체계가 간접수용, 특히 규제수용에 관한 사건에서 상당한 문제가 발생하는 근원이라고 할 수 있다' (U. Kriebaum, 'Regulatory Takings: Balancing the Interests of the Investor and the State' (2007) Journal of World Investment and Trade, pp. 717-744, at p. 720).

158) 수용의 경우 환경보호와 투자자 권리가 조화를 이루게 하는 대안으로 배상금액 책정을 생각해 볼 수 있다 (Kriebaum은 '완전한 보상 없이 수용하는데 있어서 예외적인 공공이익이 존재하는지 여부를 평가'할 것을 제안하면서 유럽인권재판소의 사례와 함께 비례성 원칙의 역할을 강조하였다, Kriebaum, supra note 157, p. 739). 배상금액을 조절할 수 있다는 점에서 두 가지의 상충하는 이익에 대해 보다 적절한 평가가 이루어질 수 있을 것이다. Santa Elena 사건에서 중재판정부는 문제가 된 조치의 합법성을 평가하는데 있어서 환경관련 목표에 대한 고려를 제한함으로써 이와 같은 가능성을 배제한 바 있다 (Santa Elena, supra note 111). 단순히 목표가 공공목적을 위한 것이므로 합법적이라는 것이었다. 단, 이러한 주장이 배상금을 책정하는데 있어서 환경적 요인을 고려하는 것을 배제한 것은 아니라는 점을 주시할 필요가 있다. 반대로 Metalclad 사건에서 다수의 학자들이 눈치채지 못한 가능성을 발견할 수 있다: '해당 매립지 지역의 복원이 필요하다는 사실을 중재판정부가 인지하였으며 이는 멕시코 정부가 지불할 수 있는 금액으로 계산하여 공제할 수 있다' (Metalclad, supra note 89, para. 127). 분명한 것은 이러한 해석을 중재판정부가 제시하였으나 그 후 추가적으로 발전된 내용은 없었으며, 동 사건에 대한 중재판정 취소절차에서 비록 이를 주관한 캐나다 법원이 수긍하지는 않았으나 멕시코는 '중재판정부가 Metalclad사가 입은 피해를 정확히 산정하는데 실패했다'고 올바르게 지적한 바 있다 (Metalclad Corp. v. Mexico, Judicial Review, Supreme Court of British Columbia, 2 May 2001). 그럼에도 불구하고 수용의 경우에 배상금을 산정하는 평가기준은 향후 환경보호와 외국인투자자의 권리보호 간의 균형을 유지하는데 있어서 중심적인 역할을 할 것으로 기대된다. 이에 대해서는 S. Di Benedetto, 'The Standards of Compensation for Foreign Investment Expropriation in International Law: Internalising Environmental Costs?', in H. R. Fabri, R. Wolfrum and J. Gogolin (eds.), Select Proceeding of the European Society of International Law, vol. 2 2008 (Oxford and Portland 2010), pp. 661-682 참조. 제8장에서 추가적으로 논의하도록 한다.

다.159) 캐나다 모델 BIT 등 차세대 투자협정의 내용과 같이 예외규칙을 규정하는데 그치지 않고 앞서 언급한 것처럼 구체적인 적용기준을 함께 제시함으로써 중재자들로 하여금 주어진 상황을 평가하고 투자유치국이 예외규칙을 남용하거나 오용하지 못하도록 하는 것이 근본적인 해결책이 될 수 있다. 이는 궁극적으로 본서 제7장에서 제시하는 예외규칙의 기능과 평가에 관한 문제라고 할 수 있다.160)

5. 내부적 통합론에 대한 결론

국가의 환경조치와 외국인투자자 권리보호라는 두 가치가 충돌하여 발생한 분쟁에 대해 내부적 접근법을 통해 분석한 중재판정부들의 판정내용을 살펴보면 그중 다수가 적어도 이론적으로는 투자협정 해석시 환경에 대한 고려가 포함되어 있음을 확인할 수 있다. 또한 가장 놀라운 점은 이러한 분석을 통해 대다수의 판정들이 두 가치를 효과적으로 통합하면서 상당한 수준의 일관성을 유지하고 있다는 사실이다.161) 이와 같이 상대적으로 높은 일관성을 가졌다는 것은 내부적 접근법이 하나의 적용규칙이 될 수 있는 정당성을 부여하는 것으로 이는 법적 예외모델에도 연관성이 있다고 할 수 있다.

그러나 이와 같은 결론은 내부적 접근법의 내부적 성격과 모순되는 것이다. 분석한 사건들을 살펴보면 중재판정부들은 투자협정을 해석하고 적용하면서 명시적 또는 묵시적으로162) 문자적, 문맥적 또는 목적론적 해석을 통해 재산권 및 기타 상업적 이익(경제발전 등) 추구에 관한 투자협정의 내용을 분석하였다.163) 이러한 배경에서 과반수의 판정이 자기완비적 논리를 따르는 대신에 내부적 접근법을 발전시켜 적용하고자 했다는 점에서, 또 이와 유사한 해석방법론을 취했다는 점을 발견한 것이 위 분석의 중요한 결과물이라고 할 수 있을 것이다.

---

159) *Pope & Talbot, supra* note 126.
160) 특히 제7장(7.3)에서 GATT 제XX조 '일반적 예외(general exceptions)' 모델에 대한 내용 참조.
161) 분석에 포함된 대다수의 판정이 최근 사건에서 도출되었다는 것을 주목할 필요가 있다. 내부적 접근법에 대한 학자들의 비판을 어느 정도 완화시키는데 기여했다고 볼 수 있을 것이다 (예를 들어 Bernasconi−Osterwalder and Brown Weiss, *supra* note 16, pp. 263−288 참조).
162) 중요한 점은 중재판정부가 해석방법론에 대한 구체적인 언급이 없었다 하더라도 국제투자법 영역 외부에 존재하는 규칙 또는 의무를 인용하거나 법의 일반원칙을 근거로 주장을 펼치지는 않았다는 것이다. 예외적 사례들에 대해서는 제6장에서 후술하도록 한다.
163) 인권법과 같이 다른 영역의 법체계에서 문맥적 해석과 목적론적 해석은 준거법과는 그 성격 자체가 다른 가치들을 고려할 수 있도록 허용하고 있다. 이에 대해서는 제4장(4.3) 참조.

위에서 언급한 바와 같이 일관된 형태를 보이는 내부적 접근법은 정당화 또는 예외모델과 밀접한 연관성이 있다. 그러나 이에 대해서는 논란이 있을 수 있다. 우선 내부적 통합론에 해당하는 일부 주장들을 살펴보면 하나의 모델을 따르고 있지 않으며 이는 국제투자법의 복잡하고 조각보와 같은 성격, 즉 한 가지의 공식 또는 해결책이 존재하지 않으며 어느 정도의 파편화가 불가피하다는 점을 보여준다. 게다가 예외모델을 따르고 있는 것으로 보이는 판정 내용들도 살펴보면 서로 차이점이 있다는 것을 발견할 수 있다. 이는 특히 *Parkerings* 중재판정부가 제시한 '동종상황(like circumstances)'에 대한 해석(국가의 조치에 대한 정당성 부여)과 *Methanex* 중재판정부가 NAFTA 제1110조 조문의 내용을 사실상 뒤집은 해석을 비교해보면 극명하게 차이가 있음을 확인할 수 있다. 본서에서는 이렇게 다양한 주장들의 일부만을 분석한 것으로 주류를 이루는 해석 경향이 정당화 또는 예외모델로 넘어가고 있다는 것을 확인하였다. 이에 대해서는 법적 예외의 의미가 무엇인지 설명이 필요한데 이는 제7장에서 후술하도록 한다.

6. 체계적 통합론

이번 장에서는 여러 중재판정부들을 비롯하여 투자협정들을 통해 확인할 수 있는 체계적 접근법에 중점을 두고 외국인투자자 권리와 환경보호 간의 관계와 갈등요인들에 대해 알아보도록 한다. 중재판정부들과 투자협정들은 체계적 접근법을 적용하면서 국제투자법을 국제법 질서 전반의 일부로 편성하고 있다. 따라서 체계적 접근법이란 국제투자법 규칙에 대한 '외부적(external)' 가치와 개념을 함께 고려하는 것을 허용하는 접근법으로 단순히 재산권과 상업적 이익의 보호만을 추구하지 않는다. 앞서 분석한 제5장의 파편화된 '내부적(internal)' 통합론과 본 장에서 알아볼 체계적·'외부적(external)' 통합론은 이론상 양 극단에 위치한 것으로 비상업적 가치들을 국제투자법에 통합시켜야 하는 복잡한 문제에 관하여 서로 다른 입장을 취하는 중재판정부들의 견해와 협정상 규정들이 존재함을 확인할 수 있다.

1. 국제투자법과 환경문제: 체계적 해석의 역할

A. 조약법에 관한 비엔나협약 제31조 3항 (c)호

조약법에 관한 비엔나협약 제31조 3항 (c)호[1]는 체계적 해석의 근거가 되는 조항이기는 하나 그동안 학자들과 중재판정부들이 도외시해온 조항이기도 하다.[2] 그러나 지난 15년간 그동안 방치되었던 이 문제에 대한 관심이 증가하였는데[3] 특

---

1) 조약법에 관한 비엔나협약 제31조 3항:
   '③ 문맥과 함께 다음의 것이 참작되어야 한다.
   (a) 조약의 해석 또는 그 조약규정의 적용에 관한 당사국간의 추후의 합의
   (b) 조약의 해석에 관한 당사국의 합의를 확정하는 그 조약 적용에 있어서의 추후의 관행
   (c) 당사국간의 관계에 적용될 수 있는 국제법의 관계규칙'

2) 투자협정들의 협정해석에 관한 내용을 살펴보면 일반적으로 위 조항을 아예 무시하고 있음을 확인할 수 있다 (I. Brownlie, *Principles of Public International Law*, 7th edition (Oxford 2008), pp. 632–636; D. J. Harris, *Cases and Materials on International Law* (London 2004), pp. 835–840 참조).

3) C. McLachlan, 'The Principle of Systemic Integration and Article 31 (3) (c) of the Vienna Convention' (2005) ICLQ, pp. 279–320 참조. 제31조 3항 (c)호를 직접적으로 인용한 예로는 *Pulp Mills on the River Uruguay (Argentina v. Uruguay)* Judgment, *ICJ Reports* 2010, p. 14 (이

히 WTO와 기타 국제법 규칙 및 원칙 간의 관계와 같이 특정 국제법 체계 간의 관계에 대한 연구에서 주목을 받기 시작했다.[4] 또한 국제법 파편화에 관한 ILC 보고서[5]에서 비엔나협약 제31조 3항 (c)호가 국제법 하위체계들을 국제법 전체와 연결하는데 있어서 중심적인 역할을 한다는 점을 인정한 바 있다.

위와 같은 연구들을 살펴보면 제31조 3항 (c)호가 국제재판소 및 중재판정부에 회부된 분쟁을 해결하는데 있어서 국제법상 자립적인 하위체계에 해당하는 규칙이 관련이 있을 경우 특별법 우선의 원칙의 영향력을 축소시키는데 핵심적인 역할을 한다는 것을 보여준다. 실제로 이 조항은 특정 분쟁에 적용되는 협정 및 사실관계와는 무관한 규범적인 요소들을 요구하는 것으로[6] 국제법 전반의 내용, 즉 '모든 관계규칙(any relevant rule)'에 해당하는 것이다. 협정체제(treaty regime) 또는 국제법 하위체계(sub-system)의 자율성은[7] 대다수의 투자협정과 같이 구체적이고 단일한 목표를 추구하는 내용을 담고 있는 경우에 특히 중요한 문제라고 할 수 있다.[8] 이와 같은 경우 체계적 해석은 더욱 그 중요성이 부각되는데 이는 환경보호와 같은

하 *Pulp Mills*), paras. 65-66 참조.

4) P. Sands, 'Treaty, Custom and the Cross-fertilization of International Law' (1998) 1 *Tale Human Rights & Development Law Journal*, pp. 85-105; G. Marceau, 'A Call for Coherence in International Law. Praises for the Prohibition Against "Clinical Isolation" in WTO Dispute Settlement' (1999) 33(5) *Journal of World Trade*, pp. 87-152; R. Howse, 'The Turles Panel-Another Environmental Disaster in Geneva' (1998) 32(5) *Journal of World Trade*, pp. 73-100 (p. 94) 참조.

5) *Fragmentation of International Law: Difficulties Arising from the Diversification and Expansion of International Law*, Report of the Study Group of the International Law Commission finalized by Martti Koskenniemi, A/CN.4/L.682, 13 April 2006, para. 159, paras. 410-480 참조. 제31조 3항 (c)호에 관한 여러 판정례의 분석은 paras. 433-460 참조.

6) 이는 제31조의 구조를 보면 확실히 알 수 있다. 동 조항의 제2항을 보면 조약의 해석 목적상 문맥에 대해 규정하고 있다. 제3항은 '문맥과 함께(together with the context)' 참작되어야 하는 요소들을 추가하고 있는 구조이다. 이는 한편으로는 참작요소들이 문맥과는 다른 내용이라는 것을 강조하고 있다고 볼 수 있다 (따라서 '당사국간의 관계에 적용될 수 있는 국제법의 관계규칙 (any relevant rules of international law applicable in the relations between the parties)'은 해석대상이 되는 협정과 관련된 내용에 국한되지 않는다). 다른 한편으로는 참작요소들이 문맥과 같은 수준의 규범적 요소로써 제31조 규정의 중심내용을 구성한다고 볼 수 있을 것이다. 바로 이러한 점에서 제31조의 제목인 '해석의 일반규칙(General Rule of Interpretation)'이 단수로 쓰인 것처럼 동 조항은 하나의 해석규칙으로 고려되어야 한다는 점을 보여준다.

7) 이에 대한 일반적인 내용은 본서의 제3장(3.2) 참조.

8) 제4장(4.3)에서 앞서 언급한 바와 같이 대다수의 투자협정은 재산권 및 경제적 이익 보호만을 목표로 하며 기타 가치들에 대해서는 언급이 없다. 이러한 점에서 투자협정은 인권조약과 차이점을 보이는데 그 이유는 후자의 경우 서로 다른 (잠재적으로 서로 상충하는) 다수의 목표들과 가치들을 포함하고 있기 때문이다.

외부적 가치를 직접적으로 고려하는 것을 허용하는 근거가 될 것이기 때문이다. 일반적으로 보면 체계적 해석이란 국제법을 단일한 하나의 주제로 보고 하나의 협정 또는 법체제가 국제법 질서 전반으로부터 '완벽히 독립(clinical isolation)'되어9) 고려될 수 없다는 견해를 반영한다고 볼 수 있을 것이다.

비엔나협약 제31조 3항 (c)호의 '당사국 간의 관계에 적용될 수 있는 국제법의 관계규칙'은 협정문과 일반국제법 모두 해석의 대상이 된다는 내용으로써10) 이는 매우 중요한 의미를 가진다.

실제로, 특별법 우선의 원칙이 협정상 규칙과 관습법 간의 관계에 관한 것이라면 비엔나협약 제31조 3항 (c)호는 '특별법‒일반법(special‒general law)' 관계를 초월하는 법 체제 간의 관계, 예를 들어 WTO법과 다자간 환경협정간의 관계 등에 관한 것이라고 할 수 있을 것이다.11) 특정 규칙을 해석하는데 있어서 기타 규칙들이 함께 고려될 수 있다는 점은 투자협정 체제에 환경보호 문제를 통합하는데 있어서 중요한 시사점을 제공한다. 이는 환경에 관한 많은 수의 다자간 협정 및 지역협정의 통합을 의미하는 것이기 때문이다.

반대로 특정 투자협정이 국제관습법에 따라 해석될 경우, 국제관습법이 그 자체로 적용되는 경우와 해석지침으로 적용되는 경우를 구분하기가 쉽지 않을 것이다.12) 또한 비엔나협약 제31조 3항 (c)호는 법의 일반원칙을 함께 고려할 것을 요구하고 있으므로 적어도 '문명국에 의하여 인정된(recognized by civilized nations)' 법의

---

9) 이는 *Gasoline* 사건에서 WTO 상소기구가 보고서에서 사용하면서 유명해진 표현이다: 'the *General Agreement* is not to be read in clinical isolation from public international law' (*United States‒Standards for Reformulated and Conventional Gasoline,* WT/DS2/AB/R. Report of the Appellate Body of 29 April 1996, p. 17). 그러나 위 사건에서는 비엔나협약 제31조 3항이 아닌 1항에 관한 내용이었다는 점을 기억할 필요가 있다.

10) *ILC Report on Fragmentation of International Law, supra* note 5, paras. 470‒472; *Pulp Mills, supra* note 3, para. 66 참조. 이와 다른 견해로는 P. Picone and A. Ligustro, *Diritto dell'Orga‒nizzazione Mondiale del Commericio* (Padua 2002), pp. 641‒642; C. Focarelli, *International Law as Social Construct: The Struggle for Global Justice* (Oxford 2012), pp. 299‒301 참조.

11) 이러한 경우 해석대상이 되는 규칙을 특별법으로, 외부의 규칙을 일반법으로 규정하는 것은 허구라고 할 수 있을 것이다. 이 경우에는 특정 기구가 가지는 권한이 문제가 될 것이다 (예를 들어 WTO 패널 및 상소기구가 WTO협정을 적용하면서 비엔나협약 제31조 3항 (c)호만을 근거로 국제법의 기타 규칙들을 함께 고려하는 경우).

12) 본서의 제4장(4.2.D) 참조. 앞서 언급한 바와 같이 법적 공백을 메우는 작업은 외부 규칙 또는 원칙의 해석과 적용 모두 포함될 수 있다 (*Amoco International Finance Corp. v. Iran,* Iran‒US Claim Tribunal, Award of 14 July 1987, 15 Iran‒US C.T.R. 189, para. 112 참조). 본 장의 이어지는 내용에서는 관습법이 투자자 권리와 환경보호가 조화를 이루는데 있어서 직접적으로 적용되는 상황들에 대해 알아볼 것이다.

일반원칙과 국제법의 일반원칙 두 가지 분류가 이에 해당할 것이다.[13]

중재판정부에서 국제투자법 체제에 외부적 가치들을 통합하는데 있어서 체계적 해석을 활용하는 경우는 흔치 않다.[14] 따라서 본서에서는 환경문제가 결부된 분쟁에 대한 투자중재에서 투자협정에 대한 체계적 해석이 이루어진 소수의 사례들을 살펴볼 것이다.

B. 체계적 접근법이 차단된 사례: *Santa Elena* 사건의 판정례

Santa Elena 사건에서는[15] 코스타리카 정부와 미국의 투자자들이 분쟁의 당사자들이었으며[16] 중재판정부가 국제환경법에 대한 고려를 거부한 사건으로 가장 유명한 사건이다. 코스타리카는 생물다양성 수준이 높은 Santa Elena 지역을 국립공원으로 조성하려는 계획을 가지고 있었으나 이 지역의 일부는 이를 대규모 관광단지로 개발하려는 외국인투자자들이 소유하고 있었다. 코스타리카 당국이 해당 토지의 수용을 위한 법령을 통과시키자 이에 대한 보상관련 분쟁이 발생하였고, 외국인투자자들은 ICSID에 중재를 청구하였다. 이에 맞서 피소국인 코스타리카는 'Santa Elena라는 대표적(unique) 생태계 지역을 보존해야 하는 국제법상 의무'를 가지고 있다는 점을 언급하였다.

이에 대해 ICSID 중재판정부는 다음과 같은 유명한 판정문을 남겼다:

환경을 이유로 한 수용 내지는 몰수는 공공목적을 위한 수용으로 분류될 수 있고 이에 따라 정당한 조치로 볼 수 있으나, 이와 같은 이유로 해당 재산이 수용되었다고

---

13) 전자의 내용은 국제사법재판소규정 제38조 1항 (c)호에 명시되어 있는 내용이다. '문명국 (civilized nations)'에 의해 인정된 법의 일반원칙은 오늘날 세계의 주요 법체계를 의미하는 것으로 이해된다. 국제법의 일반원칙에 대해서는 다소 논란이 있다. 오늘날 주류의 학자들은 이를 국제관습법의 일부로 포함시키는 경향이 있다. 본서의 제4장(4.2.D) 참고문헌들을 참조하도록 한다.

14) 투자중재에서 제31조 3항 (c)호가 명시적으로 인용된 예로는 *Saluka Investments BV v. Czech Republic*, UNCITRAL, Partial Award of 17 March 2006, para. 254: 'In interpreting a treaty, account has to be taken of "any relevant rules of international law applicable in the relations between the parties"—a requirement which the International Court of Justice ("ICJ") has held includes relevant rules of general customary international law.'

15) *Compania del Desarrollo de Santa Elena, S.A. v. Costa Rica*, ICSID Case No. ARB/96/1, Award of 17 February 2000 (이하 *Santa Elena*).

16) 이외에도 적어도 2개의 판정에서 자기완비적 입장을 보였는데 이는 바로 *Tecmed* 사건과 *Methanex* 사건에 대한 판정이다 (제5장의 내용(5.3.B.ii) 참조). 그러나 이 두 사건에서는 환경보호에 관한 국제법상 규칙과 관련된 내용을 다루지 않았다.

해서 수용에 따라 지급해야 하는 보상의 성격이나 조치에 있어서는 영향을 주지 않는다. 즉, 해당 재산을 수용하는데 있어서 환경을 보호하기 위한 목적은 적절한 보상을 제공해야 한다는 수용의 법적 성격에는 변동이 없다는 것이다 [각주 32[17]]. 환경보호 의무에 대한 국제법상 법원도 이에 대해 변화를 가할 수 없다.[18]

이 판정은 자기완비적 논리가 적용된 것으로 보인다. 우선 중재판정부는 수용의 성격을 규정하는데 있어서 수용조치의 환경보호적 목적을 고려하지 않았고 따라서 배상금 산정에서도 이를 고려하지 않았다. 이를 통해 중재판정부는 재산권 보호에 중점을 둔 목적론적 해석, 즉 투자법에 국한된 엄격한 해석을 제시한 것이었다.

또한 중재판정부는 분쟁을 판단하는데 있어서 체계적 해석을 명시적으로 배척하였다. 실제로 코스타리카는 해당 지역 생태계의 대표성(uniqueness) 보전을 요구하는 다수의 국제환경협정들을 인용하였음에도 그러한 것이었다.[19] 또한 중재판정부는 추가적인 설명 없이 코스타리카의 기타 국제법상 의무에 대한 고려도 하지 않았다. 그러나 코스타리카가 주장한 국제법상 의무는 사실 본질적 가치에 대한 보호에 있어서 국가가 가지는 특권에 근거하여 내부적, 친환경적 주장을 강화시키는 역할을 할 수 있는 것이었다. 결과적으로 중재판정부가 코스타리카의 환경보호 의무에 대한 고려를 명시적으로 배척한 것은 국제투자법을 기타 국제법 영역으로부터 고립시키는 이론적 견해에 따른 것으로 보인다. '제출한 구체적 증거에 대한 분석 (analyse the detailed evidence submitted)'마저도 거부한 것은 국제투자법을 폐쇄적이고

---

17) [각주 32]: '이와 같은 이유로 중재판정부는 피소국이 Santa Elena라는 대표적 생태계 지역을 보전하기 위한 국제법상 의무에 대한 구체적 증거로 제시한 내용에 대해서는 분석하지 않는다.'

18) *Santa Elena*, *supra* note 15, para. 71.

19) 해당 판정에서는 이 중요한 내용을 코스타리카가 인용한 국제법상 법원에 대한 언급 없이 각주에만 실었다 (각주 32). 그러나 코스타리카의 답변서(Counter-Memorial)를 보면 *Western Hemisphere Convention, the UNESCO Convention on the Protection of the World Cultural and Natural Heritage, the Convention on Wetlands of International Importance Especially as Waterfowl Habitat, the Convention on Biological Diversity, the Central American Regional Convention for the Management and Conservation of the Natural Forest Ecosystems* 등 환경보호에 관한 의무를 명시한 여러 협정들을 인용하였다 (Costa Rica's Counter-Memorial of 15 June 1998, pp. 62-67, as reported by C. N. Brower and J. Wong, 'General Valuation Principles: The Case of Santa Elena', in T. Weiler (ed.), *International Investment Law and Arbitration: Leading Cases from the ICSID, NAFTA, Bilateral Treaties and Customary International Law* (London 2005), pp. 747-775, at pp. 763-764). 또한 Philippe Sands는 코스타리카는 '수용조치가 여러 국제환경협정들에 의하여 또 이에 근거하여 이루어졌다고 주장하였다' (P. Sands, *Principles of International Environmental Law*, 2nd edition (Cambridge 2003), pp. 1070-1071).

자기완비적 체제로 못 박은 것이라고 할 수 있겠다.[20)

Santa Elena 사건은 환경문제를 직접적으로 다룬 첫 번째 투자분쟁이었다는 점에서 매우 중요하다고 할 수 있다. 동 사건에서 매우 폐쇄적인 입장을 보인 중재판정부의 판정에 대해 후속 사건들에서는 제대로 된 반박의견을 찾아보기 어렵다. 이는 자기완비적 접근법부터 개방적인 체계적 접근법까지 이르는 넓은 이론적 스펙트럼 중 한 극단을 보여준 것이라고 할 수 있겠다. 중요한 것은 환경문제에 대해 상당한 관심을 보였던 후속 사건들의 판정에서도 위 사건의 판정을 신뢰할 수 있는 선례(trustworthy precedent)로 인용하였다는 점이다.[21)

C. 국제투자법에 비상업적 가치들을 통합시키는 체계적 해석

i. *Pyramids* 사건

체계적 접근법에 따라 비상업적 가치들이 함께 고려된 투자중재 사건 중 가장 중요한 사례로 *Pyramids* 사건을 꼽을 수 있다.[22) 본 사건에서의 분쟁은 환경문제를 직접적으로 다룬 것은 아니었으나 대규모 관광지 개발로 인해 고고학적으로 중요한 가치를 지닌 이집트 피라미드 유적지가 파괴될 위험에 처하자 이집트가 이를 보호하려고 하면서 발생한 사안이었다.[23) 이집트는 UNESCO의 세계문화 및 자연유산 보호에 관한 협약(이하 UNESCO 협약)의 내용을 인용하면서 이집트가 해당 유적지를 보호해야 할 의무가 있다고 주장하였다.[24) UNESCO 협약에서 확인하고 있듯이 유적지 보호와 환경보호 문제는 서로 긴밀히 연관되어 있으며[25) 일반적으로 보았을 때도 향후 환경협정이 분쟁의 대상이 되는 중재판정에서도 본 사건에서 발전된 법리를 따르게 될 것으로 판단된다.

---

20) 해당 분쟁은 배상금 금액의 산정에 대해서만 다루었으므로 환경문제가 고려되었다고 해서 투자자에게 아예 배상금을 지급하지 않는 경우는 발생하지 않았을 것이라는 점을 확인할 필요가 있다.

21) *Marion Unglaube and Reinhard Unglaube v. Republic of Costa Rica*, ICSID Case No. ARB/08/1 and ARB/09/20, Award of 16 May 2012 (이하 *Unglaube*), pp. 214−218.

22) *Southern Pacific Properties (Middle East) Limited v. Egypt*, ICSID Case No. ARB/84/3, Award on the Merits of 20 May 1992 (이하 *SPP v. Egypt*).

23) 분쟁에 대한 전반적인 내용은 본서 제4장 각주 42 참조.

24) 1972 *UNESCO Convention Concerning the Protection of the World Cultural and Natural Heritage*.

25) R. Pavoni, 'Environmental Rights, Sustainable Development and Investor−State Case Law: A Critical Appraisal', in P.−M. Dupuy, F. Francioni and E.−U. Petersmann (eds.), *Human Rights in International Investment Law and Arbitration* (Oxford 2009), pp. 534−536 참조.

본 사건의 판정은 체계적 접근법이 준거법과 해석 문제를 하나로 병합하는 모습을 보여준다. UNESCO 협약을 해당 분쟁에 대한 준거법 중 하나로 인정한 중재판정부의 입장을 고려했을 때[26] 동 중재판징부는 투자협정에 대한 체계적 해석을 선호한 것으로 보인다. 또한 중재판정부는 투자협정 외의 국제규칙을 고려하는데 있어서 특별히 두 가지의 문제를 판단한 것으로 보인다.

첫 번째 문제는 피라미드 유적지를 보호해야 할 국제적 의무가 '피소국의 [관광지 조성] 프로젝트에 대한 취소조치를 정당화하는지' 그리고 '제소자이 보상받을 권리(right to compensation)'를 배제시키는지 여부를 판단하는 것이었다. 중재판정부는 그렇지 않다고 설명하면서 구체적으로 해당 의무는 수용조치가 이루어진 당시 이집트를 구속하는 효력을 지니고 있지 않았음을 지적하였다.[27] 또한 이집트가 수용 당시 유적지를 보호해야 할 의무가 있었다고 가정한다면 '제소자가 해당 지역의 고대 유물에 대해 영향을 미치는 사업활동을 지속하였을 경우 이는 국제법상 불법한 활동에 해당한다'고 덧붙였다. 명시적으로 언급한 것은 아니나 이는 만약 특정 새 산을 보호해야 할 국제적 의무가 존재할 경우 이에 따른 수용조치에 의한 피해는 그 어떠한 경우에도 보상의 대상이 되지 않는다는 의미로써 첫 번째 문제에 대해 긍정적인 답변을 제시한 것으로도 볼 수 있다.[28] 이러한 체계적 해석은 해당 조치를 직접수용으로 간주하는 경우에도 중요한 부분을 차지한다고 볼 수 있을 것이며, 간접수용으로 간주하는 경우에는 보상불가능한 규제수용이론을 채택한 중재판정들과 함께 고려되어야 할 것이다.[29]

---

26) *SPP v. Egypt, supra* note 22, para. 78 (제4장(4.2.C) 참조).

27) 실제로 '협약의 발효일자는 피소국이 협약에 따라 피라미드 유적지 내 유물들을 보호하고 보전해야 할 의무를 지는 시점과 일치하지 않는다. 피소국이 1979년 "피라미드 지역(the pyramid fields)"을 [보호지역으로] 지정하고 세계유산위원회가 이를 승인한 이후에야 비로소 협약에 따른 국제적 의무가 피소국에 대해 구속력을 가지기 시작하였다' (*SPP v. Egypt, supra* note 22, para. 154).

28) 이와 같은 내용은 이집트가 관광지 조성 프로젝트 진행을 용인했다면 UNESCO 협약에 따른 국제적 책임이 발생했을 것이라는 정도로 해당 사건의 중재판정부가 판정의 수위를 조절한 것으로 보인다. 이와 같은 입장은 이론적으로 이집트가 보상을 지급해야 할 의무로부터 자동적으로 면제된다고 볼 수 없으며, 특히 준거법의 관점에서 보았을 때 투자협정과 UNESCO 협약 모두 서로 다른 영역에서 적용되는 것으로 공존할 수 있다는 것을 의미한다 (보상을 지급한다고 해서 프로젝트 진행을 중단시키지 못하는 것은 아니다). 중재판정부가 수용과 보상에 대한 이집트의 책임을 판정문 말미에서 이론적으로는 인정하고 있기는 하나, 그 논리 구조를 잘 살펴보면 수용에 대한 보상을 배제하고 있다는 인상을 주고 있으며 배상금 산정에 대한 내용을 보면 더욱 그러하다.

29) 제5장(5.4) 참조. 직접수용의 비보상성에 대한 이론적 일반화는 자칫하면 투자협정 체제의 균형

또한 중재판정부는 수용에 관한 국제규칙의 체계적 해석이 통합적 효과를 가지고 있음을 확인한 바 있다. 동 사건의 제소자는 이집트가 해당 지역을 UNESCO 보호지역으로 지명한 것은 '실제로는 UNESCO 협약과는 아무런 관련이 없는 수용조치에 대한 사후 정당화(*post hoc* rationalization)'에 해당한다고 주장하였다.[30] 이 주장에 대해 중재판정부는 '피소국이 프로젝트 취소조치와 함께 취한 기타 조치들은 피소국이 해당 지역 내 유적지에 대해 가지는 우려가 진정성(genuineness)이 있고 UNESCO 협약에 따라 해당 지역을 등록하는 조치에 대한 정당성이 있음을 의미한다'고 판시하였다.[31] 이러한 결론이 이론적인 측면에서 놀라운 점은 중재판정부가 국가의 우려에 대한 '진정성(genuineness)'을 언급하면서 권리 행사에 대한 신의성실의 의무를 평가하였다는 점이다. 중재판정부의 판정문에서 확인할 수 있는 권리의 존재와 권리행사에 대한 신의성실 의무에 따른 견제라는 구도는 GATT 제XX조에 근거하는 법적 예외모델과 정확히 상응한다고 볼 수 있다 (앞 장에서 논의된 중재판정부들의 논증에서도 암시적으로 밝혀진 내용이다).

Pyramids 사건의 핵심은 수용에 대한 보상여부 판단에 있다. 동 사건의 투자자는 현금흐름 할인법(DCF)에 따라 수용에 대한 보상을 요구하였는데 이는 중재판정부가 수용 당시 계속기업가치(going-concern value)를 산정하는데 있어서 자주 활용되는 평가기준이다.[32] DCF는 투자자가 높은 액수의 배상금을 받을 수 있도록 하는데 그 이유는 합리적으로 확실한 근거를 제시한다는 전제하에 수용된 투자가 미래에 창출했을 수익까지 배상금 산정에 포함하기 때문이다.[33] 동 중재판정부에서

을 무너뜨릴 수 있는 위험을 야기할 수 있다 (따라서 투자유치국의 지위를 부당하게 상승시키는 결과를 낳게 된다). 보다 나은 배상금 산정 기준을 제시하는 내용으로는 S. Di Benedetto, 'The Standards of Compensation for Foreign Investment Expropriation in International Law: Internalising Environmental Costs?' in H. R. Fabri, R. Wolfrum and J. Gogolin (eds.), *Select Proceeding of the European Society of International Law*, vol. 2 2008 (Oxford and Portland 2010) (저자는 외국인투자자 권리보호와 환경보호 간의 갈등을 해결하는 방책으로 배상금 산정시 과거와 미래의 환경비용을 내부화하는 원칙을 제시하고 있다).

30) 제소자는 해당 협약이 1975년 12월에 발효된 사실에 근거하여 '프로젝트가 취소된 후 9개월 후인 1979년 2월 26일이 되어서야 피소국은 "Giza부터 Dahshur에 이르는 피라미드 지역"을 UNESCO 협약 제11조에 따라 세계유산목록에 포함될 수 있도록 지명하였다'고 주장하였다 (para. 153).

31) *SPP v. Egypt, supra* note 22, para. 156.

32) 주로 국제투자협정에서는 투자의 공정시장가치(fair market value)를 지불하도록 규정하고 있는데 이는 뜻있는 구매자(willing buyer)가 뜻있는 판매자(willing seller)에게 수용 직전에 지불할 용의가 있는 액수를 의미한다 (수용에 따라 영향을 받은 가치는 고려하지 않는 것으로 이에 대한 자세한 내용은 I. Marboe, *Calculation of Compensation and Damages in International Investment Law* (Oxford 2009) pp. 23–25 참조).

33) DCF법은 특히 투자자에게 호의적인 방법으로 수용된 투자의 가치를 판단하면서 '투자에 의해

는 이 산정방법을 거부하였는데 그 첫 번째 이유로 해당 프로젝트가 '의미있는 DCF 산정을 위해 필요한 자료를 생성히는데 충분한 시간 동안 존재하지 않았기 때문'이라고 설명하였다.[34]

그러나 중재판정부는 DCF 거부에 대한 두 번째 이유로 이집트가 UNESCO 협약에 따라 유적지를 보호해야 할 의무가 있다는 점이 근거가 된다고 언급하였다. 중재판정부는 이 의무가 존재하였기 때문에 수용 이후 관광 및 숙박시설에 대한 판매수익은 불법한 것으로 이에 대해 DCF가 적용될 수 없다는 논리였다.[35] 즉, 국제투자법의 해석에 있어서 국제투자법에 해당하지 않는 국제의무를 적용한 것이다.[36] 중재판정부는 수용된 투자의 가치에 근거한 미래의 영업활동(이집트의 의무와 충돌하는 미래의 영업활동)을 고려에서 배제함으로써 피라미드 지역을 위해로부터 보호해야 할 의무가 있다고 주장하는 이집트의 손을 들어준 것이다.[37] 결과적으로 본 사건은 비상업적 가치를 투자자의 권리를 해하지 않고 투자규범에 통합시키는 체계적 해석이 적용된 대표직인 사례라고 할 수 있을 것이다.

창출될 것으로 기대되는 미래의 수익(the future earnings expected to be generated by an investment)'을 평가기준에 포함하여 함께 고려하기 때문이며 (*SPP v. Egypt, supra* note 22, para. 184), 이를 통해 투자자의 프로젝트에 대한 가치를 산정한다. 이에 반해 미래의 수익에 수반되는 위험부담과 미래수익을 위해 지불되었을 금액에 대한 시간적 가치는 할인된다. Marboe, *supra* note 32, at pp. 205 – 267 참조.

34) *SPP v. Egypt, supra* note 22, para. 188.

35) 실제로 'UNESCO 협약에 따라 세계유산위원회에 등록된 지역 내 숙박시설의 판매수익은 1979년 등록이 이루어진 이후 국제법 및 이집트법에 따라 불법한 것이다. 상실된 이익(*lucrum cessans*)에 대한 배상은 정당한 수익에 대해서만 이루어져야 함이 분명하다. [...] 따라서 중재판정부가 제소자의 주장에 따라 DCF법을 수용하였다고 하더라도, 피소국에 구속력을 가지는 UNESCO 협약상 피라미드 지역을 보호해야 할 의무가 발생하는 시점인 1979년까지 상실된 이익에 대해서만 배상을 할 수 있을 것이다'라고 판시하였다 (*SPP v. Egypt, supra* note 22, paras. 190 – 191). 사실 국제법상 적법한 수용이라는 맥락에서 손실된 이익의 개념이 적용될 수 있는지 여부는 불분명하다 (M. Sornarajah, *The International Law on Foreign Investments* (Cambridge 2010) pp. 438 – 439; G. Sacerdoti, 'Bilateral Treaties and Multilateral Instruments on Investment Protection', in *Collected Courses of the Hague Academy of International Law, 1997*, vol. 269, pp. 251 – 460, at p. 389) 참조). 그러나 본 결정이 가지는 의미는 중재판정부가 투자의 가치를 산정하는데 있어서 미래수익을 기준으로 한 배상액을 산정한다고만 언급했다고 하더라도 달라지지 않을 것이다.

36) L. Liberty, 'The Relevance of Non – Investment Treaty Obligations in Assessing Compensation', in Dupuy, Francioni and Petersmann (eds.), *supra* note 25, at pp. 557 – 564 참조.

37) 실제로 중재판정부는 배상금을 산정하면서 투자자의 '현금지출(out – of – pocket expenses)'과 '프로젝트의 상업적 성공을 위한 기회비용의 보상을 위한 추가금액'에 상응하는 금액만을 고려하였다 (para. 212).

ii. Chemtura 사건

Chemtura 사건에서38) 제소자는 린덴 살충제(pesticide lindane)를 캐나다에서 생산하고 있는 미국 국적의 회사로 해당 살충제는 캐나다 당국의 안정성종합평가(special review) 대상에 해당하였다. 본 절차의 최종단계에서 캐나다 당국은 건강 및 환경에 미치는 위험을 근거로 린덴 살충제의 사용을 금지시키는 결정을 내렸고 이에 따라 동 사건의 제소자인 투자자의 상품 일부에 대한 등록도 폐지되었다. 투자자는 캐나다가 NAFTA 제110조 공정형평대우(FET)를 위반하였음을 주장하며 중재를 청구하였다. UNCITRAL 중재판정부는 국제협정에 근거하여 캐나다 당국의 금지조치에 대한 건강 및 환경보호 사유에 주안점을 두면서 체계적 통합론에 따라 두가지 사항을 적시하였다.

중재판정부 패널은 예심에서 정부 당국이 건강 및 환경보호 의무를 다하기 위해 조치를 도입하는 것은 문제가 될 수 없음을 명시하였다. 패널은 제소자가 '캐나다 농약관리국(PMRA)이 안정성종합평가를 시행한 것이 규제당국의 지시를 따르기 위해서 또는 캐나다의 장거리월경성대기오염협약(LRTAP)의 오르후스(Aarhus) 의정서에 따른 국제적 의무를 다하기 위해서가 아니라 무역을 제한하기 위해 이루어진 것인지'에 대해 문제를 제기하였다고 밝혔다.39) 체계적 통합론의 관점에서 핵심적인 내용은 중재판정부가 이에 대해 캐나다의 조치가 정당화될 수 있는 이유로 단순히 규제당국의 지시뿐만 아니라 국제적 의무의 이행도 포함된다고 적시하였다는 점이다. 오르후스 의정서라는 국제환경협정이 공정형평대우 의무와 명백히 충돌하는 환경규제 권한의 행사를 정당화하는 사유로서 활용되었기 때문이다. 물론 이 논리는 규제당국의 기능에 대해 인정해야 되는 부분과 함께 고려되어야 한다. 그러나 국제환경협정상 의무를 이와 동일선상에 놓고 ('또는(or) 이라는 접속사를 사용) 살충제 사용을 제한하는 타 국가들의 사례와 기타 국제기준들을 열거하였다는 점에서40) 체계적 통합론의 중요성을 입증한 사례라고 할 수 있겠다.

---

38) *Chemtura Corporation v. Canada,* Ad Hoc NAFTA Arbitration under UNCITRAL Rules, Award of 2 August 2010 (이하 *Chemtura*).
39) *Ibid.,* para. 137.
40) 실제로 중재판정부는 다수의 국가에서 린덴의 사용을 다양한 형태로 금지하고 있다는 점과 (EU 및 25개국) 오르후스 의정서 및 북동대서양 해양환경보호 협약(OSPAR Convention)의 우선조치 대상 화학물질 목록(List of Chemicals for Priority Action)을 언급하였다. 또한 중재판정부는 '2009년 5월 린덴은 잔류성유기오염물질에 관한 협약(POPS)의 배제해야 하는 화학물질 목록에 포함되었다'고 명시하였다 (*ibid.,* paras. 135-136).

또한 동 사건의 중재판정부는 외국인투자자가 제기한 주요 쟁점인 해당 조치의 실제 성격과 적용을 판단하는데 있어서 체계적 통합론을 활용하였다. 제소자는 해당 조치에 대해 충분한 과학적 근거의 부재, 악의에 의한 조치의 도입, 당국의 적법절차규정 침해라는 3가지 사항에 대해 문제를 제기하였다.41)

인간건강 및 환경에 미치는 위험에 대해 중재판정부는 캐나다에 유리한 판결을 내리면서 '과학적 근거와는 무관하게([i]rrespective of the state of science)' 해당 사안을 충분히 해결할 수 있다고 판단되는 다수이 국제협약들을 근거로 제시하였다. 여기서 중재판정부는 국제투자법상 과학적 근거와 사전예방원칙(precautionary principle)이 가지는 연관성에 대해 명확한 답변을 제시하였다. 해당 사안에 대해 국제법상 다수의 제한적인 규제가 존재한다는 것은 실제로 위험이 존재한다는 것을 암시하며 이는 중재자들이 해당 사안을 과학적인 측면에서 더 심층적으로 검토하는 것을 어렵게 만든다는 것이다. 물론 투자중재에서 과학은 국제법상 사전예방원칙보다 더 구체적인 분석을 통해 제공하는 역할을 수행해야 할 것이다. 향후 투자분쟁에서는 중재판정부가 이와 같은 사건을 검토하는데 있어서 보다 더 분명한 기준이 있어야 할 것이다.

해당 조치가 '무역제한(trade irritant)' 조치로 취해졌다는 주장에 대해 중재판정부는 제소자가 언급한 '악의(bad faith)'를 기준으로 고려하였다. 이에 대해 중재판정부는 오르후스 의정서와 이에 대한 관행을 근거로 제시하면서42) 캐나다의 행위에 있어서 악의를 배제하였다.43) 중재판정부는 공정형평대우 기준을 해석하는데 있어서 국제법 전반의 맥락을 고려하였음을 확인할 수 있다.

결과적으로 본 사건의 판정은 명시적이지는 않으나 중재판정부가 공정형평대우 기준과 규제조치의 특정 측면(위험의 존재, 선의 여부 등)을 고려하는데 있어서 체계적 접근에 따랐다는 점을 주목할 만하다. 흥미로운 점은 체계적 접근에 따라 공정형평대우 기준을 판단한 본 판정이 내부적 접근법에 따라 결론을 내린 *Unglaube* 사건의 판정과 결과적으로는 유사하다는 점이다.

---

41) 중재판정부는 세 번째 고려사항을 판단하는데 있어서만 국제환경법을 고려하지 않았다.
42) 중재판정부는 '안정성종합평가는 캐나다가 오르후스 의정서 협상에 따라 지켜야 할 의무로서 시행된 조치'라고 판단하였다 (*Chemtura, supra* note 38, para. 139).
43) *Ibid.,* para. 143.

iii. 투자중재판정부가 인용한 기타 국제법 규칙

위에서 다룬 내용들은 국제투자법에 환경 및 건강문제를 통합시키는데 있어서 체계적 해석을 도입한 가장 중요한 2개의 사건이라고 할 수 있다. 그러나 이 외에도 국제환경규범을 고려하여 외부적 접근법을 취한 판정들이 있다.

Maffezini 사건에서 중재판정부는 스페인의 환경영향평가(EIA) 절차가 제소자의 권리를 침해하였는지 여부 등에 대해 판단하였다. 중재판정부는 제소자의 주장을 기각하면서 '스페인 및 유럽경제공동체(EEC)법뿐만 아니라 국제법상에서 증대되고 있는' EIA의 중요성에 주목한 바 있다.[44]

이와 유사하게 본서 제5장에서 이미 분석한 판정들에서도 환경협약에 대한 인용한 바 있다. *S.D. Myers* 사건에서 중재판정부는 바젤협약(Basel Convention)을 인용하면서 캐나다의 조치가 적어도 이론상으로는 정당한 목표를 추구한다는 점을 입증하고자 하였다.[45] *Parkerings* 사건에서는 비교대상인 외국인투자 간에 동종상황이 존재하지 않는 것으로 판단하는데 있어서 (이로 인해 MFN 조항 위반에 대한 주장도 기각되었다) 중요한 요소로 해당 투자가 UNESCO 협약의 보호범위 내에 존재하는 지역에 위치한 것인지 여부를 판단하면서 문제가 된 두 투자물 중 하나는 해당 범위 내에 존재하지 않는 것으로 확인한 바 있다.[46]

2. 준거법과 국제투자법 외의 규범

제4장에서 논의한 바와 같이 투자중재의 주요 준거법으로는 투자협정과 투자에 관한 국제관습법이 있다. 일반적으로 혼합중재를 규율하는 절차규정은 중재판

---

44) *Emilio Agustin Maffezini v. Spain*, ICSID Case No. ARB/97/7, Award of 13 November 2000, para. 67. 실제로 중재판정부는 각주에서 월경성 환경영향평가에 관한 Espoo 협약(Espoo Convention on Environmental Impact Assessment in a Transboundary Context)를 인용하였다.

45) *S.D. Myers, Inc. v. Canada*, UNCITRAL, Partial Award of 11 November 1000 (이하 *S.D. Myers*), para. 255. Pavoni, *supra* note 25 참조. 중재판정부는 위에 대한 판단에 앞서 NAFTA의 내용을 분석하는데 있어서 이미 바젤협약을 인용하였다. 동 협약과 직접적인 연관이 있는 NAFTA 제1104조에 대한 분석이었다. 주목할 점은 분쟁 발생 당시 캐나다만이 바젤협약의 당사국이었으며 미국은 서명은 하였으나 아직 비준이 이루어지지 않은 상태였다는 것이다. 결과적으로 국가의 규제권한에 관하여 동 협약에 근거한 주장은 승소에 밑바탕이 되었으며 이는 조약법에 관한 비엔나협약 제31조 3항 (c)호의 문언해석을 넘어서는 체계적 접근법의 한 형태로 볼 수 있겠다.

46) 중재판정부는 'BP의 게디미노 MSCP 프로젝트가 UNESCO가 지정한 Old Town 지역을 보다 더 많이 침범하였다는 점이 결정적인 사실'이라고 확인하였다 (*Parkerings-Compagniet As v. Lithuania*, ICSID Case No. ARB/05/8, award of 11 September 2007, para. 392. (이하 *Parkerings*).

정부가 사안과 관련된 국제법 규칙 모두를 적용할 수 있도록 허용하고 있기는 하나, 투자협정에 근거한 투자분쟁에서의 중재판정부의 권한을 살펴보면 중재판정부에서 국제투자법 외의 규범이 준거법으로 포함될 수 있다고 명시적으로 확인하기는 어려울 것으로 보인다.[47]

반대로 국제투자법 외의 규범을 체계적 통합론에 따라 국제투자법에 통합시킨 사례들을 살펴보면 국제투자법 외의 규범을 단순히 적용한 사례와 명확히 구분하기가 어려우며 그 중 일부는 국제투자법 외의 규범이 간접적으로 적용되었다고 볼 수노 있을 것이다.[48] 특히 앞서 살펴본 *Pyramids* 사건과 *Chemtura* 사건에서 확인한 체계적 해석에 근거한 주장이 이에 해당한다고 볼 수 있겠다.

그러나 국제투자법 외의 규범을 적용함으로써 이를 국제투자법 규범에 통합시킬 수 있는 여지를 남긴 두 판정을 고려할 필요가 있다. *S.D. Myers* 사건에서 중재판정부는 적어도 이론적으로는 NAFTA 투자관련 의무와 환경협정상 의무 간의 충돌문제에 대해 'NAFTA 당사국들이 [바젤협약에] 비준한 경우 바젤협약이 우선한다'고 확인한 바 있다.[49] 중재판정부는 NAFTA 제104조를 명시적으로 언급하면서 '본 협정[NAFTA]'과 본 협정에서 열거하는 환경협정에서 규정하는 '특정한 무역관련 의무'가 충돌하는 경우,[50] '불일치가 발생하는 범위 내에서는 해당 환경의무가 우선한다'고 규정하고 있다.[51] 이는 국제경제법과 국제환경법의 적용이 중복되는 경우와 직접적인 연관성이 있는 중요한 규칙이라고 할 수 있다. 그러나 제104조에서는 통상문제가 결부된 환경협정만을 열거하고 있어서 투자규범과 환경규범 간의 잠재적 충돌 전체를 대변한다고 보기는 어려워 보인다.

---

47) 체계적 규칙인 국가책임에 관한 관습법 원칙들을 살펴보면 이 논리는 달라질 수 있다. 이에 대한 내용과 투자중재에서의 준거법 문제에 대한 자세한 내용은 본서 제4장(4.2) 참조.

48) 실제로 중재판정부에서 인용한 '외부적(external)' 규칙은 고고유적지, 인간건강 등에 대한 국가의 보호의무를 창설하였으며 국가는 이를 항변으로 인용한 바 있다. 본서 제4장(4.2.B) 참조.

49) *S.D. Myers, supra* note 45, para. 214.

50) 제104조에서 열거하는 협정은 다음과 같다: 멸종위기에 처한 야생동식물종의 국제거래에 관한 협약(워싱턴, 1973년 3월 3일 체결, 1979년 6월 22일 개정), 오존층 파괴 물질에 관한 몬트리올 의정서 (몬트리올, 1987년 9월 16일 체결, 1990년 6월 29일 개정), 유해폐기물의 국가간 이동 및 그 처리에 관한 바젤협약 (바젤, 1989년 3월 22일 체결, 캐나다, 멕시코, 미국에서 발효), 그 외 '부록 104.1에서 규정하는 협정'.

51) 제104조는 환경의무가 우선하는 것에 대한 조건으로 '당사국이 해당 의무를 준수하기 위해 동일하게 효과적이고 합리적으로 이용 가능한 수단들 중에 선택할 수 있는 상황에서 그 중 본 협정의 규정과 최소한으로 충돌하는 수단을 선택한 경우'로 규정하고 있다. 이는 GATT 제XX조의 '일반적 예외규정(general exceptions clauses)' 등에서 제공하는 '필요성 심사(necessity test)'와 연계될 수 있다는 점에서 주목할 필요가 있다. 본서 제7장(7.3) 참조.

Pyramids 사건에서 중재판정부는 UNESCO협약[52])의 적용가능성을 명시적으로 확인하면서 판정문의 한 문단 전체를 해당 협약에 관한 내용에 할애하였다. 이러한 판정문의 형태는 중재판정부가 취한 체계적 해석방법론에도 분명 영향을 주었다.

위 사건 판정의 말미에서 중재판정부는 만약 제소자가 숙박시설을 운영했다면 '이러한 피라미드 지역 내 사업활동은 UNESCO협약과 충돌할 수 있는 것으로 따라서 국제법 위반에 해당할 수 있다'고 언급하였다.[53] 중재판정부는 이 논리를 더 발전시키지 않았는데 이는 단순히 위에서 언급한 통합적 접근법을 구성하기 위한 또 다른 방법이라고 볼 수 있을 것이다.[54] 그러나 투자자의 활동에 의한 '국제법 위반 (violation of international law)'이라는 표현은 일반국제법 규칙이 투자유치국에 적용되고 또 국내 법률에 포함되어 있을 경우 외국인투자자에게 직접 책임을 물을 수 있음을 시사한다. 이와 같이 *Pyramids* 사건을 평가하는 것은 투자중재에서 국제투자법 외의 규범을 적용하고 국제투자중재의 경향을 변화시킬 수 있다는 점을 시사하고 있음이 분명하다.[55]

지금까지 국제투자 외의 문제를 규율하는 협정상 규정의 직접적용에 대해서 알아보았다. 관습법 및 관련 원칙들을 고려했을 때 준거법과 체계적 해석의 문제는 서로 긴밀히 연관되어 있음을 알 수 있었다. 대표적으로 중재판정부가 외국인투자 관련 관습법을 적용하는 사례를 들 수 있다. 그 사례는 다양하고 여러 국제투자협정에 의해 호의적으로 명시되어 있기는 하나 (일부의 경우 관습법을 준거법으로 직접 명시), 이는 특정한 형태의 체계적 접근이라고 볼 수 있음에도 불구하고 역설적으로는 국제투자법 체제의 폐쇄적 성격을 강화시킬 수 있는 위험이 수반된다.[56]

---

52) 'UNESCO협약이 관련이 있다는 점에 대해서는 의문이 없다. 제소자는 스스로 프랑스 법원에서의 소송에서 피소국이 해당 협정에 반하는 행위 또는 계약을 체결해서는 안 될 의무가 있다는 점을 주장한 바 있다' (*SPP v. Egypt, supra* note 22, para. 78).

53) Para. 191.

54) 주목할 점은 UNESCO협약과 직접적으로 연관된 판정문의 내용에서 중재판정부는 UNESCO협약에 따른 국제법 위반문제를 다른 관점에서 접근하면서 '고고유적지에서 제소자의 방해활동이 지속된다고 가정할 경우 국제적인 관점에서 위법하다고 간주할 수 있다'고 언급한 반면 (*SPP v. Egypt, supra* note 22, para. 154) 위 내용에서는 '해당 일자 이후에 피라미드 지역 내 제소자의 활동은 협약과 충돌할 수 있는 것으로 따라서 국제법 위반에 해당할 수 있다…그 결과 해당 활동의 결과로 발생할 수 있는 수익에 대해서는 보상받을 수 없다'고 언급하였다. 전자의 경우에는 국가행위(state conduct)로 투자자의 활동을 간주한 내용인 반면, 후자의 경우에는 직접적으로 투자자에 관한 내용으로 보인다.

55) 그러나 위와 같이 진보적인 관점은 지난 20년간의 국제관행을 살펴보면 받아들여지지 않았음을 확인할 수 있다.

56) 이에 대해서는 다음 절에서 후술하도록 한다.

강행규범(*jus cogens*)이 비경제적인 본질적 가치들을 국제투자법 규범에 통합시키는데 있어서 직접적인 역할을 할 수 있을 것이다. 이는 체계적 해석의 관점에서뿐만 아니라 국제법의 위계질서에 따라 판단하더라도 그러하다. 그러나 이미 지적한 바와 같이57) 어느 수준의 환경원칙까지 국제법상 강행규범에 해당하는지 여부에 대해서는 여전히 논란이 이어지고 있다.

3. 국제투자협정의 신구내소: 문맥적 · 목적론적 해석기법

국제투자법 체제가 국제인권법, WTO법 등 기타 국제법 체제와는 다른 독자적인 부분에 대해서는 본서 제4장에서 논의한 바 있다. 기타 국제법 체제의 경우 내부적으로 일관되고 견고한 체제를 갖추고 있으나 (국제법 내 독립적인 영역으로 발전된 사례로 본다) 해당 체제에 포함되는 배타적이고 단일한 법적 가치를 규정하고 있지는 않다.58) 반대로 현재 국제투자법을 구성하는 대다수의 국제투자협정들은 인간건강, 환경 등 비상업적 가치들에 대해 언급조차 하지 않고 있다. 이러한 단일적인 성격은 투자규범에 대한 문맥적 · 목적론적 해석으로는 비상업적 이익을 고려하기 어렵다는 것을 의미한다.59)

지금부터는 위의 경우와는 반대로 인간건강, 환경 등 투자보호에 외부적인 가치들을 규정하고 있는 여러 투자협정들에 대해 알아볼 것이다. 이 협정들의 경우 문맥적 · 목적론적 해석을 적용할 경우에도 비상업적 이익들을 고려할 수 있을 것이다. 따라서 투자협정을 단순히 재산적 가치만을 보호하고 국제법 전반으로부터 고립된 체제로 보지 않게 되는 것이다.60)

---

57) 본서 제4장(4.2.D) 참조.

58) 이는 인간의 존엄성에 근거한 본질적인 권리보호가 재산권 등 기타 권리의 보호와 결부된 인권협약에서 분명히 확인할 수 있다. 그러나 WTO법체제의 경우 무역 및 재산적 이익의 보호와 증진을 목표로 하고 있기는 하나 전문에서부터 환경 등 주요 비상업적 이익에 대해서도 규정하고 있다.

59) 위에서 언급한 바와 같이 (제4장(4.3)) 이는 국제투자법 체제의 성격이다. 간혹 목적론적 해석으로 인해 협정에서 규정하는 것 이상으로 투자자를 보호하여 국가가 가지는 규제권한을 축소시키는 위험을 야기하기도 한다. *Occidental* 사건에서 중재판정부는 문제가 된 협정의 목적을 인용하면서 내국민 대우조항을 해석하는 경우 동종상황(like circumstances) 요건은 경제영역에 대한 평가를 수반하지 않는 것으로 해석한 바 있다 (*Occidental Exploration and Production Company v. Ecuador*, UNCITRAL arbitration, LCIA Case No. UN 3467, Final Award of 1 July 2004, para. 175. A. K. Bjorklund, 'National Treatment', in A. Reinisch (ed.), *Standards of Investment Protection* (Oxford 2008), p. 40 참조). 동종상황의 요건은 본서 제5장(5.2) 참조.

60) 제5장에서 분석한 '규제수용조항(regulatory taking clauses)', 다음 장에서 논의하게 될 '일반적

투자협정의 본질적인 목표는 외국인투자를 보호하고 증진하는데 있다. 이는 협정의 구조 전반에 내재되어 있으며 전문에서 이를 확인하고 있음을 알 수 있다[61] (협정의 제목으로도 주로 확인이 가능하다).[62] 이 협정들은 위의 목표 외에도 국가 간 상호관계의 증진, 투자유치국의 경제발전 등 외국인투자 보호 및 증진과 관련된 목표들을 동시에 추구하기도 한다. 이러한 목표들은[63] 국제투자협정이 본질적으로 추구하는 목표의 궤도로부터 벗어나는 내용으로써 투자유치국의 입장을 직접적으로 고려하고 투자중재에서 국가가 외국인투자자와 맞섰을 때 무게 중심을 맞추는 역할을 하게 된다. 일부 학자들은 위 목표들이 투자규범에 대한 열린 해석(open interpretation)을 강력하게 지지한다고 주장하기도 한다.[64] 그러나 투자유치국의 경제를 발전시키고자 하는 목적은 투자자 권리를 보호하고자 하는 목적과 궁극적으로는 같은 목적을 추구하는 것으로 중재판정부가 환경문제를 고려하는데 있어서 특별히 도움이 된다고 보기는 어려울 것이다.[65]

현재 발효 중인 BIT의 전문 대부분은 환경목표에 대해 기술하고 있지 않다. 그러나 최근 체결된 협정들의 경우 이러한 내용을 포함하고 있다.[66] 이는 특히 높

예외조항(general exception clauses)'은 여기에서 고려하지 않도록 한다.

61) J. W. Salacuse, *The Law of Investment Treaties* (Oxford 2010), p. 109; A. Newcombe and L. Paradell, *Law and Practice of Investment Treaties: Standards of Treatment* (Alphen aan den Rijn 2009), pp. 122−123; R. Dolzer and C. Schreuer, *Principles of International Investment Law* (Oxford 2008) p. 22 참조. 저자들은 모두 협정의 목적(전문의 내용)이 실질적인 협정의 내용을 해석하는데 있어서 중요하다는 점을 강조하였다.

62) 그 예로 2012 US Model BIT Concerning the Encouragement and Reciprocal Protection of Investment 참조.

63) 이러한 목표들은 전문에서 확인할 수 있다. '당사국들의 경제발전(the economic development of the parties)' (2012년 미국 모델 BIT와 이와 유사한 내용의 2006년 프랑스 모델 BIT), '양국의 번영 증진(to increase the prosperity of both nations)' (2005년 독일 모델 BIT, 이와 유사한 2003년 중국 모델 BIT, 2005년 영국 모델 BIT 등).

64) G. Van Harten, *Investment Treaty Arbitration and Public Law* (Oxford 2007), p. 140; A. Tanzi, 'On Balancing Foreign Investment Interests with Public Interests in Recent Arbitration Case Law in the Public Utilities Sector' (2012) 11 *The Law and Practice of International Courts and Tribunals* pp. 47−76, at p. 73−74.

65) 투자유치국의 경제발전 목표를 근거로 한 통합적 접근은 환경상품의 경제적 성격으로부터 도출할 수 있는 것으로 부정적 외부효과 이론과 연계할 수 있다. 이는 환경보호정책 추진의 근거를 마련하는데 중대한 역할을 할 수 있다.

66) 국제투자협정에서 환경관련 목표를 언급하고 있는 것에 대한 자세한 분석은 K. Gordon and J. Pohl, *Environmental Concerns in International Investment Agreements: A Survey*, OECD Working Papers on International Investment, 2011/01, OECD Publishing, 2011, available at http://dx.doi.org/10.1787/5kg9mq7scrjh−en 참조.

은 수준의 환경보호를 추구하는 캐나다,[67] 미국,[68] 노르웨이[69] 등의 국가들이 체결한 협정에서 확인할 수 있다 (그러나 대다수의 EU 회원국들은 이에 포함되지 않는다). 일부 남아메리카 국가들이 체결하는 BIT의 전문에서도 건강 및 환경보호에 관한 목표를 포함시키고 있는 추세이다.[70]

  자유무역협정(FTA)의 경우에는 다른 방식을 요한다. 본서에서 이미 설명한 바와 같이 FTA는 규정하는 범위가 넓어 일반적으로 무역 및 투자에 관한 사항뿐만 아니라 지식재산권 등에 대해서도 규정한다. FTA 규정이 여러 국가조치에 영향을 준나는 점을 고려하여 인간건강, 환경 등 비상업적 이익에 대한 언급을 주로 전문과 본문 규정에서 찾아볼 수 있다.[71] 이러한 경향은 FTA를 근거로 창설된 중재판정부에서 투자관련 규정을 해석하는데 있어서 비상업적 가치들을 고려하도록 장려할 것이다.[72]

---

67) 2003년 캐나다 모델 BIT는 '지속가능할 발전의 증진(the promotion of sustainable develop-ment)'을 목표로 규성하고 있다.

68) '건강, 안전, 환경의 보호 및 국제적으로 인정된 노동권 증진에 합치하는 방식으로 상기 목표들의 달성을 추구하며(Desiring to achieve these objectives in a manner consistent with the protection of health, safety, and the environment, and the promotion of internationally recognized labor rights)' (2004년 및 2012년 미국 모델 BIT 전문). 이러한 형식은 국제투자협정의 주 목표와 부 목표를 구분하고 있음을 보여준다.

69) 2007년 노르웨이 모델 BIT는 세계에서 가장 환경친화적인 전문을 규정하고 있는 것으로 보인다. 동 BIT는 '건강, 안전 및 환경의 보호(protection of health, safety and the environment)', '경제자원의 지속가능한 활용(sustainable utilization of economic resources)', '지속가능한 발전을 위한 국가적·세계적 목표 추구(pursuit of national and global objectives for sustainable development)'를 규정하고 있다. 그 중 돋보이는 내용은 '본 협정의 규정과 환경에 관한 국제협정의 규정과 상호 보완적으로 해석되어야 한다(that the provisions of this agreement and provisions of international agreements relating to the environment shall be interpreted in a mutually supportive manner)'는 점을 인정하고 있다는 것이다. 또한 '건강보호(the protection of health)'와 '국제적으로 인정된 노동권 증진(the promotion of internationally recognized labour rights)' 등 기타 주요 공공정책 목표들도 포함하고 있다.

70) BIT에서 환경 및 기타 공공정책 목표들을 규정하는 사례로는 Newcombe and Paradell, *supra* note 61, pp. 123-124 참조.

71) NAFTA 전문: '지속가능한 발전 증진(PROMOTE sustainable development), 환경 법률 및 규칙의 발전 및 집행 강화(STRENGTHEN the development and enforcement of environmental laws and regulations)'. CAFTA-도미니카공화국-미국 FTA 전문: '환경보호 및 보전, 지속가능한 발전의 증진 및 환경문제에 대한 협력 강화와 합치하는 방식으로 본 협정을 이행(IMPLEMENTAR este Tratado en forma coherente con la protección y conservación del medioambiente, promover el desarrollo sostenible y fortalecer la cooperación en materia ambiental)', '환경을 보호·보존하고 각국 영토 내 천연자원의 보전을 포함한 환경보호·보존 수단 향상(PROTEGER y conservar el medio ambiente y mejorar los medios para hacerlo, incluso mediante la conservación de los recursos naturales en sus respectivos territorios)'.

72) 그 예로 *S.D. Myers* 사건 중재판정부가 투자와 환경에 대해 제시한 해석으로 NAFTA 제11장의

4. 체계적 해석과 국제법 질서

따라서 현재 국제투자협정의 전문과 본문에서 환경 및 인간건강 보호에 관한 목표를 규정하는 것은 매우 이례적인 경우에 해당한다. 발효 중인 대다수의 투자협정들은 재산권과 상업적 목표 달성을 위해 고안한 협정들이기 때문이다. 이러한 상황에서 체계적 해석은 (국제투자법 외의 규범이 직접적으로 적용되는 소수의 사례를 제외하고) 환경가치와 상업가치를 국제투자법 규칙의 틀 내에서 조화를 이룰 수 있도록 하는 데 효과적인 해석방법론이라고 할 수 있을 것이다. 이론적으로 중재판정부가 지속적으로 체계적 해석을 도입한다면 이는 국제투자법 체제에서 진정한 '통합이론 (theory of integration)'으로 발전되어 국제법의 헌법화를 지향하는 이론들과도 조화를 이룰 수 있을 것이다. 그러나 국제투자법 체제 내에서의 일반적인 통합문제를 체계적 해석을 통해 해결하는데 있어서는 여러 장애물이 존재한다.

국제재판소와 중재판정부에서 체계적 해석의 도입을 주저한다는 것이 첫 번째 장애물이다. 위에서 언급한 바와 같이 체계적 해석방법론은 국제중재자들과 학자들 사이에서 조약법에 관한 비엔나협약 제31조에 규정되어 있는 해석방법론들과는 달리 주목받지 못하고 있다. 더 나아가 체계적 해석이 적용되는 경우는 주로 준거법이 모호한 경우로 엄격히 한정되어 중재판정부에서 투자협정 외의 규정을 고려하는 경우는 드물었다.73) 물론 중재자들은 이와 무관하게 *Pyramids* 사건 및 *Chemtura* 사건의 판정을 선례로 삼아 투자와 관련이 없는 관습법과 협정상 규정들을 고려하고 있으며 최근 ICJ에서74) 체계적 통합론이 협정을 해석하는데 있어서 중심적인 역할을 하고 있다는 사실을 참고할 필요가 있다.

중재판정부가 국제투자협정 체제에 따라 판정을 내리면서 국제관습법을 자주 인용한다는 점이 사실이기는 하나, 이는 사실 투자에 관한 국제관습법에 국한된 것이다. 이는 투자법 규칙에 대한 순환적 해석과정으로 이어져 내부적으로 발생하는

문맥에서 환경을 보호할 수 있는 국가의 권리가 존재함을 확인한 내용을 참조 (이하 제7장(7.3. B.ii)).

73) 반대로 투자중재판정부는 주로 분쟁 당사국들에게는 적용되지 않는 타 투자협정의 규정을 간접적으로 고려하였다. MFN 조항을 도구로 타 국제투자협정 규정을 인용하여 분쟁에 적용한 사례가 이에 해당한다 (이에 대해서는 제3장(3.3) 참조).

74) ICJ의 2003년 판정 참조. 또한 비엔나협약 제31조가 '해석의 규칙(Rule of Interpretation)'을 단일규칙(single norm)으로 제공하고 있다는 점에서 형식적으로 보더라도 체계적 해석이 국제사건에서 온전히 수용될 수 있다는 주장에 힘을 실어준다.

법적 공백을 메우고 보다 더 일관적인 체계를 구성할 수 있기는 하나,[75] 투자 외의 이익이 개입할 수 있는 여지를 축소시키는 위험을 수반하게 된다. 해석과정에서 실질적으로 같은 내용의 규정만을 적용하는 것은 투자자 권리를 향상시키고 강화시키는 결과만을 낳게 될 것이다.[76]

그러나 체계적 해석을 통해 국제투자법과 환경보호를 통합시키는데 있어서 더 큰 장애물은 비엔나협약 제31조 3항 (c)호에 내재되어 있다. 동 조항에 따르면 '국제법의 관계규칙(relevant rules of international law)'이 협정 해석 시 문맥과 함께 고려되기 위해서는 '당사국 간의 관계에 적용될 수 있는(applicable in the relations between the parties)' 규칙이어야 하는 것으로 투자분쟁에서는 투자유치국과 외국인투자자 간의 관계에 적용될 수 있어야 한다.[77] 이는 일방의 국가만이 다자간 환경협정의 당사국이라면 해당 협정은 비엔나협약 제31조 3항 (c)호의 해석기준에 따라 고려될 수 없음을 의미한다.[78] 이 장애물은 관습법이 적용될 경우에는 존재하지 않음이 분명하다. 그러나 소수의 환경규범만이 일반국제법에 귀속되어 있으며 기타 환경협정의 지위에 대해서는 여전히 논란의 여지가 있다.

환경사안을 고려하는데 있어서 매우 개방적인 태도를 보이는 중재판정부가 당

---

75) 위 접근방식에 대한 자세한 내용은 C. McLachlan, 'Investment Treaties and General International Law' (2008) 57 *ICLQ*, pp. 361–401 및 제3장(3.3.A) 참조.

76) 예를 들어 위 순환적 과정에 따르면 수용에 대한 보상을 심사하는 기준에 관한 관습법은 (제5장 (5.4.A) 참조) 국제투자협정 및 협정기반 중재의 영향을 받아 보다 중립적인 입장을 고수하는 대신 완전한 보상을 제공하는 방향으로 진화할 것이며 일부 이론에서도 이를 반영하고 있는 것으로 보인다 (Dolzer and Schreuer, *supra* note 62, p. 9 참조). 이는 투자법과 환경보호가 충돌하는 민감한 사안이라고 할 수 있는데 그 이유는 투자자에게 높은 금액의 배상금을 지불하게 될 수 있는 위험의 존재는 국가들이 효과적인 환경조치를 도입하는 것을 억제하도록 만드는데 있어서 결정적인 요소이기 때문이다 (제2장(2.2) 참조).

77) 주목할 점은 당사자 중 일방이 외국인투자자인 투자분쟁의 경우에는 당사국 간의 관계에 적용될 수 있는 국제법의 관계규칙을 찾는 것이 형식적으로 매우 어렵다는 점이다. 실제로는 '비엔나 협약에서는 "당사국(party)"을 협정에 의해 구속받을 것을 동의한 국가로 정의하였기 때문에 해당 투자협정의 당사자인 국가들도 제31조 3항 (c)호에 따른 '당사국'으로 간주되어야 한다는 점에서 이 장애물은 해소될 수 있다' (B. Simma, 'Foreign Investment Arbitration: a Place for Human Rights?' (2011) *ICLQ*, pp. 573–596, at p. 585).

78) L. Boisson de Chazournes and M. Moise Mbengue, 'A propos due principe du soutien mutuel–Les relations entre le Protocole de Cartagena et les accords de l'OMC' (2007) *Revue Générale de Droit International Public*, pp. 829–862, at pp. 851–852 참조. 또한 국제투자법은 다수의 양자협정과 여러 지역협정으로 구성되었다는 점을 기억할 필요가 있다. 따라서 특정 투자협정의 당사국은 환경협정의 당사국일 수도 있으나 다른 투자협정의 당사국은 환경협정의 당사국이 아닐 수도 있다. 전자의 경우에는 체계적 해석의 적용이 가능할 것이나 후자의 경우에는 불가능할 것이다.

사자 간의 관계를 고려하지 않고 환경협정에 따른 투자유치국의 환경보호 의무만
을 고려한다고 하더라도 (투자자의 국적국은 환경협정의 당사국이 아닐 경우) 해당 환경문
제를 규율하는 국제체제가 부재할 경우에는 여전히 문제가 발생할 수 있다. 열대림
보호의 경우가 이에 해당할 수 있다. 열대림의 보호는 중요한 사안인데 이는 생물
다양성의 보전에 대한 필요성뿐만 아니라 기후와도 밀접한 관계를 가지기 때문이
다. 이를 위해 여러 국제적 수준의 열대림 보존 이니셔티브가 창설되었으나 국가들
에게 직접적으로 열대림 보호의무를 부과하는 구속력을 지닌 협정은 현재까지 존
재하지 않는다.[79] 생물다양성협약(CBD)은 그 범위로 보았을 때 국제적인 의무를 창
설하지 않는다고 주장할 수 있을 것이다. 그러나 CBD의 규정(및 기타 국제환경협정상
규정)은 '강령적(programmatic)'인 성격으로써 카르타헤나 의정서 또는 나고야 의정서
등 추가적인 이행방안 없이 자체적으로 집행이 가능한 엄격한 의무를 부과할 수
있는 것이 아니다.[80] 분명한 것은 CBD 및 기타 연성법[81]이 열대림 보호를 국제사
회의 중요한 목표로 규정한다고 하더라도 이를 국제투자법 규범에 대한 체계적 해
석의 근거로 활용하여 환경문제를 고려하는데 있어서는 어려움이 존재하며
Pyramids 사건의 중재판정부에서도 이에 대해서 확인한 바 있다.[82]

이러한 맥락에서 국제투자법에 외부적 가치를 통합시키기 위해 보다 더 진화
한 체계적 통합론을 생각해 볼 수 있을 것이다. 이는 비엔나협약 제31조 3항 (c)호
의 법리와 매우 유사한 것으로 실질적으로는 국제법 체제 또는 하위체제가 국제법
질서 전반으로부터 독립적으로 존재하지 않는다는 규범적인 가정과 상응하는 것이
다. 이러한 가정은 급진적이라고 할 수 있는 자기완비적 체제 이론에 대항하는 법
리이자 현재 국제법 이론의 통설이기도 하다.[83]

---

79) '산림문제를 국제적인 수준으로 문제화시키고자 했던 선진국들의 시도는 법적으로 보았을 때 지
금까지는 성공적이라고 볼 수 없으며 개발도상국들의 열대림 자원은 해당 국가들에게 부여된
자원으로 보호되고 있다' (P. Sands and J. Peel, *Principles of International Environmental Law*
(Cambridge 2012), p. 495). 열대림에 관한 비구속적인 이니셔티브에 대해서는 *ibid*. pp. 495-
499 참조.
80) 실제로 '동 협정은 기본협약(framework convention)의 성격을 가지는데 이는 협정의 규정을 시
행하기 위한 근간 및 제도적 메커니즘을 제공한다' (*ibid.*, p. 461).
81) 이는 다양한 목표, 지침, 일반적으로는 협력방안을 구성한다.
82) 실제로 *Pyramids* 사건에서 UNESCO의 고고유적지를 보호해야 할 일반적 의무의 존재 자체로는
(이행을 위한 열거목록이 부재한 상황에서) 이집트가 피라미드 지역을 보호해야 할 의무를 창설
하는데 있어서 불충분하였는데 이 의무는 투자법 규칙의 체계적 해석을 도입하는데 있어서 유
일한 근거이기도 하였다 (본장 2.C.i 참조).
83) 이 견해는 제3장에서 설명한 국제법의 파편화에 관한 ILC 보고서에서 확인할 수 있다 (paras.

위 가정을 근거로 국제법 전반의 규칙, 원칙 및 목적이 특정 국제법 체제를 해석하는데 있어서 모두 고려되어야 한다고 주장할 수 있을 것이다.84) 예를 들어 위 주장은 중재판정부에서 투자유치국이 광활한 열대림 지역을 보호하고자 외국인 투자자의 토지를 수용한 경우 생물다양성 보호와 기후변화 방지라는 국제적 수준의 목표들을 함께 고려하도록 만들 수 있을 것이다. 중재판정부는 상기 목표들이 (국가 차원의 목표 이상의) 국제사회에서 가지는 중요성을 고려하여 투자유치국이 지불해야 할 배상금의 액수를 보다 낮게 책정할 수도 있을 것이다. 분명한 것은 이러한 접근법이 바로 열린 해석을 도입하는 중재판정부의 모습이 될 수 있다는 것이다. 문제점은 이러한 형태의 해석방법론을 체계적 해석방법론으로 일반화하여 국제(투자)법을 해석하게 될 수 있다는 것이다.85) 중재판정부에서 일반적으로 국제법 전반의 규칙, 원칙 및 목적을 고려해야 한다고 주장하는 것은 비엔나협약 제31조 3항 (c)호의 적용범위에서 벗어나는 주장이 될 것이다.86)

169, 193) (이를 뒷받침하는 국제판정례에 대한 언급도 포함되어 있다). 위에서 언급한 바와 같이 현재의 통설도 이 견해를 지지한다. 그 예로 P.-M. Dupuy, 'L'unité de l'ordre juridique inter-national. Cours général de droit international public' (2000) *Recueil des Cours* 2002, pp. 432-460; J. Pauwelin, *Conflict of Norms in Public International Law. How WTO Law Relates to Other Rules of International Law* (Cambridge 2003); M. Garcia-Rubio, *On the Application of Customary Rules of State Responsibility by the WTO Dispute Settlement Organs* (Geneva 2001). 이와 다르게 비엔나협약 제31조 3항 (c)호의 내용에 대해 '만약 모든 것을 협정 해석에 고려할 경우 법이 무엇을 의미하는지 알 수 있는 방도가 없다'고 주장하는 견해로는 J. Kalbbers, 'Reluctant *Grundnormen*: Articles 31.3(c) and 42 of the Vienna Convention on the Law of Treaties and the Fragmentation of International Law', in M. Craven, M. Fitzmaurice and M. Vogiatzi (eds.), *Time, History and International Law* (Leiden, Boston 2007), pp. 141-161, at p. 160.

84) 예를 들어 공공시설에 관하여 경성법과 연성법 모두 '외국인투자자의 경제적 이익과 투자유치국의 공적 이익의 법적 보호에 있어서 두 이익간 균형을 맞추기 위해 유용한 규범적 요소들'을 제공할 수 있다고 주장한 경우도 있다 (Tanzi, *supra* note 64, pp. 65-66). 이 사건에서는 특히 구속력은 없으나 경제협력개발기구(OECD)의 사회기반 시설에 대한 민간 참여를 위한 원칙(*Principles for Private Sector Participation in Infrastructure*)의 중요성이 강조되었다 (pp. 67-70).

85) 이와 같은 견해를 취하는 학자들로는 L. Boisson de Chazournes와 M. Moise Mbengue가 있다. 이들은 상호보완성 원칙에서 벗어나 (비엔나협약 제31조 1항에 근거한) 문맥적 해석을 통해 국제법 체제 간의 간극을 좁히고자 하였다. L. Boisson de Chazournes and M. Moise Mbengue, 'A "Footnote as a Principle". Mutual Supportiveness and its Relevance in an Era of Frag-mentation', in H. P. Hestermeyer et al. (eds.), *Coexistence, Cooperation and Solidarity. Liber Amicorum Rudiger Wolfrum,* vol. Ⅱ (Leiden, Boston 2012), pp. 1615-1637, at. pp. 1634-1637, and Boisson de Chazournes and Moise Mbengue, *supra* note 78, p. 836.

86) 따라서 열대림 보호에 관한 가정의 상황에서도 국제법의 일반적인 목적 및 추구하는 가치들에 기반한 근거는 암시적인 근거가 될 것이고 특정 해석방법론과는 무관하게 일부 표현 또는 단어 선택에 의해서만 간혹 드러날 수 있을 것이다. 이와 같이 국제법에 대한 체계적인 이해가 바탕

그럼에도 불구하고 국제법상 통설에 따라 국제투자법 체제와 같은 하위법 체제는 다른 하위법 체제로부터 고립된 것이 아니라는 견해는 그 중요성이 상당하며 특히 중재판정부가 본질적인 비상업적 가치라고 할 수 있는 건강, 환경 등을 함께 고려해야만 하는 어려운 사건들을 해결하는데 있어서 더욱 중요하다고 할 수 있다. 국제법 질서 전반의 맥락을 고려하는 해석은 비록 그 자체로 하나의 해석방법론을 구성하는 것은 아니나 제8장 말미에서 제시하게 될 내용과 같이 국제투자법 체제에서 이루어지는 통합적·진보적 결정들을 이해하는데 도움이 될 수 있을 것이다.

이 되어야만 앞 장에서 논의한 '내부적(internal)' 접근법에 근거한 일부의 주장들을 최후의 대안으로 고려할 수 있을 것이다.

7. 예외모델

국제투자법을 적용할 때 비상업적 가치들을 고려할 수 있는 또 다른 해석방법으로는 예외모델론이 있다. 이는 국제투자협정에서 GATT 제XX조의 형태를 따라 '일반적 예외(general exceptions)'를 조문으로 규정하는 것을 뜻한다. 또한 서로 다른 영역의 가치가 충돌하는 해석상 복잡한 문제가 발생하는 경우에 인용될 수 있는 위법성조각사유, 특히 필요성(necessity)의 개념이 예외모델과 연관이 있다고 할 수 있다. 이러한 문제를 해결하는데 있어서 어떻게 여러 형태의 예외모델이 도움이 되는지는 제2절부터 제4절까지 자세히 알아보기로 하고 우선 예외의 의미를 법적으로 풀어서 알아볼 것이다.[1]

1. 법적 예외와 가치의 충돌

A. 예외의 개념이 가지는 첫 번째 의미('단순예외(Simple Exception)')

예외란 여러 법적 문제의 교차로에 놓여있는 개념이다. 민사상 피고자의 항변이라는 특별한 경우를 제외하고 예외라는 개념은 법뿐만 아니라 규칙에도 그 뿌리를 내리고 있으며 서로 결부되어 있다. 규칙이라는 개념은 적어도 실용과학에서는 예외라는 개념이 수반되는데 이는 규칙을 입증하는 예외(*exceptio probat regulam in casibus non exceptis*)라는 격언에서도 확인할 수 있다.[2] 그러나 법의 규칙에서 예외가 가지는 의미란 무엇일까?

예외를 정의하는데 있어서의 시발점은 법 규칙의 적용범위를 파악하는데 있다. 법 규칙이 시민에 대한 통제, 행동의 패턴, 사실관계에 대한 결과의 확정 등 그 무엇이든 간에 이론적으로는 무한정한 수의 사건에서 언급되고 이에 따라 적용될

---

1) 법에서 예외란 매우 광범위한 영역으로 주로 법학과 법철학에 관한 것이며 이에 대해 구체적으로 다루는 경우는 드물다. 제1절에서는 예외에 대해 포괄적으로 다루기보다는 본서와 관련된 예외의 개념에 대해서만 소개할 것이다.

2) *Oxford English Dictionary*, 2nd edition, vol. V (dv–fo) 'Exception' 참조.

수 있어야 한다.3) 규칙 그 자체가 다수의 잠재적 사건들에 영향을 주기도 한다.4)

　　이 규제적 기능은 모든 경우의 수에서 단일성을 추구한다는 것을 암시하는 것이 아니라 이론적으로 해당 법 규칙의 영역에 속하는 상황에서도 해당 규칙이 적용되지 않을 수 있다는 것을 의미한다. 이는 법 영역에서 예외가 가지는 첫 번째 통상적 의미로 이에 대해서는 법학자로서가 아니라 한 시민으로서도 여러 사례를 제시할 수 있는 것이다. 어떠한 경우에도 권위있는 법학 문헌을 읽었을 때 예외의 개념을 찾아볼 수 있는 것이며 이는 주요 법리에서도 확인할 수 있다.5)

　　예외의 첫 번째 의미('단순예외(simple exception)'라고도 한다)는 그 부분 집합을 통해 요약해볼 수 있을 것이다. 규칙이 적용되어야 하는 상황 중 일부에서 해당 규칙이 적용되지 않은 것이다. 국제투자법에서의 예로는 본서 제5장에서 분석한 바 있는 국제투자협정상 규제수용조항을 들 수 있다. 이 조항은 간접수용 규칙의 적용으로부터 배제될 수 있는 사안(건강, 안전, 환경 또는 일반 공공정책)을 기술하는 조항이다. 이와 같은 경우 외국인투자의 간접수용에 이르는 국가의 조치 중 일부는 상기 목표들을 추구할 경우 해당 규정의 적용으로부터 배제될 수 있을 것이다 (구체적으로는 외국인투자자에 대한 보상의무로부터 배제되는 것을 의미한다).

---

3) 이는 법이론 및 법철학에서는 미묘하고 추상적인 내용으로 이를 언급하는 이론이나 학자들의 입장은 미완성이라고 볼 수 있다. 이어지는 내용에서 '예외(exception)'의 사용에 대해 언급하는 학자들 중 일부는 위 법 규칙의 성격을 추정한다.

4) 주목할 점은 법 규칙이 이론적으로 무한정한 수의 사건에 적용된다는 사실이 국가체계에서 성문법이 가지는 일반성과 연계된다는 것은 우연의 일치가 아니라는 점이다. 특별하고 (제한된 법 영역) 분명한 (명시된 상황의 수 또는 한정된 기간) 규칙은 주로 다수의 경우의 수에서 적용된다. 논리적으로는 단 하나의 법 영역과 단 하나의 잠재적 사실만을 규율하는 법 규칙이 존재할 수 있는데 단일한 명령 또는 결정이 궁극적인 결과라고 하더라도 해당 규칙의 형성과정을 확인해야만 알 수 있는 형태이다.

5) 예를 들어 Hart는 여러 기준과 규칙의 차이점은 '열린 구조의 가장자리(a fringe of open tex-ture)'일 뿐이라고 주장하면서 형법상 살인을 금지하는 법을 예로 들면서 이는 살인이 '수반되는 타 요소들을 지배하는 것(dominates the other factors by which it is accompanied)'이라고 설명하면서 '물론 이러한 지배적 요소를 초월하는 예외도 존재하며 정당방위를 위한 살인을 비롯하여 정당화될 수 있는 살인의 형태도 존재한다'고 밝히며 이는 '일반 규칙의 예외로 허용된다(admitted as exceptions to a general rule)'고 언급한 바 있다 (H. L. A. Hart, *The Concept of Law*, 3rd edition (Oxford 2012), p. 133). 중요한 점은 Hart가 설명하는 예외가 선례에 근거한 규칙에도 적용될 수 있다는 것이다. Hart는 법원이 '선례로부터 도출한 규칙의 범위를 협소화하고 이에 대한 일부 인정'함으로써 창의적으로 사법활동을 한다고 언급한 바 있다 (*ibid.*, p. 135). Dworkin은 규칙과 예외의 엄격한 관계를 강조하면서 '규칙에는 예외가 있을 수 있다(a rule may have exceptions)'고 언급하고 '적어도 이론상으로는 예외는 모두 열거될 수 있으며 이는 많을수록 규칙 또한 더욱 완성에 가까워진다'고 주장한 바 있다 (R. Dworkin, *Taking Rights Seriously* (London 1977), pp. 24-25). 상기 내용은 원칙으로부터 규칙을 구분하는데 있어서 다른 무엇보다 중요한 요소이다.

그렇다면 입법자들이 애시 당초에 특정 상황에서는 규정의 적용을 배제하기로 결정한 이유가 무엇인가? 그 첫 번째 이유는 직감적으로 여러 상황들이 동일한 규정 하에 추상적으로 포함된다고 하더라도 각각의 상황이 다를 것으로 판단했기 때문이다. 그러나 왜 일부의 경우에만 예외를 규정하고 그 외의 경우에는 인정하지 않았는지가 여전히 의문이 남는다. 국제법상에서 이에 대한 즉답으로 ILC의 국제법 파편화에 관한 보고서를 살펴보면 '사안의 특별한 성질로 인해 정당화되는 예외 또는 예외의 형태(exceptions or patterns of exception in regard to some subject-matter that [⋯] *are justified because of the special properties of that subject matter*)'에 대해 언급하고 있음을 확인할 수 있다.6) 분명한 것은 예외를 규정하는 것은 규칙화의 작업으로 해당 규정에 직접적인 영향을 주며 기존과는 다르거나 새로운 무엇인가가 적용되는 것이다. 일부의 경우 예외의 근거가 타 법적 가치에 대한 보호라면 이에 대한 규정의 비적용을 요구하는 경우도 있다.

B. 일반적 예외: 일반적 예외는 모순어법인가?

예외의 기본적인 의미는 규정에 내포된 것으로 해당 규정의 일부적용 및 비적용 사안을 식별하는 역할을 한다.7) 그러나 일부의 경우 예외는 이보다 더 광범위하게 설정되어 해당 규정뿐만 아니라 여러 규정 또는 법 제도 전반에 대한 예외로 형성될 수 있다. 이러한 경우 이를 '일반적 예외(general exceptions)'로 구분할 수 있을 것이다. 그 중 국제법상 가장 중요한 예로 국제무역협정인 GATT 제XX조를 들 수 있다.8)

'예외(exception)'는 특히(*inter alia*) ILC의 국제법 파편화에 관한 보고서에서 언급한 바와 같이 '특수성(specialty)' 개념과 연관된다는 점에서 '일반적 예외(general exception)'는 모순어법에 해당한다고 볼 수도 있을 것이다. 일반적 예외가 적용되는

---

6) *Fragmentation of International Law: Difficulties Arising from the Diversification and Expansion of International Law*, Report of the Study Group of the International Law Commission finalized by Martti Koskenniemi, A/CN.4/L.682, 13 April 2006 (이하 *ILC Report on Fragmentation of International Law*), para. 54.

7) F. Schauer에 따르면 '예외가 수반된 규정과 단순히 범위가 좁은 규정의 차이점은 의미적인 것이지 구조적인 것이 아니며 규정을 개정하는 것과 예외를 추가하는 것에는 서로 차이가 없다'고 한다 (F. Schauer, *Playing by the Rules: A Philosophical Examination of Rule-Based Decision-Making in Law and in Life* (Oxford 1993), p. 45).

8) 제XX조와 이에 상응하는 국제투자협정 규정에 대해서는 제3절에서 포괄적으로 분석하도록 한다.

경우는 예외의 첫 번째 의미로부터 개념적으로 변화했음을 암시하고 있는 것으로 보인다. 실제로 GATT와 같은 법 체제 전반에 대한 예외의 개념은 특정규정의 적용범위에 잠재적으로 포함될 수 있는 상황을 단순히 구분하고 특정하는 예외의 개념과는 다르다. GATT 제XX조는 협정상 여러 규정들과 충돌하더라도 위반에 해당하지 않는다고 간주할 수 있는 국가조치의 형태들을 나열하고 있으며 이들은 예외에 해당한다.[9]

이보다 중요한 점은 일반적 예외가 유사한 법리를 가지고 있는 규정들에 대해 영향을 미치는데 (예를 들어 GATT 제XX조가 무역 자유화에 대해 적용되는 경우) 이로 인해 일반적 예외에 관한 구체적인 조항과 법적 의미가 형성된다는 것이다. 회원국들은 자신들이 누리는 특혜를 유지하기 위해 협정상 의무를 엄격히 이행함으로써 해당 특혜가 영향을 받거나 침해를 받는 상황으로부터 보호받기 위해 제XX조의 기능을 활용한다. 이러한 논리는 일반적 예외의 의미뿐만 아니라 '예외(exception)'에 대한 의미도 암시한다고 볼 수 있겠다.

법에서 '예외(exception)'를 규정하는 것에 대해 (절차상 '항변(defence)'뿐만 아니라 예외 그 자체로 규정하는 경우) 이탈리아의 민법학자 Pugliatti는 그 의미를 구분할 것을 제시한 바 있다. 한편으로는 예외를 '일반-특수(genus-species)'관계를 추정하는 것으로 보아 예외는 기본 규칙에 관해 규정할 뿐 그 논리와 극단적으로 충돌하는 개념은 아니라고 보았다. 다른 한편으로는 보다 구체적인 두 번째 의미로 예외가 기본 규칙의 '논리에 반하는(contra tenorem rationis)' 의미를 가지는 것으로 보았다. 이와 같은 경우 예외는 '다른 독립적인 규칙 체계로부터 도입되어 기본규칙에서는 명시하지 않는 규칙을 부과함으로써 기본체계에 영향을 줄 수 있다'고 서술하였다.[10]

법적 예외이론은 GATT의 일반적 예외 (및 국제투자협정상 예외조항)의 역할과 국제법상 하위법체계 간의 관계를 이해하는데 있어서 중요한 열쇠가 될 수 있다. 법적 예외이론을 통해 독립적인 법체계들을 연결할 수 있다고 보는 견해는 실제로

---

9) 제XX조는 그 형태가 상당히 불분명하다 ('이 협정의 어떠한 규정도 체약당사자가 이러한 조치를 채택하거나 시행하는 것을 방해하는 것으로 해석되지 아니한다'), 그러나 이는 WTO 패널 및 상소기구에 의해 GATT 규정에 대한 예외를 규정한 것으로 해석되는 것이 일반적인데 이에 대해서는 동조의 제목 '일반적 예외(General Exceptions)'에서도 확인하고 있다.

10) S. Pugliatti, 'Eccezione (teoria generale)', in *Enciclopedia del Diritto,* vol. XIV (Milan 1965), pp. 151–172, at p. 152 (위 내용은 본 저자가 번역함). Pugliatti는 예외의 두 번째 의미가 이미 로마법 체계에서도 존재하였으며 이는 시민법(*jus civile*) 및 명예법(*jus honorarium*)의 구분에서 비롯된 것이었다.

자기완비적 체제가 타 규범상 가치들을 수용할 수 있는지 여부를 논의하는데 있어
서 적절하다고 할 수 있다. 문제는 각 법체제의 주권을 인정하는 일반적 예외라는
개념이 예외조항에서 규정하는 내용과 완전히 다른 사항을 규율하는 법체계에 대
해 어느 정도까지 적용될 수 있는지 판단해야 한다는 점이다.

C. 위법성조각사유('체계적 예외(Systemic Exceptions)')

국제법 학자들은 예외를 위법성조각사유로 자주 언급한다. 이에 대해 일반적
으로 예외라는 주제와11) 구체적으로 예외가 적용된 사례들에 관한 논문들을 살펴
보면 예외를 위법성조각사유로 언급하는 것은 보통 우연히(*incidenter tantum*) 발생하
는 것으로 이를 당연시하고 따라서 관심을 가지지 않는다. 이는 국제투자법상에서
도 연구를 통해 확인된 바 있다.12)

위법성조각사유가 예외에 해당한다는 것은 놀라운 일이 아니다. 위법한 행위
로부터 위법성조각사유를 찾는다는 것은 위법한 행위에 대한 법의 적용을 배제하
고자 하는 것에 상응한다고 볼 수 있기 때문이다13) (국가행위에 분명 반대되는 행위를 요
구하는 법규 등).14) 법 적용의 배제는 단순히 법적 예외가 작용하는 하나의 메커니즘

---

11) R. Ago, 'Le délit international', in *Collected Courses of the Hague Academy of International Law*, 1939 ('exclusion exceptionelle de l'illicéité'; 필요성의 예를 들면서 저자는 예외를 'le droit exceptionnel d'agir de la facon demandée par la nécessité de se sauver, meme au prix du sacrifice du droit subjectif d'autrui'라고 정의하였다).

12) A. K. Bjorklund, *Emergency Exceptions: State of Necessity and Force Majeure,* in P. Muchlinski, F. Ortino and C. Schreuer (eds.), *The Oxford Handbook of International Investment Law* (Oxford 2008), pp. 459-523; A. Newcombe and L. Paradell, *Law and Practice of Investment Treaties* (Alphen aan den Rijn 2009) ('명시적 예외에 덧붙여서 국제투자협정상 의무위반에 대한 국가책임은 국제관습법 하에서 여러 근거에 의해 조각될 수 있는데 그 사유로 합의 (consent), 불가항력(*force majeure*), 필요성(necessity) 등이 있다', p. 481).

13) V. Lowe, 'Precluding Wrongfulness or Responsibility: A Plea for Excuses' (1999) 10(2) EJIL, pp. 405-411, at p. 408. 저자는 R1이라고 지칭하는 특정 의무에 대해 위법성조각사유가 인정되는 경우를 다른 측면에서 설명하였다. '의무가 존재하고 해당 행위가 이를 일응(*prima facie*) 위반하나 이에 대해 특정한 사유가 있다면 해당 의무가 적용되지 않는 경우를 인정할 수 있다' 고 언급하였다. 저자는 이와는 조금 다른 방식의 설명도 함께 제공하면서 '의무 R1을 엄격하게 살펴보면 'x를 하지 마라'라기보다는 [특별한 사유가 있지 않는 이상] x를 하지 마라'라고 볼 수 있을 것'이라고 주장하였다. 오늘날 ' … 하지 않는 이상(unless)'이라는 표현은 예외를 규정하는 데 있어서 전형적인 표현으로 활용된다.

14) '의무를 무효화 또는 취소하는 것이 아니라 오히려 문제가 된 특정사유가 존재하는 가운데 불이행에 대한 정당성 또는 사유를 제공하는 것이다', International Law Commission, *Draft Articles on Responsibility of States for Internationally Wrongful Acts, with commentaries,* adopted by the International Law Commission at its fifty-third session in 2001 (이하 ILC, *Articles and Commentaries on State Responsibility*), *Commentary* to Chapter V, para. 2, p. 71.

이다. 이러한 관점에서 각 사유는 국가의무를 규정하는 국제법상 규칙이 적용되는 사건들을 정리하여 추상화시킨 것으로 볼 수 있을 것이다.[15] 이와 동일한 논리를 '위법성조각(precluding wrongfulness)' 대신 '책임조각사유(circumstances precluding respon-sibility)'에 대입해 볼 수 있을 것이다.[16] 차이점은 어떠한 행위가 위법한지를 규율하는 1차적 규칙에 조각사유를 적용하는 대신 행위에 대한 책임을 규율하는 2차적 규칙에 예외로 적용하는 것이다 (정확히 말하자면 국제적으로 위법한 행위의 결과에 대한 2차적 규칙의 적용을 의미한다).[17] 이러한 경우 위법성조각사유는 절차적 측면과 항변으로서의 절차적 개념으로 예외와 더욱 밀접한 관계를 가지게 된다.

반면에 위법성조각사유가 항상 '예외(exceptions)'로 불리지 않는 것은 우연한 현상이 아니다. 예외의 개념은 GATT 제XX조와 같이 구체적인 규칙 또는 적어도 공동의 목적을 가진 규칙의 집합과 관련이 있기 때문이다. 반대로 이러한 규칙은 속해있는 법체계 전체에 영향을 주는데 본서의 논의에서는 국제법 체계에 해당한다. 위법성조각사유를 '체계적 예외(systemic exception)'로 분류하는 것은 바로 다른 두 종류의 예외와 유사한 기능을 가진다는 점을 강조하기 위함이다. 또한 이러한 사유들의 일반적인 성격[18](자위(self-defence)[19])의 경우에는 다소 다른 논리가 적용됨)으로 인해

---

15) 이 주장은 Ago가 위법성조각사유를 'circonstances en présence desquelles la régle juridique intrenationale s'abstient d'imputer un délit international à un Etat, bien que tous les *éléments nécessaires* pour cela paraissent réunis'로 설명한 것과 같은 입장으로 보인다 (Ago, *supra* note 11). 특히 자위권을 강조한 ILC의 견해에 따르면 위법성조각사유는 UN헌장에 직접적으로 관련이 있으며 UN헌장 제51조에 의해 규정되는 가정상황에 상응해야 한다 (ILC *Articles and Commentaries on State Responsibility, supra* note 14, *Commentary* to Art. 21 참조).

16) Lowe, *supra* note 13 참조.

17) 실제로 ILC는 일부 학자들이 '국제적으로 위법한 국가행위에는 해당 국가의 국제적 책임이 뒤따른다는 규정에서 위법행위에 대해 다음의 상황에서는 예외를 인정하여야 한다: 불가항력(*force majeure*) [...]'. ILC는 위 견해에 대한 반박을 제시하였는데 그 이유는 예외적 상황 그 자체를 부정한 것이 아니라 해당 사유가 위법성이 아닌 책임을 조각한다는 견해에 반박하기 위해서였다 (*Report of the ILC on the Work of its 25th Session, Chapter II on State Responsibility, Commentary* to Art. 1, para. 12, in YBILC, 1973, vol. II, p. 176). 게다가 위 견해를 선호하는 ILC의 입장은 이를 처음부터 주장해온 Ago의 영향이 컸는데 Ago는 위법성조각사유를 법적 예외로 인정한 학자이기도 하였다.

18) ILC에 따르면 '제5장에서 규정하는 위법성조각사유는 일반적으로 적용되는 것이다. 달리 정하지 않는 한 위법성조각사유는 국제적으로 위법한 행위 모두에 적용되는 것으로 이는 일반국제법, 협정, 단독행위 또는 다른 연원에 근거한 규칙하에서 발생하는 국가의 의무 위반여부를 판단하는 것이다.' (ILC *Articles and Commentaries on State Responsibility, supra* note 14, *Commentary* to Chapter V, para. 2).

19) 위에서 언급한 바와 같이 위법성조각사유로서의 자위라는 개념은 UN헌장 제51조에 상응해야만 한다 (이 규정은 무력사용금지 원칙에 대한 예외규정에 해당한다). 제21조에 대한 ILC Com-mentary는 이와 같이 자위가 제한적으로 적용된다는 점을 확인하고 하면서 '자위는 UN헌장 제2

GATT 제XX조 모델과는 달리 단일한 논리를 적용하기가 어렵다.

필요성(necessity)에 대해서는 특별한 논리를 적용하는 것이 가능하다고 보인다. 필요성이 일반국제법에 해당하는지에 대해서는 그동안 계속 논란이 있어 왔다. 오늘날 다수의 경우에 실질적인 위법성조각사유로 인정을 받았음에도 불구하고 ILC는 이를 부정형(negative terms)으로 작성하였고[20] 학자들은 이를 근거로 하여 필요성에 대해 엄격히 해석한다.[21] 필요성은 1999－2002년 아르헨티나의 경제위기 중에 아르헨티나 정부가 취한 조치에 대하여 발생한 방대한 수의 판정례에서 확인할 수 있듯이 중재판정부에서 외국인투자자의 권리와 상충하는 주권적 특혜를 확인하기 위해 자주 원용되어 왔다.

위의 내용에서 암시한 바와 같이 위법성조각사유는 예외라는 개념과 연관성이 있다. 예외로서의 위법성조각사유는 근본적으로 부수적이고 비자립적인 성격을 가진다. 그 기능은 실제 상황에 적용되는 규칙으로부터 이탈을 허용하는 것으로 위에서 언급한 바와 같이 (피제소자에게 항변을 제공함으로써[22]) 이탈한 규칙을 엄밀히 적용하는데 그 의의가 있다. 이는 국가책임에 관한 규칙에 있어서도 일관적인 태도를 보이는데 그 이유는 위법성조각사유가 궁극적으로는 국가의 의무를 규정하는 규칙의 적용에 관한 것이기 때문이다 (국가의무에 대한 위반에 대해서는 앞에서 논의한 바 있다).

마지막으로 위법성조각사유를 지칭하는 또 다른 용어로 사용되는 것이 정당화사유(causes or grounds of justification)로[23] 이는 기존의 그 자체(tour court)로서의 예외와

조 4항상 의무 외의 특정한 의무를 이행하지 않는 것을 정당화할 수 있는데 이는 그 불이행이 제2조 4항과 관련된 것이어야 한다'고 강조하면서 '제21조는 제5장의 목적을 위해 [UN헌장 제2조 4항에서 규정하는] 기본원칙을 반영하는 것일 뿐이며 자위의 범위와 적용에 관한 문제는 UN헌장에서 규정하는 적용규칙에 그 판단을 맡기고 있다'고 결론지었다. (ILC *Articles and Commentaries on State Responsibility, supra* note 14, *Commentary* to Art. 21, paras. 2 and 6, pp. 74－75).

20) ILC와 ICJ 모두 제25조는 엄격한 해석을 요건으로 함을 보여주기 위해 부정형으로 작성된 것임을 설명한 바 있다 (ILC *Articles and Commentaries on State Responsibility, supra* note 14, *Commentary* to Art. 25, paras. 2 and 14; *Gabcikovo-Nagymaros Project (Hungary/Slovakia)*, Judgment (1997) *ICJ Reports*, p. 7, para. 40 참조).

21) 엄격해석(strict interpretation)이라는 방법은 기존에 예외의 해석(interpretation of exceptions)으로 언급되어온 것으로 이는 아마 가치체계가 다른 가치체계로부터의 위협에 대응하는 형태의 해석이라고 볼 수 있을 것이다 (또는 규칙과 예외가 실질적으로 서로 대체가 가능해지는 법해석의 허무주의적(nihilist) 발전을 방지하고자 한 것으로 볼 수 있다). 실제로 ILC는 '필요성의 예외적 성격(exceptional nature of necessity)'은 이와 같은 경우 엄격해석의 요건을 의미한다고 본다.

22) 이는 간단히 말하자면 법적 예외와 절차적 측면에서의 예외가 만나는 중요한 접점으로 이 두 예외에 공통적인 고유의 의미를 부여한다.

23) 예를 들어 P. Malanczuk, 'Countermeasures and Self-defence as Circumstances Precluding

사법적 의미에서의 예외 간의 관계에 대한 일반적인 법리를 강조하여 설명하는 용어이다. 이는 예외와 제5장에서 중재판정부가 제시한 통합적 접근 간의 의미론적인 관계를 형성하는 것으로 본질적인 공공목적을 보호하기 위한 국가의 조치를 명시적으로 '정당화(justified)'하는데 그 의의가 있다.[24]

D. 예외와 특별법 우선의 원칙(*Lex Specialis Derogat Generali*)

우리는 예외가 그 첫 번째 의미로 다른 규칙 안에 내재된 (기능적이면서도 2차 규칙은 아닌) 부차적 규칙으로 이해될 수 있음을 어느 정도 확인할 수 있었다. 이러한 관점에서 기능적인 측면에서는 특별법 우선의 원칙(*lex specialis derogat generali*)과 유사하다고 할 수 있다. 실제로 ILC의 국제법 파편화에 관한 보고서에서는 특별법(*lex specialis*)을 설명하면서 특별법이 일반법의 '적용(application)'이 되는 경우와 일반법의 예외가 되는 경우로 구분하고 있다.[25]

그러나 이에 대해서는 몇 가지를 언급할 필요가 있다. 앞서 논의한 바와 같이 법적 예외는 규칙에 부차적인 것으로 예외에 해당하는 상황의 경우 규칙은 적용되지 않는다. 그러나 이는 특별법 우선의 원칙의 경우에서도 똑같다고 할 수 없는데 그 이유는 협정과 같은 특별법은 자립된 형태로써 그 모체가 되는 일반규칙이 소멸하더라도 존재할 수 있는 것이기 때문이다.[26] 따라서 ILC가 특별법을 일반법의 예외로 구분하는 것은 (또는 대안으로 특별법을 일반법의 적용으로 구분하는 것은) 특별법의 성격보다는 기능을 부각하여 보여주는 것이라고 할 수 있을 것이다. 이는 절대적 의미로서의 예외가 아니라 특정 규칙에 대한 예외로 보는 것이다.[27]

Wrongfulness in the International Law Commission's Draft Articles on State Responsibility', in M. Spinedi and B. Simma (eds.), *United Nations Codification of State Responsibility* (New York, London, Rome 1987), pp. 197–286, at p. 198 참조.

24) 이는 이하 제4절에서 후술하도록 한다.

25) *ILC Report on Fragmentation of International Law, supra* note 6, paras. 31–32. 특별법을 일반법의 "예외(exception)"로 보는 견해로 C. Focarelli, *International Law as Social Construct: The Struggle for Global Justice* (Oxford 2012), p. 289 참조.

26) 수용에 대한 보상을 규율하는 규칙을 생각해볼 수 있다 (제5장(5.4) 참조). 일반법은 시장가치에 완전히 상응하는 수준의 보상을 제공하도록 요구하지 않는다. 반면에 다수의 BIT에서는 완전한 보상을 제공하도록 요구하며 이는 일반법으로부터 벗어나는 내용이다 (일반법 대신 적용된다). 만약 미래의 국가실행이 (보상에 대한 의무를 규정하지 않는) 일반법을 소멸시킨다고 하더라도 특별법은 계속 존재할 것이다.

27) ILC의 국제법 파편화에 관한 보고서에서 특별법을 예외로 규정할 것을 제시한 내용을 L. Gradoni가 비판한 바 있다. L. Gradoni, *Regime failure nel diritto internazionale* (Padua 2009), pp.

　　특별법과 예외의 유사성은 굉장히 중요한 사항이다. '특별법－일반법'의 관계는 국제투자법의 법리를 강조하는 것이다. 특히 국내관할권의 형태로 확인할 수 있는 국가주권 원칙에 대항하여 국제투자법의 규칙들과 원칙들은 특별법 우선의 원칙에 따라 국가주권 원칙으로부터의 이탈, 궁극적으로는 국가주권 원칙에 대한 예외로 작용한다. 이러한 점은 복잡한 사건에서 단순히 일반법의 보급을 확인하는데 있어서의 한계를 보여주는데 그 이유는 투자자－국가간 분쟁을 단순히 국내관할권 원칙을 적용함으로써 해결하는 것은 국제투자법 규칙의 의미를 공허하게 만들고 실효적 해석의 원칙(*ut magis valeat quam pereat*)에 반하는 것이다.[28]

　　그러나 만약 예외로서의 특별법의 의미가 국제투자법과 기타 규칙들과의 관계를 규정하는 것이라면 규칙들 간의 충돌은 중재판정부의 권한문제와 결부될 것이다. 중재판정부는 제4장에서 언급한 바와 같이 준거법 설정에 있어서 상당히 엄격한 태도를 취하여 분쟁 당사자들 사이에 국제투자법 이외의 규칙상 내용을 특별법으로 직접적용할 수 있는 가능성이 희박하다. 이러한 엄격한 태도는 적어도 국제투자법과 환경법과 같이 두 개의 특별하고 구체적인 규칙들이 충돌하는 경우에 적용된다. 이는 (국제투자법과 같은) 특별규칙과 일반국제법 간의 관계에 적용될 경우 달라질 수 있다.[29] 그러나 이러한 경우에는 ILC에서 인정한 바와 같이 해석의 문제로 접근하는 것이 나을 것이다.[30]

　　결과적으로 위에서 기술한 3가지 의미의 예외는 이론적으로 환경문제를 국제투자법에 통합시킬 수 있는 기능을 수행할 수 있을 것이다. 다음 절에서는 이러한 기능적인 역할과 그 한계에 대해 살펴보고,. 더 나아가 서로 상충하는 이익들을 반영하기 위해 예외와 예외의 법적 도구로서의 기능이 존재해야 하는 이유들에 대해 알아볼 것이다. 우선 예외의 가장 넓은 의미를 고려하여 (체계적 예외로써 위법성조각사

　　20-21. 이러한 비판은 특히 예외에 주로 적용되는 엄격한 해석원칙으로부터 비롯된 것이다. 저자는 WTO 상소기구의 *Hormones* 사건을 언급하면서 '단순히 협정상 조항을 "예외(exception)"로 규정하는 것은 그 자체로 규정에 대한 "더 엄격한(stricter)" 또는 "더 협의적인(narrower)" 해석을 정당화하는 것이 아니며, 이는 협정상 실제 조항의 통상적인 의미를 그 문맥과 협정의 대상 및 목적을 고려하는 것으로 협정해석에 관한 일반규칙을 적용해야 한다'고 주장한 바 있다 (*European Communities－Measures Concerning Meat and Meat Products (Hormones)*, WT/DS26/AB/R and WT/DS48/AB/R, Report of the Appellate Body of 16 January 1998, para. 104). 주목할 점은 상소기구의 주장은 SPS 협정 등과 같이 동일한 협정상 두 개의 조항 간의 관계에 대하여 논하였다는 점이다.

28) 이에 대해서는 본 장의 마지막 절과 다음 장의 첫 번째 절을 참조.
29) 후자의 구분은 *ILC Report on Fragmentation of International Law, supra* note 6, para. 47 참조.
30) 이에 대해서는 이하 제6장(6.2) 참조.

유에 상응하는 형태) 특히 필요성을 검토해볼 것이다. 이후 GATT 제XX조와 여러 BIT
에서 규정하고 있는 예외모델인 일반적 예외에 대해 살펴볼 것이다.[31] 마지막으로
제5장에서 살펴본 중재판정부가 주로 취하는 해석 관점들을 비교해보고 해당 관점
들에서 제시하는 예외의 의미를 살펴봄으로써 다음 절의 내용을 마무리할 것이다.

2. 필요성 (및 기타 위법성조각사유)

필요성(state of necessity)은 오늘날 일반국제법에서 위법성조각사유로 널리 알려
져 있다.[32] 필요성은 여러 영역에서 적용되고 있으며 ICJ는 잘 알려진 바와 같이
Gabcikovo-Nagymaros 사건에서 필요성의 존재가 환경보호를 목적으로 한 국가행
위를 정당화할 수 있음을 인정한 바 있다. 지금까지 중재판정부들은 환경관련 분쟁
에서 필요성의 법리를 검토하지 않았다. 그러나 필요성이라는 위법성조각사유는
아르헨티나가 21세기 초에 심각한 경제위기로 초래된 상황을 극복하기 위해 도입
한 비정상적인 조치들로 인해 발생한 다수의 투자분쟁에서 중요한 역할을 수행한
바 있다.[33]

ILC가 2001년 국가책임초안 최종본에서 제시한 필요성 법리의 복잡한 내용
을 상기시킬 필요가 있다.[34] 이는 국제법상 필요성을 규정한 가장 권위 있는 근거
이다:

제25조 (필요성)

1. 필요성은 다음의 경우에 한하여 국가의 국제의무와 일치하지 않는 행위의
   위법성을 조각시키기 위한 사유로서 원용될 수 있다.
   (a) 그 행위가 그 국가에게 있어서 중대하고 급박한 위험으로부터 필수적

---

31) 예외에 대하여 가장 중요한 사례들('규제수용조항(regulatory taking clauses)')은 제5장(5.4)에서
   논의한 바 있다.
32) *Legal Consequences of the Construction of a Wall in the Occupied Palestinian Territory, Ad-
   visory Opinion* (2004) *ICJ Reports*, p. 136, at para. 140.
33) 위 사건들에서 중재판정부가 제시한 법리와 투자분쟁에서 환경보호 이익을 고려하기 위한 필요
   성의 법리 간에는 유사성이 있다고 할 수 있는데 이는 사회적 요구와 환경보호라는 두 개의 비
   상업적 이익간의 유사성에서 확인할 수 있다.
34) ILC, *Draft Articles on Responsibility of States for Internationally Wrongful Acts, in Yearbook of
   the International Law Commission,* 2001, vol. Ⅱ (이하 ILC 국가책임초안).

　　　이익을 보호하기 위한 유일한 수단인 경우, 그리고

　(b) 그 행위가 그 의무상대국(들) 또는 국제공동체 전체의 필수적 이익을 중대하게 훼손하지 않는 경우

2. 그러나 필요성은 다음과 같은 경우에는 위법성 조각을 위한 근거로 원용될 수 없다.

　(a) 문제의 국제의무가 필요성의 원용 가능성을 배제하고 있는 경우, 또는

　(b) 그 국가가 필요성의 상황 조성에 기여한 경우

A. 아르헨티나 사건들에서의 필수적 이익과 '필요성 심사(Necessity Test)'

　21세기 초 심각한 경제위기로 인해 아르헨티나 정부는 내부시장을 규제하고 투자자들에게 유리한 법 제도를 정비하기 위해 급진적인 조치들을 도입하였다. 특히 1990년대에 민영화를 통해 외국의 대기업들로부터 투자를 유치하였던 가스산업 분야에서는 이 조치들로 인해 외국인투자자들이 가혹한 대우를 받았다. 미국 투자자들은 아르헨티나 정부가 가스요금을 미국 생산자물가지수에 연계시키는 조치를 중지 및 동결하고 아르헨티나 페소와 미국 달러 간에 고정환율을 강제하여 ('페소화(pesification)') 미국─아르헨티나 BIT상 자신들의 권리가 침해당하였음을 주장하였다. *CMS*, *LG&E*, *Enron* 및 *Sempra* 사건에서[35] 중재판정부는 동 BIT상 실질적 규정의 위반, 특히 공정형평대우의 위반이 있었음을 확인하였으나 가장 화두가 되었던 사안은 투자유치국인 아르헨티나가 항변으로 제시한 필요성에 관한 것이었다.[36]

---

35) *CMS Gas Transmission Company v. Argentina*, ICSID Case No. ARB/01/8, Award of 12 May 2005 (이하 *CMS*); *LG&E Energy Corp., LG&E Capital Corp., LG&E International Inc. v. Argentina*, ICSID Case No. ARB/02/1, Decision on Liability of 3 October 2006 (이하 *LG&E*); *Enron Corporation Ponderosa Assets, L.P v. Argentina*, ICSID Case No. 01/3, Award of 22 May 2007 (이하 *Enron*); *Sempra Energy International v. Argentina*, ICSID Case No. ARB/02/16, Award of 28 September 2007 (이하 *Sempra*). 위 사건들의 분석으로는 M. C. Hoelck Thjoernelund, 'State of Necessity as an Exemption for State Responsibility for Investments', in *Max Plank UNYB 2009*, pp. 425─478 참조.

36) BIT도 필요성의 상황을 다루고 있다. 'This treaty shall not preclude the application by either Party of measures necessary for the maintenance of public order, the fulfillment of its obligations with respect to the maintenance or restoration of international peace and security, or the protection of its own essential security interests' (Art. XI, US─Argentina BIT). 위 사건들에 대한 4개의 판정문에서는 이 조항을 여러 번 언급하였으나 그 중심에는 필요성이라는 항변이 있었다. 1차 규칙(BIT상 예외)과 2차 규칙(필요성)의 구분을 근거로 중재판정부가 일반적인 항변 내에 협정상 항변을 '합일화(confluence)'시키는 선택을 한 것에 대해 비판적인 견해로

아르헨티나가 외국인투자자들에게 부정적인 영향을 미친 조치들을 취하는데 있어서 그 기저에 '필수적 이익(essential interest)'이 있었는지 여부가 중재판정부들이 첫 번째로 판단한 사안이었다. '필수적 이익'이라는 개념은 ILC 국가책임초안에서 필요성의 항변을 형식화한 것으로 불법한 국가행위를 국가의 국제법상 의무를 통해 정당화시키는 법적 가치를 지닌다.[37] 아르헨티나의 경우에 필수적 국가이익은 아르헨티나 국민들에게 들이닥친 경제위기의 효과를 약화시키는데 있었다.

Enron 사건과 Sempra 사건에서 중재판정부들은 필수적 이익을 협의적으로 해석하면서 '국가 그 자체의 존립과 독립성(the very existence of the State and its in-dependence)'에 대한 위험의 존재를 필수적 이익보호의 요건으로 제시하였다.[38] 그 결과 아르헨티나의 필요성 항변을 포괄적으로 인정하지 않는 결정을 내렸다.[39] CMS 사건에서 '필수적 이익'에 대한 추상적인 정의는 위기의 '사회적·정치적 시사점(social and political implications)'을 고려할 수 있는 여지를 남겨두었는데 이는 중재판정부에 따르면 '재해적 비례성(catastrophic proportion)'을 충족시키지 않더라도 국가조치를 필요성 항변하에서 정당화할 수 있는 것이었다.[40] LG&E 사건에서는 반대로 필수적 이익의 범위는 '국가의 존립에 연관된 이익에 한정(limited to those interests

---

는 J. Kurtz, 'Adjudging the Exceptional at International Investment Law: Security, Public Order and Financial Crisis'. (2010) *ICLQ,* pp. 325‒371, at p. 344. 중재판정부의 제11조 원용의 부적절함을 지적한 견해로는 *CMS Gas Transmission Company v. Argentina,* ICSID Case No. ARB/01/8, Decision of the Ad Hoc Committee on the Application for Annulment of 25 September 2007, paras. 123‒125 참조. 반대로 아르헨티나의 경제 위기로 발생한 5번째 사건인 *Continental* 사건의 판정문을 살펴보면 중재판정부가 위 두 가지 항변을 단정적으로 구분하면서 협정상 제11조를 구체적으로 적용하고 필요성 법리는 무시하였음을 확인할 수 있다 (*Continental Casualty Company v. Argentina*, ICSID Case No. ARB/03/9, Award of 5 September 2008 (이하 *Continental*). 그러나 위에서 언급한 바와 같이 이 판정은 필요성의 개념이 제11조에 내재된 것으로 해석하였다는 점이 매우 의미가 있다.

37) 국제관행에서 '필수적 이익'에 해당되는 의미에 대한 일반적인 내용은 이하 문단 D 참조.

38) *Enron, supra* note 35, para. 306; *Sempra, supra* note 35, para. 348 (실제로 *Sempra* 사건 판정의 논리는 *Enron* 판정의 논리와 동일하며 이는 필수적 이익 이외의 판정문 내용에서도 그러하다). '필수적 이익'을 국가 존립기능에 필요한 다양한 이익으로 해석한 것은 당시 법리와 국가실행에 의해 널리 도입된 해석이 아니었다. 제4절 참조.

39) 위 판정들에서 '필수적 이익'의 해석은 '중대하고 급박한 위험(grave and imminent peril)'을 해석에 흡수시킨 것으로 보인다. 그 외의 견해로 Newcombe and Paradell, *supra* note 12, at p. 518 참조.

40) *CMS, supra* note 35, paras. 319‒320. 여기에서 중재판정부는 성급하고 포괄적인 내용의 결정을 내렸다 ('국제관계 및 국제법상에서 자주 그러하듯이 이와 같은 상황은 흑백으로 구분하도록 주어진 것이 아니며 여러 겹의 회색빛 그림자로 구성된 것이다'). 중재판정부는 해당 BIT 제11조에 따라 사실관계를 분석하면서 몇 가지 추가요소들이 고려하면서 '아르헨티나의 위기는 심각하였으나 완전한 경제적·사회적 붕괴로 이어지지는 않았다'(para. 355)고 결론지었다.

referring to the State's existence)'되어 있다고 명시하지 않았다. 중재판정부는 Ago, Barboza 등 학자들의 견해를 인용하면서 경제적 이익과 생태계 보호에 관한 이익을 이에 포함시켰다. 이러한 과정에서 중재판정부는 아르헨티나 사건들에서 인용된 필요성의 항변이 환경분쟁에서도 항변으로 제기될 수 있다는 점을 확인하였다.41) 따라서 중재판정부가 궁극적으로 필요성의 항변을 인정하여 국제투자법을 위반하는 아르헨티나의 조치들이 정당화될 수 있다는 결정을 내린다고 해서 놀라운 일이라고 할 수 없다.42)

　　두 번째로 중요한 점은 필요성이라는 개념 그 자체이다. 필요성을 가장 논리적이고 기본적인 언어상 의미로 알아보면 A와 B라는 두 요소의 특별한 관계에 관한 것임을 알 수 있다. 만약 A가 B에 필요한 것이라면 그 의미는 A가 완전히 또는 부분적으로 B를 구성하는 과정의 요소이며 이는 A를 구성할 수 있는 제3의 요소의 존재를 필요로 하지 않는다 (제3의 요소는 A를 구성하는 기능을 한다). 따라서 절대필요조건(conditio sine qua non)이라는 용어가 필요성의 개념과 동일한 의미이다. 대체조건의 부재로 확인할 수 있는 필요성이라는 개념은 ILC 국가책임초안 제25조에서도 확인한 바 있는데 동 조항은 국가행위는 그 국가의 필수적 이익을 보호하기 위한 '유일한 수단(the only way)'이어야만 한다고 규정하고 있다. 비록 필요성이 형식논리(formal logic)의 폐쇄적인 체계 내에서 명확하게 정의된 용어이기는 하나 용어와 규칙이 개방적인 형태로 존재하는 경우가 대다수인 사회과학계 내에서는 필요성 개념의 해석에 대한 의견이 분분하다. 이는 아르헨티나 경제위기 관련 분쟁들에서도 분명 문제가 될 만한 것이었는데 소위 '중재판정부(the tribunals)'의 아르헨티나의 조치들이 경제위기에 대응하기 위한 "유일한 수단(the only way)"이었는지에 대한 논의는 거의 없었으며 증거들에 대한 체계적인 평가도 이루어지지 않았다.43)

　　중재판정부들이 '유일수단조건(only way requirement)'을 판단하는데 있어서 국가의 조치들과 경제위기의 해결 내지는 최소 약화시키는 결과 간의 잠재적 인과관계를 식별하는 것은 쉽지 않았다. 그러나 LG&E 사건 중재판정부에서는 아르헨티나가 직면한 급박한 시간적 제약 그 자체가 다른 대안들을 확인하지 못한 것을 정당화

41) LG&E, supra note 35, para. 251. 주목할 점은 중재판정부가 BIT 제11조에 근거하여 공공질서(public order)의 개념을 분석하면서도 그 범위를 보다 넓은 범위에 귀속시키면서 포함되는 내용으로 인간건강을 명시하였다는 것이다.
42) 중재판정부는 필요성의 상황이 존재함을 인정하면서 국가책임에 관한 일반규칙과 협정상 필요성 조항을 모두 근거로 적용시켰다.
43) Newcombe and Paradell, supra note 12, at p. 519, 관련된 참고문헌들도 함께 확인할 수 있다.

할 수 있는 요소가 될 수 있다고 언급한 바 있다.[44]

중재판정부의 판정은 다음과 같이 완전히 발전된 형태로 얘기할 수 있을 것이다. 첫째, 입법자들은 대안들을 검토해볼 시간이 없었다. 둘째, 결단이 필요했다. 셋째, 중재판정부는 (피소국의 증거로써) 아르헨티나가 취한 조치들이 실제로 경제위기의 여파를 약화시켰는지, 동일한 결과를 얻을 수 있는 기타 (덜 제한적인) 조치들은 당시 취할 수 없었는지를 확인만 하면 되었다. 마지막 주장은 사실상 일응추정(*prima facie*)의 주장으로 피소국은 취한 조치와 그 목표 간의 인과관계만을 입증하면 되었다. 또한 대안의 존재는 부정적인 입증요소(negative element)가 되는 것으로 입증책임(*onus probandi*)의 부담을 덜어주어 적극적 증거를 제시할 필요가 없게 된다. 물론 이러한 접근법은 기민한 결단을 요구하는 극단적인 경제위기의 경우에만 적용될 수 있을 것이다. 이러한 제한이 없다면 국가는 이를 도구로 악용하여 취한 조치들을 정당화하고 협정의 지위를 위태롭게 만들어 궁극적으로는 엄격하게 해석해야 하는 필요성의 요건에도 모순되는 행위를 하게 될 것이다.[45]

'시간적(time)' 주장은 외국인 투자자들의 권리를 침해하는 국가의 조치가 매우 복잡한 상황 속에서 이루어진 것으로 입법자들이 대안을 검토할 시간이 거의 없었으며 국민들이 조치를 취해줄 것을 요구하는 상황에서 유용할 것이다. 이는 경제위기의 상황뿐만 아니라 환경파괴에 관한 과학적 불확실성이 존재하는 경우에도 사전예방원칙(precautionary principle)의 적용범위와 연계하여 적용할 수 있을 것이다.

B. 투자중재상 '환경적 필요성(Environmental Necessity)': 여러 견해와 한계

Gabcikovo−Nagymaros 사건에 대한 ICJ의 결정은 환경친화적인 학자들로부터

---

44) '2001년 12월 아르헨티나 정부가 처한 상황에서 시간이라는 요소는 대응조치를 구상하는데 있어서 매우 중요하였다. 겨우 6일 내에 작성된 비상법(Emergency Law)은 당시 경제위기에 대응하는데 필요한 신속하고 일방적인 조치였다' (LG&E, *supra* note 35, para. 240). 이러한 주장은 BIT 제11조를 근거로 발전된 것이기는 하나 '필요한(necessary)' 조치라는 표현을 하고 있는 만큼 그 내용의 본질은 다르지 않다 (이는 중재판정부가 협정상 항변과 필요성의 항변을 통합시키는 경향이 있었다는 사실로부터 확인할 수 있다, para. 228). 반대로 J. Kurtz는 이러한 LG&E 사건 판정문의 내용을 비판하면서 중재판정부가 공공질서 유지와 대안의 부재라는 사유를 필수적 이익의 보호와 동일시했다는 점을 지적하였다 (Kurtz, *supra* note 36, at p. 355–356).

45) 이러한 배경에서 '중재판정부는 그 이유에 대해서는 설명하지 않고 아르헨티나의 대응이 합법적인 것으로 규정하였다'는 Kurtz의 주장은 설득력이 있다고 보기 힘들다 (Kurtz, *supra* note 36, at p. 356). 실제로 이 주장에 힘을 실어주기 위해 저자는 일반적인 내용을 담은 판정문의 239번째 문단을 인용하였는데 위에서 언급한 '시간적 주장(time argument)'은 그 다음 문단인 240번째 문단에서 확인할 수 있는 것이다.

환영을 받았는데 이는 특히 ICJ가 생태계적 이익의 보호를 위해 필요성이 원용될 수 있다는 점을 인정하였기 때문이었다 (이를 '환경적 필요성(environmental necessity)'이라고 칭함).46) 이와 같은 환경에 대한 고려는 이론상 '필수적 이익'을 동반할 수 있으며 ILC 국가책임초안에서 정의하는 '필요성'과 동일 선상에서 볼 수 있다는 점은 오늘날 널리 인정되고 있다.47) 이러한 방식으로 필요성을 해석하는 것은 국제투자중재에서 환경적 이익을 보호하는데 있어서 필요한 국가조치를 정당화할 수 있는 가능성을 열어준다. *LG&E* 사건 중재판정부의 주장은 비록 고립된 주장이기는 하나 필요성을 원용하여 국제투자법상 의무와 충돌할 수 있는 국가조치를 정당화함으로써 비상업적 가치(아르헨티나의 사건들에서는 국민의 요구 및 환경보호에 대한 고려 등)가 어떻게 기능할 수 있는 지를 보여준다.

투자중재에서 환경적 필요성의 항변을 수용하는 것은 중재판정부로 하여금 일반국제법상 국가책임을 근거로 하여 투자협정상 엄격한 규정의 내용을 뛰어 넘어 해석하는 것을 가능케 하다. 게다가 이는 GATT 제XX조와도 연계를 할 수 있을 것인데 그 이유는 필요성의 개념이 일반적 예외에서도 중요한 역할을 수행하기 때문이다.48)

그러나 '환경적 필요성'을 국제투자중재에서 광범위하게 활용하는 것은 구체적인 문제점들을 야기하고 국제투자법과 환경을 조화시키는 문제를 해결하는 것과도 거리가 있어 보인다. 아르헨티나 사건들의 경우 판정문들을 보면 필요성을 판단하는데 있어서 수반되는 복잡성을 보여주는데 이는 특히 투자협정의 규정에서 확인할 수 있다. 더 구체적으로는 필요성이라는 위법성조각사유가 외부적이고 비상업적인 가치를 투자협정이라는 틀 내에 포함시키는데 있어서 핵심요소가 될 수 있는 지에 대해 의문이 남는다. 이러한 의문점들을 보다 더 잘 이해하기 위해서는 필요성을 통합 목적으로 도입하는 협정상 규정인 GATT 제XX조와 (이와 유사한 모델들도 함께) 유사한 점을 알아볼 필요가 있다.

WTO 판례례는 무역규칙과 환경보호를 잇는 핵심 원칙의 존재를 인지하고 있

---

46) '재판소는 헝가리가 자국 지역내 자연환경이 Gabcikovo-Nagymaros 계획으로 인해 영향을 받는 것은 국가의 "필수적 이익"과 관계가 있다는 우려를 인정하는데 있어서 어려움이 없다' (*Gabcikovo-Nagymaros, supra* note 20, para. 53).

47) 환경적 필요성에 대한 내용으로 M. Montini, *Il principio di necessità ambientale nel diritto internazionale e comunitario* (Padua 2001) 참조. WTO법 내에서의 역할에 대해서도 서술하고 있다.

48) GATT 제XX조에 따른 필요성의 의미(특히 (b)호)에 대해서는 이하 제3절(3.A) 참조.

다. '일반적 예외(General Exceptions)'라는 틀하에서 회원국들은 자국 환경(과 함께 인간 건강)의 보호수준을 결정할 권리를 가진다. 취한 조치가 비록 무역제한적이라 하더라도 동 조치가 원하는 수준의 보호를 위해 필요한 것이고 부당하게 적용된 것이 아니라면 GATT 규칙을 위반한 것으로 간주하지 않는다. 중요한 점은 일반적 예외가 완성된 형태라는 점이다. 일반적 예외에는 환경적 이익과 무역이익의 균형에 관한 조항이 존재하지 않는다 (제XX조 두문(chapeau)이 국가들이 부당하게 예외를 원용하는 것을 방지하는 기능을 한다). 이 규칙에 따르면 매우 높은 수준의 보호를 추구하는 조치도 합법적인 것으로 주요 상업이익의 희생을 감수해야 하는 경우에도 그러하다.[49]

GATT 제XX조의 법적 모델과 필요성의 항변이 공유하는 점은 공공목적을 추구하는 국가조치에 대하여 무조건적인 정당화를 제공하지는 않는다는 것이다. 필요성의 경우 문제가 된 조치가 그 기저에 존재하는 이익이 필요성의 항변 없이는 국제규칙과 충돌하는 경우임을 인정함으로써 적용이 가능해지는 것이다. 그러나 GATT 제XX조와는 달리 필요성은 ILC 국가책임초안 제25조에서 규정하는 것과 같이 두 가지 요건을 덧붙이고 있다. 조치가 대응하고자 하는 '위험(peril)'이 중대하고 급박해야 한다는 것이다. 첫 번째 요건인 중대성(graveness)은 환경에 대한 위험이 (비록 완전히 입증된다고 하더라도) 낮은 수준인 경우 투자자의 권리를 침해하는 국가조치에 대하여 필요성의 항변을 적용할 수 없음을 의미한다.[50] 게다가 위험의 임박성 요건은 필요성 항변의 적용 가능성을 더욱 낮추는데 이는 사실상 위급상황의 경우에만 적용되는 것으로 한정함을 의미한다.

다음의 사항도 고려를 할 필요가 있다. ILC 국가책임초안에서 제시하는 필요성 원용의 마지막 요건으로 만약 '국가가 필요성의 상황에 기여한 경우(the State has contributed to the situation of necessity)'에 '필요성은 원용될 수 없다(necessity may not be invoked)'고 밝히고 있다. 필요성 상황에 대한 기여라는 개념은 국가가 부분적으로 또는 온전히 초래된 위험에 책임이 있는 경우를 의미하는 것으로 그렇다고 해서 이 위법성조각사유의 적용 자체를 제한하는 것은 아니며 결과적으로 이는 '신의성실(good faith)'의 원칙 적용과 일치하는 것으로 보인다. ILC 국가책임초안은 국가의 위험 이전의 행위와 위험의 근원을 연계시키지는 않으나 필요성 그 자체의 근원과

---

49) 제XX조에 관한 WTO의 관행과 국제투자법에 대한 파급효과에 대한 분석으로는 다음 절 참조.
50) 주목할 점은 조치의 심각성을 판단할 때의 기준은 비례성 기준과 동일한 것이 아니라는 점인데 이 비례성 기준은 필요성 규칙의 다른 부분에서 별도로 판단하게 된다 (다른 국가의 이익이라는 맥락과는 다른 맥락에서 보아야 한다).

국가행위에 대하여 규정하고 있다. 그 의미는 무엇일까? 엄격하게 말하자면 이는 국가의 이전 행위가 필요성 상황의 개시에 기여할 경우를 의미하는 것으로써 환경보호를 위해 취한 조치 이외의 대안들이 결여된 상황을 조성하는데 기여하는 것을 의미한다.[51] 이러한 해석은 비록 형식적이기는 하나 엄격한 해석의 형태에 해당하는 필요성의 해석방법론에 의해 확인되어야 할 것이다.

    ILC 국가책임초안 제27조에서 규정하는 일반규칙 마지막 부분을 살펴보면 '본 장에 따른 위법성 조각사유의 원용은 다음을 저해하지 않는다: [...] (b) 문제가 된 행위로 인해 발생한 물질적 피해에 대한 보상문제.' 우선 이 규정은 환경을 보호하고, 정당화되지 않을 경우 국제투자규범과 불일치하는 국가조치의 위법성을 조각하는 사유, 본 논의에서는 필요성을 원용하는데 있어서 결정적인 장애물로 보일 수 있다. 국제투자법상에서 외국인 투자자의 권리를 침해하는 국가조치에 따르는 결과는 기본적으로 보상을 제공해야 할 의무인데 ILC 국가책임초안 제27조는 이 보상의 문제를 미해결 상태로 남겨둠으로써 실제로는 위법성조각사유의 정당화 기능 및 예외적 기능을 저해하는 것으로 보인다. 그러나 보상은 자동적으로 따라오는 결과가 아닌데 그 이유는 ILC에서 언급한 바와 같이 모든 상황에서 보상이 제공 가능하고 구체적인 형태의 보상이 적절하다고 볼 수 없기 때문이다.[52] 오히려 제27조는 외국인 투자자의 권리와 환경보호를 조화시키는데 있어서 필요성의 법리를 더 적절하게 적용할 수 있도록 만드는 역할을 할 수 있다.[53] 실제로 그 기능이 다

---

51) 사례를 통해 이러한 해석의 효과를 확인할 수 있을 것이다. 한 국가가 외국인 투자자에게 인구 밀집지역 근처에 유해폐기물 매립시설을 관리할 수 있도록 허가하면서 인간건강 및 환경에 초래할 수 있는 위험에 대해서는 무시하였다고 가정해볼 수 있다. 정권이 교체되면서 더 많은 권한을 가지게 된 당국은 이러한 위험을 무력화시키기 위해 위 사업에 대한 허가를 갱신해주지 않거나 철회하였다. 그렇다면 투자자는 자신의 합리적인 기대가 침해되었다고 소를 제기하고 투자유치국은 필요성의 항변을 원용한다고 가정할 경우, 비록 이러한 항변이 중재판정부에 의해 일반적으로 수용된다고 하더라도 동 국가가 취한 조치들의 필요성에 스스로 기여한 바가 있으므로 필요성의 항변을 적용하는데 이어서 제한이 있을 수 있냐는 점이 문제가 될 수 있다. 실제로 중재판정부는 이러한 경우 국가가 위험이 이미 존재하였음에도 불구하고 허가를 발급함으로써 스스로 '대안이 부재한 상황(no-alternative situation)'에 기여하였다고 말할 수 있을 것이다. 국가가 환경에 위해한 사업활동을 허가한 지 얼마 지나지 않아 환경을 보호하기 위해 취할 수 있는 유일한 조치는 그 허가를 철회하는 것이기 때문이다.

52) ILC *Articles and Commentaries on State Responsibility*, *supra* note 14, *Commentary* to Art. 27, para 6, at p. 86.

53) A. K. Bjorklund, *The Necessity of Sustainable Development,* in M.-C. Cordonier Segger, M. W. Gehring and A. Newcombe (eds.), *Sustainable Development in World Investment Law* (Alphen aan den Rijn 2011), pp. 373-401, at. 400.

르기 때문에 위와 같은 상황에서의 보상은 국제투자법상에서 주로 사용되는 기준
이 아닌 다른 기준으로 평가되어야 한다. 이는 특히 공정시장가치(fair market value)
에 따른 완전한 보상이라는 기준을 따르지 않을 것이다. 이를 통해 ILC 국가책임초
안 제27조는 중재판정부가 판단하는 '환경분쟁(environmental disputes)'에서 필요성을
적용하는 것을 제한하지 않고 오히려 신중하게 보상평가기준을 적용하여 보다 균
형잡힌 판정을 내릴 수 있도록 유도할 것이다.

　　종합해보면 필요성이 비록 국제투자법상의 통합문제에 결정적인 역할을 수행
하는 것은 아님에도 불구하고 비상시 취해진 환경조치의 위법성을 조각하는데 있
어서 유용한 도구로 활용될 수 있으며 특히 적용되는 국제투자협정이 비상업적 가
치문제에 대해 전혀 언급이 없는 경우에 그 활용가치가 높아질 것이다. 이론적인
측면에서 가장 흥미로운 문제는 어떻게 환경적 이익이 다른 이익보다 더 필수적이
고 따라서 다른 이익은 희생해도 되는지 판단할 수 있는가이다. 이 문제가 국제투
자법상 예외에 미치는 파급효과에 대해서는 기타 위법성조각사유들을 간략히 검토
한 뒤 이어지는 문단 D에서 분석해볼 것이다.

C. 기타 위법성조각사유

　　ILC 국가책임 보고서 제6장에서 정의하고 있는 기타 위법성조각사유 중에 일
부는 중재판정부에서 일반적으로 적용할 수 있을 것이나 본서의 논의에 제공하는
효용성은 거의 없다.

　　합의(consent)[54]라는 위법성조각사유는 본서의 범위에서 극단적으로 벗어나는
것으로 보이는데 그 이유는 '유효한 합의(valid consent)'는 피해를 입은 국가에 의해
부여되어야 하기 때문이다. 이 항변의 근거가 되는 규칙이 개방적으로 해석하여 기
본적인 의무가 투자유치국과 외국인 투자자 간에 부여된다고 전제하여 유효한 동
의가 투자자의 의지에 달려있다고 하더라도 그 결과는 실질적으로 다르지 않을 것이
다. 이 위법성조각사유의 논리는 의무의 수혜자에 대한 자유로운 선택이라는 개
념 주위를 맴도는 것으로 투자유치국의 행위와는 연관이 없으며 그 행위의 근거가
되는 잠재적인 환경적 고려사항과도 연관이 없다.

---

54) ILC 국가책임초안 제20조, *supra* note 34, '한 국가가 타국이 일정한 행위를 취함에 대하여 부여
　　한 유효한 동의는 그 행위가 그 동의의 범위 내에서 이루어진 한, 전자의 국가와 관련하여 그
　　행위의 위법성을 조각한다.'

　　조난(distress)[55]이라는 법적 개념도 국제투자법상에서 통합적 기능을 수행한다고 보기는 어렵다. 비록 조난과 필요성 모두 문제가 된 행위에 대한 대안의 부재를 정당화의 근거로 요구하나 ('다른 합리적 방법을 확보하지 못하는 경우(has no other reason-able way)') 조난은 궁극적으로 국가행위의 위법성을 행위의 주체자의 관점에서 조각하는 것이다. 따라서 국가의 규제영역에서 통합적인 역할문제에 있어서는 이 항변은 그 영향이 있다면 아주 작거나 아예 없다고 볼 수 있다.[56]

　　이러한 논리는 불가항력(*force majeure*)[57] 사유에서도 크게 다른 결론이 도출되지 않는다. 이 사유가 통합적 기능을 수행하지 않는다는 것을 보여주는 주된 이유는 국가행위의 정당화가 외부적 요소들이 국가의 의지를 뛰어넘는다는 개념에 근거한다는 점에 있다 ('저항할 수 없는(irresistible)' 또한 '예측하지 못한(unforeseen)'). '국가의 행위로서 그 국제의무와 일치되지 않는 행위가 비자발적이거나 적어도 자유로운 선택의 요소가 부재한 경우(the conduct of the State which would otherwise be internation-ally wrongful is involuntary or at least involves no element of free choice)'는[58] 불가항력을 필요성으로부터 구분하는 핵심내용일뿐만 아니라[59] 불가항력의 항변이 환경보호를

---

55) *Ibid.*, 제24조. '1. 국가의 행위로서 그 국제의무와 일치되지 않는 행위는 그 문제의 행위주체가 조난의 상황에 처하여 그 행위주체의 생명 또는 그 행위주체의 보호에 맡겨진 다른 사람들의 생명의 구조를 위하여 다른 합리적 방법을 확보하지 못하는 경우 그 위법성이 조각된다.'

56) 환경보호적 목적은 위 항변의 범위에서 완전히 벗어나 있으며 '그 행위주체의 보호에 맡겨진 다른 사람들의 생명'을 구조하기 위한 목적과 국제투자법상 인간건강의 보호 간의 가정적인 관계를 생각해보더라도 그 연관성은 거의 없는 것으로 보인다. 실제로 조난이 사유로 언급된 사례들을 살펴보았을 때 조난에 근거한 대응조치(규제조치)가 동시에 외국인의 투자에 부정적으로 영향을 미치는 상황을 생각해보기 어렵다.

57) ILC 국가책임초안 제23조, *supra* note 34, '1. 국가의 행위로서 그 국제의무와 일치되지 않는 행위는 그 행위가 불가항력에 기인하는 경우 위법성이 조각된다. 불가항력이라 함은 그 국가의 통제 밖에 있음으로써 그 국가로 하여금 그 상황에서 문제의 의무를 이행하는 것을 물리적으로 불가능하게 만드는 저항할 수 없는 힘 또는 예측하지 못한 사고의 발생을 말한다. 2. 제1항은 다음의 경우에는 적용되지 않는다. (a) 불가항력의 상황이 원용하는 국가의 행위에 단독적으로 또는 다른 요소들과 결합하여, 기인하는 경우 또는 (b) 그 국가가 그러한 상황 발생의 위험을 예측하였던 경우.'

58) ILC *Articles and Commentaries on State Responsibility*, *supra* note 14, *Commentary* to Art. 23, para. 1, at p. 76.

59) 과거에는 필요성과 불가항력이 명확하게 구분되지 않았다 (Bkorklund, *supra* note 12, at pp. 465-472). 필요성의 상황이 불가항력으로 잘못 정의된 사례로 1913년 *Russian Indemnity* 사건에 대한 ILC의 견해 참조 (ILC *Articles and Commentaries on State Responsibility*, *supra* note 14, *Commentary* to Art. 25, para. 7, at p. 81). 두 개념의 혼란이 발생하는 사례는 투자와 환경의 관계에 있어서도 발생할 수 있다. 지진 또는 홍수와 같은 자연재해는 제23조의 포함된다 (*ibid.*, *Commentary* to Art. 23). 한 국가에서 자연적으로 발생한 화재가 대다수의 산림을 파괴하였는데 그 국가가 화재 이전에 그 산림의 일부에 대한 개발허가를 외국인 투자자에게 승인한

목적으로 취하는 국가조치를 정당화하는 것을 개념적으로 문제가 발생하게 만드는 내용이기도 하다. 실제로 국가의 행위는 자유로운 선택에 의한 것이 아니라 하더라도 실제 '행위(act)'로 정량화되는 경우는 거의 없으며 이로 인해 그 국가행위의 기저에 존재하는 환경보호와 같은 '목적(purposes)'을 식별하는 것도 어렵다.

D. 필요성과 통합문제: 일반적인 고려사항

지금부터는 국제투자법상 투자자의 권리와 환경보호라는 서로 상충되는 이익들에 적용되었을 때 필요성의 법리가 가지는 특징에 대해 알아볼 것이다. 특히 어떠한 경우에 필요성이 예외로 적용되는가? 또한 이익의 종류가 어떻게 특정규칙의 비적용(non-application)을 결정할 수 있고 어떻게 필요성의 항변에 따라 조치를 정당화할 수 있는가?

이론적으로 위법성조각사유는 잠재적으로 법체계 내 모든 법의 비적용 사유가 될 수 있다. 그러나 필요성 외의 사유는 실제로 적용하는 것은 그 범위 또는 빈도 측면에서 한계가 있다.[60] 이에 반해 필요성은 국가의 권리와 의무를 창설하는 국제규칙 그 전부를 적용하는데 있어서 사전에 정해진 제한이 없다.[61]

또한 필요성은 국가행위에 의해 저촉되는 법적 보호하의 이익보다 다른 구체적인 이익을 우선시하도록 하는 기능을 한다. 이러한 우선이익은 필수적인 것으로 정의하는데 그 이유는 이로 인해 희생된 이익은 필수적이지 않은 것으로 간주하기 때문이다.

위 두 가지의 내용은 논리에 반하는(contra tenorem rationis) 예외에 관한 논리와 유사하다. 한편으로는 필요성은 귀속되어 있는 법체계의 전반, 즉 국제법에 반하는

바 있고 그 산림의 일부는 기적적으로 화재의 피해를 입지 않은 상황을 생각해볼 수 있다. 국가는 화재 이후에 살아남은 산림의 일부를 보호해야 한다는 점을 정당하게 주장할 수 있을 것이며 이에 따라 사업허가를 철회할 수 있을 것이다. 그러나 이와 같은 가정의 사례에서도 적절하게 적용될 수 있는 항변은 불가항력보다는 필요성이다. 실제로 개발허가를 철회하는 행위는 결과적으로 자발적인 것이며 몇 가지의 선택이 가능하다 (다른 정부는 환경적 이익을 희생하고 남은 산림을 개발하여 발생하는 이윤을 챙기는 것이 더 이익이라고 고려할 수 있다).

60) 실제로 자위권의 경우에는 UN헌장에 따른다. 불가항력은 행위주체자인 국가에 귀속되는 사실관계에 따르는 것으로 국가가 자발적으로 행동하지 않은 경우에만 해당된다. 조난의 개념은 매우 희귀한 상황으로 완전히 별도의 법리를 따른다. 동의는 광범위한 상황에서 완벽하게 적용될 수 있으나 그 법리는 꼭 예외적인 성격이라고 볼 수 없으며 오히려 권리의 표현에 가깝다 (더 일반적으로는 동의에 의해 규칙을 변경하는 것을 의미). 이에 대해서는 *Articles and Commentaries on State Responsibility, supra* note 14, *Commentary* to Art. 25, para. 2, at p. 80.

61) 이는 필요성의 항변을 엄격하게 적용해야 한다는 주장과 그 맥락을 같이 한다.

가치를 도입하고 있지는 않는 것으로 보인다.[62] 이러한 측면에서 필요성은 '다른 법 체계에서 비롯되거나 자립적인 것이 아니며 생각지도 못했던 규칙들을 강제함으로써 기본 법 체계에 영향을 주지 않는다.'[63]

그러나 국제법의 하위법체계에서는 그러하다. 적어도 국제투자법과 같은 하위 법체계에서는 동일한 분류의 이익들을 보호하는 하나의 통일된 규칙을 가지고 있다. 투자법 규칙에 의해 보호되는 이익이 기타 '필수적' 이익을 위해 희생될 수 있다고 해서 다른 가치들을 추구하는 법체계가 개입되었다는 의미로 볼 수는 없다. 이러한 맥락에서 필요성은 적용법규 논리에 반하는(*contra tenorem rationis*) 법을 도입하는 일반적인 메커니즘으로 이해할 수 있을 것이다. 따라서 필요성은 GATT 제XX조에서 규정하는 일반적 예외와 그 유사모델들과 근본적으로 밀접한 연관성이 존재한다.

첫 번째 결론은 다른 의문점들로 이어진다. 이익이 필수적이라는 것은 무슨 의미이며 덜 필수적이거나 필수적이지 않은 이익보다 우선한다는 것은 무슨 의미인가? 어떻게 필수적인 이익을 광범위한 법적 가치들과 이익들 중에서 선별할 수 있는가? 이러한 질문들은 예외가 어떻게 적용되고 국제법 체계와의 관계는 어떻게 되는지를 이해하는데 있어서 근본이 되는 질문들이다. 국제법 체계와의 관계는 표면적으로는 단순한 위계질서의 관계로 보일 수 있다.

20세기 초 필요성은 국제법상에서 일반적인 항변으로 받아들여지지 않았으며 필요성을 인정하는 학자들도 당시에는 '필수적' 이익을 국가의 존립과 결부시켜 그 범위를 극단적으로 제한하였다.[64] 이를 통해 학자들은 다양한 형태의 국가 이익 중에서 필수적 이익을 선별하였으며 그 이익들 간에 위계질서를 확립시켰다. 필요성이 국제관행을 통해 광범위하게 원용된 이후 이러한 제한은 1980년 ILC 보고서를 비롯한 참고문헌 등에서 차츰 그 자취를 감추었다. 오늘날 상황은 완전히 뒤바뀌었다. 국가의 존립에 본질적인 이익들에 대한 언급이 사라진 이후 여러 형태의

---

62) Benvenuti는 필요성이 강행규범에 순응한다는 점은 '필요성이 법 개념과 상충되지는 않는다는 점을 보여준다'고 주장한 바 있다. 동시에 필요성은 국제법 체계에서 배제될 수 없는 체계적 분야에 해당한다고 하였다 (P. Benvenuti, 'Lo stato di necessità alla prova dei fatti', in M. Spinedi, A. Gianelli and M. L. Alaimo (eds.), *La codificazione della responsabilità internazionale degli stati alla prova dei fatti, Problemi e spunti di riflessione* (Milan 2006), pp. 107–152).

63) Pugliatti, *supra* note 10, at p. 152.

64) Ago, *supra* note 11, 'existence même de l'État'. at p. 131.

이익들이 고려되었으며 (경제적 이익, 환경적 이익, 사회적 이익 등) 2001년 ILC에서 인정한 바와 같이 이를 사전에 규정하는 것은 거의 불가능에 가까워졌다.[65] 결론적으로 오늘날에는 추상적인 이익 그 자체가 필수적이지 않다고 단정짓기는 어려우며[66] 이는 사실상 사안별 판단이 요구된다.

필수적 이익을 선별하고 해당 이익이 상충하는 비필수적 이익보다 우선하는지 여부를 사전에 판단하는 것에 대하여 주저하는 이유는 아마도 국제사회에서 강행규범(jus cogens)을 점진적으로 인정하기 시작하면서 국제규칙 간에 위계질서가 확립되고 있기 때문일 것이다. 실제로 필수적 이익을 국제법의 위계질서에 편입시킨다면 필요성은 강행규범에 의해 사실상 그 기능을 할 수 없는 위험이 발생하거나 반대로 강행규범이 지속적으로 발전하는 가운데 어중간한 영역에 놓이게 될 것이다. 어떠한 경우든 간에 오늘날 필수적 이익의 의미를 이해하는데 있어서 유일한 문제점은 이 이익을 특정 분류의 추상적인 이익으로 그룹화하여 일반적으로 인정할 수 있는지 여부이다. 반대로 생각해보면 필수적 이익을 분류하는데 있어서 최소한의 기준이라고 할 수 있는 기준이 없으므로 광범위하게 인용되는 필수적 이익에 대해서만 그룹화가 가능할 것이다.

이러한 배경에서 필요성의 문제에서 가장 핵심적인 내용은 '상충하는 이익의 비교(comparison of the conflicting interests)'로 보인다.[67] ILC 국가책임초안 제25조[68]의 두 번째 요건은 한 이익이 다른 이익보다 우선하는지 여부를 고려하는데 있어서 희생되는 이익의 필수성(essentiality)에 대해서도 함께 고려한다. 그러나 국가행위 이익의 필수성이 사실상 관련이 없다는 점은 희생되는 이익의 필수성도 관련이 없음을 시사한다. 실제로 국제관행에서 전자의 필수성을 검토하는 경우는 흔치 않으며 후자의 필수성을 검토하는 경우는 아예 존재하지 않는다. 따라서 한 이익이 다른 이익에 우선하는지 여부만이 문제가 된다. 이를 통해 국제법 위계질서의 개념도 동

---

65) '문제가 되는 이익이 "필수적(essential)"인 이익에 해당하는 범위는 상황마다 다르며 사전에 판단할 수 없다. 이는 국가와 그 국민을 비롯하여 국제사회 전체의 특정 이익으로 확장된다' (para. 15).

66) A. Laursen, 'The Use of Force and (the State of) Necessity' (2004) *Vanderbilt Journal of Transnational Law*, 485, at p. 503.

67) P. Pustorino, 'Lo stato di necessità alla luce della prassi recente' (2009) *Rivista di Diritto Internazionale,* pp. 411-442, at p. 416.

68) 필요성에 의거한 행위는 그 의무상대국 또는 국제공동체 전체의 필수적 이익을 중대하게 훼손하지 않아야 한다.

시에 사라져 위계질서의 문제는 두 개의 이익에 대한 (시공간적으로) 효과적인 이익
형량을 판단하는 문제로 전환되는 것이다.

위험의 중대성을 평가하는 문제는 이익의 본질성 평가에 흡수되는 것으로 보
인다. 위험은 국가의 이익과의 관계에서 형성되는 개념으로 (엄격히 '위험(risk)'과 관련
된) 손해의 가능성을 의미한다. 형식적인 해석에 따르면 위험의 강도(중대성)를 위험
이 발생할 확률에 따라 판단할 것이다. 사실 위험의 중대성 평가는 궁극적으로 관
련 이익에 발생할 수 있는 손해의 강도(중대성)를 검토하는 것이다. 이를 통해 같은
분류의 추상적 이익도 함께 검토될 것이다. 예를 들어 생물다양성의 경우에도 이익
에 대한 손해는 생태계 및 이에 의존하는 모든 동식물종 전반의 파괴를 의미할 수
도 있고 특정 곤충의 한 아종(subspecies)의 멸종을 의미할 수도 있다. '생물다양성
(biodiversity)'의 측면에서 후자에 대한 위험은 분명 전자에 대한 위험보다 덜 중대한
것으로 볼 수 있다.69)

결론적으로 충돌하는 이익들 중에서 하나의 이익을 필수적인 이익으로 선정하
는 것은 어떠한 이익이 다른 이익보다 더 무게감이 있느냐에 대한 문제이다. 이것
이 어려운 작업이라는 점에는 의심의 여지가 없으며 특히 국제재판소에서 특정 이
익을 선정한 이유를 밝혀야 하는 경우에는 더욱 그러하다. 게다가 이러한 선정과정
은 이 문제의 '민감성(delicateness)'으로 인해 더욱 어렵다. 필요성은 국제법상 '체계
적(systemic)' 예외로 강행규범으로 규정된 사항 외의 모든 법적 의무를 면할 수 있
도록 하는 잠재력을 가지고 있다. 이는 주로 국제법상 주어지는 기본적인 논리에
반하는(contra tenorem rationis) 형태로,70) 이는 국제투자법상에서도 그러하다. 마지막
으로 결국 필요성이 이익들을 비교하는 문제라 하더라도 필요성의 적용은 구속력
있는 규칙의 비적용으로 이어지며 이는 "예-아니오(yes-no)" 형식71)에 따른 선택
의 중요성을 증대시키고 필요성에 대한 엄격한 해석을 요구하는 것을 정당화시킬

---

69) 국제재판소들에서 국가의 환경정책을 평가(검토)하는 것은 바람직하지 않다. 다만 저자가 말하
고자 하는 의도는 필요성의 항변을 원용하는데 있어서 요구되는 이익형량 비교가 필요하다는
점이다. 어떠한 경우든 간에 이는 GATT 제XX조 등에서 규정되어 있는 일반적 예외 형태의 법
체계하고는 분명 차이점을 보이는 부분이다.
70) 학자들은 필요성이 법으로부터 이탈하기 위한 손쉬운 수단으로 활용되는 위험성을 지적한 바
있다 (Benvenuti, *supra* note 62, p. 123 참조).
71) 그러나 국제재판소의 판정례에서 ILC 국가책임초안 제27조 규정에 따라 필요성의 법리에 따라
행동하는 국가에게 보상의 의무를 지도록 함으로써 위와 같은 이분법적인 논리는 완화된 바
있다.

것이다.

이러한 복잡한 상황 속에서 국제재판소들과 중재판정부들은 이익형량 비교의 문제를 주로 완전히 다른 형식의 기준을 도입함으로써 해결해 왔다. 일부에서는 실행가능한 대안의 존재여부를 대신 검증하면서[72] 두 이익의 이익형량을 분명하게 판단하지 않았다.[73] *CMS* 사건과 *LG&E* 사건의 판정과 같이 이익의 중대성과 필수성을 구체적인 근거로 고려하였다. 마지막으로 여전히 풀리지 않는 의문점은 이들이 왜 그리고 무슨 근거로 이와 같은 결정을 내렸는지 여부이다. 다시 말해 이러한 결정이 단순히 재량권하에서 이루어진 것인지, 아니면 결정의 근거가 되는 (그리고 결정에 영향을 준) 기타 요소들이 존재하는지, 존재한다면 이를 법적 관점에서 검토해 볼 수 있는지에 대해 여전히 의문이 남는다.[74]

3. GATT 제XX조 모델과 국제투자법

A. GATT 제XX조: WTO법체계상 환경보호를 위한 기본규정

시장을 자유화하고 사유재산권의 이익을 보호하는 기본적인 내용의 규정들은 WTO법과 국제투자법 양 법체계상에서 공공가치라고 할 수 있는 인간건강과 환경의 보호를 목적으로 하는 국가조치에 부정적인 영향을 미칠 수 있다. 따라서 이 두 법체계는 주요 원칙들과 다른 영역의 이익들을 조화시켜야 하는 공통적인 문제를 안고 있다. 국제통상법에서 환경문제를 고려해야 하는지 여부에 대한 문제는 1947년 GATT에서부터 일찌감치 화두가 되었으며 이는 1990년대 WTO가 출범하고 21세기에 돌입하면서도 지속적으로 논의되어 왔다.[75] 구체적인 사안들에 대해서는

---

72) *Gabcikovo–Nagymaros, supra* note 20, para. 58. 국제해양법재판소(ITLOS)에 따르면 '기니의 이익이 얼마나 필수적인 이익인지 여부와는 상관없이 [...] 취한 조치가 해당 이익을 보호하기 위한 유일한 수단이라고 볼 수 없다 …' *The M.V. 'Saiga'(No. 2)* 사건 *(Saint Vincent and the Grenadines v. Guinea)*, at www.itlos.org, para. 135. 또한 *CMS* 사건 및 *Sempra* 사건에서도 필요성의 항변에 대한 반박이 주요 쟁점이었다. 위에서 언급한 바와 같이 필요성 판단은 이익형량 비교를 대체할 수 없다는 점을 다시 강조할 필요가 있다. 매우 작은 손해로부터 부수적인 이익을 보호하는데 있어서 유일한 수단이 되는 조치를 예로 생각해볼 수 있다. 이러한 경우 충돌하는 이익들의 필수성과 위험의 중대성 모두 고려되지 않는다면 단순한 형태의 필요성 판단만이 국제규칙의 위반 정당화 여부를 판단하게 될 것이다.

73) 실제로 소수의 경우에서만 국제재판소에서 ILC 국가책임초안 제25조 1항 (b)호를 면밀히 검토한 바 있다. Benvenuti, *supra* note 62, at pp. 133–134 참조.

74) 이 문제에 대한 몇 가지 제안을 다음 장에서 제시하였다.

75) 예를 들어 G. Marceau, 'A Call for Coherence in International Law. Praises for the Prohibition

계속 논의가 진행되고 있으나,76) 회원국들의 환경정책에 대하여 무역규정이 가지
는 냉각효과(freezing effect)는 그 자취를 감추었는데 이는 WTO 분쟁해결제도에서77)
이 문제에 대한 중요한 해결책들을 제시했기 때문이다.78) WTO법과 환경보호를 조
화시키는데 있어서는 GATT 제XX조의 '일반적 예외(General Exceptions)'79)가 중심적
인 역할을 한다.

이 조항은 크게 두 영역으로 구분할 수 있다. 전문(preamble) 또는 두문(chapeau)
으로 시작하여 GATT상 원칙과 규정들에 대한 예외들을 열거하고 있다.80) 이 조항
의 주요내용을 확인해볼 필요가 있다.81)

다음의 조치가 동일한 여건이 지배적인 국가간에 자의적이거나 정당화할 수 없는
차별의 수단을 구성하거나 국제무역에 대한 위장된 제한을 구성하는 방식으로 적용
되지 아니한다는 요건을 조건으로, 이 협정의 어떠한 규정도 체약당사자가 이러한 조
치를 채택하거나 시행하는 것을 방해하는 것으로 해석되지 아니한다.

Against "Clinical Isolation" in WTO Dispute Settlement' (1999) 33(5) *Journal of World Trade*,
pp. 87-152 참조. 이 사안에 대한 전반적인 분석으로는 F. Francioni (ed.), *Environment,
Human Rights and International Trade* (Oxford 2001) 참조. 최근의 연구로는 E. Vranes, *Trade
and the Environment: Fundamental Issues in International Law, WTO Law and Legal Theory*
(Oxford 2009) 참조. Vranes는 제XX조의 의미를 비례성 이론에 연계시키면서 적합성, 필요성
및 협의의 비례성이라는 3가지 사항을 고려하였다. 저자는 또한 비례성의 개념을 예외라는 관계
의 특징으로 삼았다 (pp. 141-143).
76) 예를 들어 과학적 불확실성(scientific uncertainty)과 사전예방원칙(precautionary principle)이
WTO법체계 내에서 수행하는 역할에 대한 논의가 지속되고 있다.
77) WTO 분쟁해결제도는 회원국 간의 분쟁에만 적용되며 분쟁해결양해(DSU)라는 구체적인 협정에
의해 규율된다. 형식적으로 분쟁의 해결은 WTO 일반이사회(분쟁해결기구(이하 DSB)의 기능을
행사)에서 전문가 패널(또는 항소시 상소기구(AB))에서 제공한 보고서를 채택 또는 기각함으로
써 이루어진다. 실제로는 DSB가 총의에 의해서만 보고를 채택하지 않는 결정을 내릴 수 있으므
로 사건에 대한 판정은 사실상 패널 또는 상소기구에 의해 이루어지며 분쟁해결제도 그 자체는
준사법적(quasi-jurisdictional) 성격을 가진다.
78) S. Charnovitz, 'The WTO's Environmental Progress' (2007) *Journal of International Economic
Law*, pp. 685-706 참조.
79) 이와 매우 유사한 규정으로 서비스무역에 관한 일반협정(GATS) 제XIV조가 있다.
80) WTO 상소기구는 1947년 GATT의 관행과는 달리 GATT 제XX조의 적용은 역순에 따른다는 점
을 명확히 하였다. 우선 이 조항을 해석할 때에는 GATT를 위반하는 국가의 조치가 열거된 예
외에 따라 정당화될 수 있는 것인지를 확인한 뒤 해당 조치가 두문에 반하는 방식으로 적용되
지 않았는지도 함께 확인해야 할 필요가 있다 (*United States-Standards for Reformulated and
Conventional Gasoline*, WT/DS2/AB/R, Report of the Appellate Body of 29 April 1996, at pp.
22-25 참조).
81) 예외목록은 총 10가지 형태의 조치를 명시하고 있다 ((a)호부터 (j)호까지).

(a) 공중도덕을 보호하기 위하여 필요한 조치,

(b) 인간, 동물 또는 식물의 생명 또는 건강을 보호하기 위하여 필요한 조치,

[…]

(f) 예술적, 역사적 또는 고고학적 가치가 있는 국보의 보호를 위하여 부과되는 조치,

(g) 고갈될 수 있는 천연자원의 보존과 관련된 조치로서 국내 생산 또는 소비에 대한 제한과 결부되어 유효하게 되는 경우 […]

1947년 GATT체계에서 일부 패널 보고서들은 제XX조를 적용하면서 환경에 대한 고려를 사실상 배제한 경우도 있었다.[82] WTO 판정례에서는 상소기구의 판정들로 인해 일반적 예외의 적용이 인정되는 경우가 계속 늘어나고 있으며 이는 주로 환경 및 인간건강 보호에 관한 조치에 적용된 것이었다. 상소기구는 이러한 형태의 조치를 정당화시키는데 있어서 두 가지의 예외를 적용하였는데, 대표적으로 (b)호에 따른 '인간, 동물 또는 식물의 생명 또는 건강을 보호하기 위하여 필요한(necessary to protect human, animal or plant life or health)' 조치, 그리고 (g)호에 따른 '고갈될 수 있는 천연자원의 보존과 관련된(relating to conservation of exhaustible natural resources)' 조치에 대한 예외가 이에 해당한다.[83] 제XX조는 인간건강 및 환경을 비경제적 가치 중에 주요내용으로 국제경제법에 통합될 수 있다는 점을 확인해준 것뿐만 아니라 잠재적으로 다른 본질적인 가치들을 보호하고자 하는 제한적인 국가조치들도 정당화될 수 있다는 것을 보여주었다.[84]

---

82) 광범위한 어류 포획으로 인해 위기에 처한 돌고래들을 보호하기 위한 미국의 다랑어 무역제한 조치에 대한 2개의 패널 보고서가 이에 해당한다 (*United States − Restriction on Imports of Tuna,* Report of the Panel of 3 September 1991 (non−adopted) (DS21/R−39S/155); *United States − Restriction on Imports of Tuna,* Report of the Panel of 16 June 1994 (non−adopted) (DS29/R)). 결과적으로 2개의 패널 보고서 모두 채택되지 않았다.

83) *US − Shrimp* 사건에서 상소기구는 '천연자원(natural resources)'이라는 개념을 그 시장가치와는 무관하게 생물도 이에 포함되는 것으로 해석하면서 비록 (g)호는 경제적 자원에 관한 내용으로 여겨져 왔으나 생물의 경우에는 '유한(exhaustible)'이 '멸종위기에 처한(endangered)' 상태로 이해할 수 있음을 확인한 바 있다. 상소기구는 진화적 해석(1947년과 비교하였을 때 국제사회가 가지는 환경보호에 대한 새로운 고려)과 문맥적 해석(WTO 설립협정의 전문에서 '환경을 보호 및 보전하고 각기 다른 경제발전 수준에 따른 수요 및 고려사항과 합치하는 방식으로 그 수단을 향상시키는 지속가능한 발전의 목표'를 인정한 것을 언급하면서)을 모두 적용하였다 (*United States − Import Prohibition of Certain Shrimp and Shrimp Products*, DS58/AB/R and DS61/AB/R, Report of the Appellate Body of 12 October 1998, paras. 128−134). F. Francioni, *La tutela dell'ambiente e la disciplina del commercio internazionale, in Diritto e organizzazione del commercio internazionale dopo la creazione dell'Organizzazione Mondiale del Commercio* (Naples 1998), p. 147; Marceau, *supra* note 75, at pp. 120−121 참조.

84) 예를 들어 (f)호의 예외로 '미술적 가치, 역사적 가치 또는 고고학적 가치가 있는 국보'를 보호하

일반적 예외의 구조와 상소기구의 준사법적 기능을 통한 해석은 다음과 같이 설명할 수 있다. 첫째, 국가조치와 추구하는 공공목표 간의 관계는 반드시 인과관계가 아닌 필요조건의 관계여야 한다. 따라서 무역제한적인 조치가 환경을 보호한다는 점은 해당 조치가 제XX조하에서 정당화될 수 있는 충분한 근거가 될 수 없다. 추가적으로 해당 조치에 대한 대안이 존재하지 않아야 하는 것으로 이는 논리적으로 보았을 때 필요성의 의미에 해당한다.85) 형식적인 해석의 견해에 따르면 동일한 환경보호 효과가 있는 더 무역제한적인 조치의 존재도 조치의 필요성을 무효화시킬 것이다. 이와 같이 WTO 규칙의 성신(그리고 목적)과 상충되는 해석에 대항하여 상소기구는 존재하는 대안적 조치가 국제무역에 덜 제한적인 경우에만 예외의 적용을 막을 수 있다는 점을 분명히 밝히면서 효과적으로 적용되었을 경우 동일한 수준의 환경보호 효과가 있는 것을 전제로 한다고 설명한 바 있다.86)

보호의 수준이 그 다음으로 중요한 내용이 되겠다. WTO 상소기구가 GATT 예외규정을 해석하는 과정을 통해 도출한 가장 중요한 결과물은 각국이 자국의 환경 또는 인간건강 보호수준을 결정할 수 있는 주권적 권리가 있다는 점을 인정했다는 점이다. 특히 *Asbestos* 사건에서 상소기구는 이에 대한 절대적인 권리를 인정하였다.87) 이는 물론 예외의 적용이 자기판단적(self-judging)이라는 의미가 아니다.

는 국가조치의 경우 무역뿐만 아니라 국제투자법에서도 적용될 수 있을 것이다. 아직 해결되지 않은 문제로는 노동권 등 인권을 보호하는 조치가 정당화될 수 있는지 여부가 있다. 학자들은 제XX조 (a)호 '공중도덕을 보호하기 위하여 필요한' 조치에 해당할 수 있다는 견해를 제시한 바 있으나 이러한 논의가 있었음에도 불구하고 WTO의 판정례에서는 이러한 문제를 다룬 적이 아직 없으며 다만 도박서비스산업에 관한 분쟁에 GATS 제XIV조의 규정을 적용하는 사례가 하나 있었다 (*United States-Measures Affecting the Cross-Border Supply of Gambling and Betting Services*, WT/DS285/AB/R, Report of the Appellate Body of 7 April 2005).

85) 이에 대해서는 2.A 참조. 실제로 본 조항의 (b)호에서만 '필요한(necessary)'이라는 표현을 쓰고 있는 반면에 (g)호의 '관한(related to)'이라는 표현은 단순 인과관계를 의미하기 위함이라고 할 수 있다. 그러나 상소기구의 해석은 실질적으로 완벽하지는 않으나 후자의 표현을 전자의 표현과 일치시킨 바 있다 (*US-Gasoline*, supra note 80, p. 19, 상소기구는 '관한(related to)'이라는 표현을 '주 목적으로 하는(primarily aimed at)'이라는 의미로 해석하였다).

86) *European Communities-Measures Affecting Asbestos and Asbestos-Containing Products*, AB-2000-11, Report of the Appellate Body of 12 March 2001, para. 174 참조. 필요성의 요건은 결정적인 것으로 과거에 일부 판정에서는 비판의 대상이 된 바 있다. 오늘날 이러한 비판은 AB가 보다 균형 잡힌 해석을 내놓으면서 무마되었다. *Brazil-Measures Affecting Imports of Re-treaded Tyres*, WT/DS332/AB/R, AB Report of 3 December 2007, para. 178 참조. 흥미로운 점은 *Continental Casualty* 사건에서 투자중재판정부가 명시적으로 WTO의 필요성 판단(necessity test)을 지지하고 도입하여 국가가 필수적인 안보이익 및 공공질서를 위한 예외규정을 해석하였다는 점이다 (*Continental Casualty*, supra note 36, para. 195).

87) *Asbestos*, supra note 86, para. 168: '상소기구는 WTO 회원국들이 주어진 상황에서 적절하다고

국가는 각자 보호의 수준을 결정할 수 있으나 위험의 존재와 조치의 필요성도 패널과 상소기구의 검토대상이다. 이러한 접근법에 따라 인간건강 및 환경보호 이익은 오늘날 WTO 법체계에서 GATT 제XX조 (b)호와 (g)호에 따른 일반적 예외에 의해 보호받고 있다.

　　GATT/WTO 체제에서는 일반적 예외를 위와 같이 중대한 사항들에 대해서만 규정하고 추가적인 설명을 덧붙이지 않았기 때문에 이를 원용하는 경우는 극히 제한적이었다. 일반적 예외는 GATT/WTO 체제 전반에 대한 잠재적인 위협으로 간주되었다. 이러한 우려의 근간은 *Tuna—Dolphin* 사건에 대한 패널의 부정적인 보고서 내용에서 확인할 수 있을 것이다. 제XX조 두문(*chapeau*)은 이와 같은 우려를 불식시키고 일반적 예외를 무역 개방 및 자유화를 증진하는 권리, 의무와 조화를 이루도록 하는데 있어서 핵심적인 역할을 하였다. 상소기구의 판결문들은 그 내용이 모호하기는 하나[88] 예외의 남용방지를 확인하는 내용으로 두문을 해석하는 일관된 태도를 견지하였다.[89] 이는 예외규정을 차별적 또는 보호주의적 목적을 위해 악의적으로 해석하는 것을 비난하고 국제무역을 규율하는 법체계에서 일반적 예외를 수용하도록 만드는데 있어서 기여하였다고 볼 수 있다.[90]

B. GATT 제XX조 모델에 기초한 투자협정상 일반적 예외

GATT 제XX조의 법적 모델은 GATT 또는 WTO법체계에만 국한되는 것이 아

판단되는 인간건강의 보호수준을 결정할 권리가 있다는데 대해서 논란의 여지가 없음을 확인한다.' 위에서 언급한 바와 같이 상소기구가 비록 내국민대우 조항을 환경보호에 유리한 방향으로 직접적으로 해석하여 판결을 내리기는 하였으나 제XX조도 함께 언급하면서 패널의 판결을 지지하고 그 법리를 추가적으로 더 발전시켰음을 확인할 수 있다.

88) GATT 제XX조(그리고 GATS 제XIV조)의 도입부는 다음과 같은 내용을 포함하고 있다. '다음의 조치가 동일한 여건이 지배적인 국가 간에 자의적이거나 정당화할 수 없는 차별의 수단을 구성하거나 국제무역에 대한 위장된 제한을 구성하는 방식으로 적용되지 아니한다는 요건을 조건으로, 이 협정의 어떠한 규정도 체약당사자가 이러한 조치를 채택하거나 시행하는 것을 방해하는 것으로 해석되지 아니한다 …'

89) 상소기구는 *Gasoline* 사건과 *Shrimp* 사건에서 두문의 기능을 언급한 바 있다. N. Bernasconi—Osterwalder, D. Magraw, M. J. Olivia, M. Orellana and E. Tuerk, *Environment and Trade. A Guide to WTO Jurisprudence* (CIEL 2006), pp. 82—85.

90) 가장 '환경적인(environmental)' *Shrimp—Turtle* 사건의 상소기구 보고서 내용을 상기시킬 필요가 있다. 피소국의 조치는 실제로 제XX조에 의해 정당화되지 않았고 따라서 GATT 위반에 해당하는 것으로 판결이 내려졌는데 그 이유는 해당 조치가 남용적이고 차별적인 형태로 시행되었기 때문이었다 (*US—Shrimp, supra* note 83, paras. 161—176). 그러나 해당 조치의 형태가 수정된 이후에는 제XX조 (g)호에 근거하여 상소기구에 의해 결국 정당화된 바 있다 (*US—Shrimp,* Report of the Appellate Body under Art. 21.5 of the DSU of 22 October 2001).

니며[91] 국제투자협정과 같이 국제경제법의 다른 영역에도 전파되고 있다. 이러한 현상은 비록 최근의 현상이기는 하나[92] 그 영향력은 이미 상당하다.[93]

i. 지역투자협정 및 FTA 투자챕터상 일반적 예외

오늘날 국가간 지역경제통합은 세계적으로 성행하고 있으며 이는 여러 형태와 서로 다른 수준으로 발전되고 있다. 국가들은 주로 높은 수준의 무역자유화를 달성하고자 시도하며 자유무역지대 또는 공동시장을 창설하고자 한다. 일부의 경우 통합은 비주변(non-neighboring) 국가들 간에 이루어지기도 한다. 특정 수 이상의 국가들이 경제통합에 참여하는 경우 제도적 메커니즘이 함께 창설되는 경우가 많다. 이러한 메커니즘을 통해 무역 및 투자 모두를 자유화하고자 하는 경우가 많다. 다른 형태도 존재하기는 하나 FTA가 가장 흔하게 찾아볼 수 있는 메커니즘에 해당한다. 경제통합이라는 측면에서 투자법체계에서도 현재 WTO 모델에 따라 일반적 예외 규정을 포함시키는 경우가 늘어나고 있다.

ASEAN[94]의 2009년 포괄적두자협징(*Comprehensive Investment Agreement*)[95] 제17조

---

91) 위에서 언급한 GATS 제XIV조와 더불어 무역관련 투자조치에 관한 협정(TRIMs 협정)에서도 GATT 제XX조의 적용을 인정하고 있다. TRIMs 제3조는 '1994년도 GATT에 따른 모든 예외는 이 협정의 규정에 적절히 적용된다'고 규정하고 있다. TRIMs 협정을 WTO에서 실제로 적용하는 경우는 드물기는 하나 위 조항은 향후 일반적 예외가 투자규범의 체계적 해석에 근거로 활용될 수 있는 중요한 시사점을 보여준다.

92) 몇 년 전에 일부 학자들이 국제투자협정과 환경이익의 관계를 분석하면서 환경 또는 기타 공공이익을 위한 조치에 대한 일반적 예외규정의 부재를 지적한 바 있다 (N. Bernasconi-Osterwalder and E. Brown Weiss, 'International Investment Rules and Water: Learning from the NAFTA Experience', in E. Brown Weiss, L. Boisson de Chazournes and N. Bernasconi-Osterwalder (eds.), *Fresh Water and International Economic Law* (Oxford 2005), pp. 263-288, at p. 265.

93) 본 주제에 대한 최근 연구로 A. Newcombe, 'General Exceptions in International Investment Agreements', in Cordonier Segger, Gehring and Newcombe (eds.) *Sustainable Development and World Investment Law, supra* note 53, at pp. 355-370.

94) ASEAN은 동남아시아국가연합의 약자로 10개국으로 구성되어 있다(브루나이, 캄보디아, 인도네시아, 라오스, 말레이시아, 미얀마, 필리핀, 싱가포르, 태국, 베트남). 초기에는 구속력 없는 문서에 근거하여 (1967년에 채택된 ASEAN 선언이 그 첫 번째이다) 비공식 기구로 출범하여 이후 2007년 11월 20일 10개 회원국들은 ASEAN헌장을 채택하여 그 효력이 2008년부터 발생하였고, 이는 ASEAN에 법인격을 부여하고 제도적인 틀을 제공하는 구속력 있는 법적 기반을 마련하였다. 그 이전에 회원국들은 1992년 *Agreement on the Common Effective Preferential Tariff Scheme for the SEAN Free Trade Area*에 서명하면서 완전한 무역 자유화를 추진하였고 이는 2009년 *ASEAN Trade in Goods Agreement*를 채택하면서 사실상 마무리되었다.

95) *2009 Asean Comprehensive Investment Agreement,* singed by the Economic Ministers at the 14th ASEAN Summit in Cha-am, Thailand on 26 February 2009 and entered into force on 29 March 2012 (http://www.aseansec.org/22244.htm). 본 협정은 1998년에 서명된 Framework

의 '일반적 예외(General Exceptions)'의 내용이 GATT 제XX조의 내용과 정확히 부합한다. 이 조항은 두문으로 시작하여 제XX조에서 규정하는 동일한 예외사항들을 포함하고 있으며 이는 '인간, 동물 또는 식물의 생명 또는 건강(human, animal, and plant life or health)'과 '유한 천연자원(exhaustible natural resources)'에 대하여서도 동일하게 언급하고 있다.[96] 이는 투자에 대해서만 규율하는 (BIT와 같은) 본 협정이 자유무역지대를 추진하는 지역기구의 틀 내에서 창설되었다는 점에서 그 의미가 더 크다고 할 수 있다. 이 협정은 복수국 간 협정의 성격을 띠며 ASEAN 10개 회원국 모두에 의해 서명되었으며 이는 대략 6억명의 인구에 해당한다.

2007년 COMESA[97] 투자협정[98]에서도 제22조에서 '일반적 예외'의 내용을 규정하고 있다. GATT 제XX조와 같이 두문의 내용에 이어서 예외사항들을 열거하고 있다. 추가적으로 본질적 가치의 보호를 위한 국가의 권한을 더 강화시키는 내용을 담고 있다. 한편으로는 '환경(the environment)'의 보호를 위해 (c)호에서 '인간, 동물 또는 식물의 생명 또는 건강(human, animal, and plant life or health)'이라는 표현을 그대로 사용하면서 GATT 제XX조 (g)호에 대한 WTO 상소기구의 해석을 함께 기술하고 있다.[99] 다른 한편으로는 필요성에 대한 언급을 배제하면서 GATT 모델과는 그 내용을 달리하고 있다. 조치는 주어진 목표를 위해 '필요한(necessary)' 조치여야 하는 것은 아니며 단순히 이를 추구하기 위해 '고안되고 적용된(designed and applied)'

Agreement on the ASEAN Investment Area를 대체하는 것이다. 주로 외국인투자를 보호하는 전형적인 원칙들과 규칙들을 제공하고 있으며 (비차별대우, 공정형평대우, 수용 및 보상, 이행조건 등) 외국인투자자와 투자유치국 간 분쟁을 해결하기 위한 중재 메커니즘도 함께 규정하고 있다.

96) 중요한 점은 첫 번째 예외의 경우 1998년 협정에 이미 포함된 내용이었던 반면에 두 번째 예외는 현재의 2009년 협정이 채택되면서 추가된 내용이었다는 것이다.

97) COMESA는 동남부아프리카공동시장의 약자로 아프리카 대륙의 19개국을 포괄하는 경제기구로 협정에 의해 1994년에 설립되었다. 2000년 9개의 체약국 간에 첫 번째 자유무역지대가 창설되었으며 현재 관세동맹 창설에 대한 협상이 진행되고 있다 (이에 대한 정보는 http://about.comesa.int/ 참조). 2007년 투자협정은 'COMESA 공동투자지대' 창설을 목표로 19개국에 의해 서명되었다. 본 협정의 법적 구조는 ASEAN의 투자협정과 유사한데 그 이유는 국제투자협정의 전형적인 내용을 담고 있으면서 자유무역지대 창설을 추진하는 지역기구에 의해 형성되었기 때문이다. 이 협정의 결과물들을 눈여겨볼만한데 약 4억의 인구를 규율하는 19개국이 본 협정의 적용을 받으며 국가간의 상호관계와 국내 환경관련 법률에서도 그 존재를 확인할 수 있다.

98) *2007 Investment Agreement for the COMESA Common Investment Area,* available at www.unctad. org.

99) '[…] nothing in this Agreement shall be construed to prevent the adoption or enforcement by any Member State of measures: (a) designed and applied to protect national security and public morals; (b) designed and applied to protect human, animal or plant life or health; (c) designed and applied to protect the environment,' (Art. 22).

것이라면 충분하다.[100] 요약하자면 COMESA 투자협정은 GATT 제XX조 모델보다
보강된 내용의 규정을 포함하고 있으며, 이 협정이 아프리카 대륙에 적용된다는 점
을 고려했을 때 오늘날 천연자원에 대한 효과적인 관리의 중요성이 증대되고 있는
만큼 본 협정의 중요성도 더욱 크다고 할 수 있겠다.[101]

마지막으로 ASEAN과 COMESA의 두 협정은 환경파괴 위험에 노출된 지역에
적용된다는 점과 함께[102] 회원국들의 인구를 모두 합쳤을 때 10억명 이상이 된다
는 점에서 매우 중요하다고 할 수 있다. 자유무역지대의 틀을 유지하기 위해 새롭
게 등장하는 투자협정들의 경우 GATT 제XX조를 모델로 하고 그 형태를 더욱 발
전시켜 일반적 예외규정을 삽입하는 경우가 늘어나고 있는 추세이다.[103]

일부 FTA에서도 국제투자에 대한 규제를 위해 일반적 예외를 점차 수용하기
시작하고 있다. 중남미 지역에서 FTA는 주로 일반적 예외에 관한 별도의 챕터를
포함하고 있다. 이는 GATT 및 GATS의 내용에 상응하는 것으로 이 챕터를 협정상

---

100) 이러한 변화는 제22조 2항에서 더 확연하게 드러나는데 그 내용은 다음과 같다. '[n]othing in
this Agreement shall be construed to prevent a Member State from adopting, maintaining or
enforcing any measure that it considers appropriate to ensure that investment activity in this
territory is undertaken in a manner sensitive to the principles outlined in sub—paragraphs
1(a) to (c) above'. 이 조항은 현재의 국제투자협정의 추세에서 보면 고립된 형태라고 할 수 있
는데 해석에 있어서 일부 의문점이 남을 수 있다. 이 조항의 목적은 중재판정부가 조치의 적절
성(이에 따른 효과성)을 판단해야 하는 부담을 경감시킴으로써 가능한 한 예외규정을 강화하고
사실상 국가에게 유리한 자기판단적 예외를 확립하고자 하는 것으로 보인다. 이러한 맥락에서
두문에 대한 언급은 2항에서 배제되어 있으며 규정하는 3가지의 예외사항을 '원칙(principles)'으
로 표현하고 있다.

101) 또한 규제수용(regulatory taking) 조항과 함께 비상업적 이익을 고려하는데 유리한 '동종상황
(like circumstances)' 해석에 관한 조항을 포함시킴으로써 투자규범에 환경 및 인간건강에 대한
고려사항을 통합시키고 있다.

102) 회원국들은 아프리카(콩고민주공화국)와 아시아(인도네시아, 말레이시아, 브루나이)에서 대다수
의 열대림지역을 국토로 보유하고 있으며 마다가스카르의 경우 오늘날 멸종 위협에 처한 다수
의 고유종이 서식하는 특수한 생태계를 보유하고 있다. 또한 수단, 에티오피아, 우간다, 콩고의
경우 아프리카 대륙에서 식수관리를 위해 전략적 요충지에 위치하고 있다.

103) *Framework Agreement on the Promotion, Protection and Liberalization of Investment in APTA*
Participating States 참조. 명칭에서 알 수 있듯이 이 협정은 외국인투자자에게 권리를 부여하는
실질적 조항들을 포함시키고 있지 않다. 그러나 제5조는 GATT 제XX조 모델에 따른 일반적 예
외를 규정하면서 두문과 함께 예외사항들을 열거하면서 '인간, 동물 및 식물의 생명과 건강
(human, animal and plant life and health)'이라는 표현을 포함시켰다 (그러나 제XX조 (g)호에
상응하는 내용은 없음). 이 조항은 향후 본 기본협정이 전형적인 투자협정의 형태로 발전되었을
경우 약 28억의 인구를 포괄하는 (실제로 ASEAN—태평양 무역협정(APTA) 회원국으로 중국, 인
도, 방글라데시, 대한민국, 스리랑카, 라오스가 포함된다) 세계에서 가장 중요한 투자협정이 된
다는 점에서 매우 중요하다. 2011년 11월 12일 9명의 정상들이 발표한 환태평양경제동반자협정
(TPP)의 개요를 살펴보면 (www.ustr.gov에서 확인가능) '투자관련 규정은 TTP 회원국들의 공익
을 위해 규제할 수 있는 권리를 보호할 것'이라고 언급한 바 있다.

다른 챕터의 실질적 규정들에 적용하고 있다.[104] 중남미 국가들의 FTA 투자챕터에서는 일반적 예외 조항들을 규정하면서 이에 대한 사건들도 함께 다루기 시작하고 있다.[105] 호주가 체결한 2개의 FTA에서도 투자분야에 적용되는 GATT 제XX조 모델의 규정을 찾아볼 수 있다. 이는 무역 및 투자 모두에 대한 일반적 예외를 규정하고 있는 형태에 해당한다.[106] 이러한 형태는 투자챕터에는 적용되지 않는 기존의 FTA상 일반적 예외와는 다른 형태라는 점에서 특히 중요하다.[107] 중국-뉴질랜드 FTA는 GATT 제XX조와 GATS 제XIV조에 대한 언급을 모두 포함하고 있는 중요한 사례라고 할 수 있다.[108] 마지막으로 투자분야에도 적용되는 일반적 예외규정을 삽입하고 있는 다른 FTA들도 찾아볼 수 있는데[109] 이들이 최신 투자협정의 일반적인 경향이라고 보기는 어려울 것이다.[110]

---

104) 이 두 협정 간에 정식으로 연관성이 있다고 할 수는 없지만 이는 국제투자법의 파편화된 성격에서 비롯된 것이다. 그러나 지리적 인접성이 분명 유사한 법적 모델을 따르도록 하는데 기여하였다고 볼 수 있으며 일부의 경우 Latin American and Caribbean Economic System(www.sela.org)과 같이 더 발전된 형태도 존재한다. 중남미 지역에서의 투자규범에 대한 포괄적인 내용과 관련 참고문헌으로는 S. Venegas, *Bilateral Investment Treaties. Caribbean and Central American Compilation*, 2012, http://www.c-caa.org/pdf/2012_BIT_CCAA.pdf 참조.

105) *Tratado sobre Inversión y Comercio de Servicios entre las Repúblicas de Costa Rica, El Salvador, Guatemala, Honduras y Nicaragua*, signed on 24 March 2002. 본 협정의 제8.02조는 GATS 제XIV조의 내용을 포함하고 있다. 이는 본 협정의 내용을 개정한 2007년 의정서에서 확인한 바 있다. 또한 '본 협정은 투자 및 서비스에 관한 양자관계를 5개국 간의 중남미공동시장이라는 틀에서 형성하는 독자적인(*sui generis*) 형태의 FTA로 '복수국간 투자협정(plurilateral investment treaty)'의 형태와 유사하다'고 언급하였다. *Tratado de Libre Comercio entre Centroamérica y Panamá*, signed on 6 March 2002, 제21.02조도 GATS 제XIV조의 내용을 포함하고 있다.

106) 호주가 태국과 체결한 FTA 제1601조 참조. 이 조항은 WTO법으로 반정(*renvoi*)하는 내용으로 한정된 것이다. 무역 및 무역관련 사안에 대해서는 GATT 제XX조에 상응하는 것이나 서비스 및 투자에 관해서는 GATS 제XIV에 상응하는 것이다. 투자챕터에서 일반적 예외를 규정하는 FTA로는 호주-싱가포르 FTA가 있다.

107) 미국의 FTA를 예로 들 수 있다. NAFTA에 대한 자세한 내용은 후술하도록 한다.

108) *China-New Zealand Free Trade Agreement*, April 2008, Art. 200 (General Exceptions). '환경조치(environmental measures)'에 대해 명시하고 있다.

109) 또 다른 예로 *Agreement between the Republic of Singapore and Japan for a New Age Economic Partnership* of 2002. 제83조 투자와 관련하여 GATT 제XX조에서 필요한 부분만을 수정하여 (*mutatis mutandis*) 제XX조 모델을 준용하고 있다.

110) 미국의 FTA는 투자규범에 적용되는 일반적 예외규정을 명시하고 있지 않는 대신에 규제수용 조항(본서 제5장(5.4.D) 참조)과 함께 GATT 제XX조 모델 대신에 대안으로 환경에 관한 별도의 챕터를 삽입하고 있다 (본서 제7장(7.2.B) 참조). 또한 위에서 검토한 두 사례에서 (중남미와 호주의 경우) 최근 다수의 FTA에서는 투자분야에 대한 일반적 예외규정을 포함하고 있지 않다 (호주-태국 FTA, 호주-말레이시아 FTA, 호주-칠레 FTA, 멕시코-코스타리카, 엘살바도르, 과테말라, 온두라스, 니카라과 FTA, 페루-코스타리카 FTA).

ii. NAFTA 체제와 환경예외

일반적 예외조항이 포함된 FTA 중에서 북미자유무역협정(NAFTA)[111]을 특히 주목할 필요가 있다. 실제로 본 협정의 투자에 관한 제11장은 중재재판부에 회부된 여러 투자자-국가간 분쟁의 중심이 되어 왔으며 그 중 일부는 환경에 관한 것이었다. NAFTA는 특히 선진국인 미국, 캐나다와[112] 개발도상국인 멕시코가 포함되어 있기 때문에 더욱 중요하다고 할 수 있다 (오늘날 멕시코는 OECD 회원국이며 신흥국 중에 하나로 손꼽힌다).

'지속가능한 발전을 증진하고(PROMOTE sustainable development)' '환경 법률 및 규제의 발전과 이행을 강화하는(STRENGTHEN the development and enforcement of environ-mental laws and regulations)' 전문상의 목표 외에도 2개의 NAFTA 규정이 환경문제를 직접적으로 언급하는 예외모델을 따르고 있다. 첫 번째 규정은 문제가 된 조치가 환경친화적인 또는 건강친화적인(health-friendly) 기술의 발전에 필요한 경우 국가책임을 면제해줌으로써 투자규범의 세부분야에 해당하는 이행요건(performance require-ments) 금지의 범위를 세한한다.[113] 두 번째 규정은 일반적인 성격으로 그 제목이 '환경조치(Environmental Measures)'이다.[114] 그 도입부의 내용이 GATT 제XX조와 상당히 겹치기는 하나 (본 협정의 어떠한 규정도 … 해석되어서는 아니된다(Nothing in this agree-ment shall be construed)') 그 전반적인 내용은 다소 모호하여 중재판정부에서는 이를 직접적으로 인용하는 것을 꺼리는 것으로 판단된다.[115]

---

111) *North American Free Trade Agreement* between Canada, Mexico and USA, signed in December 1992, in 32 ILM 289.

112) 또한 캐나다와 미국은 환경에 대한 고려사항을 포함한 진보적인 형태의 모델 BIT를 가지고 있다.

113) '투자에 대하여 일반적인 건강, 안전 또는 환경요건을 충족하는 기술을 사용하도록 요구하는 조치는 1항 (f)호에 불일치하는 것으로 해석되어서는 아니된다. 구체적으로는 제1102조와 제1103조가 본 조치에 적용된다' (NAFTA Art. 1106, *Performance Requirements*, para. 2). 본 조항에서는 '해석되어서는 아니된다(shall not be construed)'라는 표현을 일반적 예외 형태와 유사하게 사용하였는데, 이 문장의 주어는 투자규범의 일반적인 적용을 의미하는 '그 무엇(nothing)'이 아니라 구체적으로 환경조치를 의미함을 주목할 필요가 있다.

114) NAFTA 제1114조 1항의 원문은 다음과 같다. '[n]othing in this Chapter shall be construed to prevent a Party from adopting, maintaining or enforcing any measure otherwise consistent with this Chapter that it considers appropriate to ensure that investment activity in its territory is undertaken in a manner sensitive to environmental concerns.' 같은 표현이 미국의 2004년 모델 BIT 및 2012년 모델 BIT에서 사용되었다.

115) 이러한 모호성을 야기하는 부분은 'otherwise consistent with this Chapter'라는 표현이다. 일부 학자들에 따르면 이 표현의 규정상 의미는 '무시할만한(negligible)' 것이라고 주장한다 (Bernasconi-Osterwalder and Brown Weiss, *supra* note 92, at p. 265).

또한 가장 중요한 점은 제21장에서 NAFTA의 예외조항들을 모두 묶어놓았으며 제2101조가 GATT 제XX조를 명시적으로 언급하는 일반적 예외를 규정하고 있다. 그러나 이 조항의 범위는 상품무역과 무역에 관한 기술장벽을 규율하는 협정상 챕터들에 대해서만 적용되며 제11장과 같이 투자에 관한 챕터는 적용범위에서 배제된다.116)

NAFTA 투자챕터에서 환경문제가 고려될 수 있는 여지가 제한된 이유는 캐나다와 미국이 체결한 진보된 형태의 양자간 FTA보다 NAFTA가 먼저 체결되었기 때문이다. 이후 회원국들에게 실질적인 환경보호 의무를 규정하는 내용으로 NAFTA 3개 국가들이 체결한 북미환경협력협정(NAAEC)117)을 고려했을 때 이러한 시점의 차이가 고려된 것으로 보인다. 어떠한 경우든 간에 NAFTA에서 환경에 대한 고려를 투자규범에 통합시키는 규정이 부재한 상황에서 외부의 비상업적 가치에 대하여 관대한 후속협정이 등장함으로써 중재판정부는 환경문제를 다루는데 유리한 창의적인 해석을 가능하게끔 만들었다는 점이 중요하다. 특히 이러한 해석이 일반적 예외모델을 따르고 있어 직접적용하는 것이 불가능했던 NAFTA 제2101조를 적용할 수 있게끔 만들었다.

S.D. Myers 사건에서118) 중재판정부는 투자자의 중재청구를 검토하면서 NAFTA

---

116) NAFTA 제2101조 1항. 또한 서비스무역이 제XX조의 적용에서 배제되는 것과 같이 이어지는 내용에서도 제XX조의 모델을 따르고 있기는 하나 보다 모호한 형태의 예외규정을 제1114조에 두고 있다. 'Provided that such measures are not applied in a manner that would constitute a means of arbitrary or unjustifiable discrimination between countries where the same con‑ditions prevail or a disguised restriction on trade between the Parties, nothing [in Parts and Chapters regarding services] shall be construed to prevent the adoption or enforcement by any Party of measures necessary to secure compliance with laws or regulations *that are not inconsistent with the provisions of this Agreement*.' 이러한 차이점은 제1114조가 환경조치에 유리한 예외조항으로서의 효과성을 가지는지에 대한 의문을 더욱 명확하게 보여주는 것으로 보인다.

117) 제3조(보호의 수준)가 국가의 환경정책과 합치하는 방식으로 투자규범을 적용하도록 규정하고 있다는 점에서 특히 중요한 조항이라고 할 수 있는데 다음의 내용을 일반적으로 인정하고 있다 'the right of each Party to establish its own levels of domestic environmental protection and environmental development policies and priorities, and to adopt or modify accordingly its environmental laws and regulations.' 또한 다음의 내용도 규정하고 있다 'each Party shall ensure that its laws and regulations provide for high levels of environmental protection and shall strive to continue to improve those laws and regulations.' 첫 번째 내용은 환경문제에 대한 주권의 행사를 권리로 천명하면서 GATT 제XX조에 따른 WTO 상소기구의 해석을 직접적으로 적용하는 것이다. 두 번째 내용은 투자유치국이 외국인투자자의 합리적 기대를 존중하기 위해 기존 환경관련 법률을 동결시키도록 만드는 공정형평대우에 관한 해석에 맞설 수 있는 유용한 근거를 제공한다.

118) 사건에 관한 전반적인 내용은 제5장(5.2) 참조.

전문, NAAEC[119] 및 기타 국제협정으로부터 규범적인 요소들을 도출하여 NAFTA에 대한 전반적인 해석을 시도하였다. 이를 통해 3개의 원칙을 도출하였는데 (이를 '원칙 (principles)'이라고 칭하였다) 이는 NAFTA 협정상 환경문제를 통합하는데 있어서 결정 적인 내용에 해당한다.

당사국은 환경보호에 관한 높은 수준을 설정할 권리가 있다. 당사국은 타국의 정치적 또는 경제적 이익을 충족시켜 주기 위해 자국의 환경보호 수준을 타협할 의무가 없다.

당사국은 무역에 대한 왜곡을 형성하지 말아야 한다.

환경보호와 경제발전은 상호보완적(mutually supportive)일 수 있으며 상호보완적 이어야 한다.[120]

NAFTA 협정에 관한 S.D. Myers 사건 중재판정부의 해석은 일반적 예외모델에 따르는 것이다. 국가가 자국의 기준에 따라 환경을 보호할 권리를 가진다는 점은 주권의 핵심전인 요소를 일부 나타내는 것이다. 이에 대해 중재판정부는 국가가 자 국의 환경보호 수준을 설정할 권리가 있다는 점을 확인하고 있는데[121] 이는 NAFTA 가 규정하는 경제관련 의무와는 반대되는 것이다. 이러한 맥락에서 첫 번째 원칙의 두 번째 문장은 타국의 경제이익보다 자국의 환경관련 목표가 우선한다는 점을 지 지하고 있다. 또한 S.D. Myers 사건 중재판정부의 해석은 GATT 제XX조 일반적 예 외를 해석함에 있어서 국가는 자국의 보호수준을 결정할 수 있는 권리를 가진다는 점을 인정한 WTO의 판정례를 따르고 있다. 분명한 것은 S.D. Myers 사건의 판정 문은 국가의 권리를 인정함에 있어서 미묘한 차이가 있기는 하지만 일반적 예외모 델의 구조에 부합한다는 점이다. 실제로 무역에 대한 왜곡금지에 관한 원칙은 GATT 제XX조 두문의 내용과 같이 규정의 남용을 방지하는 기능을 한다.

마지막으로 중재판정부는 위 3가지의 원칙을 인용하면서 '이 원칙들에 따른 논리적 귀결은 국가가 동일하게 효과적이고 합리적인 다양한 수단들을 통해 목표 하는 환경보호 수준을 달성할 수 있으며 자유무역에 가장 합치하는 수단을 도입해

---

119) *North American Agreement On Environmental Cooperation*, between Canada, Mexico and USA, signed in September 1993, 32 ILM 1480. G. Block, 'Trade and the Environment in the Western Hemisphere: Expanding the NAAEC into the Americas' (2003) *Environmental Law*, pp. 501－546 참조.

120) *S.D. Myers, Inc. v. Canada*, UNCITRAL, Partial Award of 11 November 2000, para. 220.

121) 이 첫 번째 원칙을 세우기 위해 중재판정부는 NAAEC 제3조를 중심적인 근거로 활용하였다 (*supra* note 117 참조).

야 한다'고 언급하였다.122) 이는 중재판정부에서 명시적으로 인정한 바와 같이 GATT 제XX조 적용시 GATT/WTO 판정례를 통해 발전된 필요성 심사가 없다면 아무 의미가 없다.123) 이는 제XX조 모델을 인용하는 중재판정부의 판정이 예외창설(exception–creating) 기능을 가진다는 점을 확인시켜 주는 것이다.

또 다른 NAFTA 사건인 *Thunderbird* 사건의 판정에서도 공중도덕을 위한 국가조치의 정당성을 인정하면서 *S.D. Myers* 사건 중재판정부의 해석을 지지하였다. 본 사건의 중재판정부는 사건의 본안을 검토하면서 '양 당사자는 NAFTA 제11장이 체약당사국은 원칙적으로 불법이라고 판단되는 행위를 규제할 수 있는 권리를 가진다는 것에 대하여 다투지 않았다'고 확인하였다.124) 또한 이 챕터의 문맥을 살펴보았을 때 '규제조치를 위한 광범위한 규제 "영역(space)"이 존재하며, 정부는 도박산업을 규제하는데 있어서 공중도덕에 대한 국가의 관점을 반영하는 특별히 넓은 범위의 규제조치를 취할 수 있다'고 언급하였다.125)

결과적으로 NAFTA 체제는 예외모델에 따라 투자규범에 비상업적 가치를 통합시키는 해석경향을 확고하게 만든 중재판정례의 중심적인 역할을 확인하고 있다. 그러나 실제로 엄격한 실정법(*jus positum*)의 관점에서 보면 일반적 예외가 적용되기 위해서는 제2101조라는 넘을 수 없는 장벽이 존재하는데, 이 조항은 외국인 투자에 관한 사항을 예외의 적용범위에서 배제하고 있다. 반대로 NAFTA 협정과 기타 국제협정 전반의 내용을 고려하여 중재판정부는 NAFTA의 법적 공백을 메우고 예외모델을 적용하기 시작하면서 보호조치 및 규제에 관한 국가의 주권적 권리를 인정하고 일반적 예외를 창설하는 것과 상응하는 태도를 보여주고 있다. 위에서 언급한 중재판정례들을 통해 확인한 바와 같이 국가가 자국의 환경보호 수준을 설정할 수 있는 권리를 인정하는 것은 *Saluka* 사건, *S.D. Myers* 사건 등에서와 같이

---

122) *S.D. Myers, supra* note 120, para. 221.

123) '이러한 논리적 귀결은 WTO 협정들의 조문과 판정례와도 일치하는 것이다' (*ibid.*).

124) *International Thunderbird Gaming Corporation v. Mexico*, UNCITRAL, Award of 26 January 2006, para. 123. Saluka 사건의 중재판정부도 암시적으로나마 유사한 견해를 피력한 바 있다 (제5장(5.3) 참조). 이 사건에서는 예외모델에 따라 대부분의 판정례를 해석할 수 있는 통일된 접근법을 발전시킬 수 있는 가능성을 보여주었다.

125) *Ibid.*, para. 127. 같은 문단에서 중재판정부는 국가가 '규제관련 정책을 변경할 수 있고 규제 및 행정조치를 통해 정책을 시행하는데 있어서 광범위한 재량권을 가진다'고 함께 언급하고 있다는 것이 매우 중요한 내용이라 할 수 있다. 이는 *S.D. Myers* 사건에서와 마찬가지로 NAAEC 제3조를 연상시키는 내용으로 이는 투자자가 자신의 정당한 기대가 부정적인 영향을 받을 수 있으므로 국가가 자국의 법률을 그대로 유지해야 할 의무가 있다고 주장하는 것을 사전에 차단시킬 수 있다.

투자규범을 해석하는데 있어서 예외모델을 적용하는 것과 매우 유사한 견해라고 볼 수 있다. 따라서 본서에서 앞서 논의한 내부적 통합론, 체계적 통합론 등의 해석방법론보다는 예외모델론을 비상업적 가치를 국제투자법 규범에 통합시키기 위한 하나의 해결책으로 제시하고 있는 것으로 보인다.

iii. 에너지헌장조약

에너지헌장조약(ECT)은 외국인투자에 관한 국제협정 중 독자적인(*sui generis*) 협정의 사례에 해당한다.126) 이 협정은 특정부문의 경제영역과 관련 외국인투자에 관한 내용만을 규율하고 있어 그 구조도 일반적인 국제투자협정과는 다르다. 또한 투자협정 내에서 환경문제를 고려하는데 있어서 에너지헌장조약은 국가의 환경보호 의무에 대해서도 규정을 두고 있다.127) 여기에서 일반적 예외는 '기타 조항(Miscellaneous Provisions)'이라는 조항의 형태로 규정되어 있어 잠재적으로는 다른 영역에 대한 규제도 함께 포함되어 있음을 알 수 있다. 이 조항('예외(Exceptions)'에 관한 제24조)은 실질적으로 GATT 제XX조 모델을 거의 그대로 옮겨놓았으나 본 협정의 고유한 내용도 함께 포함하고 있다. (NAFTA 협정문과는 달리) 예외 조항은 투자분야에 대해서도 적용되지만 수용(expropriation)에 관한 규정은 적용범위에서 배제되어 있다.

이 독자적 성격의 협정에 대해서는 다른 관점에서도 설명이 가능하다. ECT는 외국인투자에 관한 국가의 의무사항에 일반적 예외를 적용한 첫 번째 사례이기도 하다 (1996년). 이는 아마도 규율하는 내용이 환경문제를 중요한 고려사항으로 둔다는 점에서 비롯된 것이라고 볼 수 있을 것이다. 반대로 수용시 공정시장가치(fair market value)로 '신속하고 적절하며 효과적인 보상(prompt, adequate and effective compensation)'을 제공하는 등 외국인투자자에 대하여 완전한 보호를 보장한다는 내용을 포함하고 있다는 점에서128) 이에 대한 예외 조항의 적용을 배제한 것으로 보인다.

---

126) 이에 대한 전반적인 내용과 최신 사안은 M. Happold and T. Roe, 'The Energy Charter Treaty', in T. Gazzini and E. De Brabandère (eds.), *International Investment Law: The Sources of Rights and Obligations* (Leiden, Boston 2012), pp. 69–97 참조.

127) 에너지헌장조약 제19조(환경분야).

128) 에너지헌장조약 제13조(수용).

iv. BIT상 일반적 예외조항

제XX조 모델은 BIT에는 극소수의 경우에만 반영되었으며 이를 도입한 국가는 손에 꼽는다. 캐나다 모델 BIT는 독자적으로 GATT의 예외모델을 그대로 도입하고 있으며[129] 현재 다수의 캐나다 BIT에서 협정상 의무에 대한 일반적 예외조항을 포함하고 있다.[130] 콜롬비아 모델 BIT의 '투자와 환경(Investment and Environment)' 조항은 환경조치에 대해서만 적용되는 일반적 예외조항을 규정하고 있으며[131] 이외에도 다수의 콜롬비아 BIT에서 GATT 제XX조의 내용을 도입하여 통합시키고 있다.[132] 그 외에 일반적 예외조항을 삽입한 BIT 사례는 산발적으로만 등장한다.[133] 이와 같은 일반적 예외조항을 삽입한 BIT 사례들은 중요하기는 하나 최근에 체결된 BIT들을 봐도 그러하듯이 제XX조 모델에 따라 일반적 예외를 도입하는 경우는 흔하지 않다.

C. WTO 모델에 근거한 일반적 예외와 투자협정: 조정의 문제

만약 여러 국제투자협정에서 ASEAN 투자협정 또는 캐나다 모델 BIT를 토대로 한 투자협정의 형태를 해결책으로 도입한다면 이는 GATT 제XX조와 거의 동일

---

129) 2003 Canada Model BIT, Art. 10.1, available at http://italaw.com/investment-treaties.
130) 그 예로 캐나다가 체코, 페루, 요르단과 체결한 BIT를 예로 들 수 있다. 그 외의 BIT에서는 일반적 예외 조항은 NAFTA 제1114조('모순되지 않는다면(otherwise consistent)'이라는 표현을 삽입)와 GATT 제XX조의 구조를 결합하여 그 내용이 미묘하게 다르다. 그 예로 캐나다가 아르메니아, 우크라이나, 레바논과 맺은 초창기의 BIT나 최근 중국, 라트비아, 루마니아와 맺은 BIT들을 들 수 있다. 그러나 이러한 표현방법은 제XX조 모델과 비교했을 때 (협정과 '모순되지 않는다(otherwise consistent)'는 것을 조건으로) 사실상(*de facto*) 적절한 조치(appropriate measures)를 요건으로 하는지 아니면 (제XX조의 논리에 따라 책임이 면제되는) 필요한 조치(necessary measures)를 요건으로 하는지 여부로 구분할 수 있을 것이다. BIT에 관한 가장 완벽한 DB(database)는 http://www.unctadxi.org/templates/DocSearch___779.aspx 참조.
131) 'Nothing in this Chapter shall be construed to prevent a Party from adopting, maintaining, or enforcing any measure that it considers appropriate to ensure that an investment activity in its territory is undertaken in accordance with the environmental law of the Party, provided that such measures are proportional to the objectives sought', 2007 Colombia Model BIT, Art. 11, available at http://italaw.com/investment-treaties. 이러한 형식은 콜롬비아-영국 BIT 제8조와도 동일하며 콜롬비아-벨기에·룩셈부르크 BIT에서도 비례성에 대한 언급은 없으나 그 외의 내용은 동일하다. 주목할 점은 필요성의 기준이 적절성(appropriateness)의 기준으로 대체되었다는 것이며 이는 분명 국가의 재량권 판단에 따르는 것이다. 콜롬비아-영국 BIT는 해당 조치의 필요성과 비남용성이라는 두 가지의 기본적인 판단기준을 규정하는 GATT 제XX조와는 달리 비례성을 함께 판단기준으로 고려하여 균형을 맞추고자 한다.
132) 콜롬비아-일본 BIT 제15조, 콜롬비아-인도 BIT 제13.5조 참조.
133) 대만-세인트빈센트 그레나딘 BIT 제16.4조 참조. GATT 제XX조의 내용을 실질적으로 도입하였다.

한 형태로 국제투자법상 예외모델을 성립시킬 수 있을 것이다. 이는 환경과 인간건강 문제를 국제투자법 체제에 통합시키는데 있어서 결정적인 발전이 될 것임에 의심의 여지가 없다. 그러나 이러한 통합 모델은 일부 조정이 필요한 사안도 함께 존재한다.

일반적 예외모델은 '그 무엇도 조치의 도입 또는 시행을 방지하는 것으로 해석되어서는 아니된다(Nothing shall be construed to prevent the adoption or enforcement of measures)'라는 문구를 근간으로 한다. 이는 GATT/WTO 법체계에 완벽하게 부합하는 것으로 국가조치로 인한 규정의 위반은 해당 조치의 변경 또는 철회해야 할 의무를 발생시킨다. 실제로 이 규칙에 따르면 WTO법은 문제가 된 회원국의 조치에 부정적인 영향을 발생시켜 (조치를 변경 또는 철회하도록 해당 국가에 요구하는 등의 방법으로) 환경정책을 추진하지 못하도록 만들 수 있다. 일반적 예외의 기능은 공공목적 추구에 필요한 국가의 조치에 대하여 바로 이와 같은 결과가 발생하지 않도록 방지하는 것이다. 이와 반대로 GATT/WTO법의 위반은 조치를 도입한 국가가 제소국에게 보상을 지급하도록 하는 의무를 부과하지 않는다.

국제투자법의 법체계 전반은 이와 정반대이다. 투자규범은 투자자-국가간 분쟁에서만 적용되는 것으로 투자자는 투자유치국의 조치를 변경 또는 철회하도록 요구할 수 없고 중재판정부도 이와 같은 조치를 취하도록 판정문을 통해 강제할 수 없다.134) 중재판정의 결과에 따라 투자유치국은 '단순히(simply)' 하나 또는 그 이상의 투자규범 위반사항에 대하여 보상해야 할 의무만이 발생할 뿐이다.135) 결과적으로 '그 무엇도 조치의 도입 또는 시행을 방지하는 것으로 해석되어서는 아니된다(Nothing shall be construed to prevent the adoption or enforcement of measures)'라는 형식은 국제투자법상에서 고려되었을 때 다소 혼선을 초래할 수 있게 될 것이다.

일부에서는 투자규범 위반에 대한 중재판정부의 판정이 조치에 대한 변경 또는 철회 없이 단순히 보상의무만을 부과할 수 있기 때문에 투자유치국이 보호조치를 도입 또는 시행하는 것을 방지할 수 없으므로 이는 GATT 제XX조에 따른 일반

---

134) 사실 '소수의 사건에서만 중재판정부가 원상회복(restitution) 또는 구체적인 행동을 실제로 요구한 바 있다' (R. Dolzer and C. Schreuer, *Principles of International Investment Law* (Oxford 2008), pp. 271-272).

135) 이는 국제투자중재의 특징이다. Van Harten은 '국제법상에서 개인에 대한 손해배상 청구는 극히 드물다'는 점을 정확히 지적하면서 "국가 간에 손해배상 판정은 법적으로 동등한 지위의 법인격 간의 분쟁에 있어서만 존재하였다"고 강조하였다 (G. Van Harten, *Investment Treaty Arbitration and Public Law* (Oxford 2007), p. 102, 105).

적 예외를 적용하는 문제가 아니라고 주장할 수 있을 것이다. 이러한 반대의견은 일반적 예외가 국가조치의 위법성을 고려하는 것으로 해석함으로써 대응할 수 있다. 예를 들어 투자자가 BIT를 근거로 투자유치국이 공정형평대우를 위반하였다고 중재를 청구하고 투자유치국은 본질적인 이익을 보호하기 위해 필요한 조치를 도입한 것이라고 항변을 하는 경우, 일반적 예외는 중재판정부가 투자규범에 따라 해당 조치가 위법하다는 판정을 내릴 수 없도록 방지하는 조항으로 해석될 수 있을 것이다.[136] 일반적 예외를 위법행위로 간주될 수 있는 국가행위를 정당화하는 규정으로 해석하는 방식은 위에서 언급한 예외의 정의에 의해 뒷받침될 수 있는 내용이며[137] 반대의견의 근거가 되는 기존의 형식주의를 깰 수 있는 근거가 된다. 이러한 해석을 통해 '방지하는(prevent)'이라는 표현은 투자유치국이 보호조치를 도입하는데 대한 사실적(factual) 장애물로 해석되어야 할 것이다.[138]

그러나 일반적 예외를 투자규범에 접목시키는데 있어서 정말 어려운 점은 WTO법과 국제투자법의 구조적 차이점으로부터 기인한다. 위에서 언급한 바와 같이 GATT 제XX조 또는 GATS 제XIV조를 인용함으로 인해 발생할 수 있는 결과는 원래 피소국이 변경 또는 철회되어야 할 조치를 유지할 수 있는 가능성을 열어주는 것이다. 반대로 국제투자법 체제에서 일반적 예외는 투자유치국의 외국인투자자에 대한 보상의무를 배제시킬 수 있다. 실제로 WTO 분쟁해결제도에서 선택사항은 단순히 문제가 된 조치를 유지할지 여부를 결정하는 것으로 합법/불법의 관점에서 이분법적인 선택을 하도록 만든다.[139] 이러한 맥락에서 일반적 예외의 적용은 예외 그 자체가 주어진 규정의 적용 또는 비적용을 요구하는 개념이라는 점에서

---

136) 이러한 주장은 공정형평대우 기준 또는 비차별 원칙 등을 인용하는 경우 설득력이 있으나 수용의 경우에는 그렇지 않다. 국가의 수용에 대한 보상의무는 위법한 행위의 결과로 인한 것이 아니며 (수용은 그 자체로 위법한 행위가 아니다) 중재판정부를 통해 강제된 협정상 직접적인 요건에 해당한다. 형식적으로 중재판정부는 수용에 대한 불충분한 보상을 수용규정의 위반으로 확인하고 이에 따라 수용을 위법한 것으로 판정할 수 있다. 이러한 경우 판정에 따른 보상의무는 협정상 의무와 그 성격이 달라질 수 있으며 이에 대한 법리는 공정형평대우나 비차별 원칙이나 모두 동일할 것이다.

137) 위법한 것으로 간주될 수 있는 행위를 정당화하는 것은 해당 행위를 금지하는 규정을 적용하는 것을 의미하지 않는다. 실제로 GATT 제XX조의 제목은 '일반적 예외(general exceptions)'이다 (이러한 예외는 모든 규정에 적용되는 것으로 자세한 내용은 제1절(1.B) 참조).

138) 이러한 해석은 상기 내용에서 법적으로 규제수용으로 분류되는 행위에 대한 법리를 따를 것이다.

139) 반대로 다른 법리를 따르는 비위반제소(non-violation complaints)의 경우 WTO 분쟁해결제도 전반에서는 그 존재감이 미미하다.

잘 들어맞는다. 반대로 국제투자법의 맥락에서 살펴보면 보상에 대한 결정이 필요하다. 중재판정부는 국가조치의 철회여부를 판단하는 것이 아니라 단순히 누가 스필오버(spillover) 비용을 부담해야 되는지를 판단한다. 이러한 판단은 보상을 통해 결정되므로 반드시 '흑백(black or white)' 논리에 따른 해결책일 필요가 없다.

　　이러한 배경에서 일반적 예외조항은 국제투자법상 규칙 및 원칙에 있어서 비경제적 사안들을 통합시키는데 있어서 가장 중요한 도구가 된다는 점에 대해서는 의심의 여지가 없다. 우선 이 조항은 국가에게 인간건강 및 환경을 보호할 수 있도록 강력한 도구를 제공하는데 이는 WTO 상소기구의 해석에 따라 국가가 자국의 환경 및 인간건강 보호수준을 결정할 권리를 보유하도록 만들기 때문이다. 또한 일반적 예외는 주로 한정적인 목록(closed list)으로 작성되므로 중재판정부에 의해 정당화될 수 있는 국가의 규제조치의 범위에 제한을 둔다. 일반적 예외를 투자협정상에 점진적으로 도입함으로써 중재판정부가 외국인투자와 환경 간에 조화를 이룰 수 있도록 하는 해석을 내놓을 수 있도록 도움을 줄 수 있을 것이다. 또한 GATT 제XX조 두문과 같은 방식의 내용을 도입함으로써 환경조치를 시행하는 국가가 외국인투자자에 대하여 환경조치 시행을 통해 권한을 남용하지 못하도록 제한하여 국제투자법 체제의 전반적인 균형을 도모할 수 있을 것이다.

4. 통합적 접근법과 예외모델

　　이 절에서는 제5장에서 분석한 중재판정부의 판정들을 재조명하여 중재판정부가 법적 예외를 인용하는지, 인용한다면 어떠한 경우에 인용하는지에 대하여 검토해볼 것이다.

A. 예외와 해석

　　앞 절에서 정의한 바와 같이 다양한 형태로 존재하는 예외조항들은 궁극적으로 모두 통합된 형태의 예외조항이다. 대부분의 경우 규칙의 적용을 면제시켜 주는 조항의 형태('except for', 'unless' 등) 또는 협정의 일반적 예외의 형태(GATT 제XX조 및 이와 유사한 모델 등140))로 규정되어 있다. 간혹 위법성조각사유 등의 형태로 예외가

---

140) GATT 일반적 예외는 '그 문자, 문맥 및 협정의 대상 및 목적에 따라 해석되어야 하는 기타 협정상 규정'과 일치한다 (Newcombe, *supra* note 93, at p. 364).

국제관습법의 형태를 띠기도 한다. 이와 같은 경우 국제관습법에 대한 예외가 된다. 그러나 이러한 국제관습법에 대한 예외는 명문규정 등을 통해 성문화될 수 있다.

　　그러나 예외라는 개념은 다른 차원에서도 적용될 수 있다. 이번 장의 서두에서 언급한 바와 같이 예외는 주어진 규칙이 적용되었을 경우에 작용하는데 이는 예외의 기능이 실제로 주어진 사건에서 해당 규정의 적용을 방지하는 것이라는 점을 전제로 한다. 이를 더 발전시켜 생각해볼 수 있다. 규정에 대한 특정한 해석이 실제로 해당 규칙의 비적용으로 이어질 수 있는가? 이러한 해석은 예외의 개념과 관련이 있는가?

　　규정의 비적용이라는 의미를 사법적인 맥락 또는 중재판정의 맥락에서 살펴볼 필요가 있다. 비적용은 우선 중재판정부가 원용된 규정보다 다른 규정을 선호하여 특정 사건에 대한 판단을 내리는데 있어서 사건의 준거법에 관한 규칙에 따라 원용된 규정을 적용하지 않는 상황을 의미한다.[141] 예를 들어 중재판정부는 국제법이 준거법이라는 이유로 원용된 국내법을 적용하지 않을 수 있다. 이러한 경우 적용되지 않은 국내법에 대한 해석문제는 직접적으로 발생하지 않는다. 제소자의 청구가 명백하게 잘못된 경우에도 유사한 상황이 발생할 수 있다. 예를 들어 투자자가 자신의 권리에 미미한 수준의 영향을 준 투자유치국의 합법적인 조치에 대하여 보상을 청구하는 상황을 생각해볼 수 있다. 다만 이러한 경우에는 일반적인 해석에 따라 원용된 규정이 일응(prima facie) 사건에 적용되지 않는다고 얘기할 수도 있을 것이다.

　　반대로 중재판정부가 특정 규정의 내용에 반하는 사실관계를 분석하고 비교하면서 해당 규정에 대한 해석을 내놓는 경우 해당 규정이 사건에 적용된다고 반드시 볼 필요는 없다. 이는 최종 판정이 결과적으로 피소국의 규정위반을 인정하는지 여부와는 무관하다. 그러나 규정에 대한 해석을 통해 피소국의 책임면제를 확인하는 경우에는 상황이 더욱 복잡해질 수도 있다.

　　중재판정부는 피소국의 행위가 합법적인 것('정당화(justified)' 되는 행위 등)으로 판단되는 경우 규정에 대한 일반적인 또는 전형적인 해석을 일축하거나 뒤바꾸면서 다른 해석을 도입할 수도 있다. 이러한 경우에는 회색지대에 해당하는 해석이 적용될 수 있다. 비록 피소국 행위의 위법성을 배제하는 것을 새로운 규정 해석에 따른

---

141) 투자분쟁에서의 준거법 문제는 제4장(4.2) 참조.

결과라고 볼 수도 있겠으나 이는 '전형적인(typical)' 또는 '보통의(usual)' 의미에 따라 규정의 비적용으로 해석할 수도 있을 것인데, 그 이유는 해당 규정의 '전형적인' 의미로 인해 해당 국가의 행위가 위법한 행위로 분류될 수 있기 때문이다. 이러한 해석은 규정의 비적용에 상응하는 예외모델을 적용한 것으로 볼 수노 있을 것이다. 제5장에서 분석한 투자와 환경에 관한 중재판정문들을 살펴보면 이와 같은 해석상 회색지대의 존재를 긍정하는 요소들이 있는 것으로 보인다.

B. '내부석' 통합론의 재검토: 정당화와 예외익 중간지점

i. 동종성과 투자자 차별대우의 정당화 방안

위에서 언급한 바와 같이 국제투자협정상 비차별규정을 해석하는데 있어서 환경문제를 통합시킨 두 개의 중재판정에서 '동종상황(like circumstances)' 개념에 관한 두 가지의 견해를 제시한 바 있다.142) 한편으로는 오늘날 국제경제법에 통합된 해석방법론에 따라 *Parkerings* 사건과 *S.D. Myers* 사건의 중재판정부들은 동종상황의 요건을 '동일 사업 혹은 산업(the same economic or business sector)' 내 투자자들이 존재하는지 여부를 확인하였다. 이러한 해석에 따르면 각 중재판정부가 분석한 두 개의 투자는 이론적으로 동종상황에 있는 비교가 가능한 대상이라고 할 수 있겠다.

다른 한편으로 중재판정부들은 동종상황을 검토하기 위한 두 번째 해석을 제시하였다. 이 해석은 투자유치국의 차별대우를 '정당화(justify)'하는 비경제적 요소를 고려한다. 이는 투자의 비교에 있어서도 다른 결론을 제시한다.143) 중재판정부들의 논리는 두 개의 투자 중 하나의 투자에 대해서만 '공공이익을 보호하기 위해(to protect public interest)' 도입하려는 '국가의 정당한 목표(State legitimate objective)' 또는 '정부규제(government regulations)'가 존재한다는 사실에 근거를 두고 있다. *Parkerings* 사건과 *S.D. Myers* 사건 모두 공공목적에는 환경과 관련된 목적이 포함되었다. 정리하자면 하나의 투자가 중요한 공공의 목표에 있어서 위험을 야기하고 다른 투자는 그러한 위험을 야기하지 않는 경우 이들은 동종상황에 놓인 투자가 아니라고

---

142) 이 두 판정은 다음과 같다. *Parkerings—Compagniet As v. République de Lituanie*, ICSID Case No. ARB/05/8, award of 11 September 2007, (이하 *Parkerings*), *S.D. Myers*, *supra* note 120. 또한 같은 법리가 '동종상황'에 대한 언급은 없었으나 다음의 사건에서도 적용되었다. *Marion Unglaube and Reinhard Unglaube v. Republic of Costa Rica*, ICSID Case Nos. ARB/08/1 and ARB/09/20 (이하 *Unglaube*). 제5장(5.2) 참조.

143) 이는 실제로 *Parkerings* 사건에서 확인할 수 있다. *S.D. Myers* 사건에서는 가정의 상황에 대한 견해에 따라 분석된 것에 불과하였다. 제5장(5.2) 참조.

보는 것이다.

문제는 두 번째 해석이 동종성에 의미를 부여하기 위한 목적만이 있었던 것인지 (이에 따라 비차별 규칙에 대한 해석만이 목적이었는지) 아니면 이외에도 규정에 대한 추가적인 외부요인이 존재하는지 여부이다. 물론 오염을 야기하는 투자는 오염을 야기하지 않는 투자와 다르므로 중재판정부의 해석은 동종성의 의미에 관한 문제뿐만 아니라 해당 규정의 적용문제도 함께 고려되는 것이라고 쉽게 정리할 수도 있을 것이다. 문제는 동종상황의 의미에 대한 두 해석방법론 간의 관계를 좀 더 분석할 수 있는 여지를 알아보는데 있다.

첫 번째 해석방법론은 위에서 언급한 바와 같이 '동종성'의 의미를 투자자가 동일한 사업 또는 산업 내에 존재하는지에 대한 사실관계를 근거로 해석하는 것이다. 이는 국제투자법뿐만 아니라 WTO법에도 준용될 수 있는 동종성 해석모델로써 국제경제법상 비차별 원칙의 경제적 목표에도 부합한다.144) 법적인 관점에서 동종성의 의미를 정리하자면 이는 투자에 관한 경제적 여건의 유사성을 의미한다.145) 이러한 의미는 동종성에 관한 (그리고 이에 따른 비차별 원칙에 관한) 다른 의미와 비교했을 때 '일반적인(prevalent)' 또는 '전형적인(typical)' 의미로 볼 수 있을 것이다146) 오염(polluting) 행위와 비오염(non-polluting) 행위가 동일하지 않다는 점에 대해서는 논란의 여지가 없다. 그러나 동종성을 판단할 때에는 단순히 경제적 목적과 관련된 규정의 문맥이 강조되는 것으로 이에 대해서는 첫 번째 해석방법론이 일반적인 해석방법론이며 이에 따라 해석한다면 두 행위는 동종상황의 행위로 볼 수 있다.

다른 중점들도 이러한 논리를 뒷받침한다. 동종성에 관한 첫 번째 해석방법론은 비차별 규정이 적용되는 모든 상황에서 적용될 수 있을 것이다. 반대로 두 번째 해석방법론의 적용은 환경 또는 기타 본질적 이익이 결부된 제한된 상황에 국한될

---

144) 동종성의 개념은 1947년 GATT 체제하에서의 상품속성(product properties) 기준, WTO법체제하에서 특정 시장 내에 존재하는 두 상품 간의 직접경쟁관계 기준 등 서로 다른 기준에 의해 분석된 바 있다. 직접경쟁 기준은 시장 자유화라는 규칙의 맥락에서 확인할 수 있는 기준으로 특정 시장 내에서의 두 상품 간의 동종성을 배제할 수 있는 가능성과 반대로 다른 시장에서는 이를 확인할 수 있는 가능성 모두를 허용함으로써 유연성(flexibility)을 제공한다.

145) 예를 들어 C. McLachlan, L. Shore and M. Weiniger, *International Investment Arbitration. Substantive Principles* (Oxford 2007), p. 253; Newcombe and Paradell, *supra* note 12, at pp. 164-165.

146) 예를 들어 저자는 위의 '동종상황(like circumstances)' 해석방법론을 '종래의 접근법(traditional approach)'으로 언급하였다.

것이다.147) 이와 같은 맥락에서 두 번째 해석방법론은 '동종성'의 의미를 판단하는
데 있어서 '적극적인(positive)' 기준으로 적용되지 않는다. 이것이 핵심적인 부분이
다. 이 해석방법론에 따른 동종성의 새로운 의미는 소극적인(negative) 관점에서 동
종성을 배제하고 이에 따라 국가의 행위를 '정당화(justify)'할 뿐이다. 쉽게 얘기하자
면 두 행위가 모두 친환경적이라고 해서 동종의 행위라고 볼 수는 없다. 아이스크
림 판매업자와 치과의사는 모두 친환경적으로 사업활동을 이어나갈 수 있으나 그
렇다고 해서 이들이 동종의 투자자는 아니라는 것이다.

이를 통해 위에서 분석한 두 판정문 상의 해석들에 대한 설명이 가능하다. 동
종성의 새로운 의미는 부가적인(additional) 의미일 뿐이며148) 첫 번째 의미의 결과에
따라 규정을 해석하였을 경우에 주어진 행위가 위법하다고 판단될 수 있는 경우에
이를 정당화하기 위해 후속적으로 적용되는 것이다. 이러한 점에서 이 새로운 해석
방법론은 환경관련 사안을 비차별 규정에 통합시키기 위해 해당 규정의 적용을 배
제하는 수단으로 고려될 수 있을 것이다. 이는 두 번째 해석방법론과 예외모델 간
의 유사성을 보여주는 것이다.149)

이와 같은 해석방법론을 뒷받침하는 언어적 요소가 또 있다. 두 중재판정부들
에 의해 제시된 이 '새로운(new)' 해석방법론은 모두 국가의 행위에 대한 정당화를
명시한 바 있다.150) 오늘날 정당화라는 의미는 관련된 국가의 행위 그 자체(per se)
는 불법일 수 있다는 점을 시사한다.151) 그러나 이러한 행위의 부정적인 성격은 실

---

147) 흥미로운 점은 환경과 관련된 동종성 해석을 일반적인 해석과 비교했을 때 '특별(special)' 해석
    으로 볼 수 있다는 것이다. 고려해야 할 점은 왜 이 특별해석이 (광범위한 동종성에 관한 특별
    해석방법론들 중에서) 일반적인 해석이 되었는지 여부인데 이에 대해서는 후술하도록 한다.
148) 실제로 S.D. Myers 사건 판정문에서는 "'동종상황(like circumstances)" 판단은 … 을 또한(also)
    반드시 고려해야 한다'고 언급하면서 (S.D. Myers, supra note 120, para. 250) 두 번째 해석방법
    론의 부가적인(additional) 성격을 명시적으로 확인하였다.
149) 두 번째 해석방법론과 제XX조 모델 간의 비교분석은 F. Ortino, 'Non-Discrimination Treat-
    ment in Investment Disputes', in P.-M. Dupuy, F. Francioni and E.-U. Petersmann (eds.),
    Human Rights in International Investment Law and Arbitration (Oxford 2009) 참조 (이에 대한
    자세한 분석으로는 제5장(5.2.D) 참조).
150) "'동종상황(like circumstances)" 판단은 경쟁관계의 투자자를 달리 대우함으로써 공공이익을 보
    호하고자 하는 정부규제를 정당화하는 상황을 또한 반드시 고려해야 한다' (S.D. Myers, supra
    note 120, para. 250); '불리한 대우(a less favourable treatment)는 국가의 정당한 목표가 특정
    투자에 관련하여 그와 같은 차별대우를 정당화(justifies)하는 경우에 인정될 수 있다' (Parke-
    rings, supra note 142, para. 371).
151) 주목할 점은 정당화라는 용어가 주로 위법성조각사유와 일반적 예외가 작용할 때 사용된다는
    것이다 (일반적 예외에 관해서는 'GATT 제XX조하에서의 정당화(Justification under Article XX
    of the GATT)'라고 표현한 Vranes, supra note 75, at pp. 256-283 참조).

제로 규정에 대한 첫 번째 의미의 효과로써 이는 두 번째 의미에 의해 면제될 수 있는 것이다.

이러한 논리는 *Parkerings* 사건과 *S.D. Myers* 사건의 두 중재판정부(간접적으로는 *Unglaube* 사건의 중재판정부도 포함)에서 제시한 동종성 해석방법론의 혼합적인(hybrid) 성격을 보여주는 것이라고 결론지을 수 있을 것이다. 한 측면에서 보면 이러한 해석방법론은 투자규범의 내부적인 요소인 비차별 원칙상 동종성의 개념 등을 해석하는 것이다. 다른 측면에서 보면 이 해석방법론의 구조는 (부가적이고 소극적인 성격으로) 추가적인 기능을 하는데 이는 규정의 기본적인 의미에 따른 경우에는 위법한 것으로 판단될 수 있는 행위를 정당화하는 것이다. 이러한 기능은 예외규정의 기능과 비교해 볼 수 있을 것이다.

ii. 법적 예외로서의 규제수용

최근 중재판정례에서 제시하는 규제수용에 대한 접근법은 중재판정부가 실제로 판정을 통해 창설한 예외로 보인다. NAFTA 제1110조 해석에 관한 판정들이 왜 해당 규정의 핵심내용으로부터 이탈하는 것인지(심지어 반대되는 입장을 취하는 것인지)에 대해서는 제5장에서 논의한 바 있다. 이 규정은 합법적인 수용에 관해서는 직접수용과 간접수용의 구분 없이 공공목적 추구, 차별금지, 적법절차 준수 및 보상 제공의 요건을 기술하고 있는데, 중재판정부의 해석은 보상의 요건과 그 외의 요건을 구분하면서 규제수용조치의 경우 해당 조치가 보상 이외의 모든 요건을 충족한다면 보상의 요건은 충족할 필요가 없다고 보는 것이다.

이러한 중재판정부의 해석은 문제가 되는 규정에 반하는 행위를 정당화하는데 그치지 않는다. 이 해석은 독자적이고 자립적인 규칙을 창설하여 해당 규정으로부터 이탈한다. 좀 더 구체적으로 설명하자면 중재판정부의 해석은 새로운 규정을 창설하는 것으로 해당 규정에 대한 예외규정을 삽입시키는 것과 같다.

다시 말해 본 장의 서두에서 기술한 예외의 개념에 따르면 새롭게 창설된 규정은 기존의 규정이 규율하는 한 집합의 상황들(set of situations) 중에서 일부를 부분집합의 상황들(subset of situations)로 분리한다. 이는 복잡하지만 형식에 따른 방식에 의해 이루어진다. 우선 부분집합의 상황들(국가행위의 형태로 존재하는 상황들을 의미한다)이 무엇인지를 식별하고 (규제조치 등) 이를 규정에 대한 부분적인 이탈과 연계시켜 (부분적 예외) 조치의 합법성에 관하여 가장 중요한 네 번째 요건(보상)을 배제시키는

것이다.152)

　　이러한 제도는 국제법의 법원(legal sources) 체계에 비추어보았을 때 특히 흥미롭다고 할 수 있다. NAFTA 제1110조의 새로운 의미는 (예외의 상황을 포함하는 의미) 일반적인 해석의 효과이기는 하나 이를 새로운 규칙으로 볼 수 있는가? 이에 대한 해답은 명확하지 않은데 그 이유는 새로운 규칙이 협정에 귀속되고 확립된 사법부의 견해에 따라 해석된 내용이며 규칙 그 자체에 대한 변경을 가하지 않았다고 주장하기 어렵기 때문이다. 위 두 중재판정부에서는 이에 대해 인지하고 있었으며 이에 따라 국제관습법을 인용한 것으로 보인다. 그러나 이러한 입장은 완전히 설득력이 있다고 보기 어렵다.

　　국제법의 법원(legal sources)에 관한 이론에 따르면 협정상 규칙은 그 이전에 존재하던 관습법상 규칙으로부터 이탈할 수 있다. 따라서 강행규범(jus cogens)의 경우를 제외하고 관습법상 규칙이 협정상 규칙보다 더 우세하다고 직접적으로 확인하기 위해서는 관습법상 규칙이 협정상 규칙의 계승적(successive)인 규칙임을 입증해야 할 필요가 있다. 그러나 위 두 사건에서 중재판정부들은 이를 입증하기가 어려웠을 것인데 그 이유는 NAFTA 협정이 1994년에 채택되었기 때문이다. 물론 협정상 규칙에 대한 해석을 단순히 존재하는 국제관습법상 규칙을 확인한 것으로 주장할 수도 있을 것이다. 그러나 이러한 해석방법론은 해당 규칙이 이러한 문제에 대하여 침묵하거나 입장이 애매한 경우에만 적용될 수 있는 것이다. 구체적으로 기술되어 있는 NAFTA 제1110조가 이에 대해 침묵하고 있다고 주장하기는 어려울 것이며 해당 규칙이 국제관행상 국제관습법으로 명확하게 확인된 경우가 아니라면 더더욱 어려울 것이다.153)

　　본 저자의 관점에서는 이것이 핵심적인 내용이다. 해당 관습법은 사건 당시에도 그렇고 지금도 그렇고 국제법상 확립된 관습법이 아니다. 위 두 중재판정부의 해석은 소위 '신선한(fresh)' 해석에 해당하였는데 이는 주어진 규칙에 대하여 새로운 규범적 요소들을 추가하거나 새로운 규칙을 창설한다고도 볼 수 있기 때문이

---

152) 보상이 합법적 수용의 요건이 아닌 결과로 고려되는 경우에도 동일한 결론에 이를 수 있다. 이와 같은 특수한 부분집합상의 상황에서는 규정이 적용되지 않음을 의미한다 (규제조치이었음에도 불구하고 불법한 수용이 발생한 경우와 같은 반대의 상황에서만 의미가 있다).

153) 국제관습법을 확인하는 협정 해석에 관한 가장 중요한 사건 중에 유명한 ICJ의 *ELSI* 사건이 있다 (*Elettronica Sicula S.P.A. (ELSI)*, Judgment, (1989) *ICJ Reports*, at p. 15). 이 사건에서 '적용된(applied)' 관습법은 외교적 보호의 요건으로서의 국내구제완료의 원칙으로 이는 국제법상에서 고전적이고 확립된 규칙에 해당하는 것이었다.

다.154) 국제법은 영미법 체계와 같은 규칙창설적인 체계를 가지고 있지 않다. 대다수 국가의 법체계와는 다르게 국제법은 관습법에 그 중심을 두고 있으며 잘 알려진 바와 같이 국제법을 적용하는 재판소가 관습법을 형성하고 정의하는 과정에서 핵심적인 역할을 수행한다. 본서에서 논의하는 사안의 경우 중재판정부의 NAFTA 제1110조에 관한 창의적인 해석은 새로운 관습법상 규칙으로 이어지는 경향에 따라 이루진 것으로 볼 수도 있는 것이다155) (수용 및 보상에 관한 기본규칙에 대한 특정 형태(sub specie)의 예외156)).

iii. 예외모델과 국제법의 일반원칙 사이에 놓인 공정형평대우

GATT 제XX조 일반적 예외모델은 *Unglaube* 사건157)에서 중재판정부가 공정형평대우 기준을 해석하면서 제시한 논리에서도 찾아볼 수 있다. 위에서 언급한 바와 같이158) 공정형평대우에 관한 이전의 판정들과 비교했을 때 이 사건의 판정은 3가지 특징이 있다. *Unglaube* 사건에서 투자유치국의 공공정책에 대한 '존중(deference)'은 공정형평대우 기준의 해석에 관한 일반적인 기준으로 인정되었는데 심지어 이에 상응하는 투자유치국의 '권리(right)'까지도 인정되었다. *Unglaube* 사건의 중재판정부는 국가조치가 공정형평대우를 위반하지 않았다고 판정하기 위해 해당 조치의 기저에 존재하는 여러 공공이익 중에 하나를 선별한 것이었다. 국가의 공공정책에 대한 '존중' 요건은 당국이 정책을 이행하는데 있어서 자의적이거나 차별이 있어서는 안 된다는 요건을 함께 설정함으로써 완화되었다. 이 3가지 특징을 다함께 고려해보면 GATT 제XX조에서 명시된 바와 같은 일반적 예외모델을 구성하는 것으로 보인다.159)

---

154) 그 사유에 대한 설명으로는 제8장(8.3) 참조.
155) 이러한 결론은 투자협정과 외국인투자를 규율하는 관습법 간의 상호간 (거의 공생에 가까운) 작용에 정확히 중점을 두고 있는 국제투자법에 대한 최근의 접근법들과도 일치한다 (C. McLachlan, 'Investment Treaties and General International Law' (2008) 57 *ICLQ*, pp. 361–401 참조).
156) 다시 말해 결과적으로는 (협정상 이러한 예외에 대한 명시적인 배제의 내용이 부재한 상황에서) 일반적으로 수용에 따른 보상을 제공하는 규칙으로부터 이탈하는 관습법상 예외규칙을 확인할 수 있음을 의미한다. 이는 형식적인 관점에서 위와 같은 현상을 설명할 수 있는 유일한 방법일 것이다 (강행규범을 제외하고 관습과 협정 간 위계질서가 존재하지 않는 상황에서 국제법 법원에 관한 이론의 근간을 유지하는 유일한 방법이다).
157) *Unglaube, supra* note 142.
158) 제5장(5.3.D) 참조.
159) 일반적 예외가 공정형평대우 및 최소대우기준에 적용될 수 있는 가능성에 대해 비판적으로 바라본 견해로 Newcombe, *supra* note 93 참조 ('만약 일반적 예외조항의 엄격한 요건에 따라 조

GATT 제XX조에 관한 WTO 상소기구의 해석과 유사하게 *Unglaube* 사건 중재
판정부도 본질적인 이익을 보호하는데 있어서 국가의 권리가 존재함을 확인하면서
이는 국가의 국제상거래상 의무보다 우선하는 것이라고 보았다. 주권적 특혜의 행
사에 대한 존중이라는 개념은 바로 일반적 예외모델에 상응하는 것으로 보인다. 이
는 투자자의 기대를 지속적으로 고려하면서 공정형평대우의 내용 전부에 적용되는
것으로 일반적인 해석방법론으로 작용한다. 또한 *Unglaube* 사건의 판정은 공공정책
에 대한 일반적인 존중에 국한된 결정이 아니라 광범위한 영역 내의 여러 공공목적들
중 하나를 선별하는 작업에 근거를 둔 결정이었다. 이를 통해 중재판정부는 GATT 제
XX조와 같이 정당화될 수 있는 조치들을 열거하면서 이를 상기시켰다. 마지막으로
국가에 대한 특혜는 이러한 특혜가 비남용적으로 행사될 것을 요건으로 함으로써 그
균형을 유지하는데 ('이들의 책임에 귀속되는 그 어떠한 남용(any such abuse of their re-
sponsibilities)'[160])) 이는 GATT 제XX조 모델을 따르는 것이다. 흥미로운 점은 국가의 특
혜 행사에 남용이 존재하였는지 여부를 확인하는데 있어서 동 사건의 중재판정부는
GATT 제XX조 두문에서 규정한 자의성과 비차별성을 언급하였다는 점이다.

더 일반적으로는 공정형평대우 기준은 열린 구조를 가지고 있고 그 뿌리가 일
반국제법에 있다는 점에서 환경문제에 대한 고려가 더욱 강조된다. 이러한 점이 체
계적 해석의 채택을 도모할 수 있을 것이며 궁극적으로는 국제법의 일반원칙에 근
거하여 국제투자법상에 환경문제를 통합시키는 것을 수월하게 만들 수 있을 것이다.

5. 국제투자법에 대한 예외와 주권으로의 회귀

결과적으로 다양한 형태의 예외는 국제투자법 규칙과 환경문제를 조화시키는
데 있어서 핵심적인 법적 도구가 될 수 있다. 예외는 그 성격상 일방적으로 규정된
국제투자법의 맥락에서 조화의 과업을 수행하는데 적절하다고 볼 수 있는데 그 이
유는 예외의 상황으로 판단되는 상황이 발생할 경우 주어진 규칙의 적용이 배제되
기 때문이다. 그러나 예외가 투자규범(또는 앞 절에서 분석한 '동종상황(like circumstances)'
의 해석과 같은 그 기본적인 의미)의 적용을 배제한다는 것은 실질적으로 무엇을 의미하

치가 정당화될 수 있다면 해당 조치가 애초에 최소대우기준을 위반하는 조치로 생각하기도 힘
들 것이다' (p. 369)).
160) *Unglaube, supra* note 142, para. 253.

는가? 규범적용의 배제는 그 어떠한 규칙도 적용되지 않는 영역이 존재하는 규범적 공백을 의미하는 것이 아니다. 국제투자법에 대하여 예외를 적용함으로 인해 발생하는 효과와 기능은 예외가 적용되는 영역 내에서 주권이 다시 작동하는 것이다. 이를 주권으로의 회귀(reversion) 또는 '후퇴(fall-back)'라고 얘기할 수 있을 것이다. 따라서 투자유치국은 투자규범을 위반하지 않고 그 범위 내에서 추상적인 요건에 상응하는 행위를 함으로써 위법한 행위를 피할 수 있다. 따라서 예외가 적용되는 행위의 범위 내에서는 주권의 권한이 회복되는 것이다.161)

국제투자법상 예외의 결과인 주권으로의 회귀는 순환적 메커니즘으로 작동한다. 실제로 국제투자법 체제의 기본적인 기능은 투자유치국들로 하여금 자국 영토 내 외국인투자를 보호하도록 요구함으로써 해당 국가들의 관할권을 제한하는데 있다.162) 이러한 맥락에서 국제투자법은 국가의 국내 관할권 영역에서 적용되는 일반원칙에 대한 특별법(lex specialis)이다. 따라서 국제투자법에 대한 예외는 궁극적으로 주권하에서 존재해왔던 체제를 회복시키게 될 것이다.163) 이러한 메커니즘이 일반적으로 작용할 경우 국제투자법 체계를 불안정하게 만들 수 있는 위험이 존재하게 되는데 그 이유는 예외가 외국인투자자를 위해 주권을 제한하는 국제투자법상 논리에 타격을 입히기 때문이다.

마지막 장에서는 국제투자법상 통합의 문제가 어떻게 진화할지에 대한 예상 시나리오들을 살펴보고 궁극적으로는 원칙에 근거한 방법론을 통해 국가의 환경정책과 외국인투자자의 권리의 관계에 내재되어 있는 갈등을 해결하는데 있어서 법적 예외모델이 가지는 기능을 설명하고 이를 이론적으로 완성시켜 볼 것이다.

---

161) 이러한 의도에서 WTO 상소기구가 GATT 제XX조 및 GATS 제XIV조의 '목표를 추구하는데 대한 회원국들의 권리(rights)' (*United States-Measures Affecting the Cross-Border Supply of Gambling and Betting Services*, WT/DS285/AB/R, Report of the Appellate Body of 7 April 2005, para. 291) 또는 *S.D. Myers* 사건 중재판정부가 '당사국은 높은 수준의 환경보호를 설정할 권리(right)를 가진다'고 주장한 것으로 보아야 할 것이다 (*S.D. Myers, supra* note 120, para. 220).

162) 외국인의 손해에 대한 국가책임은 '문제가 된 행위가 자국 관할권 영역 밖의 행위로 국제의무의 대상이 되는 것을 전제한다' (I. Brownlie, *Principles of Public International Law*, 7th edition (Oxford 2008), p. 528).

163) 특수성과 예외는 유사한 논리로 그 구조가 상호적으로 작용하는 것은 수학에서 두 음수가 서로 곱해졌을 경우 양수의 결과로 귀결되는 것과 같다.

8. 환경의 예외성, 불확정성과 법 원칙

　　제5장과 제6장에서는 서로 대립하는 내부적 통합론과 체계적 통합론의 입장과 해결책을 순서대로 제시한 바 있다. 중요한 점은 대다수의 내부적 통합론과 체계적 통합론에 근거한 논거들은[1] 적어도 이론상으로는 국제투자법 해석시 환경보호 등의 비상업적인 목적을 고려함으로써 문제를 해결하고자 하였다. 이러한 배경에서 예외모델론은 제7장에서 확인한 바와 같이 통합을 위한 독자적인 해결책으로써 그 중요성이 증대되고 있다. 이는 동시에 내부적 통합론과 외부적(체계적) 통합론이 융합된 모델로도 볼 수 있을 것이다.

　　그러나 앞 장에서 암시한 바와 같이 국제투자법상에서 예외의 개념과 역할은 상당 부분이 회색지대에 속해 있다. 이로 인해 환경 및 인간건강에 대한 고려가 수반되는 국제투자법 체제가 앞으로 어떻게 진화할 지에 대해서는 여러 가지 시나리오들을 그려볼 수 있을 것이다.

1. 국제투자법과 환경보호의 미래에 관한 3가지 시나리오

A. 첫 번째 시나리오: 파편화

　　첫 번째 시나리오에서는 파편화가 국제투자법 체제를 구성하는 원칙이 될 것이다. 사실 국가와 중재판정부의 관행은 내부적 해석에 의한 접근법이 일반적으로 적용되면서 파편화된 형태로 이어져 왔다. 중재판정부는 보통 국제투자법상 주요원칙을 고려하는데 있어서 환경문제를 통합시키기는 하였으나 이는 일관된 관행을 형성하지 않았고 국제투자법 외의 규칙과 원칙을 인용하는 경우는 드물었다. 국민의 생명과 건강에 막대한 영향을 줄 수 있는 위급한 환경문제를 고려할 수 있는 여지를 제공해주는 필요성의 항변은 소수의 사건에서만 원용되었다. 협정의 기술적인 구조로 보았을 때 규제수용조항과 같은 단순 예외조항으로 구성된 경우가 대부분

---

[1] 반대로 협정상 해결방안은 그 정의에 의하면 통합적이라고 볼 수 있는데 이는 체계적 접근법과 예외모델 모두를 뒷받침해줄 수 있는 근거가 될 수 있다.

이며 GATT 제XX조 모델을 따르는 국제투자협정은 아직 소수에 해당한다. 이로 인해 일반적 예외모델에 따른 국가와 중재판정부의 관행은 아직 형성되지 않았다.

위와 같은 요인들로 인해 국제투자법과 환경보호 문제가 이 첫 번째 시나리오와 같이 진화할 것이라는 점을 시사하고 있으며 따라서 미래에 투자와 환경을 조화시키는데 있어서의 예외모델의 역할도 제한적일 것이다. 환경에 대한 고려를 반영한 중재판정부의 판정들은 아직 명시적인 근거가 될 수 있는 해석모델로 발전되지 않았다. 또한 상당수의 친환경적인 판정들은 NAFTA 체제하에서 이루어진 것으로 이는 환경보호라는 가치를 수용하는데 있어서 비교적 관대한 NAFTA 협정문이 근거가 되었고 서방 세계에서 환경보호에 적극적으로 나서는 미국, 캐나다 등 NAFTA 당사국들이 국제정치에서 영향력을 행사하고 있다는 점을 상기시킬 필요가 있다.[2] 또한 대다수의 국제투자협정에서는 GATT 제XX조 모델을 따른 일반적 예외를 인정하지 않고 있다.

이 첫 번째 시나리오는 사실 21세기 초반 상황의 단면을 보여주는 것으로 특정 사건에서 국제투자법 체제가 환경문제를 고려하는 것을 전면 배제하는 것은 아니다. 그러나 환경관련 사건들이 파편화되어 있고 간헐적으로 발생한다는 점에서 국제투자법에 환경문제를 통합시키기 위해서는 사건들을 사안 별로(case-by-case) 분석해야 하며 이를 포괄적으로 설명할 수 있는 통합된 해석모델은 부재한 상황이다. 이로 인해 국제투자법과 환경문제 간의 상호작용으로 인해 발생할 수 있는 새로운 당면과제들을 해결하는데 있어서 이 첫 번째 시나리오가 분쟁당사자들과 중재판정부에게 제공해줄 수 있는 시사점은 미미하다고 할 수 있다.

B. 두 번째 시나리오: 주권

두 번째 시나리오는 제5장에서 논의한 해석경향에 따라 국가주권이 우선권을 가지게 되는 시나리오이며 궁극적으로는 공공정책을 비차별적인 방식으로 추구하는 규제조치의 국제투자법 위반사유를 정당화시키는 광의적인 예외모델론이 지배적인 상황을 암시한다. 이러한 시나리오에서 선별된 정책만을 정당화 근거로 열거하는 GATT 제XX조 모델의 일반적 예외는 국제투자협정상에서 소수에 해당할 것이다.

---

2) 이에 대해서는 G. Van Harten, *Investment Treaty Arbitration and Public Law* (Oxford 2007), pp. 145–146.

두 번째 시나리오의 특징을 보여주는 절대예외(super-exception) 모델은 위에서 살펴본 중재판정례로부터 확인할 수 있는데 대부분은 '규제수용(regulatory takings)'과 관련된 판정례에 해당한다. 이러한 판정례에서는 문제가 된 조치의 환경보호 목적을 보상 및 수용에 관한 규정의 적용을 배제하기 위해 고려하게 되는데 환경, 인간 건강 등을 기타 공공목적보다 더 높은 순위의 목적으로 명시하지는 않는다. 실제로 규제수용에 관한 대다수의 연구에서는 조치의 규제기능에 대하여 일반적으로 설명할 뿐 그 공공목적의 특정 분류를 구분하여 고려하지는 않는다 (규제수용조항을 삽입한 국제투자협정들의 경우 주로 ㄱ 해당 조항의 적용범위를 '정당한 공공복지 목적(legitimate public welfare objectives)'을 보호하기 위한 경우로 제한한다). 또한 공정형평대우를 인용한 *Saluka* 사건, *Spyridon* 사건 등의 판정례는 수용관련 규정을 뛰어넘는 광범위한 예외를 구성하는 근거가 될 수 있다. 일부 연구에서는 이 시나리오가 궁극적으로 국제투자법과 국제투자중재의 공법적인 성격을 인정하고 존중하는 방법이 될 것이라고 주장한 바 있다.3)

이 두 번째 시나리오는 필연적으로 국제투자법 체제 전반을 위험에 빠뜨릴 것이다. 실제로 셀 수 없이 많은 공공정책들 중에서 예외에 해당되는 정책을 따로 선별하기 어렵다는 점에서 거의 모든 국가의 규제조치를 정당화시킬 수 있게 된다. 다시 말해 규제조치 또는 공공목적이라는 미명하에 국가들은 아주 특별한 경우를 제외하고 거의 모든 조치를 마음대로 시행할 수 있게 될 것이다.4) 요약하자면 이 시나리오는 국가 주권과 국내 관할권으로의 완전한 회귀에 상응한다고 볼 수 있다.5) 그러나 이러한 회귀는 국가의 국내 관할권 제한을 통한 외국인투자자 보호

---

3) *ibid.,* at p. 145 ('중재판정부는 국가기관의 정책적 선택에 대하여 재량의 여지(margin of ap-preciation)를 제공해야 하며 특별히 남용적이거나 차별적이지 않은 정부의 결정은 존중해 주어야 한다'). N. Dimascio and J. Pauwelyn, 'Nondiscrimination in Trade and Investment Treaties: Worlds Apart or Two Sides of the Same Coin?' (2008) *AJIL,* pp. 48-89, at pp. 82-83: '투자의 측면에서 넓은 의미로 해석되는 "동종상황의(in like circumstances)" 투자자들에 대한 인용을 통해 중재판정부는 투자자의 이익을 GATT 제XX조의 예외 목록보다 훨씬 더 광범위한 비한정적인 성격의 정당한 정부의 정책들과 지속적으로 균형을 이룰 수 있도록 해준다.'

4) 모순적으로 이러한 광범위한 예외에 공원 조성 등의 사유로 인한 직접수용의 사례는 *Santa Elena* 사건과 같이 국제적인 의무가 존재함에도 불구하고 포함되지 못하는 경우가 발생할 수 있다.

5) 이 시나리오는 국제투자법 관련 문제에서 '국가의 귀환(return of the state)'을 주장하는 견해와 관련이 있다 (J. Alvarez, 'The Return of the State' (2011) 20 *Minn. J. Int'l L.,* p. 223; 제3장 (3.4) 참조). 예를 들어 저자는 미국의 2004년 모델 BIT의 새로운 조항들이 추가된 것을 두고 'BIT의 대상과 목적에 투자유치국이 마음대로 규제를 할 수 있는 권리를 포함시킨다는 점을 시사한다'고 주장하였다 (*ibid.*).

및 세계시장의 자유화 추진이라는 국제투자법의 본질적인 목표를 심각하게 저해할
수 있다.

　　이론적으로 이 시나리오는 불확정적인 성격으로 인해 분명 비판의 대상이 될
것이다. 투자에 대한 국가의 의무와 국가의 주권행사 간에 내재적으로 존재하는 불
안정적인 갈등관계로 인해 분쟁당사자들은 분쟁이 발생할 때마다 각자 합당한 근
거를 찾을 수 있을 것이다.[6] 이들은 결과적으로 서로의 근거를 무력화시키고자 할
것이고 결국 중재판정부의 재량적인 판단에 맡겨질 것이다.

　　C. 세 번째 시나리오: 일반적 예외

　　세 번째 시나리오는 일반적 예외라는 규범적 모델에 근거한 것으로 이 모델은
비상업적 가치인 인간건강, 환경 등을 국제투자법 체제에서 고려하는데 있어서 도구
로 활용될 것이다. 최근 체결된 투자협정들 중에 일부는 GATT 제XX조를 모델로 한
일반적 예외조항을 삽입하고 있다. 중재판정부들은 비록 사안 별로 해당되는 투자원
칙에 한정되는 판정을 내리긴 하였으나 실질적으로는 일반적 예외모델을 수용하는
견해를 드러내고 있다고 볼 수 있을 것이다. 따라서 중재판정부들은 모든 규제조치
를 예외에 해당하는 조치로 일반화시키는 대신에 본질적인 목적을 추구하는 국가조
치만을 국제투자법상 의무부터 면제될 수 있도록 판정을 내릴 수 있을 것이다. 또한
일반적 예외가 국제투자법 체제에 미칠 수 있는 부작용을 완화시키기 위해 신의성
실의 원칙에 따라 남용여부를 유심히 감독해야 할 필요가 있을 것이다. 협정상 규
정들과 중재판정부의 판정들은 이러한 일반적 예외모델이 존재함을 확인하는데 있
어서 상호보완적으로 작용하며 이는 국제관습법으로도 구체화될 여지가 있다.

　　최근 국제투자협정이 FTA의 투자챕터 형태로 포함되면서 일반적 예외에 대한
관심이 증가하고 있는 현재의 상황을 비추어보았을 때 세 번째 시나리오는 실현가
능성이 있다. 학자들도 일반적 예외조항의 중요성에 대해 강조한 바 있다. 국제투자
법 체제가 환경보호와 조화를 이루면서 진화하기 위해서는 WTO법체계에서 발견할
수 있는 유사성을 눈여겨 보아야 할 것이다. WTO법체계에서 환경과 인간건강에
대한 고려는 계속 관심의 대상이었으며 GATT 제XX조 메커니즘을 통해 WTO법체계
에 통합되어 왔다. 최근 중재판정의 경향도 이러한 견해를 지지한다. 특히 *Unglaube*

---

6) 이하 제3절 참조.

사건의 중재판정부는 공정형평대우 조항을 해석하면서 국가의 특정한 규제조치에 대한 정당화사유를 확인하고 국가가 추구하는 여러 공공목표들 중에 그 일부를 그 근거로 선별하였다. 이와 유사하게 *Chemtura* 사건의 중재판정부도 체계적 해석에 따라 다음과 같은 2단계 분석을 시행한 바 있다. 첫째, 국가조치가 본질적인 공공목표를 위해 추진되었다는 점을 확인해야 하고, 둘째, GATT 제XX조 모델과 같이 국가가 투자자에 대하여 공권력을 남용하지 않았음을 확인해야 한다.

　　일반적 예외는 다음 절에서 이어서 설명하겠으나 비록 통합문제에 대한 '궁극적인 해결방안(the ultimate solution)'이라고 할 수는 없더라도 국제투자법상에서 환경과 인간건강 사안을 통합시키는데 있어서 가장 효과적인 모델로 보인다. 이러한 형태의 예외는 두 번째 시나리오의 상황과 같이 국내 관할권 영역으로의 완전한 회귀를 방지할 수 있다. 반대로 일반적 예외모델을 도입한다는 것은 잠재적으로 투자자 권리에 영향을 줄 수 있는 국가조치의 다양한 공공목적 중에 환경보호, 인간건강 보호 등과 같이 본질적인 공공목표를 신중하게 선별해야 함을 의미한다. 따라서 이는 수권으로의 회귀로 일반화될 수 없으며 대신 특정 분류의 가치와 목적만이 국제법에 관한 포괄적인 분석을 통해 선택적으로 제한될 것이다. 아울러 필요성 판단을 균형있게 적용함으로써 국가가 동일한 수준의 보호를 추진함과 동시에 투자자에 대한 영향을 최소화할 수 있는 효과적인 대안이 존재하는 상황에서 투자자의 손해배상 청구에 대하여 항변을 제기하는 상황을 방지할 수 있을 것이다. 반대로 GATT 제XX조 두문과 같은 남용금지 조항의 존재는 중재판정부로 하여금 차별적이거나 보호주의적인 목표를 추구하는 조치를 예외의 대상에서 배제하는 것을 가능하게 만들어줄 것이다.

2. 국제투자법상 환경문제를 통합하는 일반적 예외의 미해결 사안

　　세 번째 시나리오는 분명 국제투자법상에서 환경사안을 통합시키는 문제에 있어서 강력한 해결책을 제시해준다. 국제투자법 체제가 진화하여 결국 이 시나리오를 따를 것인지 아니면 다른 시나리오에 따를 것인지에 대해서는 추측에 의존하는 수밖에 없다. 이 시점에서 합리적으로 예상 가능한 시사점은 일반적 예외모델이 비록 강력하고 안정된 모델이기는 하나 국제투자법상 통합을 위한 궁극적인 해결책을 제공해주지는 않는다는 점이다.

적어도 3가지의 중요한 문제점이 여전히 해결되지 못한 상태이며 이는 통합문제가 얼마나 복잡한지를 잘 나타낸다고 할 수 있다. 이 중 두 가지의 문제는 서로 상충하는 것으로 적어도 이론상으로는 일반적 예외모델의 타당성에 대한 다수의 반대의견에 부딪히고 있다. 첫째, (일반적) 예외의 기저에 존재하는 이분법적 논리는 WTO법과 비교했을 때 국제투자법 체제가 가지는 고유한 특성들로 인해 다소 조정이 필요한 문제가 발생한다. 둘째, 법적 예외의 의미는 형식논리에 따랐을 때(집합과 부분집합) 불확정적인 성격으로 인해 이론적으로는 적용이 가능한 모델이기는 하나 국제투자법이 적용되는 실무에서는 배제되게 된다. 셋째, 중재판정부와 국가의 입법부가 국제투자법 원칙들과 충돌할 수 있는 국가조치를 정당화시킬 수 있는 국익을 선택할 수 있다는 점이 문제가 된다. 이 문제는 두 번째 문제에 대해 부분적으로 답변을 제공하는데 이로 인해 통합의 문제는 온전히 법적 예외의 방식을 따를 수 없게 된다. 이 3가지 문제점들은 다음 절에서 이어서 논의하도록 하겠다.

A. 예외 또는 국제투자법: 이분법 논리

앞 장에서 언급한 바와 같이 GATT 제XX조 모델은 WTO 분쟁해결제도의 법리에 잘 맞는 모델에 해당한다. 법적 예외라는 방식은 그 근거가 되는 규정에 따를 경우 해석자로 하여금 이분법적인 선택을 하도록 만드는 것을 의미한다. 해석자는 예외 요건이 충족되지 않는 경우에는 규정을 그대로 적용하고 반대의 경우에는 예외의 규범적 효력을 인정하여 해당 규정을 적용하지 않는 것이다. 이러한 방식은 WTO법에서 그동안 잘 시행되어 왔다. GATT 규칙의 위반으로 인한 결과는 문제가 된 국가조치의 변경 또는 철회이다. 예외는 이러한 결과를 방지하고 국가조치가 지속적으로 시행되는 것을 허용한다. 그러나 투자중재에서 협정상 규칙의 위반에 따른 결과는 해당 조치의 철회도 아니고 변경도 아닌 보상의 지급이다. 따라서 일반적 예외의 효과는 국가로 하여금 보상을 지급하지 않아도 되도록 만드는 것이다. 이는 분명 가능한 결과이나 이를 이분법적으로 적용할 경우 예외가 인정되지 않을 경우에는 (완전한) 보상을 지급해야 하고 예외가 인정될 경우에는 그 어떤 보상도 지급할 필요가 없어진다는 점에서 문제를 야기할 수 있다.[7]

이분법적인 선택의 문제는 직접수용에 관한 투자분쟁에서 가장 중요한 사안이

---

7) 이에 대한 자세한 설명은 제7장(7.4.C) 참조.

된다. 실제로 규제수용이론은 간접수용에 관한 것으로 일반적인 공공목적을 위해 도입된 규제조치가 외국인투자를 상당히 저해하는 경우에 적용되는 것이다. 만약 국제투자법상 일반적 예외의 메커니즘이 규제수용이론의 원형 그대로를 도입하여 직접수용의 경우를 배제하게 된다면 *Santa Elena* 사건에서와 같은 사안에서 환경통합의 문제는 예외모델에 의해 해결될 수 없을 것이다.[8] 만약 이와 반대로 일반적 예외모델이 세 번째 시나리오에서 제시한 바와 같이 직접수용의 경우에도 적용된다면 기존의 규제수용이론은 GATT 제XX조 모델로 변형되어 예외에 내재된 이분법적인 성격으로 인해 실제로 적용되기 위해서는 다소 조정이 필요할 것이다. 실제로 국제투자법 체제에서 직접수용은 외국인투자자로부터 재산과 금전배상 모두를 박탈하는 것이므로 그 사유가 무엇이든 간에 보상 없이 이루어질 수는 없을 것이다.

이는 직접수용의 문제뿐만 아니라 예외모델에 따라 보상이 배제되는 모든 경우에서 상업적 목적이 심각하게 저해되고 국제투자법 체제의 균형을 깨뜨릴 수 있는 문제로 일반화될 수 있다. 결과적으로 예외의 이분법적인 성격으로 인한 문제는 환경사안을 국제투자법상에 통합시키기 위한 예외모델론의 발전에 제동을 걸게 될 것이다.

이 문제에 대한 해결책은 보상여부 판단에 있어서 '시장가치(market value)'의 개념을 도입한 해석을 통해 도출할 수 있을 것이다. 특히 부당이득(unjustified enrichment) 반환의 원칙과 '오염자부담(polluter pays)' 원칙은 투자의 가치를 평가하는데 있어서 환경비용을 내부화시키는 기준이 될 수 있다. 이를 통해 중재판정부는 전체 손해배상금에서 환경비용을 제하는 형식의 판정을 제공함으로써 예외모델상 이분법적인 모순에서 벗어날 수 있게 될 것이다.[9] 이러한 접근법은 본서에서 살펴봤던 일부 중재판정에서도 찾아볼 수 있다.

B. 법적 예외를 이해하기 위한 형식논리 이외의 고려사항

예외라는 개념은 '부분집합(subset)'이라는 용어로 함축하여 표현할 수 있다. 제

---

8) A. Newcombe, 'General Exceptions in International Investment Agreements', in M.-C. Cordonier Segger, M. W. Gehring and A. Newcombe (eds.), *Sustainable Development and World Investment Law* (Alphen aan den Rijn 2011), pp. 355-370, at p. 369.

9) S. Di Benedetto, 'The Standards of Compensation for Foreign Investment Expropriation in International Law: Internalising Environmental Costs?', in H. R. Fabri, R. Wolfrum and J. Gogolin (eds.), *Select Proceeding of the European Society of International Law*, vol. 2, 2008 (Oxford and Portland 2010), pp. 661-682.

7장에서 주장한 바와 같이 부분집합이라는 개념은 규칙의 적용범위를 제한함으로써 다양한 형태의 예외가 가지는 부차적인 기능을 하나로 합치는 것이다.[10] 그러나 예외를 국제투자법 외부에 존재하는 가치들을 통합시키는 일반적인 모델로 적용시키는데 있어서 발생하는 문제점은 사실 '집합(set)'에 포함되는 '부분집합(subset)'을 부분집합 그 자체로만 이해하려고 한다는 점이다.

'집합'이라는 개념은 규칙의 개념을 의미하는 것으로 사실관계와 법률, 그리고 상황과 결과를 완전히 분리된 개념인 것으로 이해하도록 유도하는 위험을 초래할 수 있다. 특히 '집합'은 규칙을 '발동시키는(triggering)' 상황은 항상 명확하게 규정될 수 있다는 관념을 전제하고 또 지지하는데 실제로 그러하다면 규칙이 발동되지 않는 상황도 명확하게 규정할 수 있음을 의미한다. 그러나 실증주의적인 법리도 법규칙은 '열린 구조(open texture)'의 특징을 가지는 것으로 보며 이는 어느 정도 수준의 불확정성을 수반하게 된다는 것을 의미한다.[11] 같은 맥락에서 예외의 의미도 이러한 구조를 염두에 두고 이해해야 하며 예외에 의해 규칙의 비적용이 정당화되는 상황을 부분집합으로 단정하려는 시도는 배척해야만 한다. 이는 추상적인 논의에 불과한 것이 아니다. 환경문제가 결부된 복잡한 사건의 판정을 맡았던 중재판정부들의 경험, 특히 예외모델이 적용되어 두 가지의 구별된 이익을 조화시키고자 시도했던 중재판정부들의 판단을 이해하는데 있어서 핵심적인 내용이라고 할 수 있다. 이에 따라 실제로 *Parkerings* 사건에서와 같이 오늘날 중재판정부의 견해는 열린 구조라는 관점에서 보아야 잘 이해할 수 있을 것이다.

법적 예외를 단순한 부분집합의 개념을 뛰어넘는 개념으로 이해해야만 하는 이유가 하나 더 있다. 회의적이거나 비판적인 관점에서 법학을 연구하는 학자들의 경우에는 규칙에 대한 예외의 존재 자체가 국제법 질서가 내재적으로 불확실한 특징을 가지는 이유를 설명한다고 주장한다. 이러한 견해에 따르면 법을 해석하고 판단하는 중재판정부는 재량적인 판단에 따라 형식적인 규칙이 제공하는 모델을 뒤집을 수 있는 예외를 인정할 수 있는 것이다. 그렇다면 규칙과 예외는 서로에 대한 모조품(simulacra) 그 이상이 될 수 없는 것이며 이들이 적용되는데 있어서는 특정

---

10) 이러한 경우에 문제는 예외가 그 자체로 규칙을 형성하는지 여부, 형성한다면 언제 형성되는 것인지에 대해서는 논의가 발전되지 않았다. 그러나 중요한 점은 예외가 규칙인지 아닌지 그 여부를 떠나서 규칙에 있어서 부차적인 성격의 개념으로 적용범위를 제한한다는 점이다.

11) H. L. A. Hart, *The Concept of Law* (Oxford 1961), p. 121. 이 외에도 저명한 학자들이 이러한 견해를 지지한다 (H. Kelsen, *Reine Rechtslehre*, 2nd edition (Vienna 1960), p. 346 참조).

사회에서 지배적인 영향력을 가지는 논리에 따르거나 특정 중재판정부가 가지는
양심에 의해 좌우될 것이다.12)

규칙과 예외에 관한 형식적이고 논리적인 접근법의 엄격함으로부터 벗어나기
위해서는 예외를 형성하는 과정에서 존재하는 논거들에 대해 중점을 두고 살펴볼
필요가 있다. 두 번째 시나리오의 윤곽을 그린 '공공정책(public policy)' 예외모델에
따르면 주권적 특혜와 국가의무 사이에는 지속적으로 불안정한 기류가 존재하는
반면에, 일반적 예외의 모델은 국제투자법 규칙에서 특별하게 고려될 수 있는 공공
목적들을 수반하게 된다. 따라서 주권적 특혜의 단순히 확인하는데 그치지 않고 여
러 주권적 특혜 중에 하나를 선별하여 오직 특정한 영역에서만 이를 행사하는 것
이 규칙의 비적용을 정당화할 수 있게 된다. 이와 같이 투자에 영향을 미치는 국가
조치를 구분하여 고려하는 견해에 따르면 형식적인 규칙의 영역 외에 존재하는 법
적 목적이나 법 원칙과 같은 규범적 요소들이 중심적인 역할을 수행할 수 있을 것
이다.

3. 난해한 국제투자법 사건에서의 불확정성과 규범성: 원칙부터
예외까지

이번 절에서는 앞서 설명한 예외모델의 불확정성에 대해 논의해보도록 할 것
이다.13) 제한적이나마 예외모델의 진화 가능성에 대한 방안들을 제시할 것이다.

A. 국제투자법상 예외모델을 위한 불확정성에 대한 논거

M. Koskenniemi는 불확정성이 국제법의 성격을 부여한다고 주장한 바 있
다.14) Koskenniemi에 주장에 따르면 '불확정성은 국제법의 수용성에 있어서 절대
적으로 핵심적인 부분'이다. 또한 '그 어떠한 의미론적 모호성이 존재하지 않는 경

---

12) 비록 법의 관념에 대하여 서로 다른 견해를 견지하기는 하였으나 Hart와 Dworkin 모두 회의론
    적인 견해를 비판하면서 법 규칙과 예외에 대하여 논의하였다는 것은 우연이 아니다. Hart,
    supra note 11, at pp. 135－136 참조.
13) 이에 대한 내용이 본서가 논의하는 내용의 경계선에 해당할 것이다. 이외의 내용은 국제법 전반
    의 내용을 포괄하는 확장된 범위의 연구가 별도로 필요하다.
14) 이에 대해서는 *From Apology to Utopia* (M. Koskenniemi, *From Apology to Utopia. The Structure
    of International Legal Argument* (Cambridge 2005)에서 1989년 초판에 대한 비판을 참작하여
    국제법 및 국제법 질서에 대한 주요 이론들을 다룬 '에필로그(Epilogue)' 참조.

우라 하더라도 국제법은 그 모순되는 전제들로 인해 계속 불확정적이며, 국제법상 단일 주체들의 우선순위와 불확실한 미래까지도 규율하고자 하는 것이 국제법'이다. 이러한 불확정성은 내재적으로 모순적인 법적 근거들을 기반으로 한 주장들로 인해 유지될 수 있는 것이다.15) 이러한 맥락에서 '규칙－예외(rule－exception)' 관계는 국제법에 관한 견해들이 그 불확정성을 지지한다고 볼 수 있는 핵심적인 부분에 해당하며 이는 위에서 인용한 저서의 다른 부분에서도 확인할 수 있는 내용이다. 규칙으로부터 예외로 이동이 가능하다는 점은 법적 주장들의 내재적인 번복성(reversibility), 이에 따른 국제법의 불확정성을 입증하는 것이다.

만약 Koskenniemi가 주장하는 국제법의 불확정성이 절대적인 지위에 있는 것이라면 국제투자법 규칙에 대한 예외, 법률해석의 경향, 제XX조 모델 등을 논의하는 것이 무의미해질 것이다. 국제투자법상 예외모델의 구조에서 그 표현이 명확하고 관행에 의하여 확인된 사항이라면 이를 국제법상 새로운 개념으로 추가할 수 있을 것이나 이 또한 불확정성을 수반할 수밖에 없다는데 대해서는 의심의 여지가 없다. 본서에서 연구한 해석방법론과 입법의 역동성은 모두 불확정성이라는 렌즈에 투영시켜 설명이 가능할지도 모르겠다. 그러나 예외모델론은 세 번째 시나리오에서 검토한 바와 같이 다른 관점에서도 설명이 가능하며 이는 Koskenniemi의 접근법이 전제하는 관점들과는 차별화된 내용이라고 할 수 있다.

불확정성의 논거를 더 발전시키기 이전에 그 범위에 대해서 짚고 넘어갈 필요가 있다. Koskenniemi가 주장한 국제법의 불확정성은 사실 상대적 개념의 불확정성을 의미하는 것일 수 있다. 실제로 Koskenniemi는 '규칙, 그중 특히 "절대적 규칙(absolute rules)"은 지나치게 포괄적이거나 또는 그 반대일 수 있다. [...] 이러한 점은 규칙의 효력을 미미한 수준이 아니라 근본적으로 약화시키는 결과를 낳는다. 이는 "재량권(discretion)"에 의한 판단을 강제하도록 만든다'.16) 따라서 불확정성의 논리는 ('항상(always)') 규칙 그 자체에 대한 것이 아니라 (따라서 규칙은 관련이 없다) 규칙의 적용에 관한 것이다. 이에 따라 규칙에는 그 자체로의 의미가 있으며17) 규칙의

---

15) '이는 규칙이 존재하는 사유, 여러 규칙 중 또는 규칙과 예외 중에서의 선택, 평가기준을 근거로 한 규칙의 해석 등을 수반하는 학술적으로 흠 잡을 데 없는 견해들을 근거로 하여 명시적인 규칙을 포함하여 그 어떠한 형태의 방책에 대하여서도 항변을 제기하는 것이 가능하다' (*ibid.*, at p. 591).

16) *Ibid.*, at pp. 591－592.

17) 예를 들어 설명하자면 이는 왜 국가들이 항상 특정 규칙의 내용에 대해 엄격하게 해석하고자 하는지를 보여준다. 이는 Hart, Dworkin 등 회의적인 입장에 대한 항변으로 자주 인용된 바 있다.

변경과 번복은 규칙의 기존 의미와의 간극에 따라 과다포괄적(over-inclusive)이거나 과소포괄적(under-inclusive)인 것으로 판단될 수 있다. 주목할 점은 규정의 과다포괄성은 예외의 개념에 상응할 수 있는 반면에 (규칙을 발동시키는 상황들의 집합이 너무 커서 규칙에 해당하는 상황 외에는 규칙이 적용되지 않는 것을 의미) 규정의 과소포괄성은 규칙이 정확하게 기술하지 않는 상황에서 규칙을 유추적용해야만 하는 상황에 상응한다고 볼 수 있다는 것이다.

아울러 주어진 규칙의 의미를 번복하는 것은 단순한 가능성('위험요소(risk)')에 불과한 깃으로 이 위험요소가 현실화되지 않는다면 규칙의 의미는 주어진 사건의 법적 판단에서 있는 그대로 발효되어야 한다.

물론 Koskenniemi의 관점에서는 규칙의 번복 가능성(이에 따른 불확정성)이 국제법의 구조적인 성질이라고 할 수 있다. 문제는 Koskenniemi의 관점에서 보았을 때도 서로 상충하는 목적들이 존재하는 가운데 예외가 원용되었을 경우 예외가 막연한 불확정성이 아닌 다른 관점에서 해당 사안을 설명할 수 있는가이다.

B. 예외와 국제법 질서의 원칙

세 번째 시나리오에서 제시한 예외모델은 여러 공공정책과 공공목표 중에서 일부를 선별하는 작업을 통해 국제투자법상 국가의 의무로부터의 이탈을 정당화하는 과정이 그 특징이라고 할 수 있다. 이는 국제투자협정상 일반적 예외조항과 국제투자법상 규칙을 통합적으로 해석하는 중재판정부의 판단기준이 되는 것이다. 좀 더 일반적인 관점에서 보면 여러 목적과 가치들 중에 일부를 선별하는 문제는 국제투자법상에서 필요성의 항변과 같은 다른 예외의 형태를 적용하는데 있어서도 해당되는 사안이다.

제7장에서 제기한 문제는 왜 입법자와 중재판정부가 특정 형태의 공공목적을 선택하고 그 외의 목적은 선택하지 않으면서[18] 선택된 목적들만이 규칙으로부터 이탈하거나 규칙에 대한 예외에 해당되는 대표적인 목적으로 결정하는지에 대한 것이었다. 이 문제는 다른 문제들로도 이어진다. 다른 목적들도 NAFTA 제1110조

---

18) 이러한 문제는 국가는 당연히 자유롭게 협정상 규칙을 작성하고 이에 동의할 수 있다는 주장으로 끝날 수 있는 문제가 아니다. 협정상 일반적 예외에서 계속 등장하는 가치들이 있는 반면에 그렇지 못한 가치들이 존재하는 이유는 무엇인가? 주목할 점은 이러한 논리는 관습법에 대한 법적 확신(*opinion juris*)의 존재를 확인하는데 있어서 근거로 활용되는 협정상 규정에 대한 논리와 유사하다는 점이다.

가 문제가 되었던 *Methanex* 사건과 *Glamis* 사건에서와 같이 중재판정부가 규칙의 내용을 뒤집을 수 있는 근거가 될 수 있는가? 또는 *Parkerings* 사건에서와 같이 동종성(likeness)의 전형적인 의미를 배제할 수 있는가? 왜 국제투자협정상 일반적 예외조항은 환경에 관한 명시적인 조항을 두면서 투자유치국에 의한 연구증진 등의 다른 사유는 명시하지 않는가?

상기 문제들을 고려해볼 필요가 있다. 예외를 구성하고 규칙을 형성하는 것은 그 작업 자체로 중요하다. 기본적이고 열린 구조의[19] 법 규칙은 그 형성에 영감을 준 사유들을 고려할 수 있는 여지를 제공한다. 이러한 맥락에서 국제투자법 체제에 대한 일반적 또는 구체적인 예외의 사유들도 일반적 예외목록을 형성하는데 수반된 선택과정 또는 규칙의 새로운 해석 내지는 그 이탈이 가능하도록 만든 중재판정부의 판단도 함께 고려해볼 수 있을 것이다.[20]

이러한 사유들은 모호하고 그 폭이 넓어 상대적 규범성을 지닌다고 볼 수 있을 것이다. 이들은 국제투자법 체제에서의 선택과 결정을 유도하고 격려하면서 법적 수단과 중재판정부 판정을 통해 형식화된다. 문제는 이렇게 형성된 제도 외의 다른 '무엇(something)'인가가 입법자와 의사결정자가 선택을 결정하는데 있어서 영향을 주었냐는 점이다.

이 문제에 대한 해결책으로는 Dworkin[21]의 원칙(principles)과 규칙(rules)에 관한 이론[22]을 살펴볼 필요가 있다. 이 이론의 주 내용은 원칙이 규칙과는 다른 규범성을 가진다는 것이다. '원칙은 규칙이 가지고 있지 않은 차원을 가지고 있는데 이

---

19) Hart, *supra* note 11, at p. 121.
20) 따라서 이와 같은 논리는 위에서 언급은 상대적 불확정성과 관련이 있다. 규칙의 기본적인 의미를 인식함과 동시에 (비록 Koskenniemi의 이론에 따라 미래의 관점에서 보면 항상 모순적인 것이라고 할 수 있겠으나) 해당 규칙을 번복시킬 최소한 이에 대한 설명이 요구될 것이다. 이는 규칙을 번복시켜야 하는 사유를 식별하고 과다포괄성의 사유를 형성해야 함을 의미한다.
21) R. Dworkin, *Taking Rights Seriously* (London 1977).
22) Dworkin의 접근법은 이론적인 관점에서 인용되는 것이다. 그의 이론은 선례구속의 원칙(*stare decisis*)을 따르는 영미법 체계에 근거하여 발전된 것이기 때문에 국제법으로 치환하여 적용시키는 것은 어려운 작업이다. 그러나 그의 법적 원칙에 관한 견해는 국제법상에서도 중요한 식견을 제공해줄 수 있다. E. U. Petersmann, 'Constitutional Theories of International Economic Adjudication and Investor‒State Arbitration', in P.‒M. Dupuy, F. Francioni and E. U. Petersmann, *Human Rights in International Investment Law and Arbitration* (Oxford 2009), pp. 137‒194; V. Lowe, *International Law* (Oxford 2007), pp. 100‒101. 국제법상에서 Dworkin의 원칙들을 고려할 수 있는 여지 자체를 실질적으로 남기지 않는 학자들의 견해로는 최근 출판된 C. Focarelli, *International Law as Social Construct: the Struggle for Global Justice* (Oxford 2012), p. 277 참조.

는 바로 비중(weight) 또는 중요성(importance)이다. 원칙이 서로 충돌할 때 [...] 이를 해결하기 위해서는 원칙들의 비중을 고려해야 한다'.[23]

　　아울러 Dworkin의 접근법에서 원칙과 정책은 동일한 규범성의 표현에 해당한다. 실제로 Dworkin은 '규칙 이외의 기준들의 전체 집합(the whole set of these stand-ards other than rules)'을 단일한 주체로 간주하는데 '원칙(principles)'과 '정책(policies)'도 이에 포함된다. Dworkin은 자신의 이론에서 언급한 '원칙'이 광의적인 형태의 원칙을 의미하는 것으로 정책을 비롯하여 규칙 외의 기준들을 포괄하는 개념을 의미한다고 밝힌 바 있다.[24]

　　따라서 본서는 국제투자법상 환경예외에 대한 사유가 Dworkin의 이론에서 고려된 바와 같이 원칙, 정책 또는 목적[25]에 근거하거나 상응해야 한다고 본다. 이러한 관점은 형식적인 규칙들을 설명하면서 앞서 논의한 불확정성에 대한 극단적인 주장에 대해서도 답변을 제공할 수 있을 것이다.

　　국제투자법 체제는 국제법 질서로부터 고립된 체제로 이해되어서는 안 된다. 이는 오늘날 국제직으로 인정되는 통설이자 본서가 제시하는 해결책의 출발점이 되는 것이다.[26] 이는 제6장에서 언급한 바와 같이 국제투자법 내에서 자체적으로 적용되는 해석기준을 의미하는 것이 아니라 국제법 전체의 질서를 검토하면서 *Parkerings* 사건, *Unglaube* 사건, *Methanex* 사건 등과 같이 난해한 사건들을 판단하면서 고려할 수 있는 국제법상 원칙들과 목적들을 확인하는 작업을 의미한다. 국제법의 구조는 구속력 있는 규칙들뿐만 아니라 수많은 연성법들도 함께 그 일부를 구성하고 있으며 이들은 국제법상 원칙들을 식별하고 그 비중을 판단할 수 있는 근거로 활용될 수 있을 것이다.[27]

---

23) Dworkin, *supra* note 21, at p. 24 and 26.

24) 실제로 Dworkin이 언급한 사례 중에 하나인 *Henningsen* 사건에서는 재판관들이 엄격한 의미의 원칙보다는 정책에 근거하여 사안을 판단하였다.

25) 목적과 정책은 의미론적인 측면에서 서로 매우 근접한 개념이다. Dworkin은 정책의 의미를 설명하면서 '달성해야 할 목표를 규정하는 형태의 기준'이라고 언급하였다 (Dworkin, *supra* note 21, at p. 22).

26) 이론적인 근거와 법적 근거로 제3장(3.2) 및 제6장(6.4) 참조.

27) 최근 이와 다른 논거를 S. W. Schill를 비롯한 기타 학자들이 제시한 바 있다. 비교공법을 통한 접근이 국제투자법의 한계와 난해한 사건들을 해결하고 비상업적 가치들을 고려하는데 있어서 핵심적인 접근법이 될 수 있을 것이다 (S. W. Schill (ed.)), *International Investment Law and Comparative Public Law* (Oxford 2010)). 위의 내용에 관해서는 B. Kingsbury and S. W. Schill, 'Public Law Concepts to Balance Investors' Rights with State Regulatory Actions in the Public Interest—the Concept of Proportionality', in *ibid.*, pp. 75–104 참조. 비례성은 Dworkin이 주

이러한 관점에서 계획(programmes), 정책(policies), 목적(purposes), 선언(declarations) 등 환경과 관련된 많은 수의 국제법 구성요소들이 중재판정부와 국가의 입법부가 국제투자법상에서 환경예외를 더욱 적극적으로 원용할 수 있는 근거가 될 수 있을 것이다.[28] 다시 말해 이러한 환경보호 수단들은 국제투자법 체제하에서 공공의 목표와 정책을 면밀히 평가하고 그 비중을 판단할 수 있는 근거, 즉 사회적 근거를 제공할 것이다. 이 논거는 국제투자법 규범의 과다포괄성을 설명하는 불확정성의 논거와는 다른 관점을 제시하는 것이다.

그러나 국제법의 불확정성이라는 관점에서 다른 주장들도 제기가 가능할 것이다. 그 첫 번째로 원칙들도 동일하게 번복의 대상이 될 수 있다는 점을 근거로 A라는 원칙 또는 목적이 B라는 원칙 또는 목적과 모순되어 불확정성이 발생하는 경우에 대한 문제를 제기하는 것이다. 그러나 Dworkin의 이론에 따른다면 원칙의 특징과 효력은 규칙과 다르므로 이러한 상황에서 문제는 원칙 간에 존재하는 모순이 아니라 비중의 차이가 될 것이다.

다른 비판도 생각해 볼 수 있다. 원칙의 존재와 원칙이 가지는 서로 다른 규범성의 존재를 인정한다고 하더라도 형식화된 규칙과 예외는 온전히 불확정성의 대상이 된다는 것이다. 이에 대해서는 새로운 법적 예외, 즉 기존 규칙으로부터의 명백한 이탈 내지는 심지어 협정문의 내용을 번복한 *Methanex* 사건 또는 *Glamis* 사건과 같은 예를 생각해 볼 수 있다. 이는 불확정성의 명백한 근거로 해석될 수 있을 것이다. 위 사건들에서 조치의 일반적인 목적이 해당 목적이 추구하는 '정치적인(political)' 이익을 감추고 있는지 여부와는 무관하게 중재판정부로 하여금 규정된 규칙을 번복하도록 만들었기 때문이다. 이에 따라 형식화된 규정과 예외의 의미 또한 무관한 내용이 될 수 있으며 이는 불확정성의 관점에서 보았을 때 주어진 규칙의 상황에 해당되는 '모든 형태의 조치에 대한 항변이 가능하게끔 만들 것이다.'[29]

장한 규칙과는 구분되는 원칙의 의미와 관련이 있다고 하였다 (at p. 79). 국제투자법에 대한 비교공법적 분석으로는 제3장(3.3) 참조.

28) Sornarajah의 주장은 주목할 만하다. '국가가 중대한 환경위해를 야기할 수 있는 협정이나 투자 계획을 취소할 수 있는 권리가 있다는 점에 대한 일반적인 인식이 있다. 이 권리는 국가가 환경 위해로부터 자국 영토를 보호하도록 허용하는 국가주권으로부터만 비롯된 것이 아니라 현대국제 법에서 국가는 인류의 이익을 위해 환경을 보호할 수 있는 권리를 지니고 있다는 사실로부터도 기인한다' (M. Sornarajah, *The International Law on Foreign Investments*, 3rd edition (Cambridge 2010), pp. 94-95). 여기에서 주권으로의 회귀라는 개념은 국제법 질서의 본질적인 가치를 보호하는데 있어서 기능적이다 (또한 이 기능에 한정된다).

29) Koskenniemi, *supra* note 14, at p. 591.

이는 가장 설득력이 약한 주장으로 보이며 이에 대해 몇 가지를 짚고 넘어가고자 한다. 위에서 언급한 바와 같이 규칙의 불확정성의 성격은 상대적인 것이다. 불확정성은 규칙 그 자체에 관한 것이 아니라 규칙의 '생명력(life)'에 관한 것이다. 형식화된 규칙은 협정문의 한 단어를 변경하는데 있어서 뒤따르는 사회적 투쟁을 반영하여 본질적인 의미를 부여하는 것으로 절대 무관한 내용이 될 수 없다. 실제로 규칙에 대한 후속적인 해석에 따라 규칙이 과다포괄적인지 아니면 과소포괄적인지 여부는 분명 이 본질적인 의미로부터의 간극에 따라 평가된다. 따라서 국제법 규칙이 그 동안 번복되어 왔기 때문에 내재적으로 불확정적이라는 주장은 맞을 지도 모른다. 그러나 실제로 국제법 규칙은 추상적이고 해당 규칙이 적용된 이후에 존재하는 것이며 규칙 그 자체가 가지는 의미를 부인하는 것은 아니다.

같은 맥락에서 바로 위와 같은 관점(과소 또는 과다포괄적인 것으로 간주되는 규칙)을 취하는 것은 규칙에 대한 새로운 법적 의미 또는 예외의 탄생으로 이어질 수 있다. 물론 예외조항과 '선례(precedents)'는 투자유치국에 의해서는 자국의 주권 보호를 위해, 외국인두자자에 의해시는 투자자의 권리를 주장하기 위해 해석되고 이해되며 활용될 수 있을 것이다. 그러나 이러한 불확정성은 추구한 목적, 취해진 결정 그리고 확인된 새로운 예외(모델) 이후에 등장하는 개념이다. 따라서 왜 예외가 (또한 규칙이) 궁극적으로 입법부 또는 중재판정부에 의해 결정되는지에 관한 문제는 그 법적 의미의 표현방식을 통해 확인하고 또 이에 기여할 수 있을 것이다. 요약하자면 불확정성은 주어진 규칙의 의미를 즉흥적이고 개별적으로 판단하지만 (그 의미가 전부(all) 또는 전무(nothing)가 될 수(may mean) 있음) 실제로 규칙의 의미는 그 역사에 근거를 두고 있는 것이다 (그 의미가 다르거나 모순되게 해석된 바(has meant) 있음).

결과적으로 새로운 해석과 예외를 창설하는데 있어서 위 논의에서 확인한 목적과 원칙의 역할은 '규칙－예외(rule－exception)'의 구조적인 관계에 대한 이해를 도모하며 이는 불확정성의 개념과는 다른 형태임을 알 수 있다. 이는 국제투자법상에서도 그러하다. 본서에서 검토한 난해한 사건들의 경우 (규칙이 특히 과다포괄적인 경우) 규칙이 한계에 도달할 수도 있으나 Dworkin이 주장하는 바와 같이 규범적 요소들을 계속 적용할 수 있을 것이다. 같은 맥락에서 형식화된 환경예외의 경우에도 서로 다른 영역에 존재하는 법적 가치들(재산권과 환경사안 등)이 충돌했을 때 고려된 목적과 원칙들에 근거하여 형성된 결과물이라고 생각해 볼 수 있을 것이다. 이러한 해석이 지속적으로 적용된다면 예외모델론 또는 이보다 더 형식화된 이론에 부합

하는 해석경향으로 발전될 수 있을 것이다.30)

　마지막으로 법 원칙들을 논의의 전면에 내세움으로써 본서는 예외의 개념을 설명하고 예외 그 이상에 관한 사안을 논의하고자 한다. 국제법 질서 안에 존재하는 원칙을 통해 국제투자법상 규칙에 대한 예외가 존재하는 사유를 식별한다는 것은 원칙이 국제투자법상에서 가지는 자체적인 규범적 영향력을 통해 규칙을 해석하고 간혹 번복하기도 하며 일반적 예외조항과 같이 다른 규칙들로부터도 이탈을 허용하는 기능을 가지는 새로운 규칙의 창설을 도모할 수 있음을 의미한다. 이와 같은 원칙의 규범적 영향력을 인정한다고 해서 형성된 (일반적) 예외의 법적 가치를 부인하는 것은 아니다. 오히려 이는 국제투자법상 환경사안의 통합 문제에 있어서 원칙에 기반한 해석방법론을 제시하는 것으로 이를 통해 예외의 근원을 설명하고 그 적용을 더 용이하게 만든다. 일반적으로 이러한 원칙은 난해한 사건들을 해결하는데 있어서 규범적인 근거들을 제공하고 더 나아가 국제투자법의 발전을 도모할 수 있을 것이다.

---

30) 이는 관습법상 예외를 창설하거나 새로운 형태의 국제투자협정을 창설함으로써 가능할 것이다.

참고문헌

Ago R., 'Le délit international', in *Collected Courses of the Hague Academy of International Law* (1939)

Alvarez J., 'The Return of the State', (2011) 20 *Minnesota Journal of International Law*

Bernasconi−Osterwalder N. and Brown Weiss E., 'International Investment Rules and Water: Learning from the NAFTA Experience', in E. Brown Weiss, L. Boisson de Chazournes and N. Bernasconi−Osterwalder (eds.), *Fresh Water and International Economic Law* (Oxford 2005), 263−288

Bemasconi−Osterwalder N., Magraw D., Oliva M. J., Orellana M. and Tuerk E., *Environment and Trade. A Guide to WTO Jurisprudence* (CIEL 2006)

Benvenuti P., 'Lo stato di necessità alla prova dei fatti', in M. Spinedi, A. Gianelli and M. L. Alaimo (eds.), *La codificazione della responsabilità internazionale degli stati alla prova dei fatti. Problemi e spunti di riflessione* (Milan 2006), 107−152

Birnie P. and Boyle A., *International Law and the Environment*, 2nd edition (Oxford 2002)

Bishop R. D., Crawford J. and Reisman W. M., *Foreign Investment Disputes. Cases, Materials and Commentary* (The Hague 2005)

Bjorklund A. K., Emergency Exceptions: State of Necessity and Force Majeure, in P. Muchlinski, F. Ortino and C. Schreuer (eds.), *The Oxford Handbook of International Investment Law* (Oxford 2008), 459−523

Bjorklund A. K., 'Improving the International Investment Law and Policy System: Report of the Rapporteur Second Columbia International Investment Conference: What's Next in International Investment Law and Policy?', in J. E. Alvarez, K. P. Sauvant, K. Gerard Ahrned and G. P. Vizcaino (eds.), *The Evolving International Investment Regime: Expectations, Realities, Options* (New York, Oxford 2011), 213

Bjorklund A. K., 'Investment Treaty Arbitral Decisions as Jurisprudence Constante', in C. Picker, 1. Bunn and D. Arner (eds.), *International Economic Law: The State and Future of the Discipline* (Oxford 2008), 265

Bjorklund A. K., 'National Treatment', in A. Reinisch (ed.), *Standards of Invest-ment Protection* (Oxford 2008), 39—40

Bjorklund A. K., The Necessity of Sustainable Development', in M.—C. Cordonier Segger, M. W. Gehring and A. Newcombe (eds.), *Sustainable Development in World Investment Law* (The Hague 2011), 373—401

Bjorklund A. K. and Reinisch A. (eds.), *International Investment Law and Soft Law* (Cheltenham 2012)

Blackaby N. and Richard C., 'Amicus Curiae: a Panacea for Legitimacy in Investment Arbitration?', in M. Waibel (ed.), *The Backlash against Invest-ment Arbitration: Perceptions and Reality* (Alphen aan den Rijn 2010), 253—274

Block G., 'Trade and the Environment in the Western Hemisphere: Expanding the NAAEC into the Americas' (2003) *Environmental Law*

Boisson de Chazournes L. and Moise Mbengue M., 'A "Footnote as a Principle." Mutual Supportiveness and its Relevance in an Era of Fragmentation', in H. P. Hestermeyer et al. (eds.), *Coexistence, Cooperation and Solidarity. Liber Amicorum Rudiger Wolfrum*, vol. II (Leiden, Boston 2012), 1615—1637

Boisson de Chazournes L. and Moise Mbengue M., 'A propos du principe du soutien mutuel—Les relations entre le Protocole de Cartagena et les ac-cords de l'OMC' (2007) *Revue Generate de Droit International Public*, 829—862

Bronfman M. K., 'Fair and Equitable Treatment: An Evolving Standard' (2006) *Max Plank UNYB 2006*, 609—680

Brower C. N. and Wong J., 'General Valuation Principles: The Case of Santa Elena', in T. Weiler (ed.), *International Investment Law and Arbitration: Leading Cases from the ICSID, NAFTA, Bilateral Treaties and Customary International Law* (London 2005), 747—775

Brown C. and Miles K., 'Introduction', in *Evolution in Investment Treaty Law and Arbitration* (Cambridge 2011), 3—16

Brownlie I., *Principles of Public International Law*, 7th edition (Oxford 2008)

Byrne K. A., 'Regulatory Expropriation and State Intent' (2000) *Canadian Yearbook of International Law*, 89

Cameron M. A. and Tomlin B. W., *The Making of the NAFTA: How the Deal Was Done* (Cornell 2000)

Carreau D., 'Investissements', in *Encyclopedie Juridique Dalloz, Repertoire de Droit International* vol. II (Paris 1998)

Charnovitz S., 'The WTO's Environmental Progress' (2007) *Journal of International Economic Law*, 685 – 706

Chen B., 'Globalization and its Losers' (2000) *Minnesota Journal of Global Trade*, 157 – 218

Choi W. M., *Like Products in International Trade Law. Towards a Consistent GATT/WTO Jurisprudence* (Oxford 2003)

Coe J. and Rubins N., 'Regulatory Expropriation and the Teemed case: Context and Contributions', in T. Weiler (ed.), *International Investment Law and Arbitration: Leading Cases from the ICSID, NAFTA, Bilateral Treaties and Customary International Law* (London 2005), 597 – 667

Cole M. A., 'Examining the Environmental Case Against Free Trade', in *Journal of World Trade* 5, 183 – 196

Corten O., 'Les techniques reproduites aux articles 31 a 33 des Conventions de Vienne: approche objectiviste ou approche volontariste de l'interpretation?' (2011) *Revue Generale de Droit International Public*, 351 – 366

d'Aspremont J., 'International Customary Investment Law: Story of a Paradox', in T. Gazzini and E. De Brabandere (eds.), *International Investment Law. The Sources of Rights and Obligations* (Leiden, Boston 2012), 5 – 47

Di Benedetto S., 'Il rapporto tra diritto internazionale degli investimenti e tutela dell'ambiente nel quadro dell'arbitrato internazionale misto: l'esperienza dei tribunali UNCITRAL', in A. Oddenino, E. Ruozzi, A. Viterbo, F. Costamagna, L. Mola and L. Poli (eds.), *La funzione giurisdizionale nell'ordinamento internazionale e nell'ordinamento comunitario* (Turin 2010), 175 – 194

Di Benedetto S., 'Le role des tribunaux CIRDI au regard de la mise en oeuvre de la protection de l'environnement', in S. Maljean—Dubois and L. Raja—mani (eds.), *Implementation of International Environmental Law* (Leiden, Boston 2011), 537—578

Di Benedetto S., 'The Standards of Compensation for Foreign Investment Expropriation in International Law: Internalising Environmental Costs?', in H. R. Fabri, R. Wolfrum and J. Gogolin (eds.), *Select Proceeding of the European Society of International Law*, vol. 2 2008 (Oxford and Portland 2010), 661—682

Dimascio N. and Pauwelyn J., 'Nondiscrimination in Trade and Investment Treaties: Worlds Apart or Two Sides of the Same Coin?' (2008) *American Journal of International Law*, 48—89

Dolzer R. and Schreuer C., *Principles of International Investment Law* (Oxford 2008)

Dolzer R. and von Walter A., 'Fair and Equitable Treatment—Lines of Jurisprudence on Customary Law', in F. Ortino, L. Liberti, A. Sheppard and H. Warner (eds.), *Investment Treaty Law II* (BIICL 2007), 99—114

Dupuy P.—M., 'L'unite de l'ordre juridique international. Cours general de droit international public' (2000) *Recueil des Cours* 2002

Dupuy P.—M., 'Unification Rather Than Fragmentation of International Law? The Case of International Investment Law and Human Rights Law', in P.—M. Dupuy, F. Francioni, E.—U. Petersmann (eds.) *Human Rights in International Investment Law and Arbitration* (Oxford 2009), 45—62

Dupuy P.—M., Francioni, F. Petersmann E.—U. (eds .), *Human Rights in International Investment Law and Arbitration* (Oxford 2009)

Dworkin R., *Taking Rights Seriously* (London 1977)

Esty D. C. and Geradin D., 'Environmental Protection and International Competitiveness. A Conceptual Framework' (1998) *Journal of World Trade*, 5—46

Fauchald O. K., 'International Investment Law and Environmental Protection' (2007) *Yearbook of International Investment Law*, 3—47

Fauchald O. K., 'The Legal Reasoning of ICSID Tribunals—An Empirical Analysis' (2008) 19 *European Journal of International Law*, 301—364

Focarelli C., *International Law as Social Construct: the Struggle for Global*

Justice (Oxford 2012)

Francioni F., 'Access to Justice, Denial of Justice and International Investment Law', in P.−M. Dupuy, F. Francioni and E. U. Petersmann (eds.), *Human Rights in International Investment Law and Arbitration* (Oxford 2009)

Francioni F. (ed.), *Environment, Human Rights and International Trade* (Oxford 2001)

Francioni F., *La tutela dell'ambiente e la disciplina del commercia internazionale, in Diritto e organizzazione del commercia internazionale. dopa la crea−zione dell'Organizzazione Mondiale del Commercia* (Naples 1998)

Garcia Bolivar O. E., 'The Teleology of International Investment Law. The Role of the Purpose in the Interpretation of International Investment Agree−ments' (2005) *The Journal of World Investment and Trade*, 751−772

Garcia−Rubio M., *On the Application of Customary Rules of States Responsibility by the WTO Dispute Settlement Organs* (Geneva 2001)

Gordon K. and Pohl J., *Environmental Concerns in International Investment Agreements: A Survey*, OECD Working Papers on International Investment, 2011/01 (OECD Publishing 2011)

Gradoni L., *Regime failure nel diritto internazionale* (Padua 2009)

Grierson−Weiler T. J. and Laird I. A., 'Standards of Treatment', in P. Muchlin−ski, F. Ortino and C. Schreuer (eds.), *The Oxford Handbook of Interna−tional Investment Law* (Oxford 2008), 259−304

Happold M. and Roe T., 'The Energy Charter Treaty', in T. Gazzini and E. De Brabandere (eds.), *International Investment Law. The Sources of Rights and Obligations* (Leiden, Boston 2012), 69−97

Harris D. J., *Cases and Materials on International Law* (London 2004)

Hart H. L., *The Concept of Law* (Oxford 1961, 3rd edition 2012)

Hoelck Thjoernelund M.C., 'State of Necessity as an Exemption for State Responsibility for Investments' (2009) *Max Planck UNYB*, 425−478

Howse R., 'The Turtles Panel−Another Environmental Disaster in Geneva' (1998) 32(5) *Journal of World Trade*, 73−100

Kelsen H., *Reine Rechtslehre*, 2nd edition (Vienna 1960)

Kentin E., 'Sustainable Development in International Investment Dispute Settle−

ment: the ICSID and NAFTA Experience' in N. Schrijver and F. Weiss (eds.), *International Law and Sustainable Development, Principles and Practice* (Leiden 2004), 327

Kingsbury B. and Schill S. W., 'Public Law Concepts to Balance Investors' Rights with State Regulatory Actions in the Public Interest—the Concept of Proportionality', in S. W. Schill (ed.), *International Investment Law and Comparative Public Law* (Oxford 2010), 75—104

Klabbers J., 'Reluctant Grundnormen: Articles 31. 3 c) and 42 of the Vienna Convention on the Law of Treaties and the Fragmentation of International Law', in M. Craven, M. Fitzmaurice and M. Vogiatzi (eds.), *Time, History and International Law* (Leiden, Boston 2007), 141—161

Klager R., *Fair and Equitable Treatment in International Investment Law* (Cam—bridge 2011)

Knoll—Tudor I., 'The Fair and Equitable Treatment Standard and Human Rights Norms', in P.—M. Dupuy, F. Francioni and E. U. Petersmann (eds.), *Human Rights in International Investment Law and Arbitration* (Oxford 2009), 310—343

Knoll—Tudor I., *The Fair and Equitable Treatment Standard in the International Law of Foreign Investment* (Oxford 2008)

Kolb R., *La bonne foi en droit international public. Contribution a l' etude des principes gene raux du droit* (Geneva 2000)

Koskenniemi M., *From Apology to Utopia. The Structure of International Legal Argument* (Helsinki 1989 and Cambridge 2005)

Kriebaum U., 'Regulatory Takings: Balancing the Interests of the Investor and the State', (2007) *Journal of World Investment and Trade*, 717—44

Kulick A., *Global Public Interest in International Investment Law* (Cambridge 2012)

Kurtz J., 'Adjudging the Exceptional at International Investment Law: Security, Public Order and Financial Crisis' (2010) *International and Comparative Law Quarterly*, 325—371

Laursen A., 'The Use of Force and (the State of) Necessity' (2004) *Vanderbilt Journal of Transnational Law*, 485—503

Liberti L., 'The Relevance of Non−Investment Treaty Obligations in Assessing Compensation', in P.−M. Dupuy, F. Francioni and E. U. Petersmann (eds.), *Human Rights in International Investment Law and Arbitration* (Oxford 2009), 557−64.

Lowe V., *International Law* (Oxford 2007)

Lowe V., 'Precluding Wrongfulness or Responsibility: A Plea for Excuses' (1999) 10(2) *European Journal of International Law*, 405−411

Mairal H. A., 'Legitimate Expectations and Informal Administrative Representa−tions', in S. W. Schill (ed.), *International Investment Law and Compara−tive Public Law* (Oxford 2010), 413−452

Malaguti M. C., 'Amicus curiae e tutela del public interest−Potenzialita dell'isti−tuto alia luce della giurisprudenza in controversie in materia di inves−timenti tra Stato e privati', in L. S. Rossi and E. Baroncini (eds.), *Rapporti tra ordinamenti e diritti dei singoli−Studi degli allievi in onore di Paolo Mengozzi* (Naples 2010), 475−491

Malanczuk P., 'Countermeasures and Self−defence as Circumstances Precluding Wrongfulness in the International Law Commission's Draft Articles on State Responsibility', in M. Spinedi and B. Simma (eds.), *United Nations Codifi−cation of State Responsibility* (New York, London, Rome 1987), 197−286

Marboe I., *Calculation of Compensation and Damages in International Invest−ment Law* (Oxford 2009)

Marceau G., 'A Call for Coherence in International Law. Praises for the Prohibi−tion Against "Clinical Isolation" in WTO Dispute Settlement' (1999) *Jour−nal of World Trade*, 87−152

McLachlan C., 'Investment Treaties and General International Law' (2008) 57 *International and Comparative Law Quarterly*, 361−401

McLachlan C., 'The Principle of Systemic. Integration and Article 31 (3) (c) of the Vienna Convention' (2005) *International and Comparative Law Quar−terly*, 279−320

McLachlan C., Shore L. and Weiniger M., *International Investment Arbitration. Substantive Principles* (Oxford 2007)

Miles K., 'Sustainable Development, National Treatment and Like Circumstances in Investment Law', in M. C. Cordonier Segger, M. W. Gehring, A. New−combe (eds.) *Sustainable Development in World Investment Law* (The Hague 2011), 265−294

Moise Mbengue M., 'National Legislation and Unilateral Acts of States', in T. Gazzini and E. De Brabandere (eds.), *International Investment Law. The Sources of Rights and Obligations* (Leiden, Boston 2012), 183−213

Montini M., *Il principia di necessita ambientale nel diritto internazionale e co−munitario* (Padua 2001)

Montt S., *State Liability in Investment Treaty Arbitration. Global Constitutional and Administrative Law in the BIT Generation* (Oxford and Portland 2009)

Newcombe A., 'General Exceptions in International Investment Agreements', in M.−C. Cordonier Segger, M. W. Gehring and A. Newcombe (eds.), *Sus−tainable Development in World Investment Law* (The Hague 2011), 355−370

Newcombe A., 'Sustainable Development and International Treaty Law' (2007) *The Journal of World Investment and Trade*, 357−407

Newcombe A., 'The Boundaries of Regulatory Expropriation in International Law' (2005) *ICSID Review*, 1

Newcombe A. and Paradell L., *Law and Practice of Investment Treaties. Stand−ards of Treatment* (Alphen aan den Rijn 2009)

Nouvel I., 'Les mesures equivalant a une expropriation dans la pratique recente des tribunaux arbitraux' (2002) *Revue Generate de Droit International Public*, 76

Orakhelashvili A., *Peremptory Norms in International Law* (Oxford 2006)

Ortino F., 'Non−Discrimination Treatment in Investment Disputes', in P.−M. Dupuy, F. Francioni and E.U. Petersmann (eds.), *Human Rights in Inter−national Investment Law and Arbitration* (Oxford 2009), 344−366

Paparinskis M., *Basic Documents on International Investment Protection* (Oxford and Portland 2012)

Paulsson J., 'Arbitration without Privity' (1995) 10 *ICSID Review*, 232−257

Pauwelyn J., *Conflict of Norms in Public International Law. How WTO Law Relates to Other Rules of International Law* (Cambridge 2003)

Pavoni R., 'Environmental Rights, Sustainable Development and Investor—State Case Law: A Critical Appraisal', in P.—M. Dupuy, F. Francioni and E. U. Petersmann (eds.), *Human Rights in International Investment Law and Arbitration* (Oxford 2009), 525—556

Pavoni R., 'Mutual Supportiveness as a Principle of Interpretation and Law Making: a Watershed for the "WTO—and—Competing—Regimes" Debate?' (2010) *European Journal International Law*, 649—679

Petersmann E. U., 'Constitutional Theories of International Economic Adjudication and Investor—State Arbitration', in P.—M. Dupuy, F. Frandoni and E. U. Petersmann (eds.), *Human Rights in International Investment Law and Arbitration* (Oxford 2009), 137—194

Petersmann E. U., *International Economic Law in the 21st Century. Constitutional Pluralism and Multilevel Governance of Interdependent Public Goods* (Oxford and Portland 2012)

Picone P. and Ligustro A., *Diritto dell'Organizzazione Mondiale del Commercia* (Padua 2002)

Pugliatti S., 'Eccezione (teoria generale)', in *Enciclopedia del Diritto*, vol. XIV (Milan 1965)

Pustorino P., 'Lo stato di necessita alla luce della prassi recente' (2009) *Rivista di Diritto Internazionale*, 411—442

Ratner R., 'Regulatory Takings in Institutional Context: Beyond the Fear of Fragmented International Law' (2008) *American Journal of International Law*, 475—528

Reinisch A., 'Expropriation', in P. Muchlinski, F. Ortino and C. Schreuer (eds.), The *Oxford Handbook of International Investment Law* (Oxford 2008), 407—458

Reinisch A., 'Legality of Expropriations', in A. Reinisch (ed.), *Standards of Investment Protection* (Oxford 2008), 171—204

Reinisch A. and Bjorklund A. K., *Soft Codification of International Investment Law, in A. Bjorklund and A. K. Reinisch (eds.), International Investment Law and Soft Law* (Cheltenham 2012), 305—318

Richardson B. J., 'Financing Sustainability: The New Transnational Governance of

Socially Responsible Investment' (2006) 17 *Yearbook of International Investment Law*, 73−110

Sacerdoti G., 'Bilateral Treaties and Multilateral Instruments on Investment Protection' (1997) 269 *Collected Courses of the Hague Academy of International Law*, 251−460

Salacuse J. W., *The Law of Investment Treaties* (Oxford 2010)

Sands P., *Principles of International Environmental Law*, 2nd edition (Cambridge 2003)

Sands P., 'Treaty, Custom and the Cross−fertilization of International Law' (1998) I *Yale Human Rights & Development Law Journal*, 85−105

Sands P. and Peel J., *Principles of International Environmental Law* (Cambridge 2012)

Sauve P., 'Multilateral Rules on Investment: Is Forward Movement Possible?' (2006) 9 *Journal of International Economic Law*, 325−355

Schauer F., *Playing by the Rules: A Philosophical Examination of Rule−Based Decision−Making in Law and in Life* (Oxford 1993)

Schill S. W., 'General Principles of Law and International Investment Law', in T. Gazzini and E. De Brabandere (eds.), *International Investment Law. The Sources of Rights and Obligations* (Leiden, Boston 2012), 133−181

Schill S. W. (ed.), *International Investment Law and Comparative Public Law* (Oxford 2010)

Schill S. W., 'International Investment Law and Comparative Public Law−An Introduction', in S. W. Schill (ed.), *International Investment Law and Comparative Public Law* (Oxford 2010), 3−37

Schill S. W., *The Multilateralization of International Investment Law* (Cambridge 2009)

Schreuer C. with Malintoppi L., Reinisch A., Sinclair A., *The ICSID Convention. A Commentary*, 2nd edition (Cambridge 2009)

Shaw M., *International Law*, 6th edition (Cambridge 2008)

Simma B., 'Foreign Investment Arbitration: a Place for Human Rights?' (2011) *ICLQ*, 573−596

Simma B., 'Self−contained Regimes in International Law' (1985) *Netherlands*

Yearbook of International Law, 111 − 136

Simma B. and Pulkowsky D., 'Of Planets and the Universe: Selfcontained Regimes in International Law' (2006) *European Journal of International Law*, 483 − 529

Sorel J. M. and Bore Eveno V., 'Commentary to Art. 31 ', in O. Corten and P. Klein (eds.), *The Vienna Convention on the Law of Treaties. A Commen − tary* (Oxford 2011), vol. I, 804 − 837

Sornarajah M., *The International Law on Foreign Investment*, 3rd edition (Cam − bridge 2010)

Stiglitz J., *The Globalization and Its Discontents* (London 2002)

Tanzi A., 'On Balancing Foreign Investment Interests with Public Interests in Recent Arbitration Case Law in the Public Utilities Sector', (2012) 11 *The Law and Practice of International Courts and Tribunals*, 47 − 76

Valenti M., *Gli standard di trattamento nell'interpretazione dei trattati in mate − ria di investimenti stranieri* (Torino 2009)

Van Harten G., *Investment Treaty Arbitration and Public Law* (Oxford 2007)

Van Harten G. and Loughlin M., 'Investment Treaty Arbitration as a Species of Global Administrative Law' (2006) *European Journal of International Law*, 121 − 150

Venegas S., *Bilateral Investment Treaties. Caribbean and Central American Compilation*, 2012, at http://www.c − caa.org/pdf/2012_BIT_CCAA.pdf

Viñuales J., *Foreign Investment and the Environment in International Law* (Cambridge 2012)

Vohryzek − Griest A., 'State Counterclaims in Investor − State Disputes: A History of 30 Years of Failure' (2009) *Revista Colombiana de Derecho Interna − cional*, 83 − 124

Vranes E., *Trade and the Environment: Fundamental Issues in International Law, WTO Law, and Legal Theory* (Oxford 2009)

Walde T. W., 'International Disciplines on National Environmental Regulation: With Particular Focus on Multilateral Investment Treaties', in The Inter − national Bureau of the Permanent Court of Arbitration (ed.), *Interna − tional Investments and Protection of the Environment* (The Hague, London,

Boston 2001), 29−71

Walde T. W., 'The Specific Nature of Investment Arbitration', in P. Kahn and T. W. Walde (eds.), *New Aspects of International Investment Law* (The Hague Academy of International Law, 2007)

Zhao Y., 'Foreign Direct Investment and Environmental Protection: a Review of the Legal Regime in China' (2006) *Yearbook of International Environ−mental Law*, 213−236

Zia−Zarifi S., 'Multilateral Agreement on Investment (MAI)', (1998) *Yearbook of International Environmental Law*, 345−364

색인

역자 약력

박덕영

연세대학교 법과대학 졸업
연세대학교 대학원 법학석사, 법학박사
영국 University of Cambridge 법학석사 (LL.M.)
교육부 국비유학시험 합격
(현) 연세대학교 법학전문대학원 교수

대한국제법학회 부회장
한국국제경제법학회 회장
산업통상자원부 통상교섭민간자문위원
대한민국 국회 입법자문위원
법제처 정부입법자문위원
연세대 SSK 기후변화와 국제법센터장

Legal Issues on Climate Change and International Trade Law, Springer, 2016
중국의 기후변화대응과 외교협상 / 일본의 환경외교, 한국학술정보, 2016
국제환경법, 박영사, 2015 / 국제환경법 주요판례, 박영사, 2016
국제투자법, 박영사, 2012 / 국제경제법의 쟁점, 박영사, 2014 외
국제통상법, 국제환경법 분야 국내외 저서와 논문 다수

윤연종

연세대학교 언더우드국제대학 정치외교학 학사
연세대학교 대학원 법학석사, 박사과정 입학(2016. 9)
연세대학교 법학연구원 SSK 기후변화와 국제법센터 연구원
연세대학교 Yonsei Law Journal 에디터

국제투자법과 환경문제

초판인쇄	2016년 6월 15일
초판발행	2016년 6월 25일
저 자	Saverio Di Benedetto
역 자	박덕영·윤연종 공역
펴낸이	안종만
편 집	김선민
기획/마케팅	조성호
표지디자인	조아라
제 작	우인도·고철민
펴낸곳	(주) 박영사
	서울특별시 종로구 새문안로3길 36, 1601
	등록 1959. 3. 11. 제300-1959-1호(倫)
전 화	02)733-6771
f a x	02)736-4818
e-mail	pys@pybook.co.kr
homepage	www.pybook.co.kr
ISBN	979-11-303-2908-6 93360

정 가   28,000원